Merle Emre
—
Grenz(über)gänge

Reihe

INTERKULTURELLE MODERNE

Hg. von Ortrud Gutjahr

Band 5

Die Reihe *Interkulturelle Moderne* widmet sich der Analyse von Narrativen und Szenerien in der Literatur, auf dem Theater wie auch im Film, durch die kulturdifferente Zuschreibungsmuster und (post-)koloniale Identitätskonstruktionen ästhetische Gestalt gewinnen. Rekonstruiert werden Schwellenerfahrungen und epochale Umbrüche im Prozess inter- und intrakultureller Begegnung, die sich von den antiken Mythen über die Texte der Entdeckungszeitalter und Kolonialepochen bis hin zur Gegenwartskunst im Zeichen von Migration und Globalisierung ausmachen lassen. Die Studien dieser Reihe verdeutlichen damit sowohl das Fortbestehen überkommener Kulturvorstellungen als auch die tiefgreifenden Transformationen von Selbst- und Fremdbestimmungen, welche die *Interkulturelle Moderne* wesentlich auszeichnen.

Merle Emre

Grenz(über)gänge

Kindheit in deutsch-türkischer
Migrationsliteratur

Königshausen & Neumann

Bibliografische Information der Deutschen Nationalbibliothek

Die Deutsche Nationalbibliothek verzeichnet diese Publikation in der Deutschen Nationalbibliografie; detaillierte bibliografische Daten sind im Internet über http://dnb.d-nb.de abrufbar.

D 18

© Verlag Königshausen & Neumann GmbH, Würzburg 2014
Gedruckt auf säurefreiem, alterungsbeständigem Papier
Umschlag: skh-softics / coverart
Umschlagabbildungen: Kartenausschnitt Türkei (Quelle: Wikipedia);
Galata-Brücke in Istanbul (Quelle: Wikipedia); Orient Express (Quelle: Wikipedia);
Kind 1960 (Quelle: ddrbildarchiv.de; Klaus Morgenstern)
Bindung: docupoint GmbH, Magdeburg
Alle Rechte vorbehalten
Dieses Werk, einschließlich aller seiner Teile, ist urheberrechtlich geschützt.
Jede Verwertung außerhalb der engen Grenzen des Urheberrechtsgesetzes ist
ohne Zustimmung des Verlages unzulässig und strafbar. Das gilt insbesondere
für Vervielfältigungen, Übersetzungen, Mikroverfilmungen und die Einspeicherung
und Verarbeitung in elektronischen Systemen.
Printed in Germany
ISBN 978-3-8260-5551-5
www.koenigshausen-neumann.de
www.libri.de
www.buchhandel.de
www.buchkatalog.de

meinen Kindern Asya und Yakob

/

„Wer sich mit den Spuren beschäftigt, die zu ihm selbst hinführen, der tut das unter anderem deswegen, weil auch er eine Spur hinterlassen möchte".[1]

Wolf Wucherpfennig

„In ein fremdes Land zu kommen und dort zu leben ist so etwas wie noch einmal geboren werden und aufwachsen."[2]

Aysel Özakın[3]

---

[1] Wolf Wucherpfennig: „Autobiographie und Identitätsarbeit. Ein Werkstattbericht", in: Ulrich Breuer und Beatrice Sandberg (Hrsg.): *Autobiographisches Schreiben in der deutschsprachigen Gegenwartsliteratur*, Bd. 1: *Grenzen der Identität und der Fiktionalität*, München 2006, S. 172-185, hier S. 177.
[2] Aysel Özakın:„Soll ich in Berlin altwerden?", in: *Zeitschrift für Kultur-Austausch* 15,1 (1985), S. 137-139, hier S. 137.
[3] Die vorliegende Arbeit behält die türkische Schreibweise von Eigennamen und anderen Ausdrücken grundsätzlich bei und erlaubt sich, ggf. abweichende Schreibweisen (z. B. in Titeln von Publikationen) anzupassen, ohne dies in jedem Einzelfall kenntlich zu machen.

Danksagung

Schreiben ist eine einsame Geschichte. Und doch ist man nicht allein. Ich danke Ortrud Gutjahr für die wissenschaftliche Betreuung und die stets motivierende Begleitung auf dem Weg zu dieser Schrift. Ebenso bin ich Stefan Hermes, Lena Ekelund, Julia Boog, Kathrin Emeis und Kristina Festring-Hashem Zadeh für ihre aufmerksamen Hinweise und Korrekturen sehr verbunden. Christina Schnoor danke ich darüber hinaus für so viele unersetzbare Gespräche über Kindheit und alle anderen Lebensbereiche.

Für den Versuch, die von Carmine Chiellino angemahnte ‚Falle der monokulturellen Perspektive wissenschaftlichen Arbeitens‘ auf dem hier vorliegenden Forschungsfeld möglichst zu umgehen, sind gewisse Einsichten in die türkische Sprache und Kultur von Vorteil. Diese wurden mir unter anderem während des Aufenthalts an der Hacettepe Üniversitesi in Ankara sowie durch die Aufnahme in das Projekt „Deutsch-türkische Zukunftswerkstatt" des Goethe Instituts ermöglicht. Ich danke Latif Durlanik für seinen lebhaften wie geduldigen Unterricht.

Doch diese Arbeit wäre nicht abgeschlossen worden ohne den mentalen, organisatorischen und finanziellen Rückhalt durch meine Familie in Hillerse, Peine und Kuşadası. Dies weiß ich sehr zu schätzen. Und ich möchte Kaan dafür danken, zusammen einfach alles möglich werden zu lassen.

Merle Emre
Hamburg, im Juni 2013

INHALT

IV. ‚ENTBEHRTE' KINDHEIT
SELIM ÖZDOĞANS *DIE TOCHTER DES SCHMIEDS* (2005)

V. ‚VERSEHRTE' KINDHEIT
FERIDUN ZAIMOĞLUS *LEYLA* (2006)

EINLEITUNG

Kindheit als Thema und Darstellungsmodus

> Das ist weder auf Türkisch noch auf Deutsch gedacht, das ist kind-
> lich gedacht. Und das bedeutet niemals ‚kindisch', sondern daß es
> [...] eine internationale Sprache ist, eine Sprache aller Kinder und
> überall zu Hause.[1]

Mit diesen Worten verweist die deutsch-türkische Schriftstellerin Emine
Sevgi Özdamar auf einen bestimmten, grenzüberschreitenden Verständi-
gungseffekt von inszenierter Kindlichkeit innerhalb ihres eigenen literarischen Schaffens. Doch was genau ist unter einer solchen speziellen ästhetischen Ausdrucksform zu verstehen, und welche (strategische) Funktion
kann ihr zugeschrieben werden?

Seit etwa zehn Jahren wird in der Literaturwissenschaft das Phänomen diskutiert, dass Kindheit in der deutschsprachigen Gegenwartsliteratur immer häufiger zum Thema wird. Es handele sich um eine aktuelle
„Daseinsmetapher" von höchster Symbolkraft, mithilfe derer sich eine
ganze Schriftstellergeneration neu zu erfinden versuche.[2] Doch ist bisher
nicht untersucht worden, warum Kindheit gerade in Texten von deutsch
schreibenden Autorinnen und Autoren nicht deutscher Herkunft so po-
pulär geworden ist. Dabei verzeichnen eben diejenigen innerhalb der letzten zwanzig Jahre veröffentlichten Werke, die Kindheit in für den deutschen Leser gemeinhin ‚fremd-kulturellen' Zusammenhängen darstellen,
große kommerzielle Erfolge auf dem deutschen Literaturmarkt.[3] Unter
ihnen erzielen insbesondere die Publikationen von Autor(inn)en mit
deutsch-türkischer Migrationsgeschichte öffentliche Aufmerksamkeit. So
wurde beispielsweise Necla Keleks „Bericht"[4] *Die fremde Braut* (2005)
oder Feridun Zaimoğlus Roman *Leyla* (2006) aufgrund der darin verhan-

---

[1] Emine Sevgi Özdamar in einem Interview in: Annette Wierschke: *Schreiben als
Selbstbehauptung. Kulturkonflikt und Identität in Werken von Aysel Özakın, Alev
Tekinay und Emine Sevgi Özdamar. Mit Interviews*, Frankfurt a. M. 1996, S. 261.
[2] Vgl. Burkhard Spinnen: „Die absolute Kindheit", in: *Literaturen* 9 (2001), S. 10-13,
hier S. 13. In dieser mit „Generation Kind" betitelten Ausgabe werden u. a. die Kindheitsromane *Die Gunnar-Lennefsen-Expedition* (1998) von Kathrin Schmidt, *Spione*
(2000) von Marcel Beyer und *Café Saragota* (2001) von Malin Schwerdtfeger besprochen. Vgl. zu diesem Phänomen auch Mechthild Barth: *Mit den Augen des Kindes.
Narrative Inszenierungen des kindlichen Blicks im 20. Jahrhundert*, Heidelberg 2009,
S. 16.
[3] Darunter fallen bspw. die Kindheitsromane des syrisch-deutschen Schriftstellers Rafik Schami; vgl. u. a.: *Der ehrliche Lügner* (1992); *Reise zwischen Nacht und Morgen*
(1995) oder *Die Sehnsucht der Schwalbe* (2000).
[4] Der Gesamttitel des Buches lautet: *Die fremde Braut. Ein Bericht aus dem Inneren
des türkischen Lebens in Deutschland.*

delten negativen Kindheitserlebnisse als klischeebehaftet kritisiert[5] und zugleich als „wichtige[r] Beitrag" zur Integration bewertet.[6]

Unter literaturwissenschaftlicher Perspektive zeigt sich die gesellschaftspolitische Relevanz solcher Kindheitsdarstellungen vor allem darin, dass Kindheit hier als literarische Repräsentationsform von Prozessen kultureller Identitätsbildung herausgestellt werden kann. Die Analyse der ästhetischen Gestaltung der Kindheitsdarstellungen schließt unmittelbar an Diskurse über das ‚Fremde'[7], das ‚Interkulturelle' oder das ‚Hybride' an. Denn bei der so genannten deutsch-türkischen Migrationsliteratur, die heute vermehrt unter Bezugnahme auf diese Begrifflichkeiten reflektiert wird, handelt es sich um eine inhaltlich und/oder perspektivisch auf Migrationserfahrungen und damit auf Fremdheitserfahrungen Bezug nehmende Literatur. Sie ist als nachhaltige Folge der Begegnung zweier kulturell unterschiedlich geprägter Gesellschaften im Zuge der Arbeitsmigration ab 1961[8] entstanden. Seit den ersten Texten etwa von Aras Ören oder Güney Dal[9] aus den 1970er Jahren wurde dieser Literatur bis heute immer mehr Aufmerksamkeit und Anerkennung zuteil. Zunächst noch als ein „schwer zu verortendes Phänomen"[10] eingestuft, bildet die deutschsprachige Literatur türkischstämmiger Autorinnen und Autoren inzwischen einen festen Bestandteil der Literaturlandschaft in Deutschland. Zudem ist sie Gegenstand eines eigenen Forschungsfeldes innerhalb der Interkulturellen Literaturwissenschaft.[11] Den Werken dieser Autor(inn)en werden damit

---

[5] Vgl. die Kritik an Necla Keleks Buch in dem von Yasemin Karakaşoğlu und Mark Terkessidis in der *Zeit* veröffentlichten Artikel: „Gerechtigkeit für Muslime! Die deutsche Integrationspolitik stützt sich auf Vorurteile. So hat sie keine Zukunft. Petition von 60 Migrationsforschern", in: *Die Zeit* 6 (2006), unter: http://www.zeit.de/2006/06/petition (zuletzt eingesehen am 10.11.2011) bzw. die in Kap. V zitierten Kritiken zu Zaimoğlus Roman *Leyla*.

[6] Vgl. den Artikel des damaligen Bundesinnenministers Otto Schily im *Spiegel*: „Alarmierender Einblick. Bundesinnenminister Otto Schily über die Darstellung der türkischen Parallelgesellschaft in Necla Keleks Buch *Die fremde Braut*", in: *Der Spiegel* 4 (2005), S. 59-60, das Zitat stammt von S. 60.

[7] Tobias Jentsch spricht hier von einem „Modethema". Tobias Jentsch: *Da/zwischen. Eine Typologie radikaler Fremdheit*, Heidelberg 2006, S. 12.

[8] Das Anwerbeabkommen für Gastarbeiter zwischen Deutschland und der Türkei kam im Oktober 1961 zustande, nachdem bereits Anwerbevereinbarungen mit Italien (1955), Spanien und Griechenland (1960) unterzeichnet worden waren. Vgl. zur Geschichte der Arbeitsmigration bspw. Klaus J. Bade: *Homo Migrans. Wanderungen aus und nach Deutschland*, Essen 1994 sowie ders.: *Europa in Bewegung. Migration vom späten 18. Jahrhundert bis zur Gegenwart*, München 2000.

[9] Vgl. bspw. Aras Ören: *Was will Niyazi in der Naunynstraße* (1973) oder *Die Fremde ist auch ein Haus* (1980) bzw. Güney Dal: *Europastraße 5* (1983).

[10] Immacolata Amodeo: *‚Die Heimat heißt Babylon'. Zur Literatur ausländischer Autoren in der Bundesrepublik Deutschland*, Opladen 1996, S. 33.

[11] Vgl. zur Forschungsperspektive interkultureller Literaturwissenschaft Norbert Mecklenburg: „Interkulturelle Literaturwissenschaft", in: Alois Wierlacher und Andrea

nicht mehr nur periphere Wirkungsorte zugedacht, sondern zentrale, das heißt kanonstiftende Positionen.[12]

Doch eine Kategorisierung als ‚hybride Literaturen' kann zu erneuter Ausgrenzung führen, wie unter anderem Amodeo kritisiert.[13] Auch die heute geläufige Bezeichnung ‚Migrationsliteratur' ist nicht unproblematisch, da weder sie noch ähnliche Ersatzbegriffe wie ‚Minderheiten-' oder „Migrantenliteratur"[14] oder Umschreibungen wie „Literaturen ohne festen Wohnsitz"[15] einer hinreichenden Bestimmung dienen. Die seit längerem geführte Debatte um derlei Begriffe[16] sowie die vehemente Ablehnung solcher Klassifizierungen durch von ihr betroffene Autoren[17] illustrieren ebenso die gesellschaftspolitische Signifikanz dieser Literatur.

Bogner (Hrsg.): *Handbuch interkulturelle Germanistik*, Stuttgart und Weimar 2003, S. 433-439.

[12] Vgl. hierzu: Immacolata Amodeo: „Betroffenheit und Rhizom, Literatur und Literaturwissenschaft", in: *Migrationsliteratur. Eine neue deutsche Literatur? Dossier*, hg. von der Heinrich-Böll-Stiftung, Berlin 2009, S. 6-8, hier S. 7, unter: http://www.migration-boell.de/web/integration/47_1990.asp (zuletzt eingesehen am 20.07.2010).

[13] Amodeo: Betroffenheit und Rhizom (2009), S. 7. Amodeo schlägt daher als alternatives Modell das so genannte Rhizommodell vor, das nicht von einem Machthierarchien festigenden Rand-Zentrum-Modell, sondern von dynamischen, veränderlichen Verflechtungs- und Vernetzungsstrukturen ausgeht.

[14] Petra Thore: *„wer bist du hier in dieser stadt, in diesem land, in dieser neuen welt". Die Identitätsbalance in der Fremde in ausgewählten Werken der deutschsprachigen Migrantenliteratur*, Uppsala 2004, S. 38ff.

[15] Ottmar Ette: *ZwischenWeltenSchreiben. Literaturen ohne festen Wohnsitz*, Berlin 2005.

[16] Hierunter fallen auch Bezeichnungen wie „Ausländerliteratur", „Literatur in der Fremde" oder allgemein „interkulturelle Literatur in Deutschland" u. v. m. Eine umfangreiche Auflistung findet sich bei Karl Esselborn: „Von der Gastarbeiterliteratur zur Literatur der Interkulturalität. Zum Wandel des Blickes auf die Literatur kultureller Minderheiten in Deutschland", in: *Jahrbuch Deutsch als Fremdsprache* 23 (1997), S. 47-75, hier S. 49. Vgl. zur Begriffsbestimmung auch Carmine Chiellino: „Interkulturalität und Literaturwissenschaft", in: ders. (Hrsg.): *Interkulturelle Literatur in Deutschland. Ein Handbuch*, Stuttgart und Weimar 2000, S. 387-398, Sabine Keiner: „Von der Gastarbeiterliteratur zur Migranten- und Migrationsliteratur – literaturwissenschaftliche Kategorien in der Krise", in: *Sprache und Literatur* 83/1 (1999), S. 3-14 oder Norbert Mecklenburg: „Eingrenzung, Ausgrenzung, Grenzüberschreitung. Grundprobleme deutscher Literatur von Minderheiten", in: Manfred Durzak und Nilüfer Kuruyazıcı (Hrsg.): *Die andere Deutsche Literatur. Istanbuler Vorträge*, Würzburg 2004, S. 23-30.

[17] So lehnt vor allem Feridun Zaimoğlu den seiner Ansicht nach ethnische Zuschreibungen fixierenden Begriff ‚Migrationsliteratur' als „Ekelbegriff" ab, vgl. Julia Abel: „‚Migrationsliteratur ist ein toter Kadaver.' Ein Gespräch (mit Feridun Zaimoğlu)", in: *Literatur und Migration. (Text + Kritik* Sonderband IX/06), hg. von Heinz Ludwig Arnold, München 2006, S. 159-166, hier S. 166.

Nun wenden sich die Romane der ‚neuen' deutsch-türkischen Autorengeneration, die in Deutschland geboren ist oder seit frühester Kindheit
in Deutschland lebt, anderen Themen als denen der anfänglichen „Literatur der Betroffenheit"[18] von Autoren der ersten Einwanderergeneration
zu. Die Veränderung wird dahingehend beschrieben, dass die Kategorie
‚Betroffenheit' zugunsten ‚zeitgemäßer' Themen wie zum Beispiel die
deutsch-deutsche Geschichte oder das Leben im Großstadtmilieu in
Deutschland immer weiter in den Hintergrund gerate.[19] Stellt die Betrof-
fenheitsliteratur noch Themen wie Heimat- und Sprachverlust sowie kulturelle Identitätsproblematiken in den Mittelpunkt, so sei die zweite oder
mittlerweile dritte Generation von Schriftstellern türkischer Herkunft
weder betroffen noch befinde sie sich auf Identitätssuche, wie Kocadoru
konstatiert. Vielmehr vollziehe sie in ihren literarischen Entwürfen eine
Art „Abrechnung" sowohl mit der deutschen Gesellschaft als auch mit
sich selbst.[20] Man mag dabei etwa an Selim Özdoğans erste Romane denken (*Es ist so einsam im Sattel, seit das Pferd tot ist,* 1995 oder *Nirgendwo & Hormone,* 1996), die von Erlebnissen junger Protagonisten erzählen und das Thema Migration völlig aussparen. Doch bei genauerer Betrachtung verhandelt auch diese ‚jüngere' Literatur von deutschsprachigen
Autorinnen und Autoren mit so genanntem Migrationshintergrund[21] dabei immer wieder bestimmte Erfahrungen mit kultureller Fremdheit. Mit
seinem Roman *Die Tochter des Schmieds* von 2005 hat sich Selim
Özdoğan dann explizit der deutsch-türkischen Migrationsgeschichte zu-
gewendet.

Wie in diesem Roman nimmt sich die deutsch-türkische Literatur in
jüngster Zeit wieder häufiger der ‚alten' Thematiken an. Besonders bei der
Betrachtung der Romane über Kindheitserfahrungen zeigt sich, wie diese
im Erzählen von Migrationsgeschichte(n) als Leidensgeschichte(n) den

---

[18] Nach Franco Biondi und Rafik Schami: „Literatur der Betroffenheit. Bemerkungen
zur Gastarbeiterliteratur", in: Christian Schaffernicht (Hrsg.): *Zu Hause in der Fremde. Ein bundesdeutsches Ausländer-Lesebuch,* Fischerhude 1981, S. 124-136.
[19] Vgl. zum Themenwandel der ‚neuen' deutsch-türkischen Autorengeneration – auch
zweite bzw. dritte Generation genannt – bspw. Yüksel Kocadoru: „Die dritte Generation von türkischen Autoren in Deutschland – neue Wege, neue Themen", in: Durz-
ak/Kuruyazıcı: Die andere Deutsche Literatur (2004), S. 134-139 oder den dortigen
Beitrag von Yüksel Pazarkaya: „Generationenwechsel – Themenwandel", S. 148-153.
[20] Vgl. Kocadoru: Die dritte Generation (2004), S. 135ff. Genannt werden hier neben
Zaimoğlu und Özdoğan Autoren wie Orkun Ertener oder Ismet Elçi.
[21] Der Begriff ‚Migrationshintergrund' bezeichnet nach Leyendecker den Fall, dass
entweder eine Person selbst oder mindestens eines ihrer Elternteile nicht in Deutschland geboren ist oder eine andere Muttersprache als Deutsch hat. Vgl. Birgit Leyendecker: „Die frühe Kindheit in Migrantenfamilien", in: Heidi Keller (Hrsg.): *Handbuch
der Kleinkindforschung,* Bern u. a. 2003, S. 381-431, hier S. 382.

Aspekt der Betroffenheit[22] in den Vordergrund stellen. Betrachtet man außer Özdoğans Roman zum Beispiel noch Feridun Zaimoğlus *Leyla*, findet man fiktionale (Auto-)Biographien vor, die das längst ,überwunden' geglaubte Betroffenheitspathos erneut bedienen. Ausgehend von der Erfahrung der Migration werden hier retrospektiv Kindheitserlebnisse in der früheren Heimat geschildert. Es ist auffällig, dass dabei häufig grausame und traumatische Erfahrungen mit Armut, Krankheit und Tod bis hin zu seelischem und körperlichem Missbrauch dargestellt sind. Doch lassen sich die entsprechenden Texte damit nicht einfach der von Karin Fleischanderl beschriebenen Tradition der „seit Jahren boomenden Erzählungen traumatischer Kindheiten"[23] zuordnen. Denn anders als etwa Kemal Kurts autobiographische Erzählung *Bilder einer Kindheit* von 1986, in der eine Kindheit in der Türkei zwar mit dokumentarischem Anspruch, letztlich aber doch verklärend dargestellt wird, verweisen die neueren ,negativen' Kindheitserzählungen auf ihre (post)migrantische Bezugsebene. Spätere Migrationserfahrungen sind in sie bereits eingeschrieben, indem sie Aspekte kultureller Identitätsbildung über spezifische inhaltliche und sprachliche Darstellungsformen des Kindlichen entwerfen. Und mit diesen Formen lassen sich jene Kategorien von ,Wissen' und ,Nicht-Wissen' problematisieren, welche den für kulturelle Orientierung elementaren Zuordnungsmerkmalen ,bekannt' und ,fremd' entsprechen.

Den theoretischen Hintergrund hierzu bildet das Verständnis von Kindheit nicht nur als eine frühe Lebensphase des Menschen[24], sondern in erster Linie als eine retrospektiv entworfene Konstruktion.[25] Denn da sich besonders die frühe Kindheit einem direkten Zugriff aus dem Erwachsenenbewusstsein heraus entzieht, kann diese nur imaginativ konstruiert werden. Das heißt, der Entwurf und die Darstellung von Kindheit basieren stets auf persönlichen (vermeintlichen) Erinnerungen und ggf. Interpretationen sowie auf einer sozio-kulturell bereits vorgeprägten Idee von Kindheit. Wie Barth herausstellt, handelt es sich bei ,Kindheit' bzw. ,Kindlichkeit' damit um eine stilisierte Vorstellung Erwachsener[26], die ei-

---

[22] Amodeo sieht generell eine wechselseitige Beziehung zwischen biographischem Erzählen und der Kategorie ,Betroffenheit'. Vgl. Amodeo: Die Heimat heißt Babylon (1996), S. 27.

[23] O. V.: Jurydiskussion zur Verleihung des Bachmannpreises 2010, unter: www.bachmannpreis.eu/de/information/2801 (zuletzt eingesehen am 22.12.2012).

[24] Zur historisch, kulturell und philosophisch unterschiedlich gefassten Dauer dieser Lebensphase vgl. ausführlicher Kapitel I.

[25] In der Kindheitsforschung wird zwischen dem Kind als dem ,realen' Objekt und der Kind*heit* als eine aus der Erwachsensicht behandelte relationale Größe unterschieden, vgl. hierzu stellvertretend Michael-Sebastian Honig: *Entwurf einer Theorie der Kindheit*, Frankfurt a. M. 1999.

[26] Vgl. hierzu bspw. auch Barth: Mit den Augen des Kindes (2009), S. 20.

ner je spezifischen Theorie bzw. einem symbolisch aufgeladenen Konzept entspricht.

In der Literatur findet ein solches ‚Konzept' Anwendung, wenn Kindheit dort zum Beispiel einen Status beschreibt, in dem die Grenzen des Subjekts (noch) beweglich sind. So zeigen auch die Kindheitsdarstellungen der deutsch-türkischen Migrationsliteratur Kindheit als prägende Phase der Entwicklung, als Reife- und Sozialisationsprozess. Erzählt wird dort von dem Aufwachsen in der Familie, von Erlebnissen in der Schule und mit Freunden und schließlich von einer Ablösung der Herangewachsenen vom gewohnten Umfeld. Dabei ist jedoch auffällig, dass die Entwicklungsphase der Kindheit durch die oben genannten einschneidenden Brüche ‚gestört' wird. Es handelt sich um diverse Erfahrungen des Verlusts wie den eines Elternteils, den einer gewohnten Umgebung oder allgemeiner den des Vertrauens. Diese Erlebnisse erschüttern das bisherige Welt- und Selbstbild der inszenierten Kinderfigur und führen regelmäßig zu Orientierungslosigkeit. Neben den inhaltlich verstörenden Aspekten stellt sich auch auf der Ebene der sprachlichen Darstellung vielfach Irritation ein. So weisen die Kindheitserzählungen diverse „Stör-Erfahrungen"[27] in Form von sprachlicher Verfremdung oder perspektivischer Verschiebung auf. Damit wird ein Gesamtbild von Kindheit entworfen, das sich unter dem viel zitierten Begriff des fragmentarischen ‚Dazwischen'[28] fassen lässt.

Hinsichtlich der literaturwissenschaftlichen Analyse solcher psychodynamischer Erzähltexte deutsch-türkischer Migrationsliteratur, die eine Kinderfigur bzw. das Kindliche ins Zentrum ihrer Darstellung rücken, verweist dies speziell auf die angewandten Erzählverfahren. Hierbei fällt auf, dass sehr häufig auf den Erzählmodus der Naivität zurückgegriffen wird.[29] Dabei basiert die eingenommene Erzählhaltung auf einer Textstra-

---

[27] Diese hebt Eva Lezzi im Zusammenhang mit uneinheitlichen Identitätskonzepten als bezeichnendes Merkmal modernen autobiographischen Schreibens hervor, vgl. Eva Lezzi: *Zerstörte Kindheit. Literarische Autobiographien zur Shoa*, Köln u. a. 2001 S. 127f.

[28] Vgl. hierzu bspw. Sandra Vlasta: „Das Ende des ‚Dazwischen' – Ausbildung von Identitäten in Texten von Imran Ayata, Yadé Kara und Feridun Zaimoğlu", in: Helmut Schmitz (Hrsg.): *Von der nationalen zur internationalen Literatur. Transkulturelle deutschsprachige Literatur und Kultur im Zeitalter globaler Migration*, Amsterdam und New York 2009, S. 101-116. Die funktional-ästhetische ‚Figur des Dazwischen' wird von Hügel und Krankenhagen indes als allgemeine moderne Stilform beschrieben, vgl. Hans-Otto Hügel und Stefan Krankenhagen: „Figuren des Dazwischen. Naivität als Strategie in Kunst, Pop und Populärkultur. Einleitung", in: dies. (Hrsg.): *Figuren des Dazwischen. Naivität als Strategie in Kunst, Pop und Populärkultur*, Kopenhagen u. a. 2010, S. 7-15.

[29] Vgl. auch Ortrud Gutjahr: „Interkulturalität als Forschungsparadigma der Literaturwissenschaft. Von den Theoriedebatten zur Analyse kultureller Tiefensemantiken", in: Dieter Heimböckel u. a. (Hrsg.): *Zwischen Provokation und Usurpation. Interkultura-*

tegie, die eine infantile Weltsicht simuliert und gerade dadurch auf die Möglichkeit weiterer Deutungen verweist. Die durch spezifische, später im Einzelnen darzulegende Erzählverfahren inszenierte Reduktion auf ein Weniger- oder Nicht-Wissen des kindlichen Erzählers und/oder der kindlichen Figur stellt keine Komplexitätsverringerung dar. Im Gegenteil ermöglicht sie eine „Horizonterweiterung"[30], insofern sie dem Leser Anlass zur Reflexion eben derer Phänomene gibt, die auf dieser Darstellungsebene scheinbar vernachlässigt oder offensichtlich verdeckt werden. Mit anderen Worten ermöglicht der Darstellungsmodus der Naivität fremde und neue Sichtweisen auf feststehende Annahmen wie zum Beispiel die unseres sozio-kulturellen Selbstverständnisses.

Autofiktionalität und Projektionalität – Genre und Textkorpus

Die Textauswahl der vorliegenden Arbeit umfasst vier paradigmatische Kindheitsromane, die sich insbesondere der oben beschriebenen narrativen Strategien bedienen und Kindheit bzw. Kindlichkeit literar-ästhetisch (nach)bilden. Auch wenn sich der erste Roman *Schwarzer Tee mit drei Stück Zucker* inhaltlich von den anderen unterscheidet, da die Protagonistin bereits als Kind nach Deutschland migriert, während die anderen Romane mit dem Migrationsakt[31] enden, so sind dennoch alle vier Romane von kulturellen Differenzerfahrungen ausgehend konzipiert.[32] Diese werden dann innerhalb der jeweiligen Kindheit, aus der zu einem bestimmten Zeitpunkt aufgebrochen wird, in Form von inhaltlichen, strukturellen und/oder sprachlichen Bruchmomenten gespiegelt. Den somit in gewisser Weise teleologisch ausgerichteten Kindheiten sind dadurch bereits bestimmte Dynamiken eingeschrieben, die im Moment der Bewegung des Aufbrechens kulminieren. Mithin verweisen die für die dargestellten Identitätsbildungsprozesse der kindlichen Protagonisten konstitutiven Schwellenerfahrungen auf den Übergang in den Erwachsenenstatus, der wiederum durch einen Kulturwechsel markiert wird, mit dem drei der vier ausgewählten Romane enden. Das heißt, Kindheit wird hier immer auch in Bezug auf das eigene kulturelle Gewordensein der Erzählerin/des Erzählers dargestellt, sodass die allgemeinen Wechselwirkungen zwischen

---

lität als (un-)vollendetes Projekt der Literatur- und Sprachwissenschaften, München 2010, S. 17-39, hier S. 31.

[30] Barth: Mit den Augen des Kindes (2009), S. 23.

[31] Da der Begriff „Migration" als ein fortwährender, auch lange nach dem Verlassen der Heimat und der Ankunft im Einwanderungsland nicht abgeschlossener Prozess verstanden werden kann, ist hier vom „Migrationsakt" die Rede und damit die explizite Handlung der Abreise (und Ankunft) der Protagonisten mit dem Zug gemeint.

[32] Somit sind sie dem Forschungsfeld der Interkulturellen Literaturwissenschaft zuzurechnen. Vgl. Gutjahr: Interkulturalität als Forschungsparadigma (2010), S. 21.

der Erfahrung kindlichen Erlebens und dem Erwachsenenbewusstsein in den Vordergrund rücken.

Dieses Strukturmuster liegt insbesondere Renan Demirkans Roman *Schwarzer Tee mit drei Stück Zucker* (1991) zugrunde, der davon erzählt, wie sich eine kurz vor der Entbindung stehende Frau sowohl ihrer in der Türkei verbrachten frühen Kindheit als auch der später in Deutschland erlebten Kinder- und Jugendzeit erinnert. Die Rahmenhandlung in der Erzählgegenwart weist dabei immer wieder Erinnerung auslösende (Bruch-) Momente auf, an die sich innerhalb einer Binnenerzählung eine achronische Aufarbeitung der von Migrationserfahrung ‚betroffenen‘ Vergangenheit der namenlosen Erzählerin knüpft. Im Einzelnen herauszustellen sind hier die sowohl inhaltlich inszenierten als auch perspektivisch erzeugten Brüche, welche eine Position des ‚Dazwischen‘ konstituieren. Dabei lässt sich aufzeigen, inwieweit es diese Position aus Sicht der erwachsenen Protagonistin mittels der erzählten Kindheit und über eine retrospektiv entwickelte Identitätsformation zu überwinden gilt. So wird Kindheit hier weniger über eine naiv-infantil geformte Sprache denn über ein als ‚kindlich‘ inszeniertes Wissen und Verhalten figuriert und stets in Beziehung zur erwachsenen, emanzipierten Position gesetzt. Zu dem sehr unterschiedlich rezipierten Roman der 1955 in Ankara geborenen Schauspielerin und Autorin Demirkan liegen bisher nur wenige literaturwissenschaftliche Analysen mit zumeist feministischen Interpretationsansätzen vor.

Das ebenfalls rückblickend gestaltete Erzählen im Kindheitsroman *Das Leben ist eine Karawanserei hat zwei Türen aus einer kam ich rein aus der anderen ging ich raus* (1992) von Emine Sevgi Özdamar über das Heranwachsen eines anatolischen Mädchens in den 1940er und 1950er Jahren an verschiedenen Orten der Türkei ist dagegen eher durch eine sprachliche ‚Authentizität‘ der Kindheit gekennzeichnet. In den Blick rücken hier daher nicht nur die erzähltechnischen Strategien einer ambivalent inszenierten narrativen Distanz, sondern insbesondere die Formen von Kindlichkeit in der Gestaltung des verfremdend-artifiziellen Sprach- und Welterfahrungsmodells, auch im Zusammenhang mit der vielfach von der Literaturkritik pointierten ‚Kulturkomik‘. Die anschließende Aufschlüsselung der Sozialisation und des Bildungsgangs der kindlichen (und später jugendlichen) Protagonistin stellt einen im Identitätsprozess be- und erschriebenen kollektiven wie individuellen kulturellen Erinnerungsraum her. In diesem Raum werden über die dargestellten problematischen bis traumatischen Kindheitserlebnisse bestimmte Grenz- und Schwellenerfahrungen gespiegelt, die auch in Migrationsprozessen von zentraler Bedeutung sind.

Die hierin anklingenden Aspekte der Betroffenheit entsprächen der Zuordnung der 1946 in Malatya geborenen und als junge Erwachsene migrierten Autorin zur „ersten" türkischen Einwanderergeneration, während die Autor(inn)en der anderen drei Erzähltexte einer Nachfolgegeneration angehören, welche die durch die Eltern unternommene Auswanderung sehr jung oder gar nicht miterlebt hat. Unter dem Ansatz wirkungsästhetischer Maßstäbe jedoch kennzeichnet sich Özdamars *Karawanserei*-Roman, der heute zu den bestverkauften Werken der deutsch-türkischen Literatur zählt und zudem internationale Aufmerksamkeit auf sich gezogen hat,[33] eher durch eine sprachlich wie strukturell komplexe Schreibweise, die gerade nicht auf eine kulturelle ,Zerrissenheit' zwischen zwei Welten hindeutet, sondern vielmehr auf eine kulturelle Vermischung und Durchdringung.[34] Der Funktion der ästhetisch-strategischen Kindheitsdarstellung wurde in den zahlreichen Forschungsbeiträgen zu diesem Roman bisher noch nicht nachgegangen.

Betroffenheit und Befremden stellen auch in der Inszenierung von Kindheit in Selim Özdoğans Roman *Die Tochter des Schmieds* (2005) zentrale Aspekte dar, indem die Beschreibungen von traumatischer Kindheitserfahrung durch den Tod der Mutter und von Kindheit als erinnerter Idylle einer engen Bindung an die Vaterfigur miteinander verknüpft sind. So werden die in der Kindheit der Protagonistin Gül erfahrenen Schwellen- und Bruchmomente insbesondere in der auf Figurenebene gestalteten Psychologie deutlich. Daher sind die dargestellten, bisweilen neurotischen Verhaltensweisen des verängstigten Mädchens in Form von selbst auferlegten Zwängen sowie imaginierten idyllischen (Spiel-)Welten speziell aus psychoanalytischer Perspektive zu erörtern. Der Blick auf die Kindheit wird hier vor allem aus der im Epilog eröffneten Sicht der gealterten Gül verständlich. Diese ist entgegen ihren Beteuerungen noch immer von Ängsten davor geprägt, ihr lebenserhaltendes Gefühl des Gebrauchtwerdens entbehren zu müssen. Der Roman über die Kindheit und Vorgeschichte zur Migration einer im ländlichen Ostanatolien der 1940er bis 1960er Jahre aufgewachsenen Frau setzt sich thematisch wie stilistisch deutlich von Özdoğans vorigen Veröffentlichungen ab und ist in wissenschaftlichen Abhandlungen auf dem Feld der Interkulturellen Literaturwissenschaft bisher nur äußerst unzureichend berücksichtigt worden.

---

[33] Laut einer amerikanischen Aufstellung vor einigen Jahren zählt sie zu den 1000 lesenswertesten Autoren der Welt, vgl. Peter Boxall (Hrsg.): *1001 Books You Must Read Before You Die: A Comprehensive Reference Source, Chronivling the History of the Novel*, New York 2006.

[34] Aus diesem Grund ordnet bspw. Enis Kadıpınar Özdamar explizit der „zweiten" Generation zu. Vgl. Enis Kadıpınar: „,Ihre deutschen Wörter haben keine Kindheit.' Kulturelle und hybride Identität in *Das Leben ist eine Karawanserei, hat zwei Türen, aus einer kam ich rein, aus der anderen ging ich raus von Emine Sevgi Özdamar*", in: Gabriella Rácz und Lásló V. Szabó (Hrsg.): *Der deutschsprachige Roman aus interkultureller Sicht*, Vezprèm und Wien 2009, S. 115-127, hier S. 125.

Eine Sonderstellung innerhalb des eigenen literarischen Werks nimmt auch Feridun Zaimoğlus Roman *Leyla* (2006) ein, welcher inhaltliche wie stilistische Parallelen zu Özdamars *Karawanserei*-Roman offenbart, wodurch beiden Publikationen im Zuge eines öffentlich ausgetragenen Plagiatsstreits[35] zusätzliche Aufmerksamkeit zuteil wurde. In dem angeblich nach Tonbandaufnahmen von der erzählten Lebensgeschichte seiner Mutter ausgearbeiteten Text, der Zaimoğlu unter allen seinen Werken am meisten bedeutet[36], geht es um die in der Türkei verbrachte Kindheit Leylas und um ihre allmähliche Emanzipation von den patriarchalen Lebensverhältnissen bis zu dem Schritt der Migration. Ein Hauptaugenmerk der Romananalyse liegt auf den erzähltechnischen Verfahren zur Erzeugung der als kindlich inszenierten Weltsicht, wobei sich hier eine oftmals ‚unzuverlässige‘ Erzählerposition im Hinblick sowohl auf das Figurenwissen als auch auf die verhandelten kulturellen Wertevorstellungen zeigt. Dass dabei die Überwindung bestimmter kultureller (Macht-) Strukturen durch die ‚betroffene‘ erste Einwanderergeneration im Mittelpunkt steht, spiegelt sich dann auch in der Gestaltung mehrerer Textpassagen, in denen die Titelprotagonistin unter ihrem gewalttätigen Vater leidet und Strategien und Phantasien entwickelt, um ihrem teilweise unerträglichen Lebensalltag zu entkommen.

Da es sich bei den genannten Kindheitsgeschichten jeweils um eine (auto)biographisch angelehnte, aber fiktiv ausgestaltete Vergangenheitskonstruktion handelt, sind sie der literarischen Form der Autofiktion zuzuordnen. Diese wird mittlerweile zu den dominierenden Konzepten der gegenwärtigen Migrationsliteratur gezählt.[37] Sie kennzeichnet sich vor allem dadurch, dass ‚Wirklichkeit‘ nicht mehr vorrangig durch eine subjektive Erzählperspektive, sondern gerade durch die erzählerische Distanz zwischen Subjekt- und Objektpol vermittelt wird.[38] Daher geht es in den folgenden Textanalysen nicht um Problemstellungen in Bezug auf das

---

[35] Vgl. hierzu ausführlicher in Kapitel V.1.1.

[36] In einem Interview mit Maik Söhler: „Zaimoğlu: Faule Aprikosen aus Malatya“, in: *Netzeitung* vom 14.06.2006, unter: http://www.netzeitung.de/voiceofgermany/39fragen/405429.html (zuletzt eingesehen am 17.11.2009). Vgl. zu den Besonderheiten der entstehungsgeschichtlichen Hintergründe ausführlicher Kap. VI.1.

[37] Vgl. Klaus Schenk: „Autofiktionale Aspekte in der gegenwärtigen Migrationsliteratur“, in: Jean-Marie Valentin (Hrsg.): *Akten des XI. Internationalen Germanistenkongresses Paris 2005*, Bd. 6: *Migrations-, Emigrations- und Remigrationskulturen*, Bern u. a. 2007, S. 355-362. Hier heißt es auf S. 355: „Etwas ist neu an den Schreibweisen der aktuellen Migrationsliteratur […]. Erfahrungen vom Erwerb und Umgang mit einer fremden Literatursprache, vom Ortswechsel und Kulturwechsel werden erzählt, ohne daß sich eine Zuordnung zur Gattung der Autobiographie daraus ableiten ließe.“

[38] Vgl. hierzu Michaela Holdenried: *Autobiographie*, Stuttgart 2000, S. 44ff.

Verhältnis zwischen ‚wahren‘ und erfundenen Geschichten[39] oder darum, inwiefern den verfremdenden Verfahren kindlicher Ausdrucksweise biographische Schlüssigkeit zugesprochen werden kann. Vielmehr gilt es herauszufinden, welche diesbezüglichen ästhetischen Inszenierungsformen innerhalb der Texte welche kulturrelevanten Sinndeutungen transportieren.

Dabei sind zwei wesentliche Merkmale innerhalb der dargestellten Kindheiten hervorzuheben: Zum einen werden ausschließlich Kindheiten konstruiert, die in ihrer jeweiligen Konzeption als *weibliche* Leidens- und Emanzipationsgeschichte einen geschlechtsspezifischen Identifikationsraum entwerfen. In diesem werden Entwicklungsprozesse über speziell der Weiblichkeit zugeschriebene (negative) Schwellenerfahrungen gezeigt. So treten innerhalb der Kindheitsentwürfe insbesondere Problematiken der Anpassung *an* sowie der Überwindung *von* kulturell geprägte/n geschlechtsspezifische/n Rollenmuster/n oder Machtverhältnisse/n in den Vordergrund. Zum anderen kreisen die als individuelle Erinnerungsräume entworfenen Kindheiten immer wieder um Paradiestopoi, die jedoch nur scheinbar der frühromantischen Idee einer sinnbildlichen Verknüpfung von Kindheit und verlorenem Paradies als vergangene ‚Goldene Zeit‘[40] folgen. Bei der Lektüre der vorliegenden Romane fällt schnell auf, dass die dargestellten Kindheiten gerade *nicht* ‚paradiesisch‘ im herkömmlichen Sinne gestaltet sind. Abgesehen von den vielen negativen Erlebnissen erscheinen auch die idyllisierten Passagen dermaßen statisch ideologisiert, dass sie gemäß der psychoanalytischen Theorie als pathologisch gelten müssen[41] und damit auf eine Krise verweisen. So markiert insbesondere der Vorgang des „Wegträumens“ in idealisierte Zustände immer auch den Versuch, einen aktuellen Konflikt durch eine andere Bezogenheit aufzuheben. Dies geschieht, indem durch eine mit eigenen Imaginationen aufgeladene Reflexion über das eigene Gewordensein neu verfügt, das heißt Kontrolle (wieder)erlangt wird. Insofern stehen Anklänge an Paradiesbilder innerhalb von Kindheitskonstruktionen für das Bewusstsein einer Krise und für eine diese Krise aufhebende Utopie.[42]

---

[39] Vgl. zu diesen in der Biographieforschung diskutierten Problemstellungen ausführlicher: Gabriele Rosenthal: *Erlebte und erzählte Lebensgeschichte. Gestalt und Struktur biographischer Selbstbeschreibung*, Frankfurt a. M. / New York 1995 und die dort angegebene weiterführende Literatur.

[40] Vgl. hierzu etwa: Meike Sophie Baader: *Die romantische Idee des Kindes und der Kindheit. Auf der Suche nach der verlorenen Unschuld*, Neuwied u. a. 1996.

[41] Vgl. zur Pathologie idyllischer Vorstellungen Benigna Gerisch: „„Auch ich war in Arkadien“. Psychoanalytische Hypothesen zur Architektur innerer Räume“, in: Claudia Benthien und Manuela Gerlof (Hrsg.): *Paradies. Topografien der Sehnsucht*, Köln u. a. 2010, S. 171-189 sowie Kap. II.1.3 dieser Arbeit.

[42] Vgl. hierzu Yvonne-Patricia Alefeld: *Göttliche Kinder. Die Kindheitsideologie in der Romantik*, Paderborn u. a. 1996, S. 16.

Für die in der Migrationsliteratur inszenierten Kinderfiguren bedeutet dies, dass sie in mehrfacher Weise zu einem „Grenzgänger"[43] bzw. hier zu einem Grenz*über*gänger werden: In ihnen zeigt sich zum einen die *Ent*grenzung, insofern die Figur des naiven Kindes aufgrund fehlender Reflexionsfähigkeit die ‚Wirklichkeit' unvermittelter auffassen und zur Darstellung bringen kann. Die darin wiederholt abgebildeten traumatischen Bruchmomente, die auf spätere Folgen der Migration bereits vorausdeuten, erscheinen auf diese Weise subjektiv drastischer. Zum anderen zeigt sich in den inszenierten Kinderfiguren eine *Be*grenzung aufgrund eines fehlenden Wissens um sprachliche, gesellschaftliche und kulturelle Codes, wie es auch für migrationsbedingte Grenz- und Differenzerfahrungen typisch ist. In dieser Hinsicht lässt die naive Perspektive negative Erlebnisse abgemildert erscheinen, sie zielt in ihrer betonten Inszeniertheit jedoch gerade auf diese ab. So werden über die Kinderfigur immer wieder verschiedenartige Grenzen – normative Grenzen oder Erkenntnisgrenzen – unbewusst und bewusst überschritten.

Fragestellung und Methodik

Ausgehend von der Beobachtung, dass Kindheit in den entsprechenden Erzähltexten als eine von traumatischen Brüchen erschütterte Lebensphase inszeniert wird, stellt sich die Frage, wie dies genau geschieht und wofür dies steht. Das heißt, es gilt herauszustellen, was Kindheit – und hier speziell weibliche Kindheit – als ein innerhalb der deutsch-türkischen Migrationsliteratur offensichtlich bevorzugtes Thema symbolisiert und inwiefern der Darstellungsmodus des Kindlichen in diesem Zusammenhang eine ‚geeignete' Textstrategie bildet. Insbesondere ist danach zu fragen, was die in den erzählten Entwicklungsgeschichten inhaltlich und stilistisch gestalteten Grenzerfahrungen sowie ihre ‚Überwindung' hinsichtlich kultureller Identitätsbildungsprozesse repräsentieren.

So richtet die Analyse der einzelnen erzähltechnischen Gestaltungselemente, über die Kindlichkeit inszeniert wird, ihr Augenmerk darauf, was über das in allen vier Romanen mehr oder weniger vorherrschende Erzählverfahren der Naivität darstellbar wird. Dafür ist im Einzelnen relevant, was die Kinder-Figuren vorgeblich wissen und welche konstruierte Erzählerposition dieses Figurenwissen möglich macht. Hier rücken auch die speziell ‚kindlichen' Sprachformen in den Fokus, die zum Teil spielerisch anmuten und in ihrer Verknüpfung mit souveränen Erzählerkommentaren ein leserbezogenes Wechselspiel zwischen Nähe und Distanz hervorrufen.

---

[43] Alefeld: Göttliche Kinder (1996), S. 16.

Darüber hinaus soll ein umfassender Blick auf die jeweilige Figurenkonstellation zeigen, an welchen sozio-kulturellen Mustern sich die kindlichen und später jugendlichen Protagonistinnen orientieren und welche
sie schließlich unterlaufen. Die nähere Betrachtung ihrer individuellen
Entwicklung und besonders der darin platzierten Idyllisierungen gibt
Aufschluss darüber, welche in den entworfenen Kindheiten gespiegelten
Erfahrungen es zu ‚überwinden‘ gilt. In dieser Hinsicht ist außerdem zu
untersuchen, ob sich signifikante Unterschiede zwischen den beiden ‚jüngeren‘ Kindheitserzählungen von Özdoğan und Zaimoğlu (2005 und
2006) und den beiden ‚älteren‘ Kindheitsdarstellungen von Demirkan und
Özdamar (1991 und 1992) ergeben. Denn obwohl alle vier Romane
gleichermaßen aus der Perspektive einer weiblichen Kinderfigur von einer
türkischen Kindheit zu Mitte des letzten Jahrhunderts erzählen und dabei
zum Teil sehr ähnliche Plotmuster aufweisen, ist dieser Aspekt insofern
interessant, als hier nicht nur die Generationszugehörigkeit der jeweiligen
Autor(inn)en – „erste“ vs. „zweite“ Generation –, sondern auch eine häufig unterstellte geschlechtsspezifische Erzählweise als Einflussfaktor in
Frage kommt.

Zur Klärung dieser Fragen ist der Rekurs auf verschiedene Theorieansätze unerlässlich. So greift die Arbeit insbesondere auf Aspekte der Interkulturellen Literatur, der Kulturtheorie sowie der Psychoanalyse zurück und blickt dabei insgesamt aus einer literaturwissenschaftlichen Perspektive. Viele Auseinandersetzungen mit Veröffentlichungen der Migrationsliteratur – und speziell die von Autorinnen – folgen einem stark so-
zialwissenschaftlich geprägten Blickwinkel, unter dem diese Literatur
mehr als gesellschaftspolitisches Dokument und weniger als literarisches
Werk beurteilt und analysiert worden ist.[44] Diese Tendenz ist heute einer
weitaus differenzierteren Forschungslage gewichen, die sich allgemein
mehr auf die Literarizität der Texte konzentriert.[45] So verlangt auch die
hier zu leistende Analyse der literar-ästhetisch vielschichtigen Konstruktionen von Kindheit das „mehrfache[ ], tiefe[ ] Lesen“[46], wie es zum Beispiel Sheila Johnson speziell für diese Literatur fordert. Denn nur über ein

[44] Vgl. hierzu bspw. Sheila Johnson: „Literatur von deutschschreibenden Autorinnen
islamischer Herkunft“, in: *German Studies Review* 20,2 (1997), S. 261-278 sowie dies.:
„Von ‚Betroffenheit‘ zur Literatur. Frauen islamischer Herkunft, die auf deutsch
schreiben“, in: Mary Howard (Hrsg.): *Interkulturelle Konfigurationen. Zur deutschsprachigen Erzählliteratur von Autoren nichtdeutscher Herkunft*, München 1997, S.
153-169.
[45] Hierfür stehen nicht zuletzt die an Migrationsschriftsteller/innen zunehmend verge-
benen „Poetikprofessuren“ und „-dozenturen“, vgl. bspw. die 2000 ins Leben gerufene
„Dresdner Chamisso-Poetikdozentur“ speziell für Migrantenliteratur, die „Tübinger
Poetik-Dozentur“ (Feridun Zaimoğlu 2007) oder die Hamburger „Gastprofessur für
Interkulturelle Poetik“ (seit 2011).
[46] Johnson: Literatur von deutschschreibenden Autorinnen (1997), S. 269.

solches Close Reading ist eine differenzierte Aufgliederung der literaturwissenschaftlich relevanten Deutungsebenen möglich.

Eingangs wird daher ein kursorischer Überblick über das gesellschaftliche Konstrukt ‚Kindheit' gegeben, um zu begründen, welche sozio-historischen wie auch psychoanalytischen Perspektiven dafür bedeutsam sind.[47] Diese Theorieansätze bilden die Grundlage, von der aus auch
die inszenierte Kindheit in Texten der deutsch-türkischen Migrationsliteratur zu erfassen ist. Dabei spielen Theorien von ‚Fremdheit' und ‚Identität' als zentrale Analysekategorien innerhalb der Interkulturellen Literatur eine wichtige Rolle. Sie sind anschließend näher zu erläutern und zu
kontextualisieren. Gemeinsam mit Ansätzen aus der aktuellen Grenz- und
Raumtheorie bilden sie die Struktur eines theoretischen Modells, nach
dem die entsprechenden Kindheitsdarstellungen als ‚Grenzbespielungen'
auszulegen sind. Denn die in ihnen gezeigten Kindheitserfahrungen bewegen sich stets an bestimmten Grenzen entlang oder über gewisse Grenzen hinweg, sodass sie immer auch auf die Differenz- und/oder Migrationserfahrungen verweisen. Die notwendig komprimierte Darlegung der
jeweils äußerst komplexen Theoreme soll und kann hierbei nicht die gesamte Fülle des wissenschaftlichen Materials aller relevanten Disziplinen
referieren. Vielmehr besteht das Ziel darin, geeignete Ansatzpunkte für
die anschließenden Romananalysen aufzuzeigen.

Die weiteren vier Hauptkapitel widmen sich jeweils einem der Kindheitsromane, um sie inhaltlich, strukturell und narratologisch einzuord-
nen und darüber die jeweiligen spezifischen Muster der Kindheitskonstruktion zu deuten. Die hierbei aufgezeigten Interferenzen zwischen Literatur und Psychoanalyse betreffen insbesondere Phänomene auf den
Gebieten der (kindlichen) Erinnerungskonstitution und Bewusstseins-
formation sowie der allgemeinen Traumatheorie.

---

[47] So bleibt die Frage „Was ist Kindheit?" aufgrund der soziokulturellen Gegenwarts-
bezogenheit ihrer Definition innerhalb jeder Kindheitsforschung stets neu zu stellen.
Vgl. hierzu Michael-Sebastian Honig: „Das Kind der Kindheitsforschung. Gegenstandskonstitution in den *childhood studies*", in: ders. (Hrsg.): *Ordnungen der Kindheit. Problemstellungen und Perspektiven der Kindheitsforschung*, Weinheim und
München 2009, S. 25-51.

I. KINDHEIT ALS (KULTURELLE) KONSTRUKTION

I.1. Figuren von Kindheit und Kindlichkeit

I.1.1. Kindheitsbilder – sozio-historische Entwicklungslinien

Die Selbstverständlichkeit, mit der wir heute von einer möglichen ‚kindlichen‘ Perspektive auf die Welt ausgehen, hat keine lange Tradition, da sie Bewusstsein und Empathie für das Kindliche voraussetzt. Doch Kindheit ist weder als eine per se biologisch definierte noch seit jeher gesondert betrachtete Kategorie, sondern als ein konstruiertes, psychosoziales und kulturell geprägtes Ideensystem zu verstehen. Erst aus langer Indifferenz heraus rückte das „gesellschaftliche[ ] Kunstprodukt"[1] Kind im Laufe der letzten Jahrhunderte in einen privilegierten (Rechts-)Status[2]. Dass die Geschichte der Kindheit einem „Alptraum" gleicht, „aus dem wir gerade erst erwachen"[3], befand Ende der 1970er Jahre der Psychohistoriker Lloyd deMause und bezeichnete mit diesen häufig zitierten Worten nicht nur die zunehmend schlechtere Behandlung von Kindern, je weiter man in der Geschichte zurückgeht, sondern auch die bis dato mangelnde Zuwendung seitens der Historiographie. Zwar hat sich das Thema Kindheit bis heute zu einem dicht beforschten Gebiet verschiedenster wissenschaftlicher Disziplinen entwickelt[4], doch kann insgesamt nur von einer kurzen Tradition der Kindheitsforschung gesprochen werden. Diese evoziert unerschöpflich neu zu erschließende Bereiche, und der Vorwurf eines „vernachlässigte[n] Thema[s]" kann zu Beginn einer jeden Untersuchung stehen.[5] So liegt dem Bild der Kindheit bzw. des Kindes in der Gegenwart eine vielschichtige Entwicklungsgeschichte zugrunde, in der angesichts gegenwärtiger Globalisierungsprozesse zunehmend auch kulturelle Einflüsse an Bedeutung gewinnen. Der folgende kursorische Überblick führt

---

[1] Neil Postman: *Das Verschwinden der Kindheit*, Frankfurt a. M. 1983, S. 7.

[2] In der weltweit anerkannten Kinderrechtskonvention der Vereinten Nationen werden Kindern grundlegende Rechte wie Schutz-, Entwicklungs- und Partizipationsrechte zuerkannt.

[3] Lloyd deMause: „Evolution der Kindheit", in: ders. (Hrsg.): *Hört ihr Kinder weinen. Eine psychogenetische Geschichte der Kindheit*, Frankfurt a. M. 1977, S. 12-111, hier S. 12. deMause beschreibt Formen von körperlicher wie seelischer Gewalt gegenüber Kindern, wie sie in der Gesellschaft des mittelalterlichen Europas bis in die Neuzeit hinein weit verbreitet waren.

[4] Studien zum Thema Kindheit nahmen seit Beginn der 1970er Jahre mit fortschreitender Etablierung des Faches Pädagogik inflationär zu; auch heute hat dieses Forschungsthema wieder Konjunktur, allerdings mit Bezug auf andere Aspekte, wie die der Globalisierung und modernen Mediengesellschaft.

[5] Vgl. dazu bspw. Jens Qvortrup: „Die soziale Definition von Kindheit", in: Manfred Markefka und Bernhard Nauck (Hrsg.): *Handbuch der Kindheitsforschung*, Neuwied u. a. 1993, S. 109-124; das Zitat stammt von S. 109.

die wichtigsten sozio-historischen Entwicklungslinien zusammen, die im Hinblick auf eine Auseinandersetzung mit literar-ästhetischen Inszenierungsformen von Kindheit relevant sind.

Nachdem erste Ideen über Kindheit bereits in der Antike[6] aufgekommen waren und hernach weitgehend in Vergessenheit gerieten, hatte man im mittelalterlichen Europa Kindheit nicht als extraordinäre Lebensspanne eingestuft oder mit ihr einen Fürsorge-, Erziehungs- oder Bildungsauftrag verbunden. Vielmehr hatte man Kinder meist als ‚kleine Erwachsene' angesehen. Philippe Ariès begründet dies in seiner *Geschichte der Kindheit* mit der wenig ausgebildeten emotionalen Bindung innerhalb eher zweckbegründeter Familienverbände und der Betrachtung eines Kleinkindes als bereits arbeitsfähiger junger Mensch. Es sei keine gezielte Sozialisation durch die Familie erfolgt, sondern die ‚Erziehung' habe Jahrhunderte lang auf einem eher beiläufigen Lehrverhältnis beruht.[7] Anstatt mit Empathie begegneten Erwachsene (ihren) Kindern häufig mit Projektionen eigener Wünsche und Antipathien, was nicht selten Vernachlässigung, Missbrauch und Kindsmord zur Folge hatte.[8]

Erst der Renaissance hat Kindheit ihre nachhaltige ‚(Wieder-)Entdeckung' zu verdanken. Hier setzte allmählich die Vorstellung von einem Kind als schutz- und förderbedürftiges Wesen[9] ein, die sich dann später in

---

[6] Eine ausführliche Bibliographie haben Margret Karras und Josef Wiesehöfer zusammengestellt: *Kindheit und Jugend in der Antike. Eine Bibliographie*, Bonn 1981. Vgl. hierzu außerdem Marieluise Deißmann-Merten: „Zur Sozialgeschichte des Kindes im antiken Griechenland", in: Jochen Martin und August Nitschke (Hrsg.): *Zur Sozialgeschichte der Kindheit*, Freiburg und München 1986, S. 267-316. Hingewiesen sei darauf, dass hier zunächst aus eurozentrischer Perspektive dokumentiert wird. Neuere Studien zeigen indes, dass die Themen Kindheit und Erziehung bereits in Altägypten und Altmesopotamien eine Rolle spielten. Vgl. bspw. Jan-Waalke Meyer: „Kind und Kindheit im Alten Orient", in: Gerold Scholz und Alexander Ruhl (Hrsg.): *Perspektiven auf Kindheit und Kinder*, Opladen 2001, S. 215-233.

[7] Vgl. Philippe Ariès: *Geschichte der Kindheit*, München 61984, S. 16 u. 559. Im Gegensatz zu deMause sieht Ariès allerdings in diesen Beziehungsverhältnissen ein höheres Maß an Glück und Freiheit für das Kind, welches durch die mit der Entdeckung der Kindheit einsetzenden erzieherischen Maßnahmen eingeschränkt worden sei.

[8] Siehe hierzu ausführlich deMause: Evolution der Kindheit (1977). Dieses Projektionsverhalten stellte nicht nur in vormoderner Zeit ein Problem dar, sondern es gilt auf dem Gebiet der Kinderpsychologie auch heute noch als eine allgemein bekannte Gefahr. Vgl. hierzu bspw. die Studie von Michael Winterhoff: *Warum unsere Kinder Tyrannen werden. Oder: Die Abschaffung der Kindheit*, Gütersloh 2008. Zur Geschichte der Kindheit im Mittelalter siehe außerdem: Klaus Arnold: „Kindheit im europäischen Mittelalter", in: Jochen Martin und August Nitschke (Hrsg.): *Zur Sozialgeschichte der Kindheit*, Freiburg und München 1986, S. 443-467.

[9] Die neue humanistische Sicht auf Kindheit unterschied sich vom mittelalterlichen Denken vor allem in der Betonung der frühen Erziehung und des schulischen Lernens. Vgl. hierzu Hugh Cunningham: *Die Geschichte des Kindes und der Neuzeit*, Düsseldorf 2006, S. 67ff.

den Diskursen unter dem Einfluss Rousseaus im ausgehenden 18. Jahrhundert vertiefte.[10] Sein epochales pädagogisches Hauptwerk *Emile ou de l'éducation* (*Emile oder Von der Erziehung*) von 1762 förderte eine zunehmende Wertschätzung kindlicher Charaktereigenschaften wie Natürlichkeit, Unvoreingenommenheit und Phantasie. Im Zuge der Entdeckung der ‚wilden' Völker ferner Länder und Inseln wurde die Kindheitsphase unter philosophisch-anthropologischer Perspektive mit einer ‚primitiven Kulturstufe' verglichen. Die unbedarfte Lebensweise dieser Völker in „paradiesische[m] Ur- und Naturzustand"[11] wurde zu Projektionsflächen regressiver Sehnsüchte. Wie Michael Rössner darlegt, entstand der Wunsch, „hinter eine gewisse Stufe in der Entwicklung des Denkens bzw. der Erkenntnis zurückzugelangen"[12].

Diese idealistische und idyllisierende (Re-)Fokussierung auf das Natürliche bildete folgend als Gegenbewegung zum rationalen Fortschrittsgedanken einer aufkommenden Industriegesellschaft die Motivationsbasis für die Hinwendung zur Kindheit.[13] Dies geschah auch im übertragenen Sinne als Kindheit des Menschengeschlechts bis hin zu einem regelrechten „Kindheitskult"[14]. Voraussetzung dafür war die zunehmende Emotionalisierung und Intimisierung von Beziehungen innerhalb der bürgerlichen Familie, wodurch das Kind als autonomes Individuum wahrgenommen werden und das Sujet Kindheit als ästhetisierter Topos der Selbstreferenz entstehen konnte.[15]

Die dabei eintretende Verherrlichung und Mythologisierung von Kindheit und Kindlichkeit geht auf eine Tradition der Deifizierung zu-

---

[10] Aus der Fülle der Forschungsliteratur zur Kindheitsgeschichte vgl. hierzu Ariès (1984) und zur romantischen Kindheitsidee Hans-Heino Ewers: *Kindheit als poetische Daseinsform. Studien zur Entstehung der romantischen Kindheitsutopie im 18. Jahrhundert. Herder, Jean Paul, Novalis und Tieck*, München 1989; Detlef Kremer: „Idyll oder Trauma. Kindheit in der Romantik", in: *E.T.A. Hoffmann-Jahrbuch* 11 (2003), S. 7-18 sowie Aleida Assmann: „Werden was wir waren. Anmerkungen zur Geschichte der Kindheitsidee", in: *Antike und Abendland* XXIV (1978), S. 98-124. Rousseau wird heute die Rolle des „Erfinders" moderner Kindheit abgesprochen, da er sich in seinen Schriften auf ältere Texte bezieht. Vgl. hierzu bspw.: Sabine Andresen und Klaus Hurrelmann: *Kindheit*, Weinheim und Basel 2010, S. 18ff.

[11] Ewers: Kindheit als poetische Daseinsform (1989), Anm. 5, S. 29.

[12] Michael Rössner: *Auf der Suche nach dem verlorenen Paradies. Zum mythischen Bewußtsein in der Literatur des 20. Jahrhundert*, Frankfurt a. M. 1988, S. 36.

[13] Vgl. hierzu auch Werner Ross: „Auf der Suche nach dem verlorenen Paradies. Das Kind in der Dichtung", in: ders.: *Die Feder führend. Schriften aus fünf Jahrzehnten*, hg. von Christoph Burgauner, München 1987, S. 335-338, hier S. 335.

[14] Ewers: Kindheit als poetische Daseinsform (1989), S. 7 und 19f. Vgl. hierzu auch George Boas: *The Cult of Childhood*, London 1966 und Wolf Wucherpfennig: : *Kindheitskult und Irrationalismus in der Literatur um 1900. Friedrich Huch und seine Zeit*, München 1980.

[15] Ewers: Kindheit als poetische Daseinsform (1989), S. 20.

rück. Nach dieser Tradition wurde das Kind durch die Verklärung mit Attributen der Reinheit und des Friedens im Bewusstsein der Erwachsenen als gottähnlich gefasst[16] und somit auch in die Nähe zu Schöpfungsmythen gerückt.[17] So wurde und wird Kind-Sein insbesondere mit dem Zustand des Urmenschen Adam, dem Bewohner des paradiesischen Gartens Eden verglichen und dadurch idealisiert.[18] Als gleichsam ‚Unverdorbener‘ ist das Kind der sündenfreie und unwissende, der Erwachsene dagegen der sündenbehaftete, wissende Mensch. Dabei gilt: Ist von einem erwachsen Gewordenen die natürliche ‚Schutzbarriere‘ der noch unterentwickelten Verstandeskräfte, durch die das Kind „vor der Zersetzung durch die intellektuellen Kräfte gefeit"[19] ist, einmal überquert worden, gehen mit Erlangen dieses Wissens die als kindlich konventionalisierten Merkmale wie Naivität, Simplizität und Spontaneität[20] für immer verloren. Gerade diese Unmöglichkeit der Rückkehr des Menschen in seine ‚paradiesisch‘-projektive Ursprünglichkeit macht Rössner zufolge ihren literarischen Reiz aus.[21]

Doch nicht nur anthropologisch, sozialpädagogisch oder literarisch rückte das Kind zunehmend in den Fokus des Interesses. Es wurde auch zu einem ‚Forschungsobjekt‘ der Psychoanalyse und hier insbesondere der Kinderpsychopathologie. Dabei entstanden immer neue Theorien, unter denen sicherlich Sigmund Freuds bedeutende Schriften zur infantilen Sexualität zu Beginn des 20. Jahrhunderts nicht nur seinerzeit die größte Empörung verursachten.[22] Bis heute genießen Kinder als ein gleichsam „drittes gender"[23] einen Sonderstatus in vielerlei Hinsicht. Dieser Sonder-

---

[16] Vgl. hierzu Dieter Lenzen: *Mythologie der Kindheit. Die Verewigung des Kindlichen in der Erwachsenenkultur. Versteckte Bilder und vergessene Geschichten*, Reinbek b. Hamburg 1985, S. 208.

[17] Vgl. Alefeld: *Göttliche Kinder* (1996), S. 19.

[18] Vgl. hierzu bspw. Boas: *Cult of Childhood* (1966), S. 11.

[19] Sabine Lutkat: „Im Einklang mit der Natur – Kindheit als verlorenes Paradies", in: Thomas Bücksteeg u. a. (Hrsg.): *Homo faber – Handwerkskünste in Märchen und Sagen / Verlorene Paradiese – gewonnene Königreiche*, Krummwisch 2005, S. 125-146, hier S. 132.

[20] Vgl. hierzu Alefeld: *Göttliche Kinder* (1996), S. 13.

[21] Vgl. Rössner: *Suche nach dem verlorenen Paradies* (1988), S. 37, Zitat ebd.

[22] Vgl. u. a. Sigmund Freud: „Drei Abhandlungen zur Sexualtheorie" (1905), in: ders.: *Gesammelte Werke*, hg. von Anna Freud u. a., Bd. V: *Werke aus den Jahren 1904-1905*, London 1942, S. 27-145 (darin: „Die infantile Sexualität") oder Sigmund Freud: „Über infantile Sexualtheorien" (1908), in: ders.: *Gesammelte Werke*, hg. von Anna Freud u. a., Bd. VII: *Werke aus den Jahren 1906-1909*, London 1941, S. 19-27 bzw. 171-188 oder auch: „Die infantile Genitalorganisation" (1923), in: ders.: *Gesammelte Werke*, hg. von Anna Freud u. a., Bd. XIII: *Jenseits des Lustprinzips und andere Arbeiten aus den Jahren 1920-1924*, London 1940, S. 291-298.

[23] So bezeichnet von Katharina Ulrich: „Was kann die Kinderliteraturforschung zu einer Anthropologie der Kindheit beitragen?", in: Erich Renner (Hrsg.): *Kinderwelten.*

status ist nicht nur in der wissenschaftlichen, sondern auch in der popu-
lärwissenschaftlichen Kindheitsforschung kritisiert worden. So führte er
zu Stilisierungen bis hin zu *dem* außergewöhnlichen Wesen schlechthin[24],
wie schon Ariès beklagte: „Unsere Welt ist von den physischen, moralischen und sexuellen Problemen der Kindheit geradezu besessen."[25] Eines
der gegenwärtig auffälligsten postmodernen Phänomene ist der öffentlich
viel zitierte „Wandel der Kindheit", der auf gesellschaftliche strukturelle
Veränderungen im Zuge der Globalisierung und des Einflusses durch
Massenmedien zurückgeführt wird.[26] Doch Kindheit kann ohnehin nicht
in einer starren Definition als „anthropologische Universalie"[27] gefasst
werden. Auch haben sich Vorstellungen über Kindheit von ihrer diskursiven ‚Entdeckung' bis zum heutigen Wissensstand nicht linear entwickelt.
Vielmehr bildet Kindheit dadurch, dass gegenwärtige Gesellschaften sie
immer neu konstruieren und dekonstruieren, ein „wandelbares und ge-
wandeltes Kulturphänomen"[28], das den jeweiligen sozialhistorischen und
kulturellen Gegebenheiten unterliegt. Dies gilt auch für die Betrachtung
außereuropäischer Entwicklungslinien von Kindheit.[29]

Obwohl die Sozialgeschichte der Kindheit im islamisch geprägten
Kulturraum noch wenig detailliert beschrieben wurde – von Motzki daher

---

Pädagogische, ethnologische und literaturwissenschaftliche Annäherungen, Weinheim
1995, S. 52-64, hier S. 52.

[24] Vgl. Barth: Mit den Augen des Kindes (2009), S. 15.

[25] Ariès: Geschichte der Kindheit (1984), S. 560.

[26] Mit strukturellen Veränderungen der Gesellschaft sind in diesem Zusammenhang das
vermehrte Aufwachsen als Einzelkind oder bei allein erziehenden Elternteilen, die Ent-
traditionalisierung in der Massenkultur oder die Expertisierung der Kindererziehung
gemeint. Vgl. hierzu: Hans-Günter Rolff und Peter Zimmermann: *Kindheit im Wandel. Eine Einführung in die Sozialisation im Kindesalter*, Weinheim und Basel, 62001.
Auch Postman stützt seine kühne These vom „Verschwinden der Kindheit" hauptsächlich auf die fehlende Massenmedienkompetenz der Kinder und auch der Erwachsenen
in der modernen Informationsgesellschaft. Postmans Ausführungen sind jedoch nicht
unumstritten; vgl. hierzu z. B. die vehemente Repudiation seiner Ansichten durch Lenzen: Mythologie der Kindheit (1985), S. 13ff.

[27] Michael-Sebastian Honig: *Entwurf einer Theorie der Kindheit*, Frankfurt a. M. 1999,
S. 18.

[28] Burkhard Fuhs: *Kinderwelten aus Elternsicht. Zur Modernisierung von Kindheit*,
Opladen 1999, S. 11.

[29] Vgl. hierzu auch Cunningham: Geschichte des Kindes (2006), der von „gemeinsame[n] Verhaltens- und Veränderungsmuster[n]" (S. 34) ausgeht. Vgl. außerdem
Gerhard Kubik: „Kindheit in außereuropäischen Kulturen: Forschungsprobleme, -
methoden und -ergebnisse, in: Erich Renner (Hrsg.): *Kinderwelten. Pädagogische,
ethnologische und literaturwissenschaftliche Annäherungen*, Weinheim 1995, S. 148-
166.

als „dringendes Desiderat islamwissenschaftlicher Forschung"[30] bezeichnet – lassen sich einige wesentliche Unterschiede zum europäischen
Kindheitsbild konstatieren. Die Einstellung zu Kindern im islamischen
Orient stützt sich bisweilen noch heute auf sehr traditionelle Verhaltensmuster, die aus dem städtischen Milieu Arabiens im 7. Jahrhundert her-
vorgingen. Wie Motzki darlegt, wurde Kindheit hier erstmals als soziale
Wirklichkeit begriffen und in schriftlichen Erziehungsnormen sowie in
der Rechtsprechung festgehalten. Dahinter standen in der Praxis eine
Reihe von rituellen und religiös orientierten Sozialisationsbräuchen und
eine recht festgeschriebene Rollenverteilung. Die Pflege- und Erziehungs-
aufgabe von Jungen und Mädchen bis zum Alter von etwa sieben Jahren
fiel allein der Mutter zu, während der Vater für die Jungen die Lehre und
Unterweisung der religiösen Pflichten und auch meist eines Handwerkes
in der Zeit danach übernahm. Die Erziehung und Unterweisung der Mädchen in Bereichen des Haushaltes bis zur Verheiratung bei Volljährigkeit
mit fünfzehn bis siebzehn Jahren war weiterhin Aufgabe der Mutter.[31] Im
Ganzen zentrierten sich Erziehungsziele um tugendhaftes Verhalten, die
Erfüllung der religiösen Pflichten und den Gehorsam gegenüber den Eltern. Dies versprach, wie Motzki ausführt, einen Lohn im Jenseits und
wurde in der bildlichen Darstellung vom Vater als Paradiestor veranschaulicht, zu dem der Schlüssel unter den Füßen der Mutter liegt. Zu den zu
internalisierenden Tugenden für Heranwachsende gehörten insbesondere
Selbstbeherrschung, Bescheidenheit, Mäßigung, Folgsamkeit, Respekt vor
Älteren, Zurückhaltung, Gastfreundlichkeit und Frömmigkeit.[32]

Es ist kaum möglich, definitive Unterschiede zwischen verschiedenen sozio-kulturellen Auffassungen von Kindheit herauszustellen, da sich
weder Subjekte (Kinder) noch Kulturen generalisieren lassen.[33] Bereits die
Definition von ‚Kind' und von ‚Erwachsenem' unterscheidet sich je nach
den sozio-historisch und kulturell verschieden gehandhabten Übergangs-
riten.[34] Doch finden sich innerhalb der kulturspezifisch variabel geregel-
ten intergenerationellen Verhältnisse immer auch ähnliche Muster in der
Eltern-Kind-Beziehung. In dieser Hinsicht lassen sich verschiedene Konzepte von Kindheit ungeachtet einzelner historisch und kulturell differen-
ter Anschauungen miteinander vergleichen.[35] So beschäftigt sich die Sozi-

---

[30] Harald Motzki: „Das Kind und seine Sozialisation in der islamischen Familie des
Mittelalters", in: Jochen Martin und August Nitschke (Hrsg.): *Zur Sozialgeschichte
der Kindheit*, Freiburg und München 1986, S. 391-441, hier S. 439.
[31] Vgl. Motzki: Das Kind und seine Sozialisation (1986), S. 407ff.
[32] Vgl. Motzki: Das Kind und seine Sozialisation (1986), S. 428ff..
[33] Vgl. zu Theorien der hybriden Kulturauffassung weiter unten in dieser Arbeit.
[34] Vgl. hierzu bspw. Lenzen: Mythologie der Kindheit (1985), S. 54f.
[35] So haben soziologische Studien zu kulturspezifischen Erziehungs- und Wertevorstellungen ergeben, dass die Sozialisation von Kindern im islamisch geprägten Kulturraum
(wie z. B. in der Türkei) eher dem Konzept des Soziozentrismus und die der Kinder in

alisationsforschung insbesondere mit dem Vergleich einzelner kulturspezifischer Modelle von sozialisatorischen Strategien. Hierbei werden vor
allem oppositionelle Sozialisationsziele in den Blick genommen.[36] Diese
werden als an bestimmte ökosoziale Kontexte angepasst beschrieben. Dabei wird die Erziehung zu Individualismus und Autonomie dem „westlichen urbanen Großstadtleben" zugeordnet und die Erziehung zu Wir-
Identität und „Relationalität" eher den traditionellen Dorfgemeinschaf-
ten. Solche sieht etwa Heidi Keller in der Situation von türkischen Migranten in Deutschland.[37]

   Insgesamt verweisen die verschiedenen interdisziplinären Ansätze
der Kindheitsforschung darauf, dass stets mehrere Vorstellungen davon
existieren, was Kindheit ist und was Kindsein bedeutet. Diese Vorstellungen wurden und werden in der Literatur in spezifische Plots (auto)biographischen und (auto)fiktionalen Erzählens umgesetzt. Behnken
und Zinnecker unterscheiden hier folgende vier Konzepte (Figuren) voneinander: Kindheit als 1) die ganz andere Lebensphase (Kindheit erscheint
in diesem Plot als paradiesische Insel); 2) die marginale Vorphase vor dem
eigentlichen Leben (Kindheit kennzeichnet sich durch Opferplot); 3) die
basale Grundlage für künftige Lebensphasen (Kindheit als individuelle
Bildungsgeschichte); 4) die historische Generation (Kindheit wird als
Zeitzeugengeschichte erzählt).[38] Bereits die erste Lektüre der hier zu untersuchenden Romane lässt erkennen, dass sie jeweils jedes der Konzepte
berühren und zu einem eigenen Kindheitsbild zusammenführen.

   In diesem Zusammenhang ist auf die besondere Bedeutung der Literatur als Medium zur Darstellung von kindlicher Lebens- und Erfahrungswelt zu verweisen. Sie sieht sich der Herausforderung gegenüber,
dieser nur unmittelbar fassbaren menschlichen Daseinsform Ausdruck zu
verleihen.[39] Denn auch die literarische (Re-)Konstruktion von Kindheit
führt prinzipiell zu der Aporie, dass diese zum einen immer nur objektiv

---

den westlichen Industrienationen (wie z. B. in Deutschland) eher dem konträren Konzept des Individualismus folge. Vgl. Leyendecker: Kindheit in Migrantenfamilien
(2003), S. 400. Dort heißt es: „Die Konstrukte von Egozentrismus/Individualismus
versus Soziozentrismus/Kollektivismus haben sich als […] sinnvolle Heuristik für das
Verständnis von breitgefächerten kulturellen Unterschieden erwiesen."
[36] Vgl. Heidi Keller: „Die Bedeutung kultureller Modelle für Entwicklung und Bildung:
Sozialisation, Enkulturation, Akkulturation und Integration", in: *IMIS-Beiträge* 34
(2008), S. 103-115, hier S. 107ff.
[37] Vgl. Keller: Bedeutung kultureller Modelle (2008), S. 107, Zitate ebd.
[38] Imbke Behnken und Jürgen Zinnecker: „Die Lebensgeschichte der Kinder und die
Kindheit in der Lebensgeschichte", in: dies. (Hrsg.): *Kinder. Kindheit. Lebensgeschichte. Ein Handbuch*, Seelze-Velber 2001, S. 16-32, hier S. 26.
[39] Vgl. Ortrud Gutjahr: „Auf dem Schauplatz eines frühen Selbst. Inszenierungsformen
von Kindheit in der Literatur", in: Astrid Lange-Kirchheim u. a. (Hrsg.): *Kindheiten*,
Würzburg 2011, S. 35-55, hier S. 38.

und mittelbar, das heißt außerhalb des subjektiven Kindheitsbewusstseins beschrieben werden kann.[40] Zum anderen ist diese (Re-)Konstruktion ebenso wenig *rein* objektiv realisierbar, und zwar weder in künstlerischer noch in wissenschaftlicher Hinsicht. Das liegt daran, dass das Konstruieren als Gestaltungs- und Bezeichnungsvorgang unweigerlich dem Einfluss einer bestimmten subjektiv geprägten Blickweise unterliegt. So ist auch die literar-ästhetische Konstruktion von Kindheit und Kindlichkeit eng an individuelle Kindheitserfahrung gebunden. Jede/r Autor/in und damit auch jeder inszenierte Erzählstandpunkt geht von bereits vorhandenen Vorstellungen von Kindheit aus[41], sodass die eingenommene Erzählperspektive auch immer mit spezifischen kulturellen Werten aufgeladen ist. Zudem sieht sich der/die Autor/in der Aufgabe einer ‚kindlichen' und damit speziellen poetischen Sprachgestaltung gegenüber, deren Fehlen aber gerade das Kindliche ausmacht.[42] Die literarische Darstellung von Kindheit bedarf daher stets einer „ausgefeilten"[43] Inszenierung, bei der mit einer Form des Erzählens operiert wird, die komplexe Erfahrungen und Sachverhalte durch einen inszenierten Kinderblick ‚filtert' und strukturiert. So bietet Literatur als ästhetisches Medium die Möglichkeit, Kindheit als soziales und kulturelles Phänomen darzustellen und so zu einem Schauplatz vor allem auch interkultureller Verhandlungen werden zu lassen.

Literaturhistorisch betrachtet findet sich der Topos Kindheit[44] dabei eher in der erzählenden denn der dramatischen Literatur wieder.[45] Der

---

[40] Ulrich sucht diese prinzipielle Schwierigkeit der Kindheitsforschung anhand eines – etwas schiefen – Vergleichs mit der Frauenforschung zu verdeutlichen: Kinder betreiben im Gegensatz zu Frauen keine wissenschaftliche Forschung nach unserem Verständnis und könnten daher ihre eigene „Disziplin" nicht selbst vorantreiben. Vgl. Ulrich: Kinderliteraturforschung (1995), S. 53. Der modernen Kindheitsforschung ist es verstärkt darum zu tun, die „kindliche Perspektive" zu rekonstruieren. Vgl. hierzu bspw. Michael-Sebastian Honig u. a. (Hrsg.): *Aus der Perspektive von Kindern? Zur Methodologie in der Kindheitsforschung*, Weinheim und München 1999 oder Friederike Heinzel (Hrsg.): *Methoden zur Kindheitsforschung. Ein Überblick über Forschungszugänge zur kindlichen Perspektive*, Weinheim und München 2000.

[41] Dennoch bilden literarische Kindheitsdarstellungen nicht – wie hiernach zu folgern wäre – hauptsächlich Autobiographien heraus oder schließen fiktionale Textformen aus. Hingewiesen sei an dieser Stelle auf die problematische gattungstheoretische Einordnung der Autobiographie, die sich insbes. mit der Frage nach der „Authentizität" eines Textes beschäftigt. Vgl. hierzu: Holdenried: Autobiographie (2000) und die dort angegebene weiterführende Literatur sowie zur allgemeinen Frage der gattungstheoretischen Einordnung das Kapitel „Autobiographie als Maskenspiel" in Paul De Mans Abhandlung: *Die Ideologie des Ästhetischen*, Frankfurt a. M. 1993.

[42] Vgl. Barth: Mit den Augen des Kindes (2009), S. 31.

[43] Gutjahr: Schauplatz eines frühen Selbst (2011), S. 48.

[44] Die strukturtheoretische Unterscheidung zwischen Kindheit als Topos in der Literatur und dem Narrativ aus kindlicher Sicht (so u. a. bei Barth: Mit den Augen des Kindes, 2009, S. 20) verliert bei genauerer Betrachtung des breiten Spektrums in der ein-

Kindheits*roman* nimmt seinen Anfang bereits vor über 200 Jahren, als sich parallel zur Entstehung neuer bürgerlicher Bildungs- und Erziehungsvorstellungen in Deutschland um die Wende vom 18. zum 19. Jahrhundert mit dem Bildungsroman ein neues literarisches Genre entwickelte. Er beschrieb den Lebensweg und Bildungsgang des Protagonisten und etablierte dabei Kindheit als literarisches Motiv. Dies verdeutlichen insbesondere Karl Philipp Moritz' *Anton Reiser* (1785-90)[46] oder Novalis' *Heinrich von Ofterdingen* (1802). Im Kontext der gesellschaftlichen Veränderung hin zu individualistischem Denken bildete sich die Kindheits- und Jugendautobiographie zudem als eigene literarische Textform zur Erprobung und Konsolidierung neuer Identitätsauffassungen auch im Verlauf des 19. Jahrhunderts immer weiter heraus.[47] Um die Jahrhundertwende wurde Kindheit im so genannten Generationenroman gar „zur zentralen Metapher für die poetische Vergegenwärtigung des Epochenumbruchs zur Moderne"[48]. So wurde das romantische Bild des Kindes in der Literatur vor allem dadurch wieder dekonstruiert, dass Kindheit und/oder die Figur des Kindes in verschiedenen Formen als Schwellenmetapher fungierte und es symbolisch negativ besetzt wurde, indem man das Wesen des Kindes unter anderem als „böse"[49] auslegte, es dämonisierte[50] oder die mitunter sehr bedrückenden Seiten des Kinderalltags darstellte.

---

zelnen narrativen Ausgestaltung an Gültigkeit. So können Kindheitsdarstellungen bspw. auch dann aus kindlicher Sicht erzählen, wenn sie nicht einem als typisch kindlich geltenden sprachlichen Gestaltungsmuster folgen.

[45] Zum einen geht dies auf bestimmte narrative Gestaltungsmöglichkeiten der erzählenden Literatur zurück. Zum anderen war der Schauplatz literarischer Kinderfiguren nur selten die Bühne, da Kinder es kaum vermögen, in einer inszenierten Rolle zu agieren. Vgl. Gutjahr: Schauplatz eines frühen Selbst (2011), S. 38.

[46] Für Wucherpfennig „[d]as erste Zeugnis eingehenderer Kindheitsdarstellung aus modernem psychologisch-pädagogischem Interesse". Wucherpfennig: Kindheitskult (1980), S. 186. Vgl. hierzu auch Ewers: Kindheit als poetische Daseinsform (1989), S. 8 und Ortrud Gutjahr: *Einführung in den Bildungsroman*, Darmstadt 2007, Kapitel I-V. Wucherpfennig betont, dass die ‚Entdeckung' der Kindheit gerade aus dem Grund in die Zeit des aufstrebenden Bürgertums fällt, da die bürgerliche, gehemmte Haltung der Ordnung, Rationalität und Affektkontrolle sich in erzieherischer Zuwendung zum Kind äußert und die mittelalterliche Vernachlässigung ersetzt. „Kindheit wird hergestellt, indem man sie liebevoll unterdrückt." Wucherpfennig: Kindheitskult (1980), S. 173.

[47] Vgl. Lezzi: Zerstörte Kindheit (2001), S. 117 und die dort angeführten Werkbeispiele.

[48] Vgl. Gutjahr: Schauplatz eines frühen Selbst (2011), S. 46. So unter anderem in Thomas Manns *Buddenbrooks* (1901) oder Rainer Maria Rilkes *Die Aufzeichnungen des Malte Laurids Brigge* (1910).

[49] Vgl. hierzu bspw. Andreas Schmitt: *„Böse" Kinder in der deutschsprachigen Literatur des 20. Jahrhunderts. Eine pädagogische Untersuchung literarischer Kindheitsdarstellungen*, Marburg 1996 oder auch Reiner Rühle: *„Böse Kinder": kommentierte Bib-*

Der hierdurch auch angezeigte Antagonismus zwischen real Erlebtem und (idealisierter) Erinnerung verweist auf ein Verhältnis zwischen Kindheitsimagination und deren symbolischer Besetzung. Diese Bezugnahme beschreibt genau jenes charakteristische Spannungsverhältnis, in dem sich narrative Gestaltungen von Kindheit bewegen. Denn sie sind häufig durch Erzählkonstellationen gekennzeichnet, in denen die Distanz zwischen einem erinnernd erzählendem Ich und erlebendem Kindheits-Ich beschrieben bzw. überbrückt wird.[51] Dies geschieht über viele sprachliche, psychische und kulturelle Brüche und Übergänge innerhalb der Kindheit und danach hinweg. Speziell gilt dies für Kindheitserzählungen aus der Zeit des Nationalsozialismus[52] sowie für die literarischen Nachkriegskindheiten[53]. In besonderer Weise finden sich diese Konstellationen jedoch auch in Kindheitsdarstellungen der Migrationsliteratur, wie zu zeigen sein wird.

In dieser Hinsicht sind zunächst diejenigen eng an psychoanalytische Prozesse der (Selbst-)Reflexion gekoppelten Mechanismen näher zu beleuchten, die dafür verantwortlich sind, dass Kindheit (hier) so häufig als ein idyllisierter Imaginationsraum konstruiert wird. Denn betrachtet man – wie oben beschrieben – narrative Verfahren als stets an kognitionspsychologische Prozesse gekoppelt[54], stellt sich die Frage, inwieweit der Rekurs auf die Migration die Konstruktion von Kindheit beeinflusst und welche Konsequenzen dies für die narrative Inszenierung von Kindheit hat.

---

liographie von Struwwelpetriaden und Max- und Moritziaden mit biographischen Daten zu Verfassern und Illustratoren, Osnabrück 1999.

[50] Vgl. hierzu: Gertrud Lehnert: „Kindheit als Alterität. Zur Dämonisierung von Kindern in der Literatur der Moderne", in: Petra Josting und Jan Wirrer (Hrsg.): Bücher haben ihre Geschichte. Kinder- und Jugendliteratur, Literatur und Nationalsozialismus, Deutschdidaktik, Hildesheim u. a. 1996, S. 246-258.

[51] Vgl. zu diesem Spannungsverhältnis bes. Marion Gymnich: „Individuelle Identität und Erinnerung aus Sicht von Identitätstheorie und Gedächtnisforschung sowie als Gegenstand literarischer Inszenierung", in: Astrid Erll u. a. (Hrsg.): Literatur – Erinnerung – Identität. Theoriekonzeptionen und Fallstudien, Trier 2003, S. 29-48, hier S. 40f.

[52] Vgl. Gutjahr: Schauplatz eines frühen Selbst (2011), S. 47. Gutjahr spricht hier von einem „dialogische[n] Verhältnis" zwischen dem erzählendem Ich und dem erinnerten, „fremde[n]" Kindheits-Ich. Vgl. zu Kindheitsdarstellungen aus dieser Zeit insbes. Lezzi: Zerstörte Kindheit (2001).

[53] Hierzu zählen bspw. Maria Wimmers Die Kindheit auf dem Lande (1978), Helga Novaks Die Eisheiligen (1979), Karin Reschkes Memoiren eines Kindes (1980) oder Monica Streits Joschi. Eine Kindheit nach dem Krieg (1984).

[54] Vgl. hierzu auch Barth: Mit den Augen des Kindes (2009), S. 26.

I.1.2. Kindheitsidyllen – psychopathologische Aspekte

Kindheitsdarstellungen in der Literatur spiegeln immer auch folgende psychologische Mechanismen wider, die allgemein bei einer (Re-)Konstruktion von Kindheit greifen: die Selektivität, die Suggestivität und die Variabilität der Erinnerung sowie die Tendenz zur positiven Verklärung im Sinne einer Idylle.

Den theoretischen Rahmen hierzu bilden psychoanalytische sowie kognitions- und neurowissenschaftliche[55] Erkenntnisse zur Erinnerungsfunktion, insbesondere im Hinblick auf Gestalt und Relevanz von autobiographischen Reflexionen. Dabei ist auch nach heutigem Forschungsstand umstritten, wie ‚genau‘ historische Realitäten überhaupt erinnert werden können. Denn das menschliche Gedächtnis konstituiert sich aus den beiden sich wechselseitig ergänzenden Prozessen des Erinnerns und Vergessens, oder, in den Worten Jan Assmanns: „Erinnern heißt, […] vieles ausblenden, um manches auszuleuchten.“[56] Dadurch übernimmt das Gedächtnis die Funktion einer ordnenden Strukturgebung einzelner Erinnerungen. Die Erinnerung an die eigene Kindheit ist somit auch als Selbstorganisation zu verstehen. Sie ist dabei jedoch sowohl von der individuell-subjektiven Suggestion des Erinnerungsgegenstandes zur Kinderzeit sowie von der aktuellen Befindlichkeit des Erinnernden abhängig.[57] Mitunter verraten Erinnerungen „mehr über Wissensstand, Interessen und Wertvorstellungen der Abrufsituation als über die Natur des vergangenen Ereignisses.“[58]

Vor diesem Hintergrund wird erkennbar, dass Erinnerungen an Kindheit weder als konstante noch als faktisch-rationale Realitäten der Vergangenheit feststehen können. Einige Gegebenheiten und Momente werden besser erinnert, andere schlechter. Vermeintlich einzelne Erinnerungen können aus mehreren Erfahrungen entstanden sein („Durch-

---

[55] Zum immer engeren Dialog zwischen der Kognitions- und Neurowissenschaft mit der Psychoanalyse vgl. bspw. Marianne Leuzinger-Bohleber: *Frühe Kindheit als Schicksal? Trauma, Embodiment, Soziale Desintegration. Psychoanalytische Perspektiven*, Stuttgart 2009, S. 27ff.

[56] Jan Assmann: *Religion und kulturelles Gedächtnis*, München 2000, S. 13.

[57] In der neuronalen Gedächtnisforschung ist bekannt, dass Erinnerungen nicht als gespeicherte Datensätze im Gehirn vorstellbar, sondern eher mit dem Prozess der Aktivierung eines Erregungsmusters in den Nervenzellen vergleichbar sind. Vgl. hierzu: Siegfried J. Schmidt: „Gedächtnis – Erzählen – Identität“, in: Aleida Assmann und Dietrich Harth (Hrsg.): *Mnemosyne. Formen und Funktionen der kulturellen Erinnerung*, Frankfurt a. M. 1991, S. 378-397 sowie Astrid Erll: *Kollektives Gedächtnis und Erinnerungskulturen*, Stuttgart und Weimar 2005, S. 85f.

[58] Astrid Erll und Klaudia Seibel: „Gattungen, Formtraditionen und kulturelles Gedächtnis“, in: Vera Nünning und Ansgar Nünning (Hrsg.): *Erzähltextanalyse und Gender Studies*, Stuttgart 2004, S. 180-208, hier S. 186f.

schnittsepisoden"[59]), andere Situationen werden gar aufgrund von psychischen Schutzmechanismen aus dem Gedächtnis gelöscht. Diese entstandenen Lücken werden durch so genannte Deckerinnerungen[60] ersetzt oder überhaupt erst durch wiederholte Erzählungen beispielsweise der Eltern als frühe Erinnerung manifestiert („Quellenamnesie"[61]). Eine eindeutige Differenzierung zwischen Erinnerung *an* und Interpretation *von* Kindheitserlebnissen ist demnach nicht möglich, und (literarische) Erzählungen über Kindheitserinnerungen thematisieren häufig diese ‚Unverlässlichkeit'.

Diese Phänomene hat auch Freud hervorgehoben, indem er unter anderem von der Frage ausgeht, „welche Einzelheit des Kindheitslebens sich dem allgemeinen Vergessen der Kindheit entzogen hatte"[62]. Genau das, was im Gedächtnis erhalten ist, sei das Bezeichnende, und zwar entweder weil es schon in der Kindheit bedeutsam war oder weil es durch spätere Erlebnisse wichtig geworden sei. So dürften keine Erinnerungen der Deutung erspart bleiben, damit aufgeklärt werden könne, ob es sich nicht etwa um eine Deckerinnerung handele. Diese könne ein scheinbar belangloses Ereignis betreffen und dennoch hoch symbolisch aufgeladen sein. In der Auslegung einer schriftlichen Kindheitserinnerung des Leonardo da Vinci betont Freud, dass Erinnerungen an die eigene Kindheit generell nicht vom Erlebniszeitpunkt an fixiert, sondern erst später vom Erwachsenen „hervorgeholt"[63] und dabei stets zu gewissem Grade verändert bzw. verfälscht würden.[64]

---

[59] Werner Bohleber: „Erinnerung, Trauma und historische Realität", in: Gottfried Fischer u. a. (Hrsg.): *Jahrbuch für Literatur und Psychoanalyse*, Bd. 23: *Erinnern*, hg. von Wolfram Mauser und Joachim Pfeiffer, Würzburg 2004, S. 43-53, S. 46, Anm. 2.

[60] Vgl. hierzu Sigmund Freud: „Über Kindheits- und Deckerinnerungen", in: ders.: *Gesammelte Werke*, hg. von Anna Freud u. a., Bd. IV: *Zur Psychopathologie des Alltagslebens*, London 1941, S. 51-60. Dem Analytiker zufolge handelt es sich bei einer Deckerinnerung um einen Verschiebungsvorgang „längs einer oberflächlichen Assoziation", bei dem bedeutsame Erinnerungen verdrängt und durch andere ersetzt werden (S. 53).

[61] Bohleber: Erinnerung, Trauma und historische Realität (2004), S. 46, Anm. 2.

[62] Sigmund Freud: „Eine Kindheitserinnerung aus *Dichtung und Wahrheit* (1917)", in: ders.: *Gesammelte Werke*, hg. von Anna Freud u. a., Bd. XII: *Werke aus den Jahren 1917-1920)*, London 1947, S. 13-26, hier S. 17. Hier entwickelt Freud seine Theorie anhand einer Falluntersuchung einer Kindheitserinnerung aus Goethes Memoiren.

[63] Sigmund Freud: „Eine Kindheitserinnerung des Leonardo da Vinci (1910)", in: ders.: *Gesammelte Werke*, hg. von Anna Freud u. a., Bd. VIII: *Werke aus den Jahren 1909-1913*, London 1943, S. 127-211, hier S. 151.

[64] Dass Erinnerungen ‚manipuliert' sein können durch das, was uns andere Personen über sie erzählen und was wir dann selbst zu erinnern meinen, erkannte schon Goethe selbst: „Wenn man sich erinnern will, was uns in der frühesten Zeit der Jugend begegnet ist, so kommt man oft in den Fall, dasjenige was wir von andern gehört, mit dem zu verwechseln, was wir wirklich aus eigner anschauender Erfahrung besitzen." Johann Wolfgang von Goethe: „Aus meinem Leben. Dichtung und Wahrheit. Erster Teil. Ers-

Dass sich persönliche Kindheitserinnerungen oftmals *ausschließlich* durch spätere erzählte Begebenheiten bzw. Erfahrungen mit anderen Menschen konstituieren, hat Maurice Halbwachs schon in den 1920er Jahren in seinem Konzept des so genannten kollektiven Gedächtnisses beschrieben. Demnach entstehen Erinnerungen überhaupt erst in Bezug auf das dem Erinnernden zugehörige Kollektiv und manifestieren sich durch Tradierung.[65] Innerhalb gesellschaftlicher Gruppen stellt ein kollektives Gedächtnis dann „bestimmte Erzählmuster und Erzählrituale zur Verfügung [...], die diese Geschichten als die eigenen verstehbar machen und darüber entscheiden, was der Erinnerung wert und somit auch erzählenswert erscheint"[66].

In diesem Zusammenhang liegt es nahe, dass hauptsächlich emotional besetzte Erlebnisse, das heißt Momente des Glücks oder des Unglücks, erinnert werden. So gerät der eintönige Alltag eher in Vergessenheit als besondere Ereignisse wie gravierende Ortsveränderungen oder Verluste. Denn Erfahrungen in der Kindheit, die mit großer Freude bzw. intensivem Leid verbunden waren, sind im Gedächtnis tiefer eingeprägt und nehmen im Erinnerungsprozess eine bedeutsame Rolle ein.[67] Besonders schmerzvolle oder traumatische Erlebnisse werden dabei jedoch oftmals aus den abrufbaren Erinnerungen verdrängt.[68] So besteht bei der (Re-)Konstruktion von Kindheit die Tendenz, positiv besetzte, icherhöhende Ereignisse zu selektieren, die dann zu einer positiven Gesamt-

---

tes Buch", in: ders.: *Sämtliche Werke, Briefe, Tagebücher und Gespräche*, hg. von Dieter Borchmeyer u. a., Frankfurt a. M. 1986, S. 15-52, hier S. 15.

[65] Vgl. Maurice Halbwachs: *Das Gedächtnis und seine sozialen Bedingungen*, übers. von Lutz Geldsetzer, hg. von Heinz Maus und Friedrich Fürstenberg, Berlin und Neuwied 1966 sowie ders.: *Das kollektive Gedächtnis*, Stuttgart 1967.

[66] Michael Fritsche: „Kindheit als Gegenstand des Erinnerns und Erzählens", in: ders. (Hrsg.): *Besonnte Kindheit und Jugend? Autobiographische Texte aus verschiedenen Kulturen*, Oldenburg 1992, S. 11-25, hier S. 17.

[67] Vgl. hierzu auch: Gundel Mattenklott: „Ästhetische Erfahrungen in Kindheitserinnerungen", in: dies. und Constanze Rora (Hrsg.): *Ästhetische Erfahrung in der Kindheit. Theoretische Grundlagen und empirische Forschung*, Weinheim u. a. 2004, S. 113-132, hier S. 115f. Mattenklott legt dabei die Betonung auf besondere „individuelle[ ] ästhetische[ ] Initiationserlebnisse" (S. 116) des Kindes, welche jedoch erst in der erinnernden Verschriftlichung zur ästhetischen Erfahrung würden. Auch Assmann verweist auf die Prägnanz der Affekte für die Herausbildung von Erinnerungen, vgl. J. Assmann: Religion und kulturelles Gedächtnis (2000), S. 13f.

[68] Gegenüber einfachen autobiographischen Erinnerungen sind traumatische Erlebnisse eher affektiv und somatisch enkodiert und können meist nur aufgrund bestimmter Reize wieder erinnert werden. Vgl. Bohleber: Erinnerung, Trauma und historische Realität (2004), S. 47f. und die dort angegebene weiterführende Literatur.

bilanz führen, wie es auch die so genannte „Self-Enhancement-Theorie" beschreibt.[69]

Das häufig fixierte Bild vom „glücklichen Kind" bzw. einer „glücklichen Kindheit" geht außerdem auf die Annahme zurück, dass das Kind die Welt unvermittelter, spontaner und lustgesteuerter erlebt.[70] In den Vordergrund tritt hier die typisch kindliche Fähigkeit zu abwehrender Verdrängung von negativen Ereignissen bzw. zu Anpassungsverhalten.[71] So weist Gerda-Karla Sauer auf das außerordentliche geistige Leistungsvermögen von Kindern hin, eigene Utopieentwürfe in Form von in sich abgeschlossenen Phantasiewelten zu gestalten[72], und Bucher stellt das schon in der Romantik als philosophisch-ästhetische Kategorie gewürdigte, zeitenthobene kindliche Spielen als „das entscheidende Ingrediens"[73] von paradiesischem ‚Kindheitsglück' heraus. Diese mit Hilfe des Phantasievermögens erschaffenen ‚Paradiese' werden dann später vom Erwachsenen positiv erinnert und bilden ein Motiv für die häufige Assoziation zu dem berühmten, vor allem mit dem Vorschulalter verknüpften Kindheitsparadies.

Diese auffällig häufig in Erzähltexten der Migrationsliteratur gebrauchte Metapher geht auf eine Vorstellung des Paradieses zurück, die je nach kulturgeschichtlicher Herleitung variiert, sich jedoch in erster Linie auf den in der biblischen Genesis festgeschriebenen Ursprungsmythos der Menschheitsgeschichte bezieht. Demnach steht das Paradies für den abgesonderten idyllischen Garten Eden[74], der als Inbegriff einer Stätte des

---

[69] Vgl. hierzu Elfriede Boer u. a.: „Autobiographie als Weg psychischer Selbstheilung", in: Fritsche, Michael (Hrsg.): *Besonnte Kindheit und Jugend? Autobiographische Texte aus verschiedenen Kulturen*, Oldenburg 1992, S. 69-78, hier S. 73f. Dieser auffällige Befund ist auch das Ergebnis der empirischen Studie von Burkhard Fuhs: *Kinderwelten aus Elternsicht. Zur Modernisierung von Kindheit*, Opladen 1999.

[70] Vgl. hierzu Burkhard Fuhs: „Das Glück von Kindern als Problem der Erwachsenen", in: Markus Schächter (Hrsg.): *Wunschlos glücklich? Konzepte und Rahmenbedingungen einer glücklichen Kindheit*, Baden-Baden 2009, S. 62-65. Doch gerade durch sein stärker emotionales Wesen ist das Kind häufiger von psychisch „destruktiven Vorstellungen beherrscht". Roy Schafer: *Erzähltes Leben. Narration und Dialog in der Psychoanalyse*. München 1995, S. 39.

[71] Vgl. hierzu u. a. Schafer: Erzähltes Leben (1995), S. 77. Dies geht vor allem auf die innerhalb der kindlichen Psyche noch dominierenden triebhaften Anteile zurück, die eine Angst erzeugen und dabei negative Erfahrungen ins Unterbewusste verbannen. Vgl. hierzu insbes. Anna Freud: *Zur Psychoanalyse der Kindheit. Die Harvard-Vorlesungen*, hg. von Joseph Sandler, Frankfurt a. M. 1993, S. 48.

[72] Gerda-Karla Sauer: *Kindliche Utopien*, Weinheim und Berlin 1954. Es wird sogar die These vertreten, dass berühmte, große Utopien wie die von Thomas Morus oder Campanella ihre Wurzeln in solchen kindlichen Utopien haben könnten. Vgl. ebd., S. 109f.

[73] Anton A. Bucher: *Was Kinder glücklich macht. Historische, psychologische und empirische Annäherungen an Kindheitsglück*, München 2001, S. 50.

[74] Vgl. hierzu *Die Bibel*, nach der Übersetzung Martin Luthers, Stuttgart 1972, 1. Mose 2,8.

sorgenfreien Glückszustandes gilt[75] und somit zu einer metaphysischen Utopie des sündenfreien reinen Urstatus wird.[76] Auch im Koran ist die Vorstellung von einem bzw. mehreren paradiesischen Garten bzw. Gärten[77] präsent, die in mehreren Suren in unterschiedlichen Ausschmückungen beschrieben und insgesamt über 130 Mal[78] erwähnt werden. In ihnen müssen die Menschen „weder Sonne noch schneidende Kälte"[79] noch materielle Nöte leiden. Ins Zentrum der Darstellungen rückt auch hier die Überhöhung irdischer Glücksvorstellungen in diesem ebenfalls als „Wonne" (76,20) sowie als „Wohnstätte des Friedens" (10,25) bezeichneten Gottesgarten.[80]

Indes vermag das Phänomen ‚Kindheitsparadies' als retrospektiv entworfene sorgenfreie Idylle nicht darüber hinwegzutäuschen, dass kein Kind per definitionem glücklich gewesen ist, wie auch Freud konstatierte:

> Wenn der Erwachsene seiner Kindheit gedenkt, so erscheint sie ihm als eine glückliche Zeit [...], und darum beneidet er die Kinder. Aber die Kinder selbst, wenn sie früher Auskunft geben könnten, würden wahrscheinlich anders berichten. Es scheint, daß die Kindheit nicht jenes selige Idyll ist, zu dem wir es nachträglich entstellen.[81]

---

[75] Die Etymologie vom ‚Garten Eden' [hebräisch *gan* (= umschlossener Garten) *eden* (= Wonne, lieblich)] ist im Gegensatz zu ‚Paradies' [persisch *pairi* (= umgeben) *daeza* (= Wand)] semantisch wertend. Vgl. hierzu ausführlich Jan N. Bremmer: „Paradise: From Persia, via Greece, into the *Septuagint*", in: Gerard P. Luttikhuizen (Hrsg.): *Paradise Interpreted. Representations of Biblical Paradise in Judaism and Christianity*, Brill u. a. 1999, S. 1-20 sowie Manuela Martinek: *Wie die Schlange zum Teufel wurde. Die Symbolik in der Paradiesgeschichte von der hebräischen Bibel bis zum Koran*, Wiesbaden 1996, S. 40.

[76] Haag betont die Bedeutung Edens als „heilvollen Zustand des Gesegnetseins", der dem Menschen „ständigen Anlaß zur Freude" gibt. Vgl. Ernst Haag: *Der Mensch am Anfang. Die alttestamentliche Paradiesvorstellung nach Gn. 2-3*, Trier 1970, S. 25, Zitate ebd.

[77] Die Anzahl der Paradiesgärten (bis zu acht) wird unterschiedlich angegeben. Vgl. Hierzu Ludwig Hagemann: „Paradies", in: Adel Theodor Khoury u. a. (Hrsg.): *Islam-Lexikon A-Z. Geschichte – Ideen – Gestalten*, Freiburg i. Br. 2006, S. 484-485, hier S. 484.

[78] Vgl. Claudia Ott: „Das Paradies in den Erzählungen aus Tausendundeiner Nacht", in: Andrea Müller und Hartmut Roder (Hrsg.): *1001 Nacht. Wege ins Paradies*, Mainz 2007, S. 11-18, hier S. 13.

[79] *Der Koran*, aus dem Arabischen übers. von Max Henning, Stuttgart 1991, Sure 76, Vers 13. Die folgenden Koranzitate im Text erfolgen nach dieser Ausgabe und sind mit Suren- und Versangaben in Klammern angegeben.

[80] Allerdings sind die Gärten der koranischen Paradiesgeschichte vor allem mit der Verheißung als Jenseitsort nach dem Tod verbunden, wie es auch innerhalb der nachfolgend analysierten Kindheitsromane, insbes. bei Özdamar und Zaimoğlu, zum Ausdruck gelangt.

[81] Freud: Leonardo (1943), S. 198.

Tatsächlich gilt die Idyllenbildung sogar als pathologisch, insofern der Idylle [griech. „eidyllion" = „Bildchen"] der Charakter des innerlich Abgeschirmten und Eingegrenzten anhaftet, der sich als gleichsam eingerahmtes Erinnerungsbild unmodifizierbar manifestiert hat. Es handelt sich im Sinne einer Zufluchtsorganisation um eine „oft überlebensnotwendige Abwehrstrategie gegen eine unerträgliche Realität, angefüllt mit sozialen Ungerechtigkeiten, Trennungen, Schmerz, Versagen und Tod", wie Benigna Gerisch psychoanalytisch zur Architektur innerer Räume aufzeigt.[82] Ähnlich wie sich die Idylle auch ihrer literaturgattungstheoretischen Bedeutung nach als abgeschlossen und an einen verklärenden, sehnsüchtigen „Seelenton" gebunden darstellt[83] wird im psychischen Rückzug in ein hermeneutisch abgeriegeltes idyllisches Inneres an einem positiv-statischen Zustand festgehalten.

Bei in dieser Hinsicht ‚pathologischen' Konstruktionen von Kindheit nach dem Muster einer Idyllenbildung kann das biographische Erzählen als therapeutische (Selbst-)Maßnahme fungieren, wie beispielsweise Gabriele Rosenthal ausführt[84]. Ihr zufolge kann diese Methode zur „Reorganisation der biographischen Gesamtsicht und zu kathartischen Wirkungen"[85] führen. Auf einen „kathartischen Effekt" durch die literarische „Konfrontation mit den wiedererlebten Schrecken der Kindheit" verweisen auch Elfriede Boer u. a.[86] und postulieren eine heilsame Wirkung durch die „Art des detaillierten Bewußtwerdens traumatischer Kindheitserlebnisse [...] auf die verletzte Psyche"[87].

---

[82] Vgl. Gerisch: Auch ich war in Arkadien (2010), S. 174, Zitat ebd. Gerisch merkt an, dass die Idyllenbildung sich jedoch nicht auf die frühkindliche Mutter-Säuglings-Dyade an sich bezieht, sondern eher die im Leben fortwährende (unterbewusste) Sehnsucht nach dem Mutterleib bezeichnet. Vgl. ebd., S. 176.

[83] Vgl. zur Etymologie und Gattungsgeschichte der literarischen Idylle Renate Böschenstein-Schäfer: *Idylle*, 2. durchgesehene und ergänzte Auflage, Stuttgart 1977. Das Zitat stammt von S. 11. Es handelt sich um eine Art der Dichtung, in der durch die Darstellung des Statischen bestimmte Momente – etwa der Liebe und des Glücks – festgehalten und Negatives kategorisch ausgeschlossen werden. Etymologisch auf das griech. Diminutiv von „eidos" (= „innere Form, Wesen, Idee"), im literaturtheoretischen Sinne von „kleines, selbständiges Gedicht" zurückgehend, bezeichnete die Idylle dem antiken Modell nach den lyrischen Hirtengesang und später in der romantischen Dichtung die Darstellung des „ideale[n] Zustand[s] harmonischen Zusammenlebens der Menschen". Ebd., S. 2ff.

[84] Vgl. Rosenthal: Erlebte und erzählte Lebensgeschichte (1995) und darin insbes. Kapitel 5 (S. 167-185).

[85] Rosenthal: Erlebte und erzählte Lebensgeschichte (1995), S. 169. Rosenthal bezieht sich in ihrer Studie jedoch auf in Interviewsituationen erzählte Lebensgeschichten und fokussiert außerdem Überlebende des Holocaust.

[86] Vgl. Boer u. a.: Autobiographie als Weg psychischer Selbstheilung (1992).

[87] Boer u. a.: Autobiographie als Weg psychischer Selbstheilung (1992), S. 71. Andererseits kann eine retrospektive Verschiebung von Kindheit ins Idyllenhafte sich auch aus von außen gegebenen Umständen herstellen, wie es sich bspw. im literarischen Erzäh-

Im Hinblick auf die hier vorliegenden postmigrantischen Ursprungs-erzählungen, in denen Kindheiten nach idyllischen Mustern entworfen werden, kann somit von einer narrativen Aneignung vergangener Erfah-rung durch Reflexion, Rekonstruktion sowie Reorganisation der Kindheit gesprochen werden. Kindheit wird dabei sinnstrukturell in den Gesamt-kontext des eigenen Gewordenseins eingebettet. Bei dieser Art der (au-to)biographischen Identitätsarbeit werden (Fremdheits-)Erfahrungen durch die Rückbesinnung im Gedächtnis strukturiert und systematisiert und somit zur Basis individueller Selbstverortung. Auffällig ist, dass sich die zu Beginn auftretenden typischen Kindheitsmerkmale der ‚Schwäche‘ wie irrende Suche, Nicht-Wissen oder Unschuld im Laufe ihrer narrativen Aneignung durch eine erwachsene Erzählinstanz verändern. Es tritt im-mer mehr eine ‚starke‘ Position der eigenen Verfügung und der erweiter-ten Ausdrucksmöglichkeit hervor. Gerade innerhalb dieses Transfers zei-gen sich wesentliche Prozesse kultureller Identitätsstiftung.

---

len des deutsch-syrischen Exil-Autors Rafik Schamis zeigt, welcher nach der Flucht aus Syrien als junger Mann nicht in seine Kinderheimat zurückkehren darf.

I.2. ‚Grenzbespielungen‘ (in) der Kindheit

I.2.1. Anfang und Ende

Die literarische Konstruktion von Kindheit folgt neben den oben beschriebenen psychologischen Mechanismen vor allem auch einem bestimmten Kohärenz- und Sinnprinzip. Das heißt im Prozess der Kindheits(re)konstruktion werden einzelne (erinnerte) Kindheitsbilder zu einem zusammenhängenden und damit sinnstiftenden Kindheitsbild geordnet und miteinander verknüpft. Dies gilt für schriftlich wie auch für mündlich erzeugte Kindheitskonstruktionen[88], denen immer schon ein Erzählschema zugrunde liegt, von dem Kognitionspsychologen sogar glauben, dass es auch die Veräußerung und nicht erst das Verbalisieren von Kindheitserinnerungen organisiert.[89] Mit anderen Worten richtet sich bereits die gesamte gedankliche Erinnerung nach den Maximen des (kohärenten) Erzählens aus.[90]

Der erste Blick auf die erzählerische Grundstruktur der hier vorliegenden Romane lässt erkennen, dass erinnerte bzw. überlieferte Vergangenheit in der Türkei zu autofiktionalen Kindheitserzählungen verarbeitet wird, die teleologisch auf die Migration hin ausgerichtet sind. Im Zentrum steht jeweils die emanzipatorische Entwicklung einer weiblichen Kinderfigur. Während der Erzählbeginn leicht variiert, werden in chronologischer Folge erste Erfahrungen und Begegnungen in der Kindheit (‚Meilensteine‘) mit bestimmten Gefühlen, Personen oder Institutionen dargestellt. Diese Erfahrungen wirken sich dann auf den Identitätsentwurf der (rückblickenden) Erzählerin aus. Mithin geht es im Kern darum, dass ein erzählendes Subjekt über seine Kindheit als Ursprungs- oder Anfangsgeschichte bzw. als Entwicklungsweg zur Migration seine Identität begründet. Insofern der Migrationsakt jeweils am Ende der Erzählungen steht, werden mit ihm die dargestellten Kindheiten und Jugendzeiten gleichsam ‚beendet‘. Denn die Protagonistinnen, die hier etwa zwischen 18 und 25 Jahre alt sind, verlassen bei diesem Schritt ihr Elternhaus bzw. ihre (angeheiratete) Familie und begeben sich in eine völlig unbekannte Situation: Sie gehen in die Fremde. Die bisherigen sozialen (Abhängigkeits-)

---

[88] Inwiefern das Erzählen als Kohärenz stiftender Schaffensprozess des ‚Selbst‘ geeignet ist, diskutieren bspw. Tilmann Köppe und Tom Kindt: „Das Selbst – eine Erzählung?“, in: Julia Abel u. a. (Hrsg.): *Ambivalenz und Kohärenz. Untersuchungen zur narrativen Sinnbildung*, Trier 2009, S. 227-250.

[89] Vgl. hierzu ausführlicher Schmidt: Gedächtnis – Erzählen – Identität (1991), S. 388ff.

[90] Zum Erzählen als Prozess kognitiver Strukturierung siehe auch: Donald E. Polkinghorne: „Narrative Psychologie und Geschichtsbewusstsein. Beziehungen und Perspektiven“, in: Jürgen Straub (Hrsg.): *Erzählung, Identität und historisches Bewußtsein. Die psychologische Konstruktion von Zeit und Geschichte*, Frankfurt a. M. 1998, S. 12-45.

Verhältnisse und Strukturen – die auch für das Kind-Sein charakteristisch sind – werden aufgehoben. Es wird eine deutliche Parallele zwischen dem ‚Ende der Kindheit' und dem Migrationsakt gezogen, die trotz inhaltlicher Abweichung auch für Demirkans Roman *Schwarzer Tee mit drei Stück Zucker* gilt. Diese Parallele stellt sich hier sogar umso deutlicher her, als die Protagonistin ihre Kindheit im Alter von nur sieben Jahren mit der Migration explizit für beendet erklärt.

Die Zeitgrenzen, innerhalb der sich Kindheits- bzw. Selbstkonstruktionen bewegen, sind insbesondere von Belang, wenn man sich näher anschaut, wie weit diese zurückreichen.[91] Denn je nachdem, ob die Kindheit schlicht die Lebensphase von der Geburt bis zur Adoleszenz betrifft oder die Phase von der Ich-Bewusstwerdung im Sinne des Lacan'schen Spiegelstadiums[92] bis zum jeweiligen Zeitpunkt der Reflexion des Erwachsenen (oder gar noch darüber hinaus) umfasst, werden unterschiedliche Schwerpunkte gesetzt und verschiedene Absichten verfolgt. Die allgemeine Problematik von zeitlicher Begrenzung für die Darstellung menschlicher Lebensgeschichten lässt sich zum Beispiel sehr gut anhand von Peter Sloterdijks philosophischen Überlegungen zur „Poetik des Anfangens" nachvollziehen:

> Werde ich aufgefordert, von meinem Leben zu erzählen und mit dem Anfang zu beginnen, […] bin ich dazu außerstande, denn, so seltsam es auch klingen mag, diese meine Geschichte beginnt in meiner Abwesenheit oder, vorsichtiger ausgedrückt, in Abwesenheit meiner Erinnerung und unter Ausfall meines Bewußtseins, dabeigewesen zu sein.[93]

Sloterdijk betont, dass die Bewusstwerdung des Menschen an das Einsetzen des Sprachvermögens geknüpft und somit eine Erinnerung erst ab diesem Zeitpunkt möglich sei, wodurch gerade am Anfang „eine nicht zu schließende Lücke aufklafft"[94], die sich durch Sprachlosigkeit auszeichne. Um diese Lücke zu schließen, greife der Autor einer Autobiographie vertrauensvoll auf durch erwachsene Zeitzeugen Erzähltes zurück, worin Slo-

---

[91] Hierzu gibt es mehrere Auffassungen. Ein (leider kaum ergiebiger) tabellarischer Überblick zur Terminierung von Kindheit (mit Angaben zwischen 12 und 15 Jahren) und zu deren Binnendifferenzierung in verschiedenen Kulturen findet sich bei Bucher: Was Kinder glücklich macht (2001), S. 22.

[92] Vgl. die Theorie über das Spiegelstadium (le stade du miroir) von Jacques Lacan: „Das Spiegelstadium als Bildner der Ichfunktion, wie sie uns in der psychoanalytischen Erfahrung erscheint", in: ders.: *Das Werk von Jacques Lacan*, hg. von Jacques-Alain Miller, *Schriften I*, hg. von Norbert Haas, Weinheim und Berlin 1991, S. 61-70, nach der sich das 6-18 Monate alte Kind in einem Schlüsselereignis erstmals als einheitliches selbstständiges Individuum begreift, nachdem es sich im Spiegel erkannt hat.

[93] Peter Sloterdijk: *Zur Welt kommen – Zur Sprache kommen. Frankfurter Vorlesungen*, Frankfurt a. M. 1988, S. 37.

[94] Sloterdijk: Zur Welt kommen (1988), S. 38.

terdijk unter Berufung auf Gadamers Überlieferungsontologie letztlich den einzigen Ausweg aus dem „Malheur"[95] sieht. In metaphorischer Veranschaulichung der ‚Lücke' menschlicher Existenz vor dem Spracherwerb zieht Sloterdijk eine Parallele zur biblischen Paradiesgeschichte, in der es auch vor dem Eintritt der Erkenntnis eine Existenz von Adam und Eva gegeben habe.[96] Der dadurch mit dem Sündenfall gleichgesetzte Spracherwerb ist also nicht nur positiv besetzt im Sinne von Erkenntnis oder Macht, sondern er kann auch negative Erkenntnis, Verantwortung und Gefahr bedeuten.[97]

So gesehen konstruieren autobiographisch geprägte Erzähltexte über Kindheit, in denen ein reflektierendes Subjekt mit der Beschreibung des eigenen Gewordenseins *vor* Einsetzen des Sprachvermögens, etwa mit der Geburt oder gar noch davor im Mutterleib beginnt – wie es insbesondere Emine Sevgi Özdamars *Karawanserei*-Roman zeigt –, eine frühe Kindheitsphase als Idylle. Und damit verweisen sie zugleich auf das Bewusstsein einer (Identitäts-)Krise, die umso stärker ist, je radikaler zurückgegangen wird. Auch Sloterdijk sieht in solchen Formen das Bestreben, sich von starren Erinnerungen loszureißen und neu anzufangen[98], indem man durch die Konstruktion eines ‚Anfangs vor dem Anfang' quasi den bisherigen Lebensweg fortschreitend neu gestaltet:

> Denn je radikaler Menschen versuchen, bei sich zurückzublättern, desto mächtiger sind die Gründe, die sie haben, neu zu beginnen, und desto intensiver ist ihre Sorge, daß etwas, was einen schwierigen Anfang hatte, nicht auch ein böses Ende nehmen soll.[99]

Mit anderen Worten geht es bei der narrativen ‚Erforschung' oder Ausgestaltung des eigenen Ursprungs um eine identitätsstiftende Verortung im Sinne einer (Neu-)Begründung der Situation im Jetzt. Zugleich soll eine Perspektive in die Zukunft eingerichtet werden. Dies beschreibt zum einen die Dynamik narrativer Selbstkonstruktion, bei der das Erzählen durch eigene Projektionen selbst zu einer dynamischen Form der narrativen Subjektbildung wird, zum anderen jedoch auch die Festschreibung von Erinnerung im Sinne eines kulturellen Gedächtnisses.

---

[95] Sloterdijk: Zur Welt kommen (1988), S. 43.
[96] Vgl. Sloterdijk: Zur Welt kommen (1988), S. 50f.
[97] Wilhelm Köller spitzt diesen Gedanken in der Metapher von der Sprache als „Schlange" im Paradies weiter zu. Vgl. Wilhelm Köller: „Die Sprache als Schlange aus dem Paradiese", in: Henriette Herwig u. a. (Hrsg.): *Lese-Zeichen. Semiotik und Hermeneutik in Raum und Zeit. Festschrift für Peter Rusterholz zum 65. Geburtstag*, Tübingen und Basel 1999, S. 161-177.
[98] Vgl. Sloterdijk: Zur Welt kommen (1988), S. 53f.
[99] Sloterdijk: Zur Welt kommen (1988), S. 55.

Mit dem Begriff des ‚kulturellen Gedächtnisses'[100] haben Aleida und Jan Assmann seit Ende der 1980er Jahre die Theorie des kollektiven Gedächtnisses präzisiert: Demnach transportiert nur das ‚kommunikative Gedächtnis' – das heißt eine Zeitspanne von (etwa drei) gleichzeitig existierenden Generationen – die veränderliche ‚Oral History', während das ‚kulturelle Gedächtnis' unter anderem in der Literatur als ein Gedächtnisort fortwährend festgeschriebener Erinnerungen über einen langen Zeitraum für eine Gesellschaft identitätsstiftende Funktion hat.[101] Demzufolge wird bei den vorliegenden, (auto)biographisch angelehnten und auf Migrationserfahrungen Bezug nehmenden Kindheitsdarstellungen das kommunikative Gedächtnis zum Transport kultureller Erinnerung bemüht. Denn die Grundlage der von den Autor(inn)en fiktiv ausgestalteten Kindheiten bildet eine relativ weit zurückliegende, aber noch selbst erlebte oder von den Eltern und Großeltern überlieferte Vergangenheit in der Türkei. Angesichts der Überlieferung aus großer zeitlicher Distanz und aus bereits dargelegten Gründen der Erinnerungskonstitution entspricht das beschriebene Heimatland seinen entworfenen narrativen Bildern zum Entstehungszeitpunkt der Romane kaum mehr bzw. hat der relativ lange Zeitabstand die Erinnerung an die Vergangenheit ‚verfälscht'. Doch da „[i]ndividuelle und kollektive Erinnerung [...] nie ein Spiegel der Vergangenheit, wohl aber ein aussagekräftiges Indiz für die Bedürfnisse und Belange der Erinnernden in der Gegenwart"[102] sein kann, wie Erll betont, ist für die folgenden Romananalysen insbesondere die Konstruktionen erzählperspektivischer Bezugnahmen zwischen den Positionen *vor* der Migration und *nach* der Migration von Interesse. Die einzelnen herausgestellten inhaltlichen, strukturellen sowie kulturellen Gegebenheiten sind also stets auf diese Relation hin zu untersuchen.

Im vorliegenden Zusammenhang zeigt sich die Verbindung zwischen Identität und kulturellem Gedächtnis insbesondere an einigen spezifischen, identitätsbildenden Mechanismen von Narrativität. So eignet dem

---

[100] Das Vorhandensein einer symbolischen und kulturellen Komponente neben der körperlichen und sozialen Basis in unserem Gedächtnis formuliert J. Assmann bewusst gegenüber seinen Vortheoretikern Halbwachs, Freud und Nietzsche. Vgl. J. Assmann: Religion und kulturelles Gedächtnis (2000), S. 18f.

[101] Vgl. für das Gebiet der kulturwissenschaftlichen Gedächtnisforschung die bis heute besonders einflussreichen Schriften: Jan Assmann: „Kollektives Gedächtnis und kulturelle Identität", in: ders. und Tonio Hölscher (Hrsg.): *Kultur und Gedächtnis*, Frankfurt a. M. 1988, S. 9-19; Jan Assmann: *Das kulturelle Gedächtnis. Schrift, Erinnerung und politische Identität in frühen Hochkulturen*, München 1992; Aleida Assmann: „Zur Metaphorik der Erinnerung", in: dies. und Dietrich Harth (Hrsg.): *Mnemosyne: Formen und Funktionen der kulturellen Erinnerung*, Frankfurt a. M. 1991, S. 13-35; Aleida Assmann: *Erinnerungsräume. Formen und Wandlungen des kulturellen Gedächtnisses*, München 1999.

[102] Erll: Kollektives Gedächtnis (2005), S. 7.

Erinnern und vor allem dem Veräußern der Erinnerungen zwar immer auch ein „Wunsch nach Aufmerksamkeit und Zugehörigkeit"[103], wie Jan Assmann betont, jedoch sind die hier relevanten autofiktionalen Kindheitsdarstellungen nicht etwa vor dem Hintergrund eines kollektiven Aktionismus gegen kulturelles Missverstehen zu sehen. Vielmehr lassen sie sich auf die aus der Psychologie lange bekannte Rolle[104] zurückführen, die das Erinnern und vor allem das Erzählen für die Schaffung und Erhaltung *individueller* (kultureller) Identität spielt. So stellt der vieldeutige Begriff der ‚Identität' je nach Auslegung eine Analysekategorie der psychologischen, der sozialen oder immer häufiger der kulturellen Praxis dar und bezeichnet einen Prozess der (kulturellen) Subjektivitätsproduktion und -positionierung.[105] Dieser Prozess wird heute zunehmend als unabschließbar betrachtet, und ehemals geltende Identitätskonzepte, die von der Logik einer stabilen Grundlage ausgehen, werden in Anlehnung an Stuart Halls Theorien zu Wandlungsprozessen der Spät- oder Postmoderne im Kontext von Globalisierung und Migrationen verworfen.[106]

Nach Pethes ist Literatur im Sinne einer „schriftmedial produzierte[n] und verbreitete[n] ästhetische[n] Kommunikationsform" signifikantes Element des kulturellen Gedächtnisses:

> Auch wenn literarische Texte sich, im Genre der Autobiographie, auf die Erzählung einer einzelnen Lebensgeschichte beschränken, und gerade wenn sie sich dabei bemühen, Dialoge in einem authentischen Ton zu rekonstruieren, tun sie dies mit Blick auf eine kollektive Rezeption und sind dadurch medial wie institutionell Bestandteil der kulturellen Gedächtnisbildung.[107]

---

[103] J. Assmann: Religion und kulturelles Gedächtnis (2000), S. 15. Man spricht in diesem Fall von einem „Bindungsgedächtnis". Ein Mensch braucht nicht nur Bindungen, um ein Gedächtnis ausbilden und sich erinnern zu können, sondern er braucht andersherum auch ein Gedächtnis, um sich binden zu können. Aufgrund dieser verbindenden Funktion kann man auch von einem ‚konnektiven Gedächtnis' sprechen. Vgl. ebd., S. 15f. und S. 22.

[104] Vgl. hierzu Schmidt: Gedächtnis – Erzählen - Identität (1991), S. 391ff.

[105] Vgl. zum Begriff der (kulturellen) Identität: Jürgen Straub: „Identität", in: *Handbuch der Kulturwissenschaften*, Bd. 1: *Grundlagen und Schlüsselbegriffe*, hg. von Friedrich Jaeger und Burkhard Liebsch, Stuttgart und Weimar 2004, S. 276-303 sowie ders.: „Personale und kollektive Identität. Zur Analyse eines theoretischen Begriffs", in: Aleida Assmann und Heidrun Friese (Hrsg.): *Identitäten. Erinnerung, Geschichte, Identität 3*, Frankfurt a. M. 1998, S. 73-104.

[106] Vgl. Stuart Hall: *Ausgewählte Schriften 2: Rassismus und kulturelle Identität*, hg. und übers. von Ulrich Mehlem, Hamburg 1994 sowie Patrice Djoufack: *Entortung, hybride Sprache und Identitätsbildung. Zur Erfindung von Sprache und Identität bei Franz Kafka, Elias Canetti und Paul Celan*, Göttingen 2010, S. 73ff.

[107] Nicolas Pethes: „Metalepse der Erinnerung – Zur Funktion von Fiktion bei der Restitution kollektiver Gedächtniskrisen – am Beispiel von W. G. Sebalds *Austerlitz*", in:

Das literarische Genre, in dem die individuellen Lebenserfahrungen mit der kulturellen Gedächtnisbildung verschränkt sind, ist der so genannte ‚interkulturelle Roman'. Diesen definiert Chiellino als ein Werk, „in dem die Hauptfigur oder der Ich-Erzähler bestrebt ist, das eigene interkulturelle Gedächtnis aufzuspüren, oder es weiterzugeben, oder es vor der Auflösung zu bewahren" und dessen Ausgangsposition der Wunsch „nach Zusammenfügung von Erfahrung aus Lebensabschnitten [ist], die sich in unterschiedlichen Kulturen zugetragen haben"[108]. Diese Kriterien schließen das Textkorpus dieser Arbeit insofern mit ein, als diese Erfahrungen zwar nicht in allen Werken explizit verhandelt werden – die von Chiellino beanspruchte Kultur*begegnung*[109] mithin nicht überall Teil der Romanhandlung ist –, sie aber jeweils den Ausgangspunkt des Erzählten bilden. So ordnet Chiellino besonders Özdamars *Karawanserei*-Roman (1992) dieser Gattung zu, da er sozio-historische Prozesse des Herkunftslandes mit dem Lebenslauf der Protagonistin verknüpft.[110]

Der Erzähl-Zeitraum von drei Generationen wird dabei von Chiellino zu einem Hauptmerkmal des interkulturellen Romans erklärt. Dabei befindet sich die Protagonistin/der Protagonist zumeist in der dritten Generation, da hierdurch die Überlieferungsfunktion des Konzeptes des kulturellen Gedächtnisses in biologischer Hinsicht erfüllt sei.[111] Auch diese (geringstenfalls) drei Generationen (Großeltern, Eltern, Kind) umfassende Konstellation findet sich in allen Figurenmustern der zu untersuchenden Romane. Daneben stellt Chiellino als Grundzug des interkulturellen Romans die Erzählperspektive heraus, welche die Distanz innerhalb von Raumkonstellationen (in Sprache, in Zeit) im Roman widerspiegelt und inhaltsstiftend sei.[112] Somit wäre in Bezug auf die hier vorliegenden Kindheitskonstruktionen mit der Perspektive sowie Sprache des frühe(ste)n Selbst und zusätzlich im Hinblick auf die Migration die größtmögliche zeitliche, sprachliche und räumliche Distanz eingenommen. Kindheit stellt hier nicht nur den Zeit- und Erinnerungsraum dar, in dem

---

Franz-Josef Deiters u. a. (Hrsg.): *Erinnerungskrisen – Memory Crises* (*Limbus* 2008), Freiburg i. Br. u. a. 2008, S. 13-33.

[108] Carmine Chiellino: „Der interkulturelle Roman", in: Aglaia Blioumi (Hrsg.): *Migration und Interkulturalität in neuen literarischen Texten*, München 2002, S. 41-54, hier S. 41.

[109] Vgl. Chiellino: Der interkulturelle Roman (2002), S. 52. Wenn es dort heißt, es gehe im interkulturellen Roman „grundsätzlich um die Begegnung von zwei Kulturen […], die räumlich getrennt sind", dann kann diese Begegnung auch dadurch als implizit vorhanden gelten, dass eine zu ihr hinführende und gleichzeitig durch sie geprägte Vergangenheit erzählt wird.

[110] Vgl. Chiellino: Der interkulturelle Roman (2002), S. 51.

[111] Vgl. Chiellino: Der interkulturelle Roman (2002), S. 53 sowie die Ausführungen oben zum kommunikativen Gedächtnis.

[112] Vgl. Chiellino: Der interkulturelle Roman (2002), S. 42f.

sich die Texte verorten, sondern sie ist häufig auch durch eine spezifische sprachliche Gestaltung gekennzeichnet. Chiellino führt des Weiteren die Mehrsprachigkeit als Grundzug des interkulturellen Romans an und unterscheidet zwischen angewandter und latenter Sprache. Unter angewandter Sprache ist hier die deutsche Sprache zu verstehen, mit Hilfe derer die Autorinnen und Autoren mit Migrationshintergrund „interkulturelle Kontexte"[113] erzeugen. Die latente Sprache bezeichnet dagegen die Sprache „der Raum/Zeit-Konstellation, in der das Werk zum Teil angesiedelt ist"[114], und entspricht in den vorliegenden Romanen dem Türkischen.

Die über die Transformation in literar-ästhetische Ausdrucksformen entwickelten individuellen Identitätsmodelle sind darauf ausgerichtet, kollektiven Einfluss zu nehmen. So stellt zum Beispiel Erll heraus, dass autobiographische Reflexionen sozialpsychologisch gesehen die Funktion der kulturellen und identitätsstiftenden Selbstbeschreibung erfüllen. Weiter erklärt Erll, dass über diese sinnhaft gestaltete individuelle Zeiterfahrung kollektive Werte- und Normensysteme etabliert werden können.[115] So leistet die öffentliche Darstellung und Ausgestaltung individueller Erfahrung und Suche nach einer persönlichen und kulturellen Identität in der Literatur, die Zaimoğlu als „eine Art ‚Wurzelbehandlung'"[116] beschreibt, einen Beitrag zur Formung des kollektiven Gedächtnisses.

I.2.1. Inszenierte Randpositionen

Konstruktionen von Kindheit charakterisieren sich nicht nur durch die oben skizzierten Grenzsetzungen (zeitlicher Radius, Wissensstand, Idyllisierung etc.), sondern sie verkörpern häufig auch eine gewisse Marginalität aufgrund der kindlichen ‚Schwäche'. Die mit Kindheit allgemein assoziierten ‚Mängel' bestehen darin, dass sich das Kind in Relation zum Erwachsenen in einem geistig und körperlich noch defizitären Entwicklungsstadium befindet. So nimmt es aufgrund seines physischen, psychischen und materiellen Abhängigkeitsverhältnisses zu erwachsenen (Bezugs-)Personen eine schwächere Position ein. Zu einer grundsätzlichen ‚Schwäche' des Kindes erklärte Rousseau die noch fehlende Kraft zur Kontrolle der Triebnatur. Dies ändere sich erst mit der Heranreifung zu einem zivilisierten Erwachsenen.[117] Die heutige Sozialisationsforschung

---

[113] Chiellino: Interkulturalität und Literaturwissenschaft (2000), S. 388.
[114] Chiellino: Der interkulturelle Roman (2002), S. 43. Somit ist mit der ‚latenten' Sprache nicht zwangsläufig die Herkunftssprache der Protagonisten gemeint.
[115] Vgl. Erll: Kollektives Gedächtnis (2005), S. 105.
[116] Abel: Migrationsliteratur ist ein toter Kadaver (2006), S. 164.
[117] So erklärt Rousseau die gesamte Kindheit zur „Zeit der Schwäche". Das Kind sei solange grundsätzlich „schwach", bis „das Wachstum der Kräfte die Zunahme der Be-

geht davon aus, dass das Kind innerhalb seiner Entwicklung und Reifung lernt, seine relative ‚Schwäche' zu überwinden, indem es die „Voraussetzungen für die Bewältigung neuer oder veränderter Umweltanforderungen"[118] erwirbt. Dies geschieht in Form von Anpassung und/oder in Form von eigenaktiver Umweltgestaltung.

Inszenierungen von Kindheit in der Migrationsliteratur verweisen auf solche Mechanismen dadurch, dass hier bestimmte Machtverhältnisse und deren Wandel gezeigt werden. Das heißt, es rücken Ermächtigungsprozesse in den Vordergrund, die sich in der Beziehung zwischen Wissen und Nicht-Wissen und dabei insbesondere zwischen Sprachmächtigkeit und defizitärer Sprachmächtigkeit zeigen. Bei der Darstellung eines Entwicklungsprozesses hin zu erweiterten Verstehens- und Ausdrucksmöglichkeiten geht es damit also auch um das Überschreiten bestimmter Grenzen. Für diesen Zusammenhang ist von der Grenze allgemein als Raummetapher auszugehen, die soziale Strukturen und menschliche Beziehungen beschreibt. Demnach sind Grenzen veränderbar und nicht feststehend, sie können übertreten werden[119] und begrenzen nicht von sich aus, sondern nur in der Interpretation von Individuen. Dabei handelt es sich bei den im Rahmen einer Migration auftretenden Grenzen nicht nur um solche im übertragenen Sinn, wie sie beispielsweise zwischen kulturell ‚Eigenem' und ‚Fremden' gesetzt werden. Viel anschaulicher zeigen sich hier konkrete Grenzen von Kollektiven, die unter anderem Nationen voneinander trennen. Geht man bei der individuellen menschlichen Identitätsformation von einer notwendigen (psychischen) Erfahrung von Grenz(überschreitung)en aus, kommt diesen speziell in der Phase der Kindheit eine basale Funktion zu.[120]

Dabei ist bei jedem Grenzübertritt das Moment einer ‚Schwellenerfahrung' konstitutiv. Obwohl oftmals synonym verwendet, handelt es sich bei der Schwelle im Gegensatz zur konkreten Grenze (Grenzlinie)

---

dürfnisse übertrifft". Jean-Jacques Rousseau: *Emile oder Von der Erziehung*, dt. Erstübertragung von 1762, vollst. überarb. von Siegfried Schmitz, München 1979, S. 191.

[118] Michael-Sebastian Honig u. a.: „Kindheit als Sozialisationsphase und als kulturelles Muster. Zur Strukturierung eines Forschungsfeldes", in: dies. (Hrsg.): *Kinder und Kindheit. Soziokulturelle Muster – sozialisationstheoretische Perspektiven*, Weinheim und München 1996, S. 9-29, hier S. 14.

[119] Dies gilt freilich nicht ohne Einschränkung; Hohnsträter unterscheidet hier zwischen der Definition von Grenze als Schranke (prinzipiell nicht überschreitbar) und Grenze als Schwelle (übertretbar), wobei dennoch jeweils die andere Seite der Grenze bestimmt worden sein muss, um überhaupt von einer Grenze sprechen zu können. Vgl. Dirk Hohnsträter: „Im Zwischenraum. Ein Lob des Grenzgängers", in: Claudia Benthien und Irmela Marei Küger-Fürhoff (Hrsg.): *Über Grenzen. Limitation und Transgression in Literatur und Ästhetik*, Stuttgart und Weimar 1999, S. 231-244, hier S. 240.

[120] Vgl. hierzu repräsentativ Melanie Klein: *Die Psychoanalyse des Kindes*, München und Basel ²1971.

um eine Übergangszone, das heißt um einen Raum des ‚Zwischen'. Waldenfels definiert die Schwelle gar als einen „Ort des Fremden par excellence", insofern sie nicht materiell verortbar sei und gleich dem Fremden in seiner Betrachtung als sich entziehendes ‚Anderswo' einen „Niemandsort"[121] bilde. Da man sich im Moment der Grenzüberschreitung an keinem konkreten Punkt befinden kann, erweise sich die Schwelle als ein „Ort der Schwebe"[122] und sei stets durch einen gewissen Kontrollverlust gekennzeichnet.[123] Einen solchen Zustand der Schwebe erleben und beschreiben auch die Protagonistinnen der vorliegenden Romane in allen Momenten der Ich-Erschütterung angesichts nicht einzuordnender, bisweilen traumatischer Erfahrungen.

Um diese Beschreibungen an einzelnen Textstellen zu analysieren und aufzuschlüsseln, soll der Blick zunächst auf die Zusammenhänge zwischen dieser undefinierten (Schwebe-)Situation bzw. Position des Fremden bei einem Kind und bei einer migrierten Person gerichtet werden. Erstens weist die Perspektive einer in Bezug auf seine Gesellschaftsfähigkeit auf eine Randposition verwiesenen Kinderfigur[124] ähnliche Merkmale auf, wie sie der Migrant im Allgemeinen von der (Aufnahme-)Gesellschaft zugeschrieben bekommt. Auch er wurde und wird oftmals als ein (fremdes) ‚Mangelwesen' angesehen und daher marginalisiert; auch er verfügt nur über eingeschränkte Teilhabe an der Gesellschaft und hat grundsätzlich den Wunsch nach Zugehörigkeit und Bestätigung. Wie Ha darlegt, wurden speziell die türkischen Migranten der ersten Generation in Deutschland durch soziale Degradierung, kulturelle Diffamierung und politische Exklusion „wie unselbständige, unmündige, rechtlose und geistig zurückgebliebene Kinder"[125] behandelt. Dieses ‚Unvermögen' zu gesellschaftsfähigem Leben wurde und wird indes nicht nur von außen zugesprochen, sondern auch subjektiv empfunden, wobei auch hier insbesondere mangelnde Sprachkenntnis als Ausschlusskriterium fungiert. Denn wenn ein Migrant zur Anpassung an die neue Lebenswelt eine neue Sprache erlernt, so muss er in der Zweitsprache viele sprachlich-kognitiven Verbindungen neu erstellen. Weil dieser Vorgang erstmals bereits im frühkindlichen Spracherwerbsprozess stattgefunden hat, muss bei

---

[121] Bernhard Waldenfels: *Studien zur Phänomenologie des Fremden*, Bd. 3: *Sinnesschwellen*, Frankfurt a. M. 1999, S. 9.

[122] Waldenfels: Sinnesschwellen (1999), S. 9.

[123] Vgl. Waldenfels: Sinnesschwellen (1999), S. 11; für den Ausdruck „Kontrollverlust" zitiert Waldenfels hier Arthur Rimbaud. Vgl. ebd., FN 4, S. 10f.

[124] Gemeint ist hier die grundsätzliche Randposition des Kindes aufgrund seiner naturgemäß noch unterentwickelten Gesellschaftsfähigkeit und nicht eine gesellschaftliche Randstellung des Kindes, deren Überwindung der moderne sozialwissenschaftliche Blick auf Kinder und Kindheit einfordert. Vgl. hierzu etwa Honig: Kindheit als Sozialisationsphase (1996).

[125] Kein Nghi Ha: *Ethnizität und Migration*, Münster 1999, S. 28f.

einer Sprachumstellung im Migrationsprozess der Zugang zur Emotionalität und zu identifikatorischen Modellen aufwändig neu erschlossen werden, wie Kohte-Meyer aufzeigt.[126] In Bezug auf eine solche zweite Ver-
sprachlichung ist der Migrierte in ein (früh)kindliches Stadium und auf
ein präsymbolisiertes System zurückgeworfen.

Diese ‚schwachen‘ Positionen einer Kinder- und einer Migrantenfi-
gur werden bei Demirkan direkt miteinander in Verbindung gebracht.
Doch auch die drei anderen Romane, die aus der Perspektive einer Kinderfigur den Lebensabschnitt vor der Migration beleuchten und in denen
Migrantenfiguren nicht oder kaum eine Rolle spielen, rekurrieren immer
auch auf die postmigrantische Position der unsicheren Fremde, indem sie
von ihr ausgehen. Relativ schnell sind die jeweiligen Erzählinstanzen –
insbesondere bei Özdamar und bei Özdoğan – als rückblickende, migrierte Erwachsene identifizierbar. Lediglich Zaimoğlus Roman scheint eine
solche Identifikation auf den ersten Blick zu vermeiden. Doch gehen alle
vorliegenden Beispieltexte von bestimmten Fremdheitserfahrungen aus
und übertragen diese auf die jeweils konstruierten Kinderfiguren.

Zweitens spielt genau dabei nicht nur die ‚migrantische‘ Fremdheit
eine Rolle, sondern auch die allgemeine ‚psychische‘ Fremdheit – bei Kristeva entsprechend in „aliénité" und „alterité"[127] unterschieden –, bei der
wir all das als ‚fremd‘ bezeichnen, was uns unbekannt und unvertraut erscheint und dieser weiter gefassten Definition gemäß alle Mitmenschen
und bisweilen sogar uns selbst betrifft.[128] So erscheint auch die Kindheit –
an biologischer, individualgeschichtlicher und entwicklungspsychologi-
scher Distanz gemessen – als das prinzipiell unverfügbare Andere jedem
Menschen fremd. Entsprechend sieht Waldenfels im Kind eine der zentralen Figuren des Fremdartigen, insofern es sich bei dieser frühen Entwicklungsstufe um eine Form des Unbewussten handele, die den Menschen

---

[126] Vgl. Irmhild Kohte-Meyer: „Vernehmen und Erreichen – psychoanalytische Begegnung im transkulturellen Raum", in: Sigrid Scheifele (Hrsg.): *Migration und Psyche.
Aufbrüche und Erschütterungen*, Gießen 2008, S. 35-55, hier S. 46f.

[127] Julia Kristeva: *Fremde sind wir uns selbst*, Frankfurt a. M. 1990, S. 205ff. Die ‚migrantische‘ und die ‚psychische‘ Fremdheit decken sich in ihren theoretischen Erklä-
rungsmustern dahingehend, dass infolge moderner Subjekttheorie der Mensch nicht
mehr als autonome Einheit, sondern als „fragiles Fragment" gefasst wird, insofern er
als durch so genannte Rollenidentitäten gekennzeichnet verstanden werden kann. Vgl.
hierzu Jentsch: Da/zwischen (2006), S. 12, Zitat ebd. Jentsch bezieht sich hier u. a. auf
die soziologischen Theorien Georg Simmels.

[128] Vgl. Alois Hahn: „Die soziale Konstruktion des Fremden", in: Walter M. Sprondel:
Die Objektivität der Ordnungen und ihre kommunikative Konstruktion, Frankfurt a.
M. 1994, S. 140-163, hier S. 141f. Die Tatsache des nur teilweise Kennen- und damit
Verstehen-Könnens des anderen, die „prinzipiell unaufhebbare[ ] intersubjektive[ ] In-
transparenz" (149) also, bezeichnet Hahn jedoch als Basis und Voraussetzung der gesellschaftlichen Kommunikation überhaupt, da durch diese Fremdheitserfahrung unbewusst Gemeinsamkeitsfiktionen gehalten werden.

immer wieder heimsuche.[129] So ist die Kindheitsphase als zeitlich und
auch geistig weit entfernte Seinsform mit einem eher triebhaften und
dadurch aus rückblickender Perspektive fremd erscheinenden Verhalten
konnotiert.[130] Diese immer auch traumatische Erfahrung des Sich-selbst-
fremd-geworden-Seins findet sich in ganz ähnlicher Weise innerhalb des
psychischen Prozesses der Migration, bei dem in Erschütterung geratene
individuelle Beziehungen zwischen inneren und äußeren Realitäten psychisch bewältigt werden müssen. Dabei geht es für den Migrierten nicht
nur darum, einen Konflikt zwischen verinnerlichten kulturellen und
sprachlichen Symbolsystemen und den als ‚fremd' erfahrenen äußeren
Gegebenheiten in der Aufnahmegesellschaft auszuhandeln, sondern insbesondere um die gravierende Erfahrung, in der Fremde sich selbst fremd
geworden zu sein.[131]

In der literarischen Inszenierung von Kindheit als Konstruktion von
(eigener) Vergangenheit *vor* der Migration werden diese Fremdheitserfahrungen verhandelt, indem über die erzählerische Distanz die Reflexion
kultureller Prägungen als Selbstbegegnung und -bespiegelung ermöglicht
wird. Diese Distanzgewinnung durch die literar-ästhetische Inszenierung
ist vor allem dann notwendig, wenn traumatische Migrationserfahrungen
re-präsentierbar werden sollen.[132] Umgekehrt ist dann unter kulturwissenschaftlicher Perspektive interessant, welche Spuren die traumatische
Impression im Text hinterlässt.[133] Die in den vorliegenden Kindheitsdarstellungen hervorgehobenen negativen Erfahrungen und Schicksale wie
Armut, Hunger, Vergewaltigung, Mord, Tod, Mutterverlust, Repression
des Weiblichen oder Haltlosigkeit durch ständiges Reisen erscheinen so-

---

[129] Vgl. Bernhard Waldenfels: *Der Stachel des Fremden*, Frankfurt a. M. 1990, S. 60.

[130] Vgl. hierzu auch Lehnert: Kindheit als Alterität (1996). Lehnert stellt hier insbes.
das Bild des dämonischen Kindes in der Literatur vor, wonach die beiden kontroversen
Vorstellungen einer unbegrenzten kulturellen Prägung eines Kindes einerseits und der
einer natürlichen Triebhaftigkeit andererseits das Kind zum dämonischen ‚Anderen'
werden lassen, das nicht verständlich und damit nicht beherrschbar erscheint. Vgl.
S. 255f.

[131] Vgl. Kohte-Meyer: Vernehmen und Erreichen (2008), S. 36f.

[132] Denn das Trauma (die seelische ‚Wunde') kennzeichnet sich grundsätzlich dadurch,
dass die für den Erinnerungsprozess konstitutive Distanz nicht realisierbar ist. Denn
traumatisch ist nicht das Erlebnis allein, sondern die traumatische Wirkung geht aus
einer Diskrepanz zwischen bedrohlichem Ereignis und individueller Bewältigungsmög-
lichkeit hervor. Vgl. Gottfried Fischer: „Psychoanalyse und Psychotraumatologie", in:
Wolfram Mauser und Carl Pietzcker (Hrsg.): *Trauma* (*Freiburger literaturpsychologi-
sche Gespräche, Jahrbuch für Literatur und Psychoanalyse*, Bd. 19), Würzburg 2000,
S. 11-26, hier S. 12f.

[133] Vgl. hierzu auch Sigrid Weigel: „Télescopage im Unbewußten. Zum Verhältnis von
Trauma, Geschichtsbegriff und Literatur", in: Elisabeth Bronfen u. a. (Hrsg.): *Trauma.
Zwischen Psychoanalyse und kulturellem Deutungsmuster*, Köln u. a. 1999, S. 51-76,
hier S. 51.

mit als Spiegelung der traumatischen Erfahrung der Migration, die der Erzählung der Kindheiten ja stets vorausgeht.

Dies wird besonders vor dem theoretischen Hintergrund verständlich, dass die Migration nicht mit dem Akt des Migrierens abgeschlossen
ist, sondern dass es sich um einen dauerhaften Prozess handelt, bei dem es
immer wieder darum geht, sich zu verorten, da man immer wieder mit
dem Fremden konfrontiert wird. Denn Migration ist nicht nur die lineare
Bewegung im geographischen, geopolitischen Raum, und die Quantität
der zurückgelegten Distanz ist nicht (allein) ausschlaggebend. Zentral ist
hier die Dimension der „qualitativen Distanz"[134] bzw. der Differenz, die
von diskursiven Konstruktionen abhängt, das heißt auf ethnischen, kulturellen Zuschreibungen beruht. So geht es auch nach dem Übertritt nationaler Grenzen immer wieder darum, verschiedene äußere und innere
Grenzen zu überwinden. Die hier untersuchten Kindheitsdarstellungen
sind nun gerade dadurch gekennzeichnet, dass sie sich über phantastisch-
spielerische Formen den kindlichen Denk- und Ausdrucksformen annä-
hern und dadurch gewisse biographische Übergänge ‚bespielen'[135]. Diese
treten insbesondere im Zusammenhang mit den oben genannten befremd-
lichen Erfahrungen bzw. den Begegnungen mit dem Fremden im Sinne
von Erschütterungsmomenten auf.

Die literarische Inszenierung und damit Aneignung des Fremden geschieht oftmals aus einer Situation „drohender Identitätsauflösung"[136]
heraus. Diese Situation ergibt sich vor allem in einem Migrationsprozess
durch den Zustand der Ungewissheit und der Erschütterung.[137] Die Bewusstwerdung eines für immer verlorenen Ortes durch das Ich – symbolisiert durch die Kindheit in der Heimat – bildet ein wesentliches Merkmal
in der Theorie des so genannten Migrationstraumas. Das Traumatische
der Migration konstituiert sich insbesondere in der Ich-Erschütterung in
Form einer Identitätskrise bis hin zum Ich-Verlust. Dieser wird durch
den „Verlust inneren Wissens" um Sprache und kulturelle Muster sowie
durch das abverlangte Verhalten in der Fremde ausgelöst, wie Kohte-
Meyer herausstellt.[138] Dies führt zu Unsicherheit und destruktiven Erleb-

---

[134] Vgl. hierzu Klaus Müller-Richter: „Einleitung – Imaginäre Topographien. Migration
und Verortung", in: ders. und Ramona Uritescu-Lombard (Hrsg.): *Imaginäre Topographien. Migration und Verortung*, Bielefeld 2007, S. 11-31, hier S. 12.

[135] Vgl. dazu Gutjahr: Schauplatz eines frühen Selbst (2011), S. 38.

[136] Ortrud Gutjahr: „Fremde als literarische Inszenierung", in: dies. (Hrsg.): *Fremde*,
Würzburg 2002, S. 47-67, hier S. 59.

[137] Vgl. zum Aspekt der Erschütterung durch Migration z. B. Sigrid Scheifele: „Migration und Psyche – Aufbrüche und Erschütterungen", in: dies. (Hrsg.): *Migration und
Psyche. Aufbrüche und Erschütterungen*, Gießen 2008, S. 9-20.

[138] Vgl. Irmhild Kohte-Meyer: „‚Ich bin fremd, so wie ich bin'. Migrationserleben, Ich-
Identität und Neurose", in: Ulrich Streek (Hrsg.): *Das Fremde in der Psychoanalyse*.

nissen, die lähmen und sogar psychische Erkrankungen hervorbringen können.[139]

So steht die topographische wie psychische Zäsur einer Migration als Verlusterfahrung schlechthin – unabhängig davon, ob sie in der Kindheit oder später geschieht – immer für ein besonders einschneidendes Moment im persönlichen Lebenslauf, das mitunter einem „Kulturschock" traumatischen Ausmaßes gleichkommt.[140] Diesen zu bewältigen erfordert einen Richtungswechsel im Prozess der eigenen Entwicklung, welcher Haluszczynski zufolge in drei Phasen abläuft: Zunächst erfolgt die Begegnung mit einer fremden Kultur bzw. die Bewusstwerdung der eigenen fremden Kultur, dann die Reorganisation des eigenen Gewordenseins und schließlich die Findung einer neuen Identität und die Einordnung des Fremden.[141] Wird ein intensives Gefühl von Verlust – namentlich von Heimat, Zugehörigkeit, Identität, Lebenszielen – und somit eine gewisse Haltlosigkeit empfunden, entwickelt sich der Wunsch nach Vertiefung in den schützend abgeschlossenen Raum einer erlebten Zeit der Kindheit, und zwar unabhängig von ihrer Bewertung als positiv oder negativ. Die Kindheit ist zwar ebenfalls ‚verloren', doch stellt sie gleichzeitig auch die Wiedergewinnung durch Rückbesinnung auf einen grundlegenden Teil der eigenen Identität dar.

Erkundungen über das ‚Andere' in Seele, Körper und Kultur, München 1993, S. 119-132, hier S. 126, Zitat ebd.

[139] Kohte-Meyer zählt als mögliche Symptome Leistungs- und Konzentrationsstörungen, Schlaflosigkeit, Alpträume, Kopfschmerzen, Misstrauen gegenüber anderen Menschen, Vereinsamung, Beschämung, Angst- und Panikzustände auf. Vgl. Kohte-Meyer: Ich bin fremd (1993), S. 126.

[140] Vgl. hierzu bspw. Irmhild Kohte-Meyer: „Spannungsfeld Migration: Ich-Funktionen und Ich-Identität im Wechsel von Sprache und kulturellem Raum", in: Fernanda Pedrina u. a. (Hrsg.): *Kultur, Migration, Psychoanalyse. Therapeutische Konsequenzen theoretischer Konzepte*, Tübingen 1999, S. 71-97, dort heißt es auf S. 72. explizit: „Migration ist ein traumatisches Geschehen, erschüttert Ich und Ich-Identität, stellt diese in Frage und wird vielfältige Reaktionen und Strategien als Antwort hervorrufen." Kohte-Meyer führt dies auf die frühkindliche Prägung der Ich-Identität im spezifischen Kulturraum und deren Konfliktpotential durch einen Wechsel des individuellen kulturellen Lebensraumes beim Übertritt in einen anders geprägten Kulturraum zurück. Vgl. ebd., S. 81f.

[141] Diese Dreiteilung folgt Igor Haluszczynski: „Der Beweis, dass es mich wirklich gibt'. Die Wirkung kumulativen Verlusts auf die psychische Entwicklung und die Identität.", in: Peter Bründl und Ilany Kogan (Hrsg.): *Kindheit jenseits von Trauma und Fremdheit. Psychoanalytische Erkundungen von Migrationsschicksalen im Kindes- und Jugendalter*, Frankfurt a. M. 2005, S. 131-148.

I.2.2. Raum(de)konstruktionen

Werden Kinderfiguren in der Literatur dahingehend als ‚schwache' Wesen
entworfen, dass sie ihre Welt noch ohne (ausreichendes) Wissen, mithin
naiv aufnehmen bzw. wiedergeben, so liegt darin erzählstrategisch gesehen auch eine gewisse ‚Stärke' verborgen. Denn das vorgeblich naive Erzählen aus Sicht einer inszenierten Kinderfigur vermag zwei Dinge: Zum
einen unterläuft die ungewohnte Art des Schauens die gewohnte Perspektive und schafft damit neue Ansichten auf vermeintlich feststehende Tatsachen. Zum anderen werden dabei Grenzen verschiedener Art, die in der
Naivität naturgemäß nicht gelten, oftmals ‚wie nebenbei' überschritten
bzw. in ihrer Symbolkraft relativiert.

So macht sich die Erzählstrategie der Naivität die Theorie zueigen,
dass sich das Kind im Allgemeinen noch an einem spezifisch kindlichen
Welterfahrungsmodell orientiert. Es agiert grundsätzlich in einer prä-
rationalen und prä-symbolisierten Welt der Kindheit – von Julia Kristeva
als semiotische *chora* bezeichnet[142] –, in der es (noch) nicht durch Erfahrung geprägt oder an moralisch-wertende Verhaltensmuster gebunden ist.
Das Kind beobachtet nur und wertet nicht. So haben viele ‚erwachsene'
Grenzen, wie sie etwa durch gesellschaftlich-moralische Normen gesetzt
werden, für das Kind noch keine Bedeutung und werden daher (unbewusst) überschritten: Das Kind spricht aus, was niemand zu sagen wagt,
es sieht mitunter Dinge, die vielleicht sonst niemand sieht, oder sieht sie
zumindest anders, da es nicht immer zwischen Realität und Fiktion unterscheiden kann. Kindheit als „Phase der Anfänge"[143] wie auch als Sinnbild
der Progressivität[144] ist somit durch ständiges Eintreten in neue (Er-
kenntnis-)Sphären und damit einhergehenden Schwellenerfahrungen charakterisiert.

Aus diesem Grund ist Kindheit nicht ausschließlich mit einem Zustand der ‚Schwäche' in Verbindung zu bringen, sondern auch mit einem
Prozess der Ermächtigung. Jeder Schritt auf eine neue Entwicklungsstufe
bedeutet eine neue Fähigkeit bzw. einen Zugewinn, mit welchem das Kind
seine Weltauffassung neu zu ordnen versucht. Diese sich immer wieder
neu begründenden Differenzen zwischen Nicht-Wissen und Wissen
macht sich die literarisch inszenierte kindliche Erzählperspektive zueigen,
wenn sie kindliche Subjektivität mimt, indem eine bestimmte Art des
Schauens und des Symbolisierens angenommen wird. So liegt mit der Inszenierung eines solchen kindlich-naiven Blicks ein literarisches Darstel-

---

[142] Mit der semiotischen *chora* bezeichnet Kristeva eine – dem Spracherwerb eigentlich
vorgängige – Phase oder Welt als „rhythmischen Raum", als eine „ausdruckslose Tota-
lität, die durch die Triebe [...] geschaffen wird." Julia Kristeva: *Die Revolution der poetischen Sprache*, Frankfurt a. M. 1978, S. 36.
[143] Gutjahr: Schauplatz eines frühen Selbst (2011), S. 37.
[144] Vgl. Alefeld: Göttliche Kinder (1996), S. 15.

lungsprinzip vor, bei dem ästhetisch simulierte Naivität eingesetzt wird, um (politische) Subtexte hervorzuheben. Dabei ist es häufig darauf angelegt, durchschaut zu werden[145], und in seiner narrativen Vermittlung stets darauf ausgerichtet, vermeintlich feststehende Annahmen der Erwachsenenwelt zu dekonstruieren. Denn über die fingierte und relationale Textordnungsfigur Naivität werden bestimmte Bezüge auf der Text- und Figurenebene ausgespart, die der nicht-naive Leser realisiert und wiederherstellt.[146] Somit liegt das Potential der inszenierten Naivität insgesamt darin, in seiner verfremdenden Darstellungsweise lebensweltlich scheinbar Nichtiges zu Bedeutungsrelevantem umzuwerten oder auch Bedeutungsvolles zu Belanglosem, Irrelevantem, Nebensächlichem abzuwerten.[147] Wie es André Fischer in seinen Analysen inszenierter Naivität in der Literatur trefflich fasst, wird der Leser „[d]urch die ‚kindliche‘ Verstellung und Suspendierung von Kategorien der Weltwahrnehmung, Gefühlskonventionen, Verarbeitungskodes des Faktischen und zivilisatorischen Ordnungsversuchen [...] zu neuen Sinn- und Bedeutungskonstruktionen herausgefordert.“[148]

In Bezug auf ihre Stilmittel operiert die Erzählstrategie kindlicher Naivität hauptsächlich mit der Reduktion von Komplexität. Dies bedeutet, dass kindliches Erzählen häufig ein eingeschränktes Wissen vorgibt sowie eine elementare Sprache und eine unmittelbare Ordnung voraussetzt.[149] Zum Beispiel kann das kindliche Nicht-Wissen auf der inhaltlichen Ebene dadurch arrangiert werden, dass die Kinderfigur naive Fragen stellt oder offensichtliche Zusammenhänge nicht erkennt. Die infantile Sprachgebung zeichnet sich meist durch eine verwendete ‚falsche‘ Sprache aus, mithin durch grammatikalische Fehler oder auch durch Dadaismus. Ein außerdem oft eingesetztes perspektivisches Merkmal bildet die Distanzverringerung zwischen Ich und Umwelt[150], das heißt, die von der Kinderfigur wahrgenommene Wirklichkeit wird assoziativ und unreflektiert wiedergegeben. Eine weitere Hauptstrategie zur erzählerischen Inszenierung von Naivität stellt besonders auch die Regression dar. Hierbei werden aktuelle Krisen oder Konflikte durch die Rückkehr in ein kindliches Stadium auf grundsätzliche Konstellationen rückgeführt. Reduktion und Regression zeigen, wie Tanja Nause zusammenführt, eine „grund-

---

[145] Vgl. André Fischer: *Inszenierte Naivität. Zur ästhetischen Simulation von Geschichte bei Günter Grass, Albert Drach und Walter Kempowski*, München 1992, S. 92f.

[146] Vgl. Fischer: Inszenierte Naivität (1992), S. 30.

[147] Vgl. Fischer: Inszenierte Naivität (1992), S. 32.

[148] Fischer: Inszenierte Naivität (1992), S. 92.

[149] Vgl. hierzu insbes. Antje Voutta: *Den Anfang erzählen. Aspekte der Repräsentation von Kindheit, Geburt und Subjektivation*, München 2008, S. 45ff.

[150] Vgl. hierzu Barth: Mit den Augen des Kindes (2009), S. 20f., die diesbezüglich auch auf Rainer Hagen: *Kinder wie sie im Buche stehen*, München 1967 verweist.

sätzliche[ ] Unsicherheit, Welt noch wahrnehmen und darstellen zu können", und deuten zugleich auf die Utopie, diese Krise zu überwinden.[151]

Das mittels dieser narrativen Strategien erzeugte naive Sehen wird im
Text quasi als ‚Erzählmaske' aufgesetzt und dem Leser unentschlüsselt
zur Verfügung gestellt. Zugleich ist das naive Sehen von Unterbrechun-
gen und Aufbrüchen gekennzeichnet, denn „sie gehören zur Inszenierung
von Naivität und heben den Inszenierungscharakter dieses literarischen
Mittels hervor"[152], wie Nause erklärt. Solch ein textstrategisch angelegtes
Agieren sowie Erzählen unter einer kindlichen ‚Maske' kann über das
Kindliche als Modus eines „Uneigentlichen" zum Ausdruck bringen, was
anders kaum vermittelbar wäre, da es *gerade* die durch sie verborgenen –
und zuweilen hochpolitischen – Subtexte hervorhebt. Denn der Leser
vermag es, innerhalb dieses spielerischen Moments der Perspektivver-
schiebung die Kindheits-Maskierung zu ‚entlarven' und die Symbolik zu
erkennen. Zwar überschreiten die im Text als kindlich inszenierten Figuren auf der Handlungsebene meistens scheinbar kaum irgendeine Grenze,
sondern sie fügen sich im Gegenteil häufig in bestimmte Ordnungen ein
und lassen dadurch zunächst keinen Lernprozess auf ihrer Seite ersichtlich werden. Doch gerade dieses unreflektierte Verhalten löst beim Rezipienten unweigerlich Reflexionen über eigene (soziokulturell geprägte)
Handlungsmuster aus.

Wird also kindliche Scheinlogik in Form von einer literarisch inszenierten Figur perspektivisch eingenommen, können dadurch mitunter
Schwächen, Fehler und Brüche der Erwachsenenlogik entlarvt[153] und –
mit Sloterdijk gesprochen – bestimmte Horizonte erwachsener Weltsicht
punktuell überschritten werden.[154] Mithin bildet das Kindliche in Analogie zu Konzeptionen etwa von Weiblichkeit oder auch Männlichkeit, die
in literatur- und auch kulturwissenschaftlicher Theoriebildung ebenfalls
als „ein kulturell angeeignetes Verhaltensrepertoire [gelten], das je nach
Bedarf inszeniert und performiert werden kann", das heißt als ‚Maskerade' aufgeführt werden kann, eine in Szene gesetzte „Seinsform, die ein
(vermeintliches) anderes Sein verbirgt"[155] und es gerade dadurch präsen-

---

[151] Vgl. hierzu Tanja Nause: *Inszenierung von Naivität. Tendenzen und Ausprägungen
einer Erzählstrategie der Nachwendeliteratur*, Leipzig 2002. Das Zitat stammt von S.
40.

[152] Nause: Inszenierung von Naivität (2002), S. 84.

[153] Vgl. hierzu auch Inge Wild: „Die Suche nach dem Vater", in: Gertrud Lehnert
(Hrsg.): *Inszenierungen von Weiblichkeit. Weibliche Kindheit und Adoleszenz in der
Literatur des 20. Jahrhunderts*, Opladen 1996, S. 137-157, hier S. 137f.

[154] Peter Sloterdijk: *Literatur und Organisation von Lebenserfahrung. Autobiographien
der Zwanziger Jahre*, München 1978, S. 141.

[155] Claudia Benthien: „Das Maskerade-Konzept in der psychoanalytischen und kulturwissenschaftlichen Theoriebildung", in: dies. und Inge Stephan (Hrsg.): *Männlichkeit*

tiert. Denn Masken transportieren immer einen über den Auftritt des Maskenhaften hinausgehenden Sinn, sie „‚sprechen' über sich hinaus", wie Schabert es formuliert, indem sie voneinander getrennte Formen der angenommenen Wirklichkeit ‚überspielen'.[156] Was nach ‚erwachsenem' Bewusstsein gültig ist, ist mitunter streng von einer (ihr unterworfenen bzw. verdrängten) kindlichen Wirklichkeitsauffassung getrennt, sodass dem erwachsenen Blick möglicherweise eine relevante – weil erst im kindlich-naiven, unvermittelten Blick erkennbare – Perspektive auf die Dinge verwehrt bleibt. So vermag das Erzählen durch die kindliche Maske genau diese abgetrennten, unbewussten, kindlichen Anteile ihres erwachsenen Trägers zum Vorschein zu bringen und schafft dadurch ein quasi ‚doppeltes', das heißt erweitertes Erzählen. Mithin ist die kindliche Erzählmaske hier also im Sinne eines Darstellungsmodus zu verstehen, bei dem der Bezug von Selbst- und Fremdwahrnehmung reflektiert wird. Denn eine Maskierung steht immer in Verbindung mit Identität und Rolle, Selbstentwurf und Selbstdarstellung, aber auch mit Verstellung und Täuschung und damit auch Verdoppelung, insofern der Maskenträger hinter der Maske ja weiter existiert.

Wird Kindheit als beschriebene Phase in einen Lebenslauf integriert und dabei mit einem Naivitätsmodus figuriert, entwickelt dieser sich dann häufig im Zuge der Reifung der Figur im Text zu einer reflexiven Perspektive. Doch insbesondere in Kindheitsdarstellungen der deutsch-türkischen Migrationsliteratur finden sich Beispiele, bei denen diese Entwicklung scheinbar ausbleibt und weiterhin mit dem naiven Blick geschaut wird. Diese spezielle Form der inszenierten Naivität stellt ein typisches Erzählverfahren zur Hinterfragung kulturspezifischer Regelsysteme dar.[157] Dabei werden Figuren entworfen bzw. Erzählinstanzen gebildet, die kulturelle Konstellationen durch einen ‚naiven Blick' aus einer ungewohnten Perspektive unverstellt beleuchten und dadurch anders und neu verstehbar machen. Gutjahr hebt hier zusätzlich die Möglichkeit hervor, dem Nicht-Sagbaren und dem Tabuisierten eine Ausdrucksmöglichkeit zu verschaffen:

> Die Selbstsuche der Figuren wird häufig durch eine scheinbar naive Erzählperspektive geleitet, bei der durch Detailbeobachtungen, die aus dem kulturellen Bedeutungsnetz herausgelöst werden, Bedeutungszuschreibungen aufgebrochen und Tabus umgangen werden,

---

als Maskerade. Kulturelle Inszenierungen vom Mittelalter bis zur Gegenwart, Köln u. a. 2003, S. 36-59, hier S. 39.

[156] Vgl. Tilo Schabert: „Einführung: Über die Notwendigkeit und den Nutzen einer Sprache der Maske", in: ders. (Hrsg.): *Die Sprache der Masken*, Würzburg 2002, S. 9-15, hier S. 11, Zitat ebd.

[157] Vgl. Gutjahr: Interkulturalität als Forschungsparadigma (2010), S. 31.

die kulturspezifisch regeln, was nicht ausgesprochen werden darf.[158]

Wie insbesondere bei Özdamar und Zaimoğlu zu zeigen sein wird, führt sich die zunächst im Rahmen einer Kinderfigur entworfene kindliche Erzählperspektive teilweise auch in der erwachsen gewordenen Figur fort und wird nicht wirklich abgelegt.

So gesehen lässt sich die literarische Darstellung von Kindheit als ein symbolisch konstruierter Raum verstehen, dessen Inhalte und Grenzen erst noch definiert werden müssen. Denn aus der naiven Sicht existieren diese Grenzen noch nicht, da sie entweder noch keine Gültigkeit haben oder nicht gesehen werden und die daher ‚mühelos‘ überschritten werden können. Ein solches Raumverständnis knüpft an neue kulturwissenschaftliche Raum- bzw. Grenztheorien an, die im Zuge des modernen Identitätsdiskurses in den letzten Jahren – insbesondere für die Migrationsliteraturforschung – vermehrt herangezogen worden sind. Vor dem Hintergrund eines antiessentialistischen Kulturverständnisses, das Kultur nicht mehr als Ist-Zustand, sondern als dynamisch erfasst, werden dabei Raum- sowie Identitätskonzepte nicht mehr als feststehend angesehen. Stattdessen werden Raumbilder und Räume konstruiert, die betreten und gewechselt werden können, sodass besonders Raumgrenzen und deren Überschreitungen eine zentrale Rolle einnehmen.[159]

Die Basis hierfür bildet der wissenschaftliche Paradigmenwechsel in der transdisziplinären Auseinandersetzung mit raumtheoretischen Konzepten – der so genannte „topographical turn" oder auch „spatial turn"[160]. Dabei wird von ‚Raum‘ als ausschließlich konkretem physischem territorialem Konzept abgegangen und Raum weiter gefasst als fundamentale Bestimmung des Seins. Raum ist nicht mehr nur als qualitativ bestimmbarer Ort zu verstehen, sondern auch als delokalisierte und abstrakte isotrope Ausdehnung.[161] Dabei sind Raum und Räumlichkeit symbolisch konstituiert und erscheinen als Objekte der Sinngebung.[162] So kommt Raum besonders in literarischen Texten die Rolle des kulturellen Bedeu-

---

[158] Gutjahr: Interkulturalität als Forschungsparadigma (2010), S. 31.

[159] Vgl. hierzu Claire Horst: „Raum- und Körperbilder in der Migrationsliteratur", in: Migrationsliteratur (Dossier der Heinrich-Böll-Stiftung 2009), S. 76-80.

[160] Vgl. hierzu bspw. Sigrid Weigel: „Zum ‚topographical turn‘. Kartographie, Topographie und Raumkonzepte in den Kulturwissenschaften", in: *Kulturpoetik* 2 (2002), S. 151-165 sowie die Beiträge in: Jörg Döring und Tristan Thielmann (Hrsg.): *Spatial Turn. Das Raumparadigma in den Kultur- und Sozialwissenschaften*, Bielefeld 2008.

[161] Vgl. hierzu und zum komplexen Diskursfeld des Räumlichen Michael Dickhardt: *Das Räumliche des Kulturellen. Entwurf zu einer kulturanthropologischen Raumtheorie am Beispiel Fiji*, Münster u. a. 2001, S. 6ff.

[162] Vgl. Dickhardt: Das Räumliche des Kulturellen (2001), S. 64.

tungsträgers zu, denn „[a]ls Signatur sozialer und symbolischer Praktiken ist Raum kulturell produziert und kulturell produktiv"[163].

In diesem Sinne kann auch Kindheit als ein solcher konstruierter kultureller (Sozialisations-)Raum gelten, dessen Grenzen durch verschiedene inhaltliche Kompositionen (welche etwa die erzählte Zeit, die Erzählfolge oder den Bezug der erzählten zur erzählenden Figur betreffen) immer wieder ‚bespielt' werden. Zugleich stellt Kindheit als erzähltechnisches Darstellungsprinzip der Naivität eine Art von Grenzbespielung dar, die kulturelle Verstehens- und Verhaltensmuster aufzubrechen vermag.

---

[163] Wolfgang Hallet und Brigitte Neumann: „Raum und Bewegung in der Literatur: Zur Einführung", in: dies.(Hrsg.): *Raum und Bewegung in der Literatur*, Bielefeld 2009, S. 11-32, hier S. 11, Zitat ebd.

II. ,GEBROCHENE' KINDHEIT
Renan Demirkans *Schwarzer Tee mit drei Stück Zucker* (1991)

> Also wartete ich, sah stundenlang
> aus dem Küchenfenster und fühlte mich
> wie ein Kranführer über der Kreuzung unter mir. [...]
> Aber ich sah nicht, wohin die Straßen führten,
> als lebte ich in einer Sackgasse.[1]

II.1. Kindheit als Selbstentwurf

II.1.1. Suleikas Emanzipation? – Inhalt und Relevanz des Romans

Während das literarische Debüt *Schwarzer Tee mit drei Stück Zucker* der 1955 in Ankara geborenen und 1962 nach Deutschland migrierten Renan Demirkan von der Literaturkritik durchaus affirmativ besprochen[2] und vom deutschen Lesepublikum begeistert aufgenommen wurde – *Der Spiegel* führte den relativ schmalen Roman im Erscheinungsjahr über sieben Monate lang auf seiner Bestsellerliste[3] –, warfen ihm einige wissenschaftliche Abhandlungen Trivialität vor. Göktürk setzt das Prosastück als „klischeehaft[ ]"[4] herab, und Sargut Şölçün quittiert der Autorin sogar „dilettantische Schreibversuche", deren positiven Zusprachen auf ihren Bekanntheitsgrad als Schauspielerin zurückzuführen wären.[5] Insgesamt

---

[1] Renan Demirkan: *Septembertee oder Das geliehene Leben*, Berlin 2008, S. 112f.
[2] Vgl. bspw. Beatrice Eichmann-Leutenegger: „Die Harmonie als Glückstraum", in: *Neue Zürcher Zeitung* vom 05.09.1991, S. 36. Dort heißt es, Demirkan habe Einzelheiten präzise beobachtet und führe diese in ihrem „kunstvoll kunstlosen" Buch in einer Sprache „von nüchterner Eindringlichkeit" vor.
[3] Barbara Supp spricht in ihrem Artikel „Im Land der Käseecken. SPIEGEL-Redakteurin Barbara Supp über die Schauspielerin Renan Demirkan und deren Hunger nach Normalität", in: *Der Spiegel* 13 (1991), S. 288-291, hier S. 289 von einer sensiblen Wiedergabe der Charaktere im Roman.
[4] Deniz Göktürk: „Kennzeichen: weiblich / türkisch / deutsch; Beruf: Sozialarbeiterin / Schriftstellerin / Schauspielerin – Türkische Autorinnen in Deutschland", in: Hiltrud Gnüg und Renate Möhrmann (Hrsg.): *Frauen, Literatur, Geschichte. Schreibende Frauen vom Mittelalter bis zur Gegenwart*, Stuttgart ²1999, S. 516-532, hier S. 525. Dennoch erkennt auch Göktürk dem Roman eine gewisse „Signalwirkung" zu. (Ebd.)
[5] Vgl. Sargut Şölçün: „Literatur der türkischen Minderheit", in: Carmine Chiellino (Hrsg.): *Interkulturelle Literatur in Deutschland. Ein Handbuch*, Stuttgart und Weimar 2000, S. 135-152, das Zitat stammt von S. 143. Demirkan studierte Schauspiel und wirkte preisgekrönt in einigen Kino- und Fernsehproduktionen mit (*Zahn um Zahn* 1985, *Die Reporter* 1988, *Der große Bellheim* 1992, *Auge um Auge* 1992). Vgl. hierzu bspw. Claudia Bulut: „Von der Gastarbeiterin zur Schutzpolizistin. Das konstruierte Bild der fremden Frau im deutschen Film und Fernsehen", in: Heribert Schatz (Hrsg.): *Migranten und Medien. Neue Herausforderungen an die Integrationsfunktion von Presse und Rundfunk*, Wiesbaden 2000, S. 253-264, hier S. 259f.

werden in der verhältnismäßig geringen Anzahl literaturwissenschaftlicher Untersuchungen zu dem ästhetisch wie strukturell einfach gestalteten Roman, den Ellen Brokopf zum Genre der Frauenliteratur zählt und
nahe der Kategorie ,Betroffenheit' positioniert[6], überwiegend feministi-
sche und kulturtheoretische Ansätze verfolgt. Inhaltlich wird dabei
hauptsächlich die emanzipatorische Leistung der unter Repression und
Xenophobie leidenden Protagonistin fokussiert.[7] Eine detailgenaue Untersuchung des Erzähltextes lohnt sich jedoch vor allem hinsichtlich dessen bisher nahezu ignorierter Kindheitskonstruktion und ihrer Bedeutung
für die Entwicklung der Protagonistin. Denn der im Roman gezeigte Prozess kultureller Identitätsbildung bzw. der soziale Aufstieg der ausgegrenzten und benachteiligten Protagonistin begründet sich in seiner Verknüpfung mit den rekapitulierten Erfahrungen einer ,gebrochenen' Kindheit. Es ist der Reflexionsprozess an sich, der zu einer Art ,befreienden'
Selbstprofilierung führt, die notwendig wird, um die bevorstehende
Schwelle in den neuen Lebensabschnitt der Mutterschaft zu überwinden.

So handelt der Roman von einer im Kreißsaal der Entbindung ihrer
ersten Tochter entgegensehenden Frau, welche sich in den etwa zwei
Stunden der Vorbereitungen für den anstehenden Kaiserschnitt ihrer eigenen Kindheit erinnert, bis schließlich in letzter Minute der erwartete
Narkosearzt eintrifft. In einer dieser Rahmenhandlung eingelagerten, sie
immer wieder unterbrechenden Binnenerzählung wird in achronischen
Episoden rückblickend der Kindheits- und Jugendverlauf der 30-Jährigen
beschrieben. Nachdem sie ihre ersten sieben Lebensjahre in den späten
1950er Jahren in einem kleinen anatolischen Dorf unter dem Einfluss ihrer streng gläubigen Großeltern verbracht hat, muss sie zusammen mit ihrer jüngeren Schwester und ihrer Mutter aus der Türkei nach Deutschland
zu ihrem als Gastarbeiter vorausgegangenen Vater migrieren. Sogleich
wird die Familie wegen angeblicher Lärmbelästigung aus ihrer ersten Bleibe vertrieben und zieht vorübergehend in ein kleines Dorf, wo sie „zu-
rückgezogen"[8] lebt. Obwohl die beiden Mädchen später erst in einer
Klein-, dann in einer Großstadt relativ wohlsituiert – der Vater arbeitet als
Bauingenieur, die Mutter findet Anstellung in einer Schneiderei – und gut

---

[6] Vgl. Ellen Brokopf: *Schreiben als kultureller Widerstand. Die 2. Generation in der Migration am Beispiel von zwei autobiographischen Romanen aus Deutschland und Frankreich*, Berlin 2008, S. 108f.
[7] Neben Brokopf z. B. auch Reika Ebert: „Trouble and Triumph: German Life – Turkish Tradition in Renan Demirkan's *Schwarzer Tee mit drei Stück Zucker*", in: *Language and Intercultural Communication* V. 4, 1&2 (2004), S. 68-80 sowie Monika Albrecht: „Jenseits des ,Dazwischen': Renan Demirkans Beitrag zur Diskussion gegenwärtiger kulturtheoretischer Fragen", in: *German Life and Letters* 59: 4 (2006), S. 540-554.
[8] Renan Demirkan: *Schwarzer Tee mit drei Stück Zucker*, Köln 1991, S. 20. Im Folgenden werden alle Zitate aus diesem Roman durch Seitenangaben in Klammern nachgewiesen.

behütet heranwachsen, wie die Protagonistin einräumt, fühlen sie sich als
einzige ausländische Kinder vor allem von den deutschen Mitschülern und
fremdenfeindlichen Lehrern abgelehnt und von ihren Eltern unverstan-
den. Sie werden von Mädchencliquen ausgeschlossen und erhalten durch
ihre häufigen Umzüge kaum die Möglichkeit, Gleichaltrige näher kennen
zu lernen. Oft erleben sie die Wohnung als Gefängnis, da ihnen nur wenige Freizeitaktivitäten gestattet werden bzw. kein Geld für teure Ballett-
stunden zur Verfügung steht. Doch zwischen den beiden Welten des
hauptsächlich durch die Mutter vertretenen traditionellen, einengenden
Elternhauses und der für die Mädchen faszinierenden fremden Lebensart
der Einheimischen gelingt es den Geschwistern immer wieder, von ihnen
aufgeschnappte ‚deutsche' Verhaltensweisen in ihren moslemisch-
türkischen Haushalt einzuführen. So bestehen die Kinder auf ein kaltes
Abendbrot und ein sonntagliches Kaffeetrinken sowie einen Weihnachts-
baum und bemalte Ostereier. Etwas widerwillig fügt sich die von dem festen Vorsatz der Rückkehr in die Heimat eingenommene Mutter diesen
Bräuchen, während sich der Vater, der deutsche klassische Musik sowie
das Walzertanzen schätzt, liberaler zeigt.

Schließlich zieht die Protagonistin entgegen der familiären Sitte ohne
zu heiraten aus dem Elternhaus aus und unternimmt als 18-Jährige mit ihrem heimlichen deutschen Freund eine nostalgische Reise in die Türkei an
die Stätten ihrer Kindheit. Ihr nun selbstbestimmtes Leben entfernt sie
von ihren Eltern, die sich abwenden und ihre älteste Tochter desavouie-
ren. Deren Versuche, sich wieder mit der Mutter auszusöhnen, werden
konsequent abgelehnt. Erst spät, nachdem die Protagonistin Schauspielerin geworden ist, einen österreichischen Bühnenbildner geheiratet hat und
von diesem nun ein Kind erwartet, gehen die Eltern nach einem vergeblichen Remigrationsversuch wieder auf ihre Tochter zu, wobei die Mutter
ihren Schwiegersohn kurzerhand in „Ali" umtauft. Der Roman schließt
mit einem versöhnlichen Ausblick, bei dem die werdenden Großeltern
sich auf ihr Enkelkind freuen und eine gemeinsame Zukunft planen.

Wenn Monika Albrecht Demirkans ihrer Ansicht nach unterschätz-
tes[9] Schreiben als eines bezeichnet, das sich „die ‚Literatur der Betroffenheit' im engeren Sinne erspart" und bereits darüber hinausdeutet[10], dann
werden dabei offensichtlich jene Textpassagen missachtet, die auffällig
unverhohlen die Klischees bedienen, deren Anklage gerade auf die Kategorie „Betroffenheit" verweisen. So wird zum Beispiel die Migrationsgeschichte einer Freundin erzählt (76ff.), die als junge Frau unter falschen

---

[9] Vgl. Albrecht: Jenseits des Dazwischen (2006), S. 541. Hier schreibt sie Demirkan
den „Rang einer bewussten und kreativen Teilnehmerin an intellektuellen Gegenwarts-
diskursen" zu.
[10] Albrecht: Jenseits des Dazwischen (2006), S. 540. Ähnlich auch Ebert: Trouble and
Triumph (2004), S. 69.

Versprechungen von ihrem Onkel nach Deutschland mitgenommen und dort schlecht behandelt, eingesperrt und missbraucht worden ist, aber schließlich entkommen konnte. Dieser Plot erinnert stark an Tevfik Başers Film *40qm Deutschland* (1986), auf den im Roman noch zwei weitere Formulierungen anspielen, nämlich die Flucht des späteren Ehemannes aus „dieser vierzig Quadratmeter Zimmer-Küche-Kabinett-Welt" (28) oder die Wohnung der Mutter als „sechzig Quadratmeter Fluchtpunkt" (138). Die im Roman immer wieder anhand der Darstellung kultureller Konflikte gespiegelten Fremdstereotypisierungen reproduzieren vor allem ein ‚orientalistisches‘ Frauenbild, das Karin Yeşilada als das einer „geschundenen Suleika"[11] fasst.

Dennoch wird in *Schwarzer Tee mit drei Stück Zucker* ein Frauenschicksal im Zusammenhang mit Migration als eine Geschichte erzählt, bei der die Protagonistin das auf der Handlungsebene vorherrschende Spannungsverhältnis zwischen herkunftsbedingter Prägung und deren Veränderung im Migrationsprozess[12] aufzulösen vermag. Für das rückblickend entworfene Selbstbild einer ‚starken‘ Frau greift sie dabei insbesondere auf ihre Kindheitserfahrungen zurück. Der Konstruktionscharakter, die Funktion sowie das Projektionsverhältnis der als kindlich-naiv dargestellten Wahrnehmung zur Position der erwachsenen, gegenwärtigen Protagonistin sind bisher bei keiner Auseinandersetzung mit dem Roman eingehend analysiert worden. Dabei konstituiert sich die vielstimmig hervorgehobene Emanzipation der Frauenfigur hauptsächlich aus deren Erinnerungen an die in der Kindheit und Jugend erlebten Schwellenmomente, die sich sowohl in der Text- als auch in der Handlungs- und Figurenkonstruktion des Romans widerspiegeln. Das Augenmerk einer Analyse der im Erzähltext entworfenen Kindheit ist dabei also vor allem auf die Darstellungsformen der einzelnen Brüche, die Art und Weise ihrer ‚Überwindung‘ sowie die daraus projizierte Gesamtkonzeption eines eigenen kulturellen Identitätsentwurfs zu lenken.

---

[11] Karin E. Yeşilada: „Die geschundene Suleika. Das Eigenbild der Türkin in der deutschsprachigen Literatur türkischer Autorinnen", in: Mary Howard (Hrsg.): *Interkulturelle Konfigurationen. Zur deutschsprachigen Erzählliteratur von Autoren nichtdeutscher Herkunft*, München 1997, S. 95-114. Auch Mira Beham kritisiert das ihrer Ansicht nach im Roman durchgehend bediente Klischee des schamhaften, verklemmten türkischen Mädchens. Vgl. Mira Beham: „Die Türkin vom Dienst", in: *Süddeutsche Zeitung Magazin* 41 (1991), S. 24-25.
[12] Vgl. hierzu auch Albrecht: Jenseits des Dazwischen (2006), S. 541.

II.1.2. Narrative Diskontinuitäten

Der Roman wird durch mehrere Handlungsebenen strukturiert, welche in ihrer teilweise sprunghaften Komposition der Eigenschaft unvermittelt assoziativen Erinnerns entsprechen. Bereits die äußere Rahmenerzählung umfasst neben der zweistündigen Wartezeit der Schwangeren vor dem Kaiserschnitt zugleich Rückblicke auf am selben Morgen oder einige Tage zuvor geschehene Ereignisse im Leben der Frau. Eine vage Orientierung innerhalb der verschiedenen Ebenen bieten die verwendeten Erzähltempora, wobei die aktuelle Handlungsebene im Präsens verfasst und durch einleitende Uhrzeitangaben gekennzeichnet ist. Weniger weit zurückliegende Ereignisse, wie etwa das Gewecktwerden am frühen Morgen, sind im Präteritum wiedergegeben, erklärende vorausgegangene ärztliche Diagnosen im Plusquamperfekt. In diese zeitliche Struktur der Rahmenerzählung ist an verschiedene inhaltliche Anknüpfungspunkte, die als Erinnerungsauslöser fungieren, abschnittsweise eine Binnennarration über Kindheitserlebnisse, die Migrationserfahrung und den persönlichen Werdegang der Protagonistin eingefügt, welche immer wieder durch die Fortführung der Rahmenerzählung unterbrochen wird. So folgen die Kindheitsepisoden im Roman keiner linearen narrativen Struktur, sondern sie sind fragmentarisch und achronisch angeordnet. Mit diesen strukturell gesetzten Brüchen gehen sowohl auf der Erzählebene vorhandene als auch auf inhaltlicher Ebene inszenierte Übergangsmomente einher, zuvorderst wenn die sich im Halbschlaf befindliche Hauptfigur durch die Abläufe im Krankenhaus immerzu aus ihrer Erinnerung gerissen und in die ,Realität' zurückgeholt wird. Daneben finden sich zahlreiche handlungsimmanente Diskontinuitäten, die sich hauptsächlich in bestimmten sprachlichen, kulturellen und identitätsbildenden Transgressionen offenbaren, da die gesetzten Brüche auch immer Grenzen markieren.

Bei den Darstellungen aus personaler Sicht ist zunächst eine sehr instabile Erzählerposition auffällig. Die Analyse dieser Position wird besonders dadurch erschwert, dass die vielen Parallelen zwischen der Romanhandlung und der Biographie der Autorin in Demirkans jüngster Publikation *Septembertee oder Das geliehene Leben* (2008) – einem autobiographischen Rückblick – durch teilweise wortwörtliche (!) Entsprechungen zum vorliegenden Roman betont werden. Damit verschwimmen Autoren-, Erzähl- und Figurenebene miteinander.[13] Während sich nämlich

---

[13] Unter teilweise auffällig gleichem Wortgebrauch wird in *Septembertee* die Migrationsgeschichte der Protagonistin aus *Schwarzer Tee* bzw. der Autorin erzählt, ergänzt und darüber hinaus an vielen Stellen politisch kommentiert. Vgl. bspw. in *Septembertee* die Formulierung des Verrats am „Kleinstaat" (S. 86) Familie durch die Protagonistin, der durch sie empfundenen „Sippenhaft" (vgl. FN 50 in diesem Kapitel), des Wandels der „schäbigste[n] Hütte in einen Palast" (S. 95) etc. Demirkan wuchs Mitte der 1950er Jahre in Anatolien auf und migrierte mit ihrer Mutter und Schwester im Alter

in *Schwarzer Tee* die Erzählperspektive formal noch eindeutig als intern fokalisiert bestimmen lässt, gestaltet sich die Zuordnung der Erzählstimme aufgrund des angeführten Kontextes problematisch. Einerseits wird über weite Textstrecken eine Distanz zum Erzählten gewahrt, die sich vor allem in der unpersönlichen Figurenbezeichnung zeigt: Sowohl in der Rahmenerzählung ist hinsichtlich der Protagonistin nur reserviert von „der Frau" oder „der Schwangeren" die Rede als auch innerhalb der Erinnerungssequenzen an die Kindheit von „dem Mädchen".[14] Diese Distanz verweist auf eine mögliche extradiegetische Erzählstimme neben derjenigen der intradiegetischen Erzählerin als erwachsene Protagonistin in der Rahmen- und als Kind-Protagonistin in der Binnenerzählung.

So korreliert diese extradiegetische Erzählstimme im gegebenen Fall umso mehr mit der Autorebene. Demgemäß tritt hinter der Erzählstimme Demirkan deutlich hervor, die von sich selbst erzählt durch eine Figur, die vom vergangenen Selbst erzählt. Andererseits begründet ebendies eine durchgängig „gefühlt"[15] vorhandene Ich-Erzählerin, wie es beispielsweise Göktürk fasst. Außerdem entsteht der Eindruck einer starken Introspektion. Diese geht von einer Wissens-Position und Perspektive aus, bei der die kurz vor der Entbindung stehende Protagonistin rückblickend von ihrer erfolgreichen Ablösung vom Elternhaus unter den erschwerten Umständen der vergangenen Kindheit erzählt. Die Entscheidung zur Austragung des eigenen Kindes – gegen den Willen ihrer Eltern, für die das Kind eines „Ungläubigen" (117) eine Sünde darstellt – und die bewusste Übernahme der Verantwortung markieren dabei die kurz zuvor erreichte endgültige Emanzipation: „Zum ersten Mal fühlte sie sich zugehörig, ,normal', normal wie all die, die mit überzeugender Selbstverständlichkeit ihren Platz in dieser Welt benennen konnten und ihr durch ihr Selbstbewußtsein imponierten." (14)

---

von sieben Jahren als Nachzug zum vorausgegangenen Vater nach Deutschland. Auch sie löste sich rebellisch von ihrem Elternhaus, ergriff den Schauspielberuf und hat eine Tochter. Auf autobiographische Hintergründe verweisen außerdem mehrere Textstellen in *Schwarzer Tee* direkt, so wird dort auf S. 13 der Krankenschwester der Ausruf: „Sie sind doch Schauspielerin, nicht!" in den Mund gelegt. Zudem spielt die Geschichte in Köln, dem Wohnort der Autorin.

[14] In dem Erzählabschnitt über das Besuchen der Schwiegereltern in Wien erinnert sich die Protagonistin an die ersten Tritte ihres Ungeborenen, wobei mittels interner Fokalisierung ihre Gefühle beschrieben werden; doch auf formaler Ebene berichtet die Erzählstimme sachlich von diesem Ereignis unter der Verwendung der distanzierten Formulierungen: „die Mutter" oder „de[r] Vater[ ] ihres Kindes" (26), welche eher auf einen universalen Gültigkeitsanspruch verweist.

[15] Göktürk: Kennzeichen: weiblich / türkisch / deutsch (1999), S. 525. Eine Ich-Erzählerin tritt formal nur in kurzen Abschnitten unvermittelt auf, vgl. z. B. S. 96 und S. 101-106.

Der Erzählstandpunkt hingegen betrachtet diese vergangene individuelle „Leistung" innerhalb der eigenen Biographie aus einer mehrjährigen Distanz heraus. Entsprechendes führt trotz der angestrengt distanzierten Erzählhaltung, die eine persönliche Beziehung eigentlich abwehren soll – aber auch gerade ihretwegen –, zu gravierenden Irritationen hinsichtlich der narrativen Fiktionalität. Zudem wird die distanzierte Erzählhaltung im Text nicht konsequent eingehalten. Sie wird an einigen Stellen von kurzen Passagen unterbrochen, in denen die Protagonistin das scheinbar aus zeitlicher und räumlicher Distanz Erzählte um eine Erinnerung aus der Ich-Perspektive in wörtlicher Rede ergänzt: „Als ich noch ein Kind war, erzählte mir mein Vater, Europa sei dort, wohin die großen Züge fahren" (18) oder auch: „Selbst meine Großmutter hat es geschafft. Ich weiß nicht einmal wie oft. Fünf ihrer Kinder haben überlebt." (23) Solche in der Migrationsliteratur häufig angewendeten ergänzenden Ich-Erinnerungen werden in der Forschungsliteratur als ein wesentliches ‚Betroffenheits'-Merkmal gedeutet.[16]

Dies ließe sich in den genannten Szenen aber auch dadurch unterstreichen, dass die entsprechenden (gedanklichen)[17] Bemerkungen der Frau auf der Figurenebene keinen Adressaten haben und sich daher eher an den Leser richten. Später richtet die Protagonistin einige Sätze an eine neue Zimmernachbarin, doch anschließend stellt sich heraus, dass diese sie gar nicht verstanden hat: „Ich nix verstehen Deutsch!" (61) Solches Scheitern bilateraler Kommunikation zieht sich leitmotivisch durch den gesamten Roman. Sowohl als Kind als auch als Heranwachsende macht die Protagonistin Erfahrungen mit Wort- und Sprachlosigkeit: Die Schwester ist ihr nur eine stumme Partnerin auf der Fensterbank, „[ü]ber die Vergangenheit sprach man nicht" (52), nach dem Entschluss zum Auszug herrscht stummes Entsetzen („Es blieb still. Sprachlos.", 58), und die Tochter wird einfach „totgeschwiegen" (59).[18] Auch in der Rahmenhandlung dominiert das Motiv des Nicht-Sprechens. Die Protagonistin spricht entweder nur mit sich selbst oder zu den Code nicht verstehenden

---

16 Vgl. bspw. Maria E. Brunner: „Schreiben als Raum, der zu Bewegung einlädt: Weibliche Ich-Konstruktion oder Maskierung?", in: *Informationen Deutsch als Fremdsprache* 1 (2000), S. 30-40, hier S. 32. So erörtert Brunner anhand der Schreibweisen von Aysel Özakın, inwiefern bei der Schilderung von Erinnerungen in der Ich-Form ein anekdotischer Ton den Aspekt des selbst Erfahrenen betont.

17 Formal bleibt unklar, ob es sich um gedankliche oder sprachliche Äußerungen handelt. Für gedankliche Äußerungen spräche, dass diese an anderen Stellen im Text ebenfalls durch Anführungszeichen gekennzeichnet sind (vgl. S. 26: „Warum kümmert sich keiner um mich?' denkt die Frau").

18 Vgl. hierzu auch Gerhard Bechtold: „Die Geburt des multikulturellen Kindes: mit Komplikationen. Ein Versuch über Renan Demirkans *Schwarzer Tee mit drei Stück Zucker*", in: *Diyalog* 1 (1994), S. 67-79, hier S. 75.

Partnern[19], oder es sprechen Ärzte zu ihr bzw. über sie hinweg in „fremder" Fachsprache. Diese Darstellungen gestörter Kommunikation auf der Figurenebene spiegeln hier ein gefühltes Unverstanden-Sein in der momentanen Situation wider. Darüber hinaus steht das Nonverbale grundsätzlich für das Infantile in allen Sprachen. Somit handelt es sich hier auch um eine Projektionsfläche des kindlichen Selbst, welche die Kommunikationsschwierigkeiten der Migrations- und Fremdheitserfahrungen im Leben der ,betroffenen' Protagonistin insgesamt abbildet.

II.1.3. „Kindheit in Fetzen" – stockende Identitätsbildung

Das „schöne[ ] literarische[ ] Bild", welches Gerhard Bechtold in dem hier vorliegenden Handlungsgefüge sieht[20], ist nicht das eines nostalgisch-verklärenden Kindheitsrückblickes. Vielmehr ist es mit der großen Anspannung sowohl intensiver innerer Auseinandersetzungen als auch erschwerender äußerer Umstände hoch aufgeladen. Als Multiplikatoren erzeugen sie innerhalb der strukturellen, sprachlichen und inhaltlichen Konstellation der einzelnen Sinnabschnitte eine äußerst nervöse und brüchige Stimmungslage. Diese ergibt sich auf der Figurenebene für die Schwangere dadurch, dass bei ihr nicht nur eine Komplikation hinsichtlich der bevorstehenden Geburt diagnostiziert worden ist, sondern dass dieses bedrohliche Szenario[21] durch eine unendlich erscheinende Wartezeit ständig hinausgezögert wird. Diese Zeitspanne muss die Frau allein und unter zudem erschwerenden Bedingungen (schwüles Klima, unfreundliches Personal, verspäteter Ehemann) psychisch bewältigen: „Erst machen sie mir solche Angst, daß ich mich fast übergeben habe und die halbe Nacht heulend auf dem Gang herumgelaufen bin, [...] und jetzt passiert nichts mehr." (116) Hinzu kommt eine selbstauferlegte Verdrängungsanstrengung, um das Ungeborene zu schützen: „Denken Sie positiv', hatte der Hausarzt gesagt. ,Ihr Kind fühlt alles mit.'" (15) Die wiederholte Erwähnung von Tränen (9, 15, 30, 37), Stille und unerträglicher Hitze unterstreicht die gedrückte Stimmung und begründet die ökonomische Satzgestaltung, die an eine Art Sprachlähmung erinnert. In notizhaften Verkürzungen von Schlagzeilencharakter eröffnet der Roman seine Szenerie:

---

[19] Dies verdeutlicht besonders die Szene der gescheiterten Kommunikation mit einem alten Mann auf einem Esel bei einem Touristenbesuch der Protagonistin in der Türkei auf S. 25.

[20] Vgl. Bechtold: Geburt des multikulturellen Kindes (1994), S. 68.

[21] Im Text heißt es auf S. 45, dass der Arzt damit „gedroht [hat], daß sie jede Minute verbluten könnte".

> Ein Juli-Sonntag im Kreißsaal einer Kinderklinik in Köln, 8.05 Uhr. Die Frau wischt sich mit beiden Händen Schweiß und Tränen aus dem Gesicht. Es ist still. Ab und zu ein Rascheln von Bettlaken, wenn sie die Beine anzieht oder ausstreckt, hie und da ein Schnaufen aus der anderen Ecke des Raumes. (9)

Das Anführen der Uhrzeitangaben zu Beginn fast aller ‚Wiedereinstiege' in die Krankenhausrealität gleicht einem beunruhigendem Countdown von dem Beginn der Erzählrealität gegen 8 Uhr bis zum geplanten Operationstermin um 10 Uhr und spiegelt die im Verlauf des Romans zunehmend steigende innere Unruhe der Frau wider. Eine ebenso depressive wie befremdende Atmosphäre wird zudem durch die Beschreibung einer sterilen, weißen und trostlosen Krankenhausumgebung erzeugt. Hier stellt der prosaisch und bestimmend auftretende Chefarzt seine nüchterne Diagnose unter Gebrauch lateinischer Fachtermini („Sectio caesaria, ganz eindeutig placenta previa. Machen Sie gleich ein EKG, Schwester.", 9) und erweitert die ‚Sprachlosigkeit' der Patientin damit um eine weitere Ebene, nämlich die des Nicht-Verstehens. Auch die Figur der Nachtschwester wirkt äußerst unsympathisch, sie wird als „muskulös[ ]" und „routiniert" (9) beschrieben, packt die Schwangere unsanft am Arm, „[ ]schleudert" (10) die Vorhänge beiseite und spricht ausschließlich im Imperativ – Ebert zufolge eine Karikatur deutscher Mentalität.[22] Neben der Tatsache der fehlenden persönlichen Betreuung aufgrund des ständig wechselnden Krankenhauspersonals wird die empfundene Einsamkeit der werdenden Mutter dadurch verstärkt, dass sie angesichts der Verspätung des Kindsvaters auf sich allein gestellt bleibt. Währenddessen kann sie nur zusehen, wie ihre wechselnden Zimmernachbarinnen ohne Probleme gebären und bereits zufrieden stillend im Säuglingszimmer sitzen. Insgesamt spiegelt diese Situation der Rahmenerzählung die ‚gefühlte' Migrantenrolle der Protagonistin aus der Binnenerzählung wider, insofern sie auch hier als sprach- und handlungsohnmächtige Außenseiterin erscheint.

Denn stellt sich hier die Frage nach dem Motiv für das Auslösen der Kindheitserinnerung innerhalb eines solchen Settings, so ist sie sicherlich mit der besonderen psychischen Position der Protagonistin zu beantworten. Die Gleichzeitigkeit von Aufregung und Paralyse führt bei der Frau zu einem hypnotischen (vgl. 13) Zustand.[23] Schockgelähmt und bewe-

---

[22] Vgl. Ebert: Trouble and Triumph (2004), S. 73. Diese Auffassung wird dadurch untermauert, dass im Text lediglich eine holländische Hebamme als „sympathisch[ ]" (87) beschrieben wird.

[23] Wenn sich zu späterer Stelle im Roman die Anspannung der Protagonistin in Gelächter entlädt (sie „prustet" förmlich los, wie es auf S. 60 heißt), so ist dies zwar ein Zeichen kurzweiliger Gelöstheit, belegt jedoch zugleich die große körperliche und psychische Belastungssituation, insofern das Lachen nach psychoanalytischer Auslegung ein Phänomen der Abfuhr seelischer Erregung darstellt. Vgl. hierzu Sigmund Freud: „Der

gungseingeschränkt kann sie ihren inneren Aufruhr nicht explizieren, sondern ist der Situation hilflos ausgesetzt und auf andere angewiesen. Aus ihren Selbstdarstellungen erfährt man, wie sehr ihr ebendiese (Lebens-)Lage, die sie in ähnlicher Weise als Kind in der Fremde empfunden hat, unerträglich erscheinen muss. Konnte sie sich jedoch als Jugendliche durch Eigeninitiative aus der Unmündigkeit befreien, so bleibt ihr jetzt nur geduldiges Ausharren, gegen das sich ihr innerlicher Widerstand in fast beschwörender Abwehrhaltung zeigt:

> Es bewegt sich nichts. Der Kastanienbaum steht still. Kein Spatz, der spielen möchte. Ihre Haare sind bis in die Spitzen durchgeschwitzt. Sie starrt auf die OP-Tür. „Heute. Jetzt. Nicht morgen, nicht gestern. Nicht mehr abwarten, nicht mehr konservieren. Heute leben." (133)

In diesen „tranceähnlichen Zustand"[24] hinein sind die Erinnerungssequenzen aus der eigenen Kindheit eingebettet, da er in seiner Außergewöhnlichkeit überhaupt erst den Blick auf die Erinnerung freigibt.[25] Innerhalb der Erzählrealität ist es mithin eine aus mehreren Faktoren entstandene Ausnahmesituation, welche die Protagonistin der eigenen Kindheit gedenken und ihr Gewordensein reflektieren lassen: Zum einen stellt sich ihr die besondere Situation des Mutterwerdens an sich – sowohl im Sinne eines bevorstehenden Glücks als auch einer Bedrohung –, und zum anderen rufen die erschwerten Umstände offensichtlich Assoziationen mit dem hilflosen Kind-Sein hervor.

So gesehen handelt es sich bei dem Entwerfen der eigenen Kindheit um einen Kompensations- oder Ausweichvorgang. Dieser geht auf einen kurzzeitigen ‚Stillstand' oder ein ‚Außer-Kraft-Setzen' des Selbst-Begriffs aufgrund der unverschuldeten Denk- und Handlungsunfähigkeit innerhalb der exaltierten Vorgeburtssituation zurück. Der aus einzelnen Erinnerungsbildern zusammengesetzte Entwurf der Vergangenheit soll aus Sicht der Protagonistin dem entstandenen ‚Vakuum' der Sprach- und Handlungsohnmacht entgegenwirken. Es ist der Versuch, sich mit ihrem vergangenen Selbst zu identifizieren. Eine solche Positionierung des Selbst anhand von Erzählungen über die Vergangenheit entspricht dem von Hall postulierten Konzept zur Entstehung kultureller Identität, insofern es sich bei dieser um eine generell prozessuale, das heißt progressive und sich immer aufs Neue (re)produzierende Kategorie handelt.[26] Mithin wird Identität erst im Prozess des Redens, Handelns und Nachdenkens

---

Witz und seine Beziehung zum Unbewußten", in: ders.: *Gesammelte Werke*, hg. von Anna Freud u. a. Bd. VI: *Der Witz und seine Beziehung zum Unbewussten*, London 1940, S. 1-269, hier bes. S. 163ff.

[24] Brokopf: Schreiben als kultureller Widerstand (2008), S. 109.

[25] Vgl. Brokopf: Schreiben als kultureller Widerstand (2008), S. 121.

[26] Vgl. Hall: Rassismus und kulturelle Identität (1994), S. 26ff.

über sich selbst erzeugt, sodass diese „Erzählung, die sich innerhalb eines
Ensembles schon vorhandener Bilder vollzieht", daher als Identifizierung
zu verstehen sei.[27] Die hier inszenierte bruchstückartige Präsentation dieses Identität konstituierenden Kindheitsentwurfs bildet die damit verbundenen Schwierigkeiten deutlich ab. Denn mit dem migrationsbedingten Ortswechsel (und Sprachwechsel!) und dem Überschreiten einer kulturell bedingten Grenze wird die Geschlossenheit sowie Eindeutigkeit der
Zugehörigkeit durchbrochen. Identität wird nicht mehr als unverrückba-
res Prinzip[28], sondern als performativ erfahren. Erst durch fortschreiten-
de, teils bittere, aber auch positive Erfahrungen im Laufe der erlebten Zeit
als Kind in der Fremde kann sich die Protagonistin stufenweise (neu)
selbst verorten und ihre (neu) erlangte Identität später retrospektiv behaupten.

Dieser Weg führt in der erzählten Kindheit und Jugendzeit der Frau
über mehrere Barrieren und Rückschläge – mithin über die Erfahrung von
Schwellenmomenten – und ist schließlich nur über einen vorübergehen-
den Bruch mit der Familie möglich. Er bedarf also vor allem ihrer Stand-
haftigkeit und ihres Durchhaltevermögens. So steht dann auch das beschriebene Szenario der quälenden Geduldsprobe beim Warten auf die
Geburt metaphorisch wie spiegelbildlich für den Geduls- und Energie-
aufwand sowie den Schmerz, den die Protagonistin und ihre Familie in ihrem Alltagsleben nach der Migration nach Deutschland aufbringen muss-
ten.[29] Gleichzeitig versinnbildlicht das energische Durchhalten während
der zwei Stunden erzählter Zeit der Rahmenhandlung die emotionale
Kraftaufbringung der Protagonistin in ihrer Vergangenheit.

Diese teilt sich durch den Bruch im Moment der unfreiwilligen Migration in zwei Kindheitserinnerungen auf[30], und zwar in eine frühere
Kindheitsphase in der Türkei, welche die Protagonistin quantitativ weniger erinnert, und in eine spätere Kindheit und Jugend in Deutschland,
welche sie in einzelnen Stationen ausführlicher rekapituliert. Auch diese
Erinnerungsfragmente – die „Fetzen der Kindheit", um mit Zafer Şenocak
zu sprechen[31] – sind vor allem durch konfliktbehaftete Momente und

---

[27] Vgl. Hendrik Blumentrath u. a.: *Transkulturalität. Türkisch-deutsche Konstellationen in Literatur und Film*, Münster 2007, S. 23, Zitat ebd.
[28] Vgl. Claire Horst: *Der weibliche Raum in der Migrationsliteratur. Irena Brežna –
Emine Sevgi Özdamar – Libuše Moníková*, Berlin 2007, S. 11.
[29] So auch Ebert, vgl.: Trouble and Triumph (2004), S. 71.
[30] Aus Sicht der Protagonistin „endet" ihre eigentliche Kindheit mit dem Verlassen der
Heimat.
[31] Zafer Şenocak: „Deutschland – Eine Heimat für Türken?" (1990), in: ders.: *Atlas des
tropischen Deutschland. Essays*, Berlin ²1993, S. 9-19, hier S. 12. Şenocak beschreibt
dort die Situation der so genannten zweiten und dritten türkischen Migrantengeneration in Deutschland, die in ihren Texten „nur die gespaltene Identität beklagt, also
Sprachlosigkeit." (Ebd.)

Schwellenerfahrungen sowohl im Schulalltag als auch in der Freizeit und im Familienleben in der Fremde gekennzeichnet. Insgesamt wird die Protagonistin im Roman als ein in mehrfacher Hinsicht „gebrochenes Kind" präsentiert, insofern es nicht nur an seinen eigenen Deprivationen im neuen Land leidet, sondern zusätzlich zwangsläufig an denjenigen der Eltern Anteil nimmt.[32] Es erfährt als Migrant eine dreifache Ent- bzw. Befremdung: erstens durch das Verlassen der Heimat, zweitens aufgrund der Konfrontation mit der fremden Sprache im Einwanderungsland[33] und drittens innerhalb der Umgebung mit Menschen, die sich ‚fremd' verhalten.

Laut Şenocak sind Angehörige der so genannten zweiten Generation, zu der die Protagonistin hier zu zählen ist, „die eigentlich Fremden, weil ihnen der Blick in den Rückspiegel versperrt ist", sie in der Aufnahmegesellschaft ohne Bürgerrechte und Heimat leben und von ihr zu „ewig Fremden" stigmatisiert werden.[34] Dass jedoch insbesondere Herkunft, Sprache und gesellschaftliche Norm den kulturellen (Erfahrungs-)Raum zur individuellen Selbstverortung konstruieren[35], wird im vorliegenden Roman in der selbsterforschenden Suche der Protagonistin anhand genau dieser Parameter gezeigt. Sie reflektiert ihre türkische Herkunft in ihren vagen frühen Erinnerungen sowie anhand ihrer kulturellen Erfahrungen als Migrantin und sieht sich dabei besonders in ihrer Kindheit immer wieder mit sprachlichen wie sozialen Herausforderungen konfrontiert. Diese Darstellungen entsprechen auch den bisherigen theoretischen Erkenntnissen über die weitreichenden Folgen dieses Erfahrungsraumes für die kindliche Psyche, wie insbesondere Grinberg und Grinberg in ihrer psychoanalytischen Auslegung von Migrationserfahrungen unterstreichen. Sie sprechen in Anlehnung an Winnicott von einem kulturelle Erfahrung fortsetzenden „potentiellen Raum" der Kontinuität zwischen dem Ich und seinem Lebensbereich, welcher vor allem für Kinder als „Übergangsort" zur spielerischen Annahme einer Migration erforderlich ist. Fehlt ein solch konstruierter „transitionaler" Raum, erfolgt ein Bruch zwischen

---

[32] Auf diese ‚doppelte' Krisensituation bei früh migrierten Kindern weisen auch Grinberg und Grinberg in ihrer Studie hin. Vgl. León Grinberg und Rebeca Grinberg: *Psychoanalyse der Migration und des Exils*, aus dem Span. von Flavio C. Ribas, München u. a., 1990, S. 131.

[33] Anzumerken ist hier, dass die bei der Migration nach Deutschland zweifellos aufgetretenen Sprachprobleme der in der Türkei aufgewachsenen Kind-Protagonistin im Roman nicht thematisiert werden. Stattdessen werden Situationen allgemeiner Sprachlosigkeit dargestellt.

[34] Vgl. Şenocak: Deutschland – Heimat für Türken? (1993), S. 11f.

[35] Vgl. Friedhelm Rathjen: „Salman Rushdies Modell einer Literatur der Migration", in: *Das Argument* 215 (1996), S. 395-403, hier S. 395.

dem Ich und seiner Umwelt, der für das Kind einem Objektverlust gleichkommt. [36]

In der vorliegenden Romangestaltung bildet sich ein solcher selbst konstruierter Raum aus eigener Auslegung der Umwelt und der Verhaltensweisen von Mitmenschen durch die kindliche Protagonistin. Bestimmte fremde Gegebenheiten und Handlungen werden akzeptiert und/oder adaptiert, indem sie aus einiger Distanz – das heißt in komischer Verzerrung oder durch zusätzliche rationale Erläuterungen – betrachtet werden. Diese freilich nachträglich in die konstruierte Kindheit hineininterpretierten Strategien zur Überwindung von Fremdheitsbegegnungen verstehen sich allein als retrospektiver Aneignungsprozess der erwachsenen Protagonistin.

---

[36] Vgl. Grinberg/Grinberg: Psychoanalyse der Migration (1990), S. 13f. Zum „transitionale[n] Raum" als „angemessene Zwischenzone [der] Integration seiner inneren Welt mit dem äußeren Leben" siehe ebd., S. 162.

II.2. Das ,Zwischenraumkind'

II.2.1. Übergangsmomente

Die aufgezeigten inhaltlichen sowie erzähltechnischen Brüche in Demirkans Roman erzeugen an vielen Stellen Leer- und Zwischenräume unterschiedlichen Formats. In diese Zwischenräume fügen sich erzählerische
Entwürfe von Kindheit ein bzw. versucht sich die Kind-Protagonistin in
ihrem Handeln einzufügen. Es lässt sich deshalb einerseits in formal-
struktureller Hinsicht von einem „Zwischenraumkind[ ]"[37] sprechen,
wenn die Erinnerung an Kindheit die Zwischenräume der fragmentierten
Rahmenerzählung füllt oder diese erst parzelliert. Andererseits handelt es
sich auch auf inhaltlicher Ebene um ein ,Zwischenraumkind', insofern
sich die Protagonistin als Angehörige der zweiten Migrantengeneration in
den erfahrenen Differenzräumen zwischen der türkischen und der deutschen Kultur zu verorten sucht.[38]

Dieser Entwurf eines Zwischenraumkindes bildet hier eine offensichtliche Projektion des bereits angesprochenen (post)migrantischen
,Dazwischen', bei dem sich der Migrierte zwischen der Herkunftskultur
und der Kultur der Aufnahmegesellschaft als gespalten und bisweilen verloren erfährt. Als so genanntes „Two-World"-Paradigma war diese Befindlichkeit bis Anfang der 1990er Jahre motivisch und metaphorisch in
der deutschsprachigen Literatur türkischstämmiger Autor(inn)en auch als
(Selbst-)Zuschreibung noch tief verankert. Obwohl es danach zwar immer mehr an Gültigkeit verloren hat, ist es bis heute nie ganz verschwun-
den.[39]

---

[37] Diese treffende Redefigur übernehme ich von Brokopf: Schreiben als kultureller Widerstand (2008), S. 124.

[38] Hier und im Folgenden wird von einem Modell ausgegangen, nach dem die beiden
heterogenen kulturellen Lebensrealitäten der Erzählerin als Räume betrachtet werden,
die nicht direkt aneinanderliegen, sondern die von der Protagonistin mit einem konkreten Abstand zueinander mit jeweils eigener Grenze erfahren werden. Zur Unterscheidung zu einem Konzept des Grenzraumes oder des Grenzgängertums wird im
Folgenden herausgestellt, wie sich die Protagonistin wiederholt als von beiden Zugehörigkeiten ausgegrenzt und in einen leeren Zwischenraum gestoßen erlebt. Ein solches
Modell veranschaulicht den wesentlich größeren Aufwand einer ,Überwindung' des
Zwischenraumes im Gegensatz zur linearen Grenzüberschreitung, zumal sich die Situation des ,Dazwischen' immer wieder neu ergibt und bewältigt werden muss. Dass eine
solche Festschreibung eines ,between two worlds' im Kontext von Migration nicht unproblematisch sein kann, führt Adelson in ihrem Aufsatz weiter aus: Leslie A. Adelson: „Against Between – Ein Manifest gegen das Dazwischen", in: *Literatur und Migration* (Text + Kritik Sonderband IX/06), hg. von Heinz Ludwig Arnold, München
2006, S. 36-46.

[39] Vgl. hierzu Vlasta: Ende des Dazwischen (2009), S. 101f. sowie Jim Jordan: „More
Than A Metaphor: The Passing of The Two World Paradigm in German-Language Di-

Auf der Handlungsebene des vorliegenden Romans kompensiert die
erwachsene Protagonistin den angesichts der Wartehaltung erzeugten
Zwischenraum mit der Rekapitulation ihres bisherigen Lebensweges. Ohne dass hierbei eine strikte chronologische Erzählfolge eingehalten wird,
gliedern sich die einzelnen Sequenzen – wie im vorigen Kapitel bereits
theoretisch begründet – dennoch unter dem Anspruch einer bestimmten
Kohärenzerzeugung. Man könnte sagen sie folgen dem von Bourdieu so
bezeichneten „Postulat des Sinns der Existenz"[40]. Die eigene Identität
wird hier über das Bewusstwerden und die Vergewisserung der eigenen
Kontinuität hergestellt – mithin über das Erzählen, welches sinnstiftend-
verknüpfend nicht nur über vergangene Brüche, wie die Migration, sondern auch über den bevorstehenden „das Leben verändernden" (13) Einschnitt hinwegleitet. Das sich in diesem und durch diesen narrativen Aneignungsprozess vergangener Erfahrung entworfene Selbst projiziert sein
darauf begründetes Identitätskonzept auch in seine zukünftige Position
als Mutter. Somit ist die im vorliegenden Erzähltext konstruierte Kindheit
sowohl retrospektiv als auch prospektiv ausgerichtet. Sie steht nicht nur
für eine Position des ,Zwischen', sondern wird zugleich für eine Rolle des
Überwindens dieser Position beansprucht.
   Inhaltlich wird eine nicht unproblematische frühe Kindheit vor der
Migration entworfen, woraufhin der tiefe Einschnitt der Auswanderung
und anschließend eine belastende Kindheit (und Jugend) in Deutschland
folgt. Stets befindet sich das Kind bzw. die Jugendliche in dem Über-
gangszustand einer von äußeren Faktoren erschwerten Identitätssuche,
bis sich die herangewachsene Protagonistin in der Fremde neu verortet
hat und zur Reflexion fähig ist. Die Sequenzen der Erinnerung an das
kindliche Selbst sind dabei so gestaltet, dass sie stets direkt mit den Beschreibungen der Geschehnisse der Erzählgegenwart assoziativ verknüpft
sind und vice versa. Der erste Bezug zur Vergangenheit wird gleich zu
Anfang der Rahmenhandlung in der Beschreibung des leidigen Geweckt-
werdens hergestellt. Hier wird auf Erzählungen der Mutter verwiesen,
nach denen die Schwangere schon als Säugling eine Art ,Morgenmuffel'
gewesen sei. Anschließend wird unter der Bemerkung, dass ihr eine genaue Zeiteinteilung prinzipiell widerstrebe, zurück in die Krankenhausge-
genwart gewechselt und die Erzählung der Begegnung mit der unsympathischen Nachtschwester fortgeführt. Auch die nächste Erinnerung ist in
den Kontext der gegenwärtigen Erzählzeit eingeflochten, und zwar in die
Beschreibung darüber, wie die Protagonistin für ihr ungeborenes Kind
Verantwortung übernommen hat. Sie erinnert sich hier, wie sie bereits als

asporic Literature", in: *German Life and Letters* 4 (2006) *Special Number: Crossing
Boundaries*, hg. von dems., S. 488-499.
[40] Pierre Bourdieu: *Praktische Vernunft. Zur Theorie des Handelns*, aus dem Frz. von
Hella Beister, Frankfurt a. M. 1998, S. 76.

Neunjährige für ihre jüngere Schwester ebenfalls große Verantwortung zu tragen hatte, allerdings wurde ihr diese von ihren Eltern aufgezwungen, die das Mädchen dafür als „vernünftig" (14) lobten.

Diese durch inhaltliche Übergänge ein- und übergeleiteten Wechsel zwischen Gegenwart und Vergangenheit können jedoch nicht die zwischen ihnen entstandenen Leerräume – meist formal unterstrichen durch Textabsätze – tilgen. Die Erinnerungssequenzen an die Kindheit nach der Migration legen bei genauerer Betrachtung erst die ,Abgründe' offen, über welche sie sich mittels einer erzählerischen Suche nach Identität spannen.[41] So wird beispielsweise das „Ankunftsfoto der Nachgereisten" (18), auf welchem die Protagonistin als Kind im Alter von etwa sieben Jahren zu sehen ist, zu einem Erinnerungsort, von dem aus betrachtend sie aus zeitlicher Distanz Verknüpfungen herstellt. Die Erzählerin interpretiert das Foto als Zeugnis einer ängstlichen Mutter mit ihren verunsicherten Töchtern und erkennt sich selbst als besonders betrübt: „Die jüngere mit staunendem, wachem Blick, schmal und blaß mit melancholischen Augen und schwarzem Pagenkopf die ältere." (18f.) Die implizit empfundene Fremdheit sich selbst gegenüber verdeutlicht den in dieser vergangenen Situation empfundenen, individuellen emotionalen Bruch. Das Ankunftsfoto ist in relativ kurzem Abstand nach der Abreise aus der Heimat entstanden und steht somit für diese Bewegung als Übertritt der Grenze von dem Zustand der Verbundenheit in einen Zustand des Getrenntseins[42], wodurch insbesondere Abreise und Ankunft als erfahrene „Bruch-Momente" erinnert werden.

Auch die Erinnerungsstationen in Deutschland sind hauptsächlich an Bruchmomente angefügte Eindrücke, die aus Sicht der Protagonistin durch Faszination und Frust gefärbt sind. Die melancholische Fotobeschreibung geht unmittelbar in die Erzählung von der Ankunftssituation der Familie über („Vorsichtig folgten sie dem Vater durch die breiten staubfreien Straßen", 19), sodass hier sehr deutlich wird, wie das Betrachten des Fotos als Erinnerungsauslöser fungiert und eine Konstruktion und Beschreibung der damaligen Geschehnisse evoziert, indem es intensive Gefühle wie Trauer und Melancholie ins Gedächtnis ruft. Es folgt die Erinnerung an das kindliche Staunen bei der Ankunft in Deutschland[43], an

---

[41] Für Brokopf bestehen diese Spaltungen hauptsächlich im „Zerrissensein zwischen den Kulturen", welches der Roman ihrer Meinung nach in den Mittelpunkt stelle und es dann über die identitätskonstituierende Funktion des Erinnerns möglich mache, „rassistische Alltagspraktiken zu benennen und in Einzelfällen diese auch zu überlisten und sich ihnen zur Wehr zu setzen." Vgl. Brokopf: Schreiben als kultureller Widerstand (2008), S. 121.

[42] Zur Bedeutung des Abschieds als Grenze für Migranten vgl. auch Grinberg/Grinberg: Psychoanalyse der Migration (1990), S. 181.

[43] Doch auch die Mutter ist dermaßen erstaunt, dass sie beinahe überfahren wird. (Vgl. 19).

die kindliche Faszination für die sauberen Straßen, die ordentlichen Gärten und akkuraten Rasenflächen sowie die ungehemmt aneinandergeschmiegt spazierenden Menschen. Doch diese anfängliche Begeisterung für die neue Heimat Deutschland wandelt sich bald in Enttäuschung, Ablehnung und dann Auflehnung, um wiederum die Enttäuschung und erfahrene Ablehnung zu bewältigen. Schnell wird das Kind durch die vielen Verbotsschilder und Anordnungen ernüchtert, deren Unkenntnis und Nichtbefolgen sogleich die Wohnungskündigung zur Folge haben. Daneben führen das ausgrenzende Verhalten der Mitschüler und Lehrer und schließlich die einengende Erziehung der Eltern zu einem insgesamt von dem jungen Mädchen so empfundenen „Leben in der Enklave" (21). Mit diesen Darstellungen wird der Kontrast zwischen anfänglicher (kindlich-naiver) Erwartung und anschließender Enttäuschung betont, wie er sich vielfach in Migrationsnarrativen wieder findet.

Eine an einzelnen Stellen im Roman erkennbare kindliche Perspektive scheint jedoch anfängliche ‚Schrecken' in der Fremde und vor den befremdend anderen Menschen zu relativieren. So führen erste Begegnungen mit ‚dem Fremden' bei der Kind-Protagonistin nicht wie bei ihren Eltern zu dauerhafter Distanzierung oder Rückzug, sondern sie entwickelt rasch ein Interesse am neuen Land und an dessen Bewohnern, die sie in ihrer unmittelbaren Umgebung neugierig beobachtet. Da sind der „leicht beschränkte Hausmeister", die benachbarte „Eier-Tatta", die seltsame „Underberg-Tante" von gegenüber, die „Bratwurst-Monroe" von der Imbissbude (52) oder der ‚außerirdische' Rentner und Beatlesfan mit der Schnorchelstimme (vgl. 84). Beschrieben wird ein durch die kindliche Weltsicht wahrgenommenes und bestauntes „skurriles Figuren-Kabinett"[44], an dessen ,irrer' Darstellung und damit immanenter „Kritik am ‚Fremden', ohne das ‚Eigene' zu kennen" sich Bechtold stört.[45] Doch zeigt sich gerade an diesen wenigen Textstellen in der durch das Komische geschaffenen Distanz der Versuch einer narrativen Aneignung am deutlichsten. Der inszenierte kindlich-naive Blick auf das Fremde hebt das dem Kind unnormal, exotisch und fast verrückt Erscheinende kontrastierend zu der vorigen Kindheit in Anatolien hervor. Auf diese Weise werden zwei verschiedene kindliche Erfahrungsräume konstruiert und sogleich miteinander verknüpft. Der Sprachgebrauch der Erzählerin variiert indes, wie Eichmann-Leutenegger hervorhebt, zwischen einer nüchtern-

---

[44] Bechtold: Geburt des multikulturellen Kindes (1994), S. 70.
[45] Vgl. Bechtold: Geburt des multikulturellen Kindes (1994), S. 71. Das Unwissen der Protagonistin bzw. Autorin über das eigene Herkunftsland wird hier als Grund für eine unangemessen verklärte „liebevolle" (ebd.) Darstellung der Heimat angeführt, doch sprechen die beiden erzählten Vergewaltigungen in der Türkei deutlich gegen diese Behauptung.

„unambitiös[en]"[46] Sprache bei der Beschreibung der Zeit in Deutschland und einem farbenfrohen Sprachgebrauch bei der Beschreibung der Kinderzeit in Ankara. Während das Leben in Deutschland sich nur noch zwischen Wohnblock und Straßenbahnhaltestelle mit Imbissbude abspielt, treten bei der Erinnerung an die türkische Heimat goldene Paläste (vgl. 17) und ein „Gelb in allen Schattierungen" (25)[47] in den Vordergrund.

Insgesamt entsteht jedoch der Eindruck, dass es aus retrospektiver Sicht der Erzählerin nicht der unreflektierte Kinder*blick*, sondern vor allem das Kind-*Sein* an sich ermöglicht hat, erfahrenes Leid in der Fremde zu überstehen. Es handelt sich bei ihren Kindheitserlebnissen mit den Deutschen und ihren Gepflogenheiten um „Unterrichtsstunde[n] über das neue Land" (106), deren Lerninhalte die Kinderfiguren schließlich in ihr türkisches Elternhaus zu übertragen versuchen. Die sich daraus entfaltenden komischen Momente, wie sie in der Abendbrotszene bei der Nachbarin (106ff.) und besonders bei der Weihnachtszeremonie zu Hause[48] (113ff.) dargestellt werden, kippen jedoch oftmals in ein fast tragisches Szenario. Als die Kinder freudestrahlend annehmen, ihre Teilnahme am Leben in der Fremde erfolgreich eingefordert und ihre Eltern für eine Bescherungszeremonie mit Tannenbaum, Kerzen und Lametta gewonnen zu haben, wird der übermäßigen Freude der Kinder an der vermeintlichen Akzeptanz der Eltern ein jähes Ende gesetzt. Sie werden von der Mutter scharf zurückgewiesen: „Was macht ihr da? Und was heißt hier ‚frohes Fest'? Wessen Fest?" (114) Durch diese Art der Gemahnung an ihre traditionell-familiäre Herkunft nimmt die Mutter den Töchtern sämtliche Visionen einer Verbindung beider kultureller Einflüsse, denen sie sich ausgesetzt sehen: „Die Christen tun das. Wir sind Moslems!" (114) Hier wird der elterlichen Sorge, die Kinder (in ihrer kulturellen Zugehörigkeit) zu „verlieren", mit der Setzung stärkerer (symbolischer) Grenzen entgegengewirkt. Nicht nur diese Erinnerung beschreibt den ‚schweren Weg' zur Selbstfindung der Protagonistin als Kind, auch und vor allem die Erinnerung an die strenge religiöse frühkindliche Erziehung durch die Großeltern „durchfährt sie wie eines dieser Höllenschwerter" (119). Dass die eindringlichen Warnungen der türkischen Großeltern vor den „martia-

---

[46] Eichmann-Leutenegger: Harmonie als Glückstraum (1991), S. 36.

[47] So ist auch in der späteren utopischen kulturellen Vision, welche die Protagonistin für ihr Ungeborenes entwirft (vgl. hierzu weiter unten), bei der Beschreibung der türkischen Elemente die Farbgebung wichtiges Element der Synthese („maisgelbe[r] Baldachin mit Sternen", „bunte[ ] Kelims", „weiße Maulbeeren", „schwarze[r] Tee", 120f.).

[48] Dass die aus der Türkei migrierte Familie in ihrer Wohnung in Deutschland Weihnachten feiert, weil die Kinder dies bei den Deutschen so abgeschaut haben und unbedingt übernehmen wollen, findet sich schon als Motiv in Osman Engins Erzählung „Oh Tannenbaum". Vgl. Osman Engin: „Oh Tannenbaum!", in: ders.: *Deutschling*, Berlin 1985, S. 43-46.

lischen Strafen Allahs" (118) die Kind-Protagonistin wesentlich geprägt
haben und deren „unvergeßlichen Reste" (117) sich somit auf ihre Er-
wachsenen-Gegenwart negativ auswirken, zeigen die erwähnte unvermit-
telte Angstattacke sowie der Wutausbruch der Protagonistin innerhalb
der Rahmenerzählung.

II.2.2. Das ‚radikal Fremde'

Der Roman legt eine Figurenkonstellation offen, deren Zentrum die Protagonistin als wahrnehmende und gestaltgebende Instanz bildet. Alle übrigen
Personen sind als Nebenfiguren konzipiert, die selten handelnd auftreten,
doch in ihrer jeweiligen Funktion das Profil der Protagonistin mitgestalten.
So gelangen die für den Lebenslauf der Protagonistin relevanten Fremdheitserfahrungen hauptsächlich über die Brüche in Beziehungen zu anderen Personen zum Ausdruck. In den rekapitulierten Kindheitserinnerungen tritt insbesondere das Verhältnis zu den Eltern in den Vordergrund,
denen gegenüber die Protagonistin zunehmend Stellung bezieht. Auch
von dem Verhalten ihrer jüngeren Schwester, die sie dabei zunächst als eine Art ‚Schattenfigur' begleitet, grenzt sich die Protagonistin bald ab und
sucht aufgrund einer den Einstellungen ihrer Mitmenschen gegenüber
empfundenen Fremdheit eine eigene Position zu finden. Diese liegt anfangs in einem noch undefinierten ‚Zwischen', das jedoch über die Darstellung zunehmender Reflexionsfähigkeit der Heranwachsenden überwunden wird.

   Dabei hat die jüngere Schwester als „die stumme Partnerin auf der
Fensterbank"[49] für den Handlungsverlauf insgesamt wenig Bedeutung,
dient aber einerseits zur kontrastierenden Abgrenzung bei der konstituierenden Beschreibung der eigenen Identität und fungiert andererseits nach
der Trennung als letzte Verbindungsstelle zur Familie. Die Betonung der
charakterlichen Unterscheidung der jüngeren Schwester, die es nicht ‚geschafft' hat, das einengende Elternhaus zu verlassen, hebt die Willensstärke der Protagonistin hervor. Diese hat mit der Familie ‚gebrochen' und
somit „den vierköpfigen Kleinstaat in der Fremde verraten" (58), um sich
noch ohne Schulabschluss oder finanzielle Sicherung tollkühn in die Freiheit zu begeben. Für diese Entscheidung zahlt sie den Preis der Abwen-
dung ihrer Eltern und bekommt Schuldgefühle. Doch werden solche Belastungen durch den ‚guten' Ausgang der Kindheitserzählung relativiert,
wenn die Protagonistin nach erfolgreichem Abitur wieder zu Hause aufgenommen und ihr autonomes Leben schließlich akzeptiert wird. Diese
als erfolgreich dargestellte emanzipatorische Ablösung deutet dabei wie-

---

[49] Bechtold: Geburt des multikulturellen Kindes (1994), S. 72.

der über die fiktionale Wirklichkeit des Romans hinaus, indem sie fast auffordernd auf eine Gestaltungsmöglichkeit für den Lebensweg junger Migrantinnen verweist: „Geh weg, es tut gut – und weh." (73)

Gezeigt wird jedoch auch eine enge Verbundenheit der Protagonistin mit ihrer jüngeren Schwester durch die vielen gemeinsam verbrachten Stunden an dem symbolisch aufgeladenen Ort der Fensterbank im dritten Stock, einer Beobachtungswarte der beiden eingeschlossenen Ausgeschlossenen. Denn nicht nur von den deutschen Mädchencliquen werden die Schwestern schmerzlich ignoriert („Und das tat am meisten weh, nicht teilnehmen zu dürfen an ihren Geheimnissen", 16), sondern auch in der allgemeinen Freizeitgestaltung sind sie durch ihre Eltern erheblich eingeschränkt. Mit diesem Szenario des Eingesperrtseins und der „Sippenhaft"[50] in der Wohnung als Innenwelt und dem Fenster als Grenze zur Außenwelt ist die Position junger Migrantinnentöchter zugespitzt dargestellt. Hier wird die Fensterbank zu einem ,Ort des Dazwischen', an dem sie stundenlang (vgl. 51) ausharren und das Straßengeschehen wie auf einer „Bühne mit unerschöpflichem Repertoire" (51) beobachten.[51] Zwar machen sie es sich dort wie bei einer Kinovorführung mit Essen und Getränken „für Stunden bequem" (52), doch dieses mit Howard gesprochen „quasi-voyeuristische Dasein"[52] macht trotzdem „hungrig" (73), wie die Protagonistin später feststellt. Zudem wird den Töchtern dabei umso mehr ihre Außenseiterposition bewusst. Die betrüblich-melancholische Position in diesem ,Dazwischen' wird in einem Bild geradezu überzeichnet: Die jüngere Schwester verharrt „regungslos auf der Fensterbank und stierte hinaus, die Beine angezogen und fest umschlungen." (80) Auch später noch, wenn die Protagonistin als erwachsene junge Frau zeitweilig nach Hause zurückkehrt, begeben sich die Schwestern wie in einem verbindenden Ritual wieder auf die Fensterbank, um über die Vergangenheit zu sinnieren. Doch hat sich die Situation dahingehend verändert, dass die jungen Frauen nicht mehr von der ehemals fremdartigen Außenwelt fas-

---

[50] Diesen Ausdruck gebraucht die Autorin in einem autobiographischen Rückblick in einem Interview mit Eren Güvercin: „Renan Demirkan. ,Bindungslosigkeit ist die Hauptpropaganda in der globalisierten Welt'", Interview mit Renan Demirkan, unter: http://erenguevercin. wordpress.com/renan-demirkan/#comments (o. J.) (zuletzt eingesehen am 28.03.2010) sowie in *Septembertee*, wo es auf S. 19 heißt, dass ihre Mutter sie mit einer „Mischung aus orientalischer Sippenhaft und mitteleuropäischem Drill" erzogen habe.

[51] Das Verweilen am Fenster als sinnbildlich gestaltete „Rolle" junger Migrantinnen formuliert auch Brokopf. Vgl. Brokopf: Schreiben als kultureller Widerstand (2008), S. 113.

[52] Mary Howard: „Fremde Innenwelten. Zur Gestaltung imaginativer Alterität in Erzähltexten.", in: Alois Wierlacher und Georg Stötzel (Hrsg.): *Blickwinkel. Kulturelle Optik und interkulturelle Gegenstandskonstitution*, München 1996, S. 503-512, hier S. 504.

ziniert sind. Sie haben sich bis zu einem bestimmten Punkt weiterentwickelt und das ‚Zwischen-Dasein' auf der Fensterbank überwunden: „[D]as Draußen war nur noch Begleitmusik ihrer Gespräche." (73)

Die Eltern der Protagonistin sind in ihrem Wesen und Handeln komplementär konzipiert, indem sie grundverschiedene Lebenseinstellungen vertreten. Auch hier nimmt das Kind, welches zunächst nur auf die unmittelbaren Taten und Worte der Eltern reagieren kann, eine ‚Zwischenposition' zwischen beiden Standpunkten ein – das elterliche Handeln reflektieren und verstehen kann erst die erwachsene Protagonistin, wie aus ihrem erklärenden Heranziehen der unterschiedlichen Sozialisationen in der Heimat ersichtlich wird.[53] Die Figur der Mutter ist so gestaltet, dass die Kind-Protagonistin sie zwar als eine zu respektierende, jedoch zugleich beängstigend repressive und oft nicht zu verstehende Person erlebt. Die rechtfertigend angeführte Erzählung der Lebensgeschichte der Mutter, nach der sie früh die kranke eigene Mutter ersetzen und sich für vier kleinere Geschwister und das Überleben im rückständigen Dorfleben Zentralanatoliens der 1920er Jahre „schinden" (38) musste, ist der wissenden Erwachsenenperspektive zuzurechnen und entspricht nicht der unwissenden Sichtweise der Kinderfigur. Diese beiden Sichtweisen sind jedoch im Roman nicht immer deutlich getrennt, sondern vermischen sich miteinander. Dies mündet sogar in einen Wechsel in die interne Fokalisierung der Mutter, wenn es heißt, dass die Mutter in ihrer Trauer über die verlorene Heimat oftmals Briefe schreibe, während sie vom Elternhaus träume, bestimmte Gerüche und Geschmäcker erinnere und an ihre Vergangenheit denke. (Vgl. 43) Beschränkt man sich auf die selteneren Textstellen, welche die Mutterfigur klar erkennbar aus Kinderperspektive schildern, wird hierin eine in sich gekehrte Frau beschrieben, die sich meist „stumm" (17) gibt – wie es bereits beim Abschiednehmen vom Vater heißt – und etwas vor ihren Kindern zu verbergen scheint. Die Mädchen nehmen in ihr lediglich eine Mutter wahr, die Fleiß und Pflichtbewusstsein hochhält, deren plötzliche Wutausbrüche und ständige Mahnungen an das gute Leben in Deutschland die Kinder jedoch als alltägliche „Predigt" (37) belasten und die sie nicht reflektieren können. Sie beobachten eine sich verhärtende (vgl. 38) und immer trauriger werdende Mutter, die

> zunehmend stiller von den jährlichen Urlaubsreisen in die Türkei zurückkehrte, die sie alleine unternahm. Je tiefer sich die steile Falte zwischen ihre Augen grub, je mehr „der Blick zurück" sie be-

---

[53] Auch hier wird ein direkter Bezug zur Autorenebene sichtbar, wenn den Eltern aus erwachsener Perspektive Verständnis entgegengebracht wird, wie die den Roman beschließenden persönlichen Worte der Widmung zeigen: „Vater und Mutter, es war richtig". Der gesamte Roman wird im Übrigen der Tochter von Renan Demirkan gewidmet: „Für Ayşe".

täubte, desto heftiger klammerte sie sich an „unsere Tugenden".
„Wir sind Fremde hier", sagte sie und beschwor die Kinder, „an-
ständig" zu bleiben. (40f.)

Die Kind-Protagonistin sieht des Weiteren, wie die Mutter allein betet, als
einzige fastet und religiöse Feiertage einhält. (Vgl. 41) Dieser Passage, in
der durch die kindliche Perspektive das Verhalten der Mutter nur unbewertet geschildert werden kann, schließt sich jedoch sogleich wieder ein
erklärender Abschnitt an, in dem das Verhalten der Mutter auf einen
durch die Migrationssituation ausgelösten inneren „Kampf um Selbster-
haltung"[54] zurückgeführt wird, der sich in hartem Arbeiten und nicht zuletzt in ihrer unbedingten Rückkehrabsicht offenbart. (Vgl. 42) Auf eine
Darstellung aus der Kinderperspektive wird dann allerdings zurückgegriffen, wenn darauf folgend ohne weitere Kommentierung eine mögliche
Gewalttätigkeit der Mutter angedeutet wird: Nach Feierabend schließe
die Mutter abends aufgezehrt hinter sich ab und „begann wehzutun." (42)
Auch später verhält sich die Mutter den Heranwachsenden gegenüber äußerst distanziert, als es um die Menarche geht, und schränkt den Handlungsraum der pubertären Mädchen deutlich ein, was diese als bedrohlich
(vgl. 50) empfinden. Erst recht im Vergleich mit anderen Gleichaltrigen
begreifen sie ihre aufgezwungene Zurückhaltung als Freiheitsberaubung
und können sie nicht verstehen. Sie werden sogar angehalten, vom Vater
ab sofort körperlichen Abstand zu halten, was sie extrem traurig werden
lässt.

Im Gegensatz zur Mutter wird der Vater als grüblerischer und prag-
matischer Mensch dargestellt, der Literatur liebt und Strauß-Walzer hört.
Der Akademiker gilt als zurückhaltend und ernst (vgl. 47) und möchte,
dass sein Leben und das seiner Familie „[o]hne störende Improvisatio-
nen" einer „verlässlichen Kontinuität" (49) folgt. So befestigt er überall in
der Wohnung Uhren, um stets pünktlich zu sein. Er versucht, sich in die
neue Heimat bestmöglich zu integrieren und erklärt seinen Kindern trotz
der emotionalen Ausbrüche seiner Frau an Weihnachten geduldig einige
säkulare Hintergründe christlicher Feste. Für seine Töchter wünscht er
sich, dass sie studieren können und später gut ausgebildet den Eltern wieder zurück in die Türkei folgen. Sein vielseitiges Interesse für Literatur,
Philosophie, Opern und Konzerte (vgl. 48) hat ihn offen für Kontakte
mit verschiedenen Kulturen werden lassen, denn „ein anderes Zuhause als
die Kultur hatte er nicht" (49). Diese charakterlichen Eigenschaften des
Vaters haben die Kind-Protagonistin früh geprägt, weshalb dieser m. E.
nicht als „blasse Randfigur[ ]"[55] bezeichnet werden kann, welche die Mig-

---

[54] Von einem solchen sprechen Grinberg und Grinberg bei Migranten. Vgl. Grin-
berg/Grinberg: Psychoanalyse der Migration (1990), S. 147.
[55] Brokopf: Schreiben als kultureller Widerstand (2008), S. 123.

ration lediglich initiiert und hernach keine Rolle mehr für die Entwicklung der Protagonistin spielt. Zwar tritt auf der Handlungsebene die Vaterfigur eher in den Hintergrund, sodass Brokopf der energischer den Rückkehrwunsch vertretenden und eine anklagende Haltung einnehmenden Mutterfigur im Roman eine „wichtigere Funktion" zuspricht[56]. Doch insgesamt dient der Vater in der Übernahme der aus seiner Sicht deutschen Maximen von Disziplin, Pünktlichkeit und Fleiß dem Mädchen als Vorbild und fungiert als wichtige Instanz zur eigenen Identitätsbildung. Die Protagonistin kann bestimmte Verhaltensmuster des Vaters übernehmen und geht beispielsweise offen auf Unbekanntes zu. Aber sie lehnt insbesondere in ihrer Pubertätsphase auch viele seiner Verhaltensweisen strikt ab. So verweigert sie sich gegenüber der ihr vom Vater vorgelebten ,deutschen' „Einteilung des Lebens nach Uhr und Dienstplan" (10), indem sie prinzipiell keine Uhr trägt (vgl. 47), und bezieht damit erste Stellung für einen eigenen Lebensentwurf. Der Vater ist Orientierungsfigur nicht nur hinsichtlich des Musikgeschmacks[57]; vor allem aus dem Modell des starken Willens und der Beharrlichkeit des Vaters, sich in der teilweise feindseligen Fremde dennoch einzugliedern und für seine Familie zu sorgen, entwickelt die Protagonistin eigene Courage, mithilfe derer sie sich später aus den heimischen Zwängen befreit und ihren eigenen Weg geht. Hierin orientiert sie sich eindeutig nicht an der demütig verharrenden und stets eigene Wünsche zurückhaltenden Mutter.[58]

Im Ganzen dient die erzählerische Darstellung der Lebensgeschichten und Charaktere der übrigen Figuren wie denen der Familie und der türkischen Freunde[59], der Protagonistin und Erzählerin zur Selbstdefinition und Konstituierung der eigenen Identität. So positioniert sie sich über die Reflexion einer in die Kindheitserzählung integrierten Familienaufstellung. Denn indem sie sich von der Schwester abgrenzt und eigene Prägungen und Verhaltensweisen aus dem Charakter und Verhalten bei-

---

[56] Vgl. Brokopf: Schreiben als kultureller Widerstand (2008), S. 118, das Zitat stammt von S. 117.

[57] Die väterlichen Vorlieben für europäische, klassische Musik werden von der Tochter adaptiert, sodass diese ihr noch im Erwachsenenalter zur Beruhigung dienen. (Vgl. 74 u. 79)

[58] In ihrer späteren Partnerwahl spiegeln sich dann diese Charaktereigenschaften, da auch ihr österreichischer Ehemann früh aus seinem als beengend empfundenen Elternhaus ausgezogen ist, um sein Leben selbst in die Hand zu nehmen und seiner künstlerischen Berufung zu folgen: „Er selbst war vor zwanzig Jahren aus dieser vierzig Quadratmeter Zimmer-Küche-Kabinett-Welt […] geflüchtet." (28)

[59] Insgesamt werden im Roman neben den Lebensgeschichten der Elternfiguren Lebensverläufe bzw. Abschnitte aus dem Leben von vier Freunden der Protagonistin erzählt: die der hypochondrischen Jurastudentin (vgl. 31ff.), die der von ihrem Onkel missbrauchten Freundin aus Frankfurt (vgl. 76ff.), die des kurdischen Freundes Yaşar (vgl. 89ff.) sowie die des Freundes von der Schwarzmeerküste (vgl. 97ff.).

der Eltern herleitet sowie bestandene Lebensprüfungen rekapituliert, kann sich die zurückdenkende Protagonistin ein Bild von sich selbst und von ihrem Gewordensein machen und dieses zur Grundlage gegenwärtigen und zukünftigen Verhaltens machen.[60]

Der Weg hin zu diesem erwachsenen Selbst hat für die Kind-Protagonistin nach der unfreiwilligen Migration und den damit einhergehenden undefinierten Zugehörigkeiten immer wieder über Brüche und Leerräume geführt. Wiederholt sind Situationen und Umstände aufgetreten, bei denen sie in ein Dasein zwischen zwei Kulturen gestoßen worden ist bzw. sich als darin befindlich darstellt: „Ich fühl' mich wie zweigeteilt. Der eine Teil von mir hängt irgendwo in der ‚gelben Luft', von der ich hier drinnen [in der elterlichen Wohnung, M. E.] dauernd höre, der andere Teil da draußen in der Welt, die ich täglich sehe." (73) Es handelt sich hier bei der Protagonistin um ein Gefühl von Fremdheit, die nicht nur im Sinne eines fremden Anderen im Gegensatz zum Eigenen zu verstehen ist, sondern auch im Sinne jener Denkfiguren von Fremdheit, die das ‚Zwischen' dieser binären Ordnung Eigen/Anders meinen und als das „radikal Fremde" bezeichnet werden.[61] Diese Zwischen-Positionierung einer unklassifizierbaren Unbestimmtheit meint nicht die häufig typisierte und zunehmend kritisierte Positionierung türkischer Migranten in einen Raum zwischen zwei (vor allem geographisch und politisch definierten) Welten bzw. Heimaten.[62] Im Roman wird eben jene Situation der radikalen Fremde für die Kind-Protagonistin so dargestellt, dass diese nicht einfach in der Anpassung an beide Lebensrealitäten gespalten ist, sondern dass sie sich in den einzelnen Lebensrealitäten selbst wieder uneindeutig definiert sieht.

So entspricht sie aus ‚deutscher' Sicht nicht dem ‚typischen' Bild eines türkischen Gastarbeiterkindes, da sie Tochter eines gebildeten Ingenieurs ist, der in Deutschland als Beamter arbeitet. Auch ihr türkisches Elternhaus kann ihr keine eindeutige Perspektive bieten, da sie sich hier vor allem zeitlich nicht konstant verorten kann: Zum einen scheint der Aufenthalt in Deutschland stets befristet, zum anderen bleibt der Zeitpunkt

---

[60] Diese These wird einmal mehr durch die autobiographischen Bekenntnisse der Autorin in *Septembertee* untermalt, wo es auf S. 13 heißt: „Denn ich bin auch in jedem Atemzug das Ergebnis der Erziehung meiner Eltern, deren Anerkennung, Kritik und deren unterschiedlicher Art zu lieben." An anderer Stelle wird hier das Leben zwischen den beiden Kulturen, das die Protagonistin durch die konkurrierenden Lebensentwürfe ihrer Eltern empfindet (Theorie und Kunst auf der einen Seite, religiöser Glaube und Tradition auf der anderen), mit einer „Medaille mit zwei verschiedenen Seiten, die sich ergänzen", (108) verglichen.

[61] Vgl. zu diesem Verständnis von ‚Fremdheit' Jentsch: Da/zwischen (2006), S. 21f.

[62] Vgl. hierzu vor allem Adelson: Against Between (2006), S. 39f.

einer Rückkehr in die Türkei ebenfalls im Ungewissen[63], wodurch ihrer kindlichen Entwicklung eine wichtige verlässlich-relationale Grundlage entzogen wird. Dies führt die Erzählerin anklagend vor allem auf ihre Eltern zurück, welche sie zudem schon sehr früh zu den für ein Kind untypischen Verhaltensweisen der Ernsthaftigkeit und Vernunft angehalten hätten. (Vgl. 14)

Aus dieser unfreiwilligen Zwischenposition zwischen Kind und Erwachsenem sowie ähnlichen Situationen undefinierter Zugehörigkeit wird ihr weder von der Schwester noch den Lehrern oder Mitschülern oder später dem eigenen Freund geholfen, wie sie auf ihrer ersten Türkei-Reise schmerzlich erfahren muss. Dort entkommt sie nur knapp einer Vergewaltigung durch einen zunächst hilfsbereit erscheinenden Türken, da ihr anwesender deutscher Freund ihr nicht zur Hilfe eilt. Diese Situation verdeutlicht den doppelten Zugehörigkeitsverlust anhand von Schutzlosigkeit, denn so wie die Protagonistin hier kein beschütztes Kind mehr ist, wird sie auch von keinem der beiden Männer (mehr) beschützt, die für jeweils eine Kultur stehen: „Na komm, zier' dich nicht. Du bist doch keine Türkin mehr." (72), heißt es von dem türkischen Gewalttäter auf der einen Seite, „Was hätte ich denn machen sollen?" (72), heißt es von ihrem deutschen Freund auf der anderen Seite.[64] Einmal mehr ist es die Protagonistin selbst, die eine Situation des hilflosen „Dazwischen" überwindet, indem sie sich aus der Belästigungssituation couragiert befreit. Diesen Weg der Selbstinitiative wählt sie schließlich auch beim vergleichsweise frühen Verlassen ihres Elternhauses, wobei sie in der Hinwendung zur ‚deutschen' Lebensrealität einen wichtigen Schritt zum Erlangen ihrer Selbstbestimmung und schließlich den „geistigen Wendepunkt"[65] auch im Denken der Eltern begründet sieht.

II.2.3. Leiden als liminale Erfahrung

Bei einem Vergleich der auftretenden Romanfiguren untereinander hinsichtlich ihrer persönlichen Entwicklung ist besonders auffällig, dass allein die Protagonistin „es schafft", während alle anderen gescheitert sind bzw. auf ein zerbrochenes Leben zurückblicken. Zwar stellen sich die er-

---

[63] Im Text heißt es: „Über die Vergangenheit sprach man nicht, klar war nur, das Leben hier würde irgendwann abgeschlossen sein. Der nächste Tag war noch klar [...]. Danach wurde es diffus." (52f.) Dieses empfundene Leben im „Dazwischen" wird von der Autorin in *Septembertee* ausführlicher beschrieben: „Aber wir lebten trotzdem wie in einem Luftzug, wie auf einer Brücke zwischen zwei Zeitbegriffen – zwischen dem ‚Früher' und dem ‚Später'." Demirkan: Septembertee (2008), S. 84.
[64] Vgl. hierzu ausführlicher Yeşilada: Die geschundene Suleika (1997).
[65] Demirkan: Septembertee (2008), S. 85.

zählten Biographien der Freunde auch als Erfolgsgeschichten dar, wenn es
der kurdische Freund Yaşar vom Gastarbeiter im Bergwerk zum Einser-
examen in Architektur bringt oder der Freund von der Schwarzmeerküste
zum promovierten Physiker, doch leiden sie alle unter seelischer oder
körperlicher Entbehrung. Dass alle türkischen Figuren außer der Protagonistin selbst krank sind, krank werden[66] oder dauerhaft an etwas leiden,
deutet Bechtold als Kritik der Autorin am Herkunftsland, welches sie in
den rückblickenden Beschreibungen von Zuständen hoher Sterblichkeit
zum Entwicklungsland degradiere.[67] Eine etwas weiter blickende Lesart
verweist jedoch auf die im Leiden und dessen Darstellung implizierte Liminalität: Menschliches Leiden steht für einen Bruch im Leben, der an ein
befindliches ,Dazwischen' gebunden ist, also ein Grenzfall bedeutet. Das
liminale Leiden an sich sowie dessen Überwindung – mithin der Prozess
des Erkrankens und Genesens[68] – generieren eine Schwellenerfahrung, aus
der eine neue Perspektive für das zukünftige Leben gewonnen werden
kann. Wie auch Kalb herausstellt, bildet es figurativ jenen Zwischenraum,
„von dem aus die Ordnung der Welt semantisch neu erschlossen wird"[69].

Die auf das Figurenmuster des Romans konzentrierte Betrachtung
der Leidensfälle lässt weiterhin erkennen, dass die Protagonistin durch die
narrative Vergegenwärtigung der Leiden aus ihrem Umkreis diese auch
für sich und ihren Status eines ,betroffenen' und ,leidenden' Migranten
beansprucht. Gleichzeitig möchte sie sich von einem damit verbundenen
Scheitern jedoch abgrenzen. Denn die dargestellten Schwierigkeiten der
übrigen Figuren hinsichtlich der Integration in die Fremde offenbaren,
dass diese von keinem der Protagonisten als individuell erfolgreich empfunden wird. Unabhängig davon, ob sich die Figuren emotional abgrenzen (wie die Mutter) oder die Fremde rational anzunehmen versuchen
(wie der Vater[70]), scheitern sie letztlich. Dagegen gelingt es der Protagonistin, die sich darin von allen anderen deutlich unterscheidet, aufgrund
ihrer fast trotzigen Willensstärke innerhalb der erfahrenen Aus- und Begrenzungen zu bestehen. Ihr persönlicher ,Leidensfall' resultiert dabei

---

[66] So erleidet der Vater der Protagonistin einen Kreislaufkollaps, und die Mutter wird
wegen eines Magengeschwürs im Krankenhaus behandelt, wie die Tochter nach ihrem
Auszug von zu Hause über ihre Schwester erfahren muss. Vgl. S. 59.

[67] Vgl. Bechtold: Geburt des multikulturellen Kindes (1994), S. 74.

[68] Dieser gehört Waldenfels' Sinneslehre zufolge zu den wesentlichen Schwellenerfahrungen des Menschen. Vgl. Waldenfels: Sinnesschwellen (1999), S. 9.

[69] Christof Kalb: „Selbstbildung im Leiden. Zur Rekonstruktion beschädigter Identität
in Ritual und Kunst", in: Claudia Benthien und Irmela Marei Krüger-Fürhoff (Hrsg.):
Über Grenzen. Limitation und Transgression in Literatur und Ästhetik, Stuttgart und
Weimar 1999, S. 161-175, hier S. 168.

[70] Der Vater wird an seinen gescheiterten Bemühungen regelrecht „irre", wie es auf
S. 133 heißt: „Ihr Vater, der sich verzweifelt bemüht hatte, eine neue Heimat zu finden, irrte mit der Zeit immer zerstreuter zwischen seinen Büchern umher."

nicht aus einem körperlichen Mangel, gestaltet sich jedoch umso stärker seelisch.

Die erfahrenen Situationen der Hilflosigkeit während ihrer Suche nach kultureller Identität führen dabei nicht in die absolute Verzweiflung, wie etwa bei der Ich-Erzählerin in Mehmet Ünals Kurzgeschichte „Zwischen zwei Giganten". Hier ist die Protagonistin als Neunjährige aus der Türkei nach Deutschland migriert und resümiert aufgrund ihrer negativen Erfahrungen nach zehn Jahren hoffnungslos: „Es ist schwer... Das beste wäre vielleicht... Selbstmord... Dann werde ich frei."[71] Ganz im Gegenteil wird die Protagonistin in *Schwarzer Tee* als eine ihre Chancen ergreifende „Einzelkämpferin"[72] dargestellt, die alle Stationen der ‚irrenden Suche' zu überwinden vermag und sich letztlich durch die Entscheidung zur Austragung des eigenen Kindes eine neue Perspektive auf ein nunmehr selbstbestimmtes Leben erarbeitet. Ihr Potential dazu schöpft sie aus Erfahrungen frühester Kindheit. Auf die darin bereits angelegte ‚kämpferische' Natur wird in einer Erzählung verwiesen, nach der sie Anweisungen des autoritären und streng-gläubigen Großvaters in kindlich-naiver Unbefangenheit hinterfragt und sich ihnen anschließend widersetzt hat.[73] Mit Ebert gesprochen entwirft Demirkan somit eine neue Art ‚starker' Heldin

> and through this figure accomplishes two seemingly contradictory goals. She provides her reader with a successful image of those of Turkish-German heritage, especially women, and at the same time Demirkan relieves the German reader of any residual guilt feelings for being part of a hegemonic culture oppressing Turkish minority.[74]

Denn für das persönliche Leid der Migrantin wird im Erzähltext weniger die deutsche Einwanderungsgesellschaft per se verantwortlich gemacht als vielmehr die individuelle sozio- und psycho-strukturelle Lebenskonstellation der Protagonistin.[75] Deutschland wird trotz negativer Zeichnung einiger Figuren wie Nachbarn, Lehrer oder Mitschüler insgesamt nicht als grundsätzlich schlecht dargestellt, sondern an einigen Stellen lediglich ste-

---

[71] Mehmet Ünal: „Zwischen zwei Giganten", in: Franco Biondi u. a. (Hrsg.): *Zwischen zwei Giganten. Prosa, Lyrik und Grafiken aus dem Gastarbeiteralltag*, Bremen 1983, S. 31-36, hier S. 36.

[72] Brokopf: Schreiben als kultureller Widerstand (2008), S. 122.

[73] So hat sie sich dem Verbot des Großvaters widersetzt, nach Sonnenaufgang in den Hof zu gehen, und sich hinaus geschlichen, um Allah im Nachthimmel zu begegnen, oder ist auf ein Pferd gestiegen, von dem der Großvater sie wütend hinunterzerrt. Vgl. S. 121ff.

[74] Ebert: Trouble and Triumph (2004), S. 69.

[75] Anders verhält es sich dagegen in *Septembertee*, wo auf S. 132ff. in expliziter Bezeichnung politischer Inhalte die deutsche Einwanderungsgesellschaft nachdrücklich angeklagt wird.

reotyp überzeichnet[76] bis subliminal kritisiert. So wird zum Beispiel abfällig formuliert, der Staat habe derzeit „Waggonladungen Arbeitskräfte aus Anatolien eingekauft" (53) und dass Deutschland „als ein Land von Zäunen, Mauern und Regeln"[77] verschlossen erscheine. Ebenso wird durch etliche minuziöse Uhrzeitangaben im Text, die wie ein „Diktat der Zeit"[78] die Krankenhausepisoden der Rahmenerzählung strukturell wie inhaltlich bestimmen, auf eine mitunter mechanische ,deutsche' Genauigkeit verwiesen, wie sie letztlich auch die Exaktheit des Anästhesisten[79] dokumentiert. Diese Zeitfixierung spielt auch in der Binnenerzählung eine wichtige Rolle, wo eine klischeehafte kulturelle Differenz hinsichtlich Pünktlichkeit durch das übertrieben-adaptive Verhalten des Vaters karikiert wird, der zur Einhaltung seines präzisen Tagesplans „in jedem Winkel" (47) der Wohnung Uhren positioniert. Somit werden die Konflikte der Kind-Protagonistin hinsichtlich ihrer Orientierung an bestimmten kulturellen Werten aus der rückblickend humoristisch gestalteten erzählerischen Darstellung relativiert. Der schlussendliche Erfolg der Protagonistin bei der Überwindung von erfahrener Desorientierung oder Ablehnung und bei ihrer individuellen und kulturellen Selbstverortung wird durch den besonders versöhnlichen Ton am Romanende untermalt. Selbst die Eltern, denen gegenüber sich zu profilieren der Protagonistin ein Hauptanliegen war, sehen sich auf ihrem Weg der Bewältigung der Migrationssituation gescheitert, gehen einen ersten Schritt auf ihre Tochter zu und erkennen damit deren Entscheidungen an.

Eine überwiegend positive Bilanz des für den Roman als Grundlage dienenden persönlichen Lebensrückblickes Demirkans wird auch in Aussagen der Autorin deutlich, nach denen sie eine Kindheit mit familiären Reibungen erlebt habe, für die sie heute, als „altes Kind", dankbar sei und die sie „gelehrt [hätten] [,] Lebensfragen zu stellen"[80]. Im Gegensatz zur 30-jährigen Romanfigur, die sich von dem Festhalten der Mutter an ihrer

---

[76] Beispiele hierfür sind der adrette Vorgartenrasen (vgl. 10) oder die Kunststoffbrettchen für das Abendbrot (vgl. 106ff.). Dagegen stört sich Bechtold bei seiner Lektüre am dargestellten Deutschlandbild als „clean, aseptisch, steril, wohl geordnet, bürgerlich-spießig, geschützt durch Verbotsschilder, irgendwie: tot." Bechtold: Geburt des multikulturellen Kindes (1994), S. 69.
[77] Petra Fachinger: „Ohne Koffer. Renan Demirkan und Akif Pirinçci", in: Mary Howard (Hrsg.): *Interkulturelle Konfigurationen. Zur deutschsprachigen Erzählliteratur von Autoren nichtdeutscher Herkunft*, München 1997, S. 139-151, hier S. 141.
[78] Fachinger: Ohne Koffer (1997), S. 142.
[79] Hierauf verweist auch Ebert: Trouble and Triumph (2004), S. 73. Obwohl die fast zweistündige Wartezeit der Protagonistin den Anschein einer endlosen Verzögerung nimmt, trifft der Narkosearzt noch einige Minuten *vor* dem geplanten Operationstermin ein (9:57 Uhr), und dies sogar obwohl seine Mutter im Sterben liegt, wie eine Hebamme unnötig entschuldigend anführt. Vgl. S. 116f.
[80] Güvercin: Renan Demirkan (o. J.).

Herkunft beengt fühlt, sei die etwa zwanzig Jahre ältere Autorin heute ihrer Mutter dankbar, dass sie durch Fotoalben ihre Kinder an die Herkunft
erinnert habe und damit „die Geschichte wach gehalten hat". Weiter formuliert Demirkan: „Ich konnte durch sie, immer wieder und wieder, zurück in eine Kindheit."[81] Auf den gesamten Roman bezogen entsteht der
Eindruck einer äußerst idealisierten Synthese zweier heterogener Kulturräume, die innerhalb der Rahmenhandlung aus der Erzählperspektive kurz
vor der Entbindung und damit direkt vor dem Beschreiten eines neuen
Lebensabschnittes jedoch noch nicht in dem Maße bewusst gesetzt ist,
wie es aus den Vermittlungen der rückblickenden Autorin erkennbar
wird. Erneut vermischen sich hier die Text- und Autorenebene miteinander und leiten von einer auf die textuelle Fiktionalität konzentrierten Lesart ab. Dabei bleibt anzumerken, dass die retrospektiv dargestellte ,Er-
folgsgeschichte' der Protagonistin sich nur auf ihre Vergangenheit bezieht
und nichts über die Zukunft aussagt – zumal diese sich mit dem Mutter-
werden „lebensverändernd" (vgl. 13) gestalten wird, wie die Erzählerin
selbst mutmaßt. Denn auch wenn sie bis zum dargestellten Erzählstandpunkt über die Strukturierung und Überwindung des erfahrenen kulturellen ,Zwischenraumes' eine gewünschte Stufe der eigenen Entwicklung erreicht hat, bleiben ja die beiden anderen Kulturräume als konstante Sys-
teme erhalten und wirken weiterhin in die eigene Lebensrealität hinein.
Krisen sind zu erwarten.

Obwohl im Erzähltext insgesamt die kulturelle Selbstverortung einer
türkischen Migrantin in Deutschland als erfolgreich vorgeführt und eine
multikulturelle Zukunftsvision offengelegt wird, bietet die dargestellte
Kindheit und Jugend der Protagonistin von der Handlungsebene aus betrachtet keine leichtfertige, idealisierte Lebensgeschichte ab. Im Gegenteil
wird ein durchaus beschwerlicher Werdegang illustriert, bei dem die einzelnen ,Überwindungsleistungen' der Protagonistin erst ganz am Schluss
quittiert werden. So wird gezeigt, dass sie sich als Jugendliche bei der be-
geisterten Verfolgung der gesellschaftlichen Wandlungen Ende der 1960er
Jahre in keiner Auffassung von bereits vorhandener weltbürgerlicher Multikulturalität, mithin einer „universale[n] Weltauffassung"[82] bestätigt sehen kann, da sie zu diesem Zeitpunkt ihrer eigenen Identitätssuche
(noch) kein solches Konzept entwickelt hat. Überdies möchte sie das traditionell ,deutsche' Kaffeetrinken zu Hause nicht aus einer multikulturellen Motivation heraus einführen, vielmehr handelt es sich bei diesen An-
eignungen der Adoleszenten zunächst einmal um Akte einer Rebellion,
die aus dem inneren Konflikt der beiden Kulturen entsteht, und um naive

---

[81] Güvercin: Renan Demirkan (o. J.).
[82] Can Bulut: „Renan Demirkan: *Schwarzer Tee mit drei Stück Zucker*", in: DAAD
(Hrsg.): *Germanistentreffen Bundesrepublik Deutschland – Türkei: 25.9.-29.9.1994.
Dokumentation der Tagungsbeiträge*, Bonn 1994, S. 241-254, hier S. 249.

Versuche einer Verbindung zweier unterschiedlicher Kultursysteme. Zu einer (komödiantischen) Vision eines multikulturellen Miteinanders in der Verkleidung eines kindlich-naiven Handelns wird die Darstellung erst in der erzählerischen intentionalen Rückschau. Allein für die Erzählerin des Romans ergibt sich eine gewisse Versöhnlichkeit bezogen auf die individuelle ‚Lebensleistung'.

Dementsprechend ist auch das dem Roman nachgestellte Zitat von Peter Weiss aus seinem Hölderlin-Drama zu verstehen:

> Zwei Wege sind gangbar / Zur Vorbereitung / Grundlegender Veränderungen. / Der eine Weg ist / Die Analyse der konkreten / Historischen Situation. / Der andere Weg ist / Die visionäre Formung / Tiefster persönlicher Erfahrung. (141)

Die Erzählerin in *Schwarzer Tee mit drei Stück Zucker* beschreitet diese beiden Wege der Veränderung zugleich: Sie analysiert ihre Situation retrospektiv-historisch und formt aus ihrer Lebens- und Leidenserfahrung eine positive Zukunftsvision für sich und ihr ungeborenes Kind. Das Erzählen fungiert als symbolische Leidverarbeitung, indem die im Lebenslauf erzeugten Diskontinuitäten in einem Vorgang der Zentralisierung und Neustrukturierung neu interpretiert werden. Das was Kalb „Selbstwiederherstellung" durch „[e]rzählerische Selbstvergewisserungen im Leiden"[83] nennt, geschieht hier durch die Darstellung negativer ‚liminaler' Erfahrungen, welche durch die am Ende als Bilanz stehenden positiven Erfahrungen von diversen Grenzüberschreitungen in ein Erkenntnispotential uminterpretiert werden, aus dem eine ‚heilsame' Selbstdefinition gewonnen wird.

---

[83] Kalb: Selbstfindung im Leiden (1999), S. 171.

II.3. Utopische Synthesen – das Überwinden (in) der Kindheit

II.3.1. Familienverrat und transkulturelle Selbstverortungen

Die im Roman *Schwarzer Tee mit drei Stück Zucker* sowohl strukturell als auch inhaltlich im kulturellen Zwischenraum konstruierte Kindheit rekurriert zwar auf das Betroffenheitspathos einer ,verlorenen' Migrantin zwischen zwei Welten, sie steht jedoch zugleich für die Überwindung desselben. Das motivische Grundprinzip des „konfliktreichen Dauerzustand[s] der Verunsicherung" in Folge von Migrationserfahrung[84] wird auf der Handlungsebene durchbrochen, indem eine Entwicklung der Protagonistin dargestellt wird und ihr somit eine Geschichte innerhalb zweier oder im Übergang von zwei Kulturen eingeschrieben ist. Erst die Darstellung lebensgeschichtlicher Effekte bzw. nach Albrecht „performativer Bedeutungskonstitution als jeweils individuell differenzierte Schichtungen"[85] begründet die Perspektive des Erzählstandpunktes.

So geht es Demirkan nicht um das Verbleiben im ,Dazwischen', sondern sie strebt die Überwindung des Zwischen-Zustands durch die Synthese von Elementen aus beiden kulturellen Welten an, die zu einer neuen Bezugnahme über beide Ursprungsräume hinaus führt.[86] Entsprechend bevorzugt die Autorin die Bezeichnung *trans*kulturelle Verortung gegenüber dem Begriff *inter*kulturelle Verortung, insofern das *Inter* für ein starres Zwischen-den-Kulturen und das *Trans* für eine dynamische Verbindung zwischen den Kulturen steht.[87] Im Sinne des von Wolfgang Welsch eingeführten Konzepts der Transkulturalität überwindet diese im Gegensatz zum überholten traditionellen Konzept der Multikulturalität etwa die Vorstellung koexistenter, aber weiterhin homogener Einzelkulturen durch enge Verbindungen, Durchmischungen und Abhängigkeiten

---

[84] Vgl. Doris Bachmann-Medick: „Dritter Raum. Annäherungen an ein Medium kultureller Übersetzung und Kartierung", in: Claudia Breger und Tobias Döring (Hrsg.): *Figuren der/des Dritten. Erkundungen kultureller Zwischenräume*, Amsterdam und Atlanta 1998, S. 19-36, hier S. 22f., Zitat S. 22.

[85] Albrecht: Jenseits des Dazwischen (2006), S. 551.

[86] Siehe ausführlicher zu diesen utopischen Visionen im Roman Kap. II.3 dieser Arbeit.

[87] So plädiert Demirkan in ihren politischen Statements in *Septembertee* für ein „transkulturelles Miteinander" und lehnt ein Verbleiben im „Dazwischen" ab: „Die menschliche Verschiedenheit lässt sich nicht einquetschen in ein vermeintlich einheitliches Dazwischensein, wie das Wort suggeriert. Menschen wandern herum mit all ihrer Lebensfülle". Demirkan: Septembertee (2008), S. 141. Vgl. zu den verschiedenen Begrifflichkeiten bspw. Volker C. Dörr: „Multi-, Inter-, Trans- und Hyper-Kulturalität und (deutsch-türkische) ,Migrantenliteratur'", in: Dieter Heimböckel u. a. (Hrsg.): *Zwischen Provokation und Usurpation. Interkulturalität als (un-)vollendetes Projekt der Literatur- und Sprachwissenschaften*, München 2010, S. 71-86.

heutiger Kulturen untereinander bzw. voneinander.[88] Dies geschieht in
Demirkans Konzeption jedoch nicht etwa über eine Auflösung der Grenzen und damit Zusammenführung der beiden verschiedenen kulturellen
Ursprungsräume, sondern durch die Interpretation der eigenen Wahrnehmung in *keiner* feststehenden Position zwischen beiden Räumen. Diese Interpretation ,überwindet' ein empfundenes Dazwischen und ermöglicht somit die existenziell notwendigen individuellen und kulturellen
Verortungen. Um den belastenden Zustand des losen ,Zwischen-Gefühls'
in ein determiniertes Identitätsbewusstsein transformieren zu können,
von dem aus weitere Entwicklung möglich ist, muss zunächst der individuelle (Definitions-)Raum durch Schöpfen aus beiden Kulturräu-
men/Kulturarchiven bestimmt werden.[89]

Auf der Figurenebene des Romans stellt sich diese Selbstdefinition
über die Beschreibung des Individuationsprozesses der Protagonistin ein
– angefangen von seelischen Erschütterungen in der Kindheit und der
schwierigen Jugendsituation bis zur emanzipatorischen Ablösung vom Elternhaus und Bestehen im eigenen Lebensalltag –, während dem sie sich
selbst kulturell zu verorten versucht. Der durch die Zäsur der unfreiwilligen Migration in den Lebenslauf gerissene und nachhaltig wirkende Leer-
raum zwischen zwei kulturellen Zugehörigkeiten wird durch das entstehende Bild eines ,starken' Kindes und einer ,starken' jungen Frau erzähle-
risch-sinnstiftend gefüllt. So markiert besonders die angesprochene
Weihnachtsszene eine tiefe, aber überwundene Enttäuschung der gerade
neunjährigen Protagonistin. Insgesamt steht bei der Schilderung der
Kindheitserlebnisse jedoch weniger eine poetisch konstruierte kindliche
Perspektive als erzähltechnisches Mittel im Vordergrund, um den dargestellten schwierigen Situationen etwa in infantiler Naivität zu begegnen
und sie somit zu ,bestehen'. Vielmehr werden die erzählten Erfahrungen
des Kind-Seins selbst als strukturbildend für das Gewordensein der Protagonistin herangezogen, indem sie aus rückblickender Perspektive der
Erzählerin in einen Gesamtzusammenhang integriert werden. Denn wie
die erzähltechnische Analyse gezeigt hat, gelingt es nicht, einen wirklich
,naiven' Blick zu inszenieren; in nahezu allen Szenen, in denen aus interner Fokalisierung der Kind-Protagonistin erzählt wird, ist die erwachsene
Erzählerin durch ihre reflektierende Kommentierung anwesend. Zudem
weist auch die verwendete Figurensprache keine infantilen Merkmale auf,
weder in formaler Hinsicht noch inhaltlich. Insgesamt betrachtet hat sich

---

[88] Vgl. Wolfgang Welsch: „Transkulturalität. Zur veränderten Verfassung heutiger Kulturen", in: Irmela Schneider und Christian W. Thomsen (Hrsg.): *Hybridkultur. Medi-
en, Netze, Künste*, Köln 1997, S. 67-90.
[89] Diese Ansicht wird von Demirkan in *Septembertee* vertreten: „Denn ,Wer will ich
sein?' fragt sich nur jemand, der weiß, wohin er gehört. Jemand, der ein emotionales
und kulturelles Zuhause hat." Demirkan: Septembertee (2008), S. 163.

die erwachsene Protagonistin (in ihrer Charakterstärke) aus ihren migrationsbedingten Kindheitserfahrungen entwickelt, die zwar auch aus der xenophoben Haltung von Menschen ihrer Umgebung wie Nachbarn, Mitschüler und Lehrer resultieren, jedoch hauptsächlich im Verhalten der Eltern begründet sind. So liegt der Schwerpunkt der individuellen Profilierung und kulturellen Selbstverortung der Erzählerin im Umgang mit bzw. in der Abgrenzung von den beiden Elternfiguren, deren oben nachgezeichnete charakterliche Darstellung aus diesem Grund den wichtigsten Bezugspunkt zur Darstellung des Selbst bildet.

Der von den Eltern selbstverständlich eingeforderte schulische Erfolg („Hier gab es Arbeit, also arbeiteten sie mit dem Vorsatz, nach dem Schulabschluß der Kinder wieder in ihre Heimat zurückzukehren.", 21) und ein dementsprechend strukturierter Alltag („Schule, Fensterbank, Schlafen.", 53) übt auf die kindliche und später jugendliche Protagonistin erheblichen Druck aus, der durch die Anfeindungen ihrer Umgebung noch verstärkt wird. Zwar passen sich die beiden Schwestern dem ihnen auferlegten Schicksal bestmöglich an – die Sprachprobleme der türkischen Muttersprachlerinnen in der deutschen Schule werden gar nicht erst thematisiert und ein müheloser Umgang in dieser Hinsicht damit impliziert –, doch sind Belastungen deutlich erkennbar. Das Bestreben der Protagonistin, als Fremde nicht mehr aufzufallen, sondern möglichst „normal" und unscheinbar zu sein[90], führt zu einer „Überanpassung"[91] und einer daraus resultierenden Magersucht:

> Wenn sie schon nicht so groß und blondig schön war wie die deutschen Mädchen, so zumindest die Dünnste mit der kleinsten Konfektionsgröße. […] Täglich kämpfte sie morgens mit dem bleiernen Körper. Es bedurfte einer gewaltigen Überwindung, den schwindelnden Kopf in die Senkrechte zu heben, um dann doch zufrieden in die extra engen Hosen zu kriechen. (27)

Dieses gestörte Verhaltensmuster steht hier für eine durch innere wie äußere Konflikte hervorgerufene Identitätskrise der kindlichen bis adoleszenten Protagonistin, die nunmehr beginnt, ihre psychischen Störungen

---

[90] Im Text heißt es: „Diese ewig jungen Werbefeen waren so ebenmäßig, so gut und groß gewachsen, wie sie als Teenager immer hatte sein wollen. Sie wollte aussehen wie die anderen, nicht herausfallen, wollte wie die hüpfenden, kichernden Mädchen sein, in deren Mädchencliquen sie sich hineinwünschte. Doch sie wurde in keine aufgenommen." (15) Ebert sieht in dem Bestreben der Protagonistin nach Normalität ein Leitmotiv im Roman. Die Normalität sei dabei keine Ausgangssituation für Veränderungen, sondern im Gegenteil der erstrebenswerte Zustand: „For 'the woman', normality is a hybrid construction incorporating aspects of two cultures and three generations and is the accomplishment of more than the sum total of her experiences." Ebert: Trouble and Triumph (2004), S. 72.
[91] Eichmann-Leutenegger: Harmonie als Glückstraum (1991), S. 36.

auch körperlich auszutragen. Erst mit der Schwangerschaft und der Entscheidung zur Übernahme von Verantwortung erlangt die junge Frau ein
Gefühl der „Normalität" (vgl. 13f.), da sie die Mutterrolle als gesellschaftlich allgemein anerkannten Status definiert. Zuvor hat sie sich auf ihrer
adoleszenten Suche nach Identität und Zugehörigkeit vor allem mit gesellschaftlichen Positionierungen auseinandergesetzt. So schließt sie sich
in der Zeit vor dem Abitur politischen Organisationen an und zeigt „feu-
rigen Einsatz für Randgruppen aller Art" (57). In dieser Phase fasst sie
(rebellischen) Mut für die Verwirklichung ihres individuellen Freiheits-
strebens, hier entwickelt sich ein selbstbewusstes Ich-Gefühl und eine
vermeintlich ausreichend große Kraft zum Bruch mit den ‚Familiengeset-
zen', das heißt zum Ausbruch aus der elterlichen Einengung: „Es war nur
noch eine Frage der Zeit, wann sie sich von den Nachmittagen auf der
Fensterbank lösen und sich der Kontrolle der Eltern entziehen würde."
(57f.)
   Dabei sieht sich die junge Frau nicht nur als Adoleszente zwischen
Elternliebe und Rebellion innerlich zerrissen, sondern vor allem auch
grundsätzlich zwischen den beiden für sie unvereinbaren kulturellen Lebenseinstellungen hin- und hergerissen. Von ihren Eltern wird die Adaption deutscher Lebens- und Verhaltensweisen nicht akzeptiert, und
gleichzeitig wird sie von deutschen Mitmenschen aufgrund ihrer türkischen Lebens- und Verhaltensweisen ausgegrenzt. Als letzte Möglichkeit
sieht die Protagonistin daher eine Flucht aus dem Elternhaus, die sich
bald darauf jedoch als kein unbekümmertes Wagnis herausstellt. Dennoch
rät sie diesen aus ihrer Sicht einzigen und richtigen Weg im Rückblick
auch ihrer jüngeren Schwester an. Diese kann ein solches Verhalten den
Eltern gegenüber nicht vertreten, da die ältere Schwester aus ihrer Sicht
die Familie durch den Auszug „verraten" hat und ihnen eine „Verantwortung für unsere Herkunft" (73), wie sie es ausdrückt, obliegt. Doch die
Protagonistin hat sich mit diesem Schritt zur Loslösung noch vor dem
Schulabschluss erfolgreich gezeigt, hat entgegen den ihr gemachten Pro-
phezeiungen durch Kellnerjobs ihren Lebensunterhalt bestritten, ihren
Alltag organisiert und Abitur gemacht. Anschließend hat sie studiert, geheiratet, übt heute ihren Traumberuf als Schauspielerin aus und wohnt in
einem Reihenhaus mit Garten (vgl. 22), wie aus der gegenwärtigen Erzählperspektive mitgeteilt wird. Zwar ist dieser Weg nur über einen Bruch
mit den Eltern möglich geworden, doch dieser erscheint im rückblickend-
verklärenden Blick weniger tragisch, da sich die Eltern aufgrund der Leis-
tungen ihrer rebellischen Tochter schließlich nachsichtig zeigen und sie
wieder in ihren Kreis aufnehmen: „Sie hatte sich als Wochenendkellnerin
die Schule finanzieren können. Diese Kraft und der bestandene Schulab-

schluß hatten die Familie versöhnt." (73)[92] Für die Dynamik von positiver Veränderung steht dann auch, dass die Elternfiguren am Ende des Romans in einen Zug steigen, nachdem sie gerade beschlossen haben, ihre zuerst ablehnende Haltung zu korrigieren und ihren Enkel anzunehmen.[93] So hat ihre Tochter schließlich erreicht, dass mit diesem vor allem auch symbolisch zu verstehenden Schritt gleich mehrere Grenzen überschritten worden sind.

II.3.2. Überwindung des Schwebezustands

Nach der eingangs dargelegten Theorie Waldenfels' zur Konstitution der Schwelle als fremdem ‚Niemandsort' gestaltet sich deren Überschreitungsvorgang als eine Art Schwebezustand, sodass im Prinzip gar nicht von Überwindung einer Schwelle, sondern lediglich von Aneignungsprozessen des jeweils anderen Zustands gesprochen werden kann.[94] Auch der für den Roman *Schwarzer Tee mit drei Stück Zucker* postulierte Überwindungsversuch des Schwebezustands ‚Zwischenraumkind' besteht genau genommen allein im dargelegten narrativen Aneignungsprozess vergangener Erfahrung. Dieser gestaltet sich aus einer strukturellen sowie inhaltlichen Verknüpfung rekapitulierter Kindheitserfahrungen. Ziel ist dabei die Herstellung von Kohärenz als Grundlage einer (kulturellen) Identität. Dies geschieht zum einen über die Erfahrung eines mit dem Wechsel von der Kindheit in den Erwachsenstatus verbundenen Kulturwechsels und zum anderen über die Darstellung des Verhältnisses zwischen der Kindheit und dem eigenen Gewordensein. Somit kann die gesamte Kindheitserzählung als Schwellenraum gesehen werden, insofern sie als Schauplatz des Übergangs, des ‚Werdens' inszeniert ist. Innerhalb des Aneignungsprozesses geht es darum, dieses zunächst noch undefinierte Zwischenstadium der Kindheit sinnstiftend zu füllen, das heißt in erster Linie dessen Grenzen auszuloten.

---

[92] Aus *Septembertee* erfährt der Leser dann, welche hier nicht erwähnten Schwierigkeiten die Protagonistin/Autorin während dieser Zeit „in der Diaspora" (S. 92) tatsächlich bewältigen musste, die sie als „eine Art Asylantenleben" (S. 86) in verschiedenen Wohngemeinschaften bezeichnet und während der sie sich oft verloren gefühlt habe.
[93] Öztürk erkennt hier eine kalkulierte Inszenierung des Einstiegs in die Bahn, als die Kirchturmuhr gerade zwölf schlägt (vgl. S. 139) und verweist auf das Märchen von Aschenbrödel, in dem das Zwölf-Uhr-Schlagen die Veränderung symbolisiert. Vgl. Kadriye Öztürk: *Das Frauenbild in den Werken der deutschschreibenden türkischen Autorinnen*, Eskişehir 1999, S. 132.
[94] So postuliert Waldenfels, dass Schwellen im Prinzip als „unüberwindlich" (Waldenfels: Sinnesschwellen, 1999, S. 9) gelten müssen, da sie nicht beliebig in beide Richtungen einfach überquert werden können.

Auf der Figurenebene des Romans sieht sich die Protagonistin in der Situation einer erforderlichen Definition des Raumes zwischen ihren beiden als begrenzt erfahrenen heterogenen kulturellen Lebensrealitäten – auf der einen Seite die elterliche türkische Herkunft, auf der anderen Seite die alltägliche deutschen Umgebung. Letztlich gelingt es der jugendlichen Protagonistin durch ihren Erkenntnisgewinn aus verschiedenen Erfahrungen mit Fremdheit, für sich eine eigene Position zu beziehen. Dieser Prozess gestaltet sich über eine Struktur- und Bedeutungsgebung, welche jedoch erst aus der retrospektiven Sicht der erwachsenen Erzählerin heraus Kontur gewinnt. Denn die 30-jährige Erzählerin kreiert sich einen individuellen Raum der Selbstverortung, indem sie diesen narrativ-sinnstiftend über das Entwerfen der eigenen Kindheit und Jugendzeit füllt. Der anschließend erreichte Erwachsenenstatus der Erzählgegenwart bildet dabei den Sinngebungshorizont bzw. die Erzählperspektive für die Reflexion.

Neben den formal-strukturell angelegten Brüchen in der Komposition von Rahmen- und Binnenerzählung kennzeichnen den Erzähltext vor allem inhaltliche Übergänge. Die deutlichste Grenzüberschreitung stellt dabei zweifellos der imminente Kaiserschnitt bzw. die Entbindung dar. Allerdings wurde zuvor mit der Entscheidung gegen die eigenen Eltern und für das Kind bereits die für den individuellen Entwicklungsprozess der Protagonistin offenbar bedeutendste Grenze überschritten – „[e]in starkes, gleichzeitig helles, leichtes Gefühl" (13), wie sie reflektiert. Aus der Gesamtsicht des Romans scheint mit dieser Überschreitung eine Art ‚Befreiung' von jeglichen vorigen Barrieren auf dem Weg zur Selbstverortung gelungen zu sein. Indes wird nicht erzählt, ob es der Protagonistin auch nach der Geburt gelingt, sich in ihrer neuen Rolle als Mutter zu verorten.[95]

Auf dem dargestellten Lebensweg der Protagonistin *vor* der Geburtssituation sieht Öztürk zwei besonders relevante ‚Grenzübergänge', die als Wendepunkte fungieren: zum einen die Begegnung mit der fremden Welt bei der Ankunft in Deutschland als „Beginn der Brüche in der kulturellen, nationalen, religiösen Identität"[96] der Protagonistin, zum anderen die Begegnung mit dem Theater und dort mit ihrem zukünftigen Ehemann, welchen sie als Bühnenbildner im Rahmen eines Schauspiel-Engagements kennen lernt. Diese Begegnung wird hochsymbolisch in-

---

[95] Aus genannten Gründen kann es erneut nicht erspart bleiben, auf die erklärenden Ausführungen in *Septembertee* zu verweisen, nach denen die Autorin, deren Biographie in *Schwarzer Tee* verhandelt wird, erst im Alter von 50 Jahren einem Zustand der persönlich zufriedenstellenden Identitätsverortung näher gekommen und zu einem „gemischte[n] Kulturwesen" (S. 12) geworden sei.

[96] Öztürk: Das Frauenbild (1999), S. 137. Leider wird diese Deutung dort nicht weiter ausgeführt.

szeniert, wenn bei der ausführlich geschilderten konfliktbehafteten Situation im Theater wiederholt auf Utopisch-Visionäres abgehoben wird[97] und die erste Begegnung mit dem Künstler aus Wien in der romantisch anmutenden Waldszenerie der Bühne[98] allein und im Dunkeln stattfindet. Bei einer solchen Setzung von nur zwei strukturgebenden Grenzmarken im Text wären jedoch lediglich die beiden Anfangs- und Endpunkte beschrieben, zwischen denen die im Roman dargestellte Identitätsfindung während Kindheit und Jugend eingebettet ist. Doch diese Phase ist von mehreren Wechseln gekennzeichnet.

So konkretisieren sich Übergänge in der Kindheit der Protagonistin vor allem in ihren kindlich-naiv inszenierten Verhaltensweisen. Dazu zählt zum einen die typisch kindliche Fähigkeit zur Kompensation negativer Lebenswirklichkeiten durch kindliches Spiel und naive Ausblendung. Dies verdeutlicht sich insbesondere in der ‚Tanzszene': Da der Protagonistin der ersehnte Ballettunterricht versagt bleibt, verschiebt sie ihren Wunschtraum auf ihre imaginäre Bühne im Wohnzimmer, um dort zu den vom klassikbegeisterten Vater regelmäßig im türkischen Haushalt angestimmten „Klänge[n] der Wiener Philharmoniker" (79) ihren Pas de deux auf „ausgestopften Pantoffeln" (83) zu tanzen.

Hierin veranschaulichen sich außerdem mehrere kulturelle Übergänge durch eine Vermischung kultureller Traditionen, die sich über die gesamte dargestellte Kindheit der Protagonistin erstrecken. Sie sind besonders in denjenigen Szenen markiert, in denen das Mädchen christlich-abendländische Traditionen in naiver Unbekümmertheit und scheinbar en passant in ihren türkisch-moslemischen Elternhaushalt hineinträgt. Die vermeintliche Akzeptanz der Mutter verdoppelt diese Grenzüberschreitung: Denn obwohl einzelne Bräuche wie das Eierbemalen zu Ostern der Kinder zuliebe in den häuslichen Alltag integriert werden, ist nicht von einer wirklichen Integration in die Familie zu sprechen. Vielmehr werden „[d]ie aufgegriffenen Inhalte der deutschen Lebensweise […] in einen abgedichteten Raum verlegt und dort wie im Labor gezüchtet"[99], wie Howard anmerkt. Denn diese Verhaltensweisen werden nicht in ursprünglicher Form übernommen, sondern als experimentelle Nachbildung zur skurrilen Mimesis verformt, indem fremde Sitten einzeln und wie ein bekanntes Schauspiel aufgeführt werden. Dies findet gerade in einem von

---

[97] Es soll eine stark zusammengestrichene Fassung von „Wie es euch gefällt" probegelesen werden, woraufhin ein Schauspieler protestiert: „Ihr habt die Utopie zertrümmert!" (127), und auch eine andere Schauspielerin erinnert die Gruppe an „die Utopie des Stückes". (Ebd.) Ein weiterer Kandidat mahnt an: „Menschen haben Träume!" (128)

[98] So heißt es an einer Stelle im Roman bedeutsam: „Die Bühne als reale Welt, die Bühnenbilder als Lebensbilder." (29)

[99] Howard: Fremde Innenwelten (1996), S. 510.

der deutschen, in christlicher Tradition lebenden Welt abgegrenzten Raum statt, der letztlich deswegen abgegrenzt worden ist, um sich von diesem Brauchtum zu distanzieren. Dass dieses Schauspiel aufgrund der ungleichen Intention von Kindern und Eltern keinen guten Ausgang nehmen kann, demonstriert die mehrfach zitierte Weihnachtszeremonie, in der sich angestaute Spannungen entladen.

Die kulturelle Transgression ,über die Wohnungstürschwelle' wird insbesondere in jener Szene gespiegelt – und in diesem Sinne literarisch „bespielt" –, in der die beiden Schwestern die Wohnung und Lebenssphäre eines älteren deutschen Ehepaares betreten, nachdem der Mann sie zu Kakao und Erdbeerkuchen eingeladen hat. Seine Dreizimmerwohnung erscheint den Mädchen als ein Wunderland, in dem einzelne Mitbringsel des alten Seefahrers wie in einem „Völkerkundemuseum" (84) ausgestellt sind und wie eine multikulturelle Utopie anmuten. Der Mann hortet stolz „Musik aus aller Welt" (86) und spielt ihnen Schallplatten mit türkischen Liedern vor. Auch wenn er dabei „wie zu Gleichgesinnten" (ebd.) spricht, können die unwissend staunenden Schwestern ihm nur aufmerksam zuhören. Hierin sieht Albrecht einen „humorvolle[n] Vorschlag des Umgangs mit vermeintlicher oder tatsächlicher Alterität, der als Ausweg aus dem alltäglichen Exotismus und Rassismus eine Art ,try and error'-Zugang auf der Basis geistiger Offenheit anvisiert"[100]. Den Mädchen gefallen die Musikvorführungen und das Kuchenessen, sie treffen sich nun oft in der Wohnung des Mannes, in dem „Paradies der Töne." (87) Gestaltet wird hier ein heimlich aufgesuchter Rückzugsraum[101], deren Grenzen die Protagonistin regelmäßig an der Wohnungstür des Ehepaares übertritt. Damit überschreitet sie gleichzeitig mehrere Schwellen: eine kulturelle hinein in eine den Mädchen unbekannte deutsche „gutbürgerliche Wohnidylle" (84), zudem die eines unausgesprochenes Verbotes der Mutter und damit auch die des gehorsamen Befangenseins hinüber zu einer eher selbstbewussten Haltung.

Dieses kindliche Verhaltensmuster führt dazu, dass die Schwestern erfahrene (kulturelle) Alterität im Alltag nicht aufrechterhalten und verfestigen, wie etwa die Mutter, die sich auf ihre Tradition beruft und ihre kulturelle Prägung schützend zu bewahren sucht. Die Kinder dagegen haben keine solche ausgeformte kulturelle Identität, die sie zu verlieren drohen, sondern sie befinden sich noch in den Anfängen ihrer Identitätsformation und nehmen daher kulturelle Differenz in anderer Weise wahr:

---

[100] Albrecht: Jenseits des Dazwischen (2006), S. 543.
[101] Es wird keine Aussage darüber gemacht, ob das Aufsuchen des älteren Ehepaares den Eltern gegenüber kommuniziert wird, doch die Formulierung „sie *verkrochen* [meine Hervorhebung, M. E.] sich ins Paradies der Töne" lässt eher auf eine Verheimlichung schließen.

Für sie handelt es sich um eine ‚interessante' Andersartigkeit, die sie eher vorurteilsfrei betrachten:

> Aber für die Mädchen hatte sich innerhalb von nur zwei Jahren die Grenze zwischen ‚wir' und den ‚anderen' bereits so verwischt, daß sie die Gewohnheiten der Dorfbewohner als ganz selbstverständlichen Teil ihres eigenen Lebens empfanden. (114)

Hier wird dem Verhalten und der Einstellung der Kind-Protagonistin – nicht so sehr ihrer Sprech- oder unmittelbaren Denkweise – die ‚Kindheitsmaske' im Sinne einer Abschirmung zur realen Außenwelt aufgesetzt. Zugleich wird in der Re-Inszenierung einer solchen Erinnerungs- und Erzählperspektive der erwachsenen Protagonistin eine Grenze neu gesetzt, die ja schon längst überschritten worden ist.

Die scheinbar problemlosere Fähigkeit zum Abbau von Differenz-Schranken[102] entwickelt die Protagonistin so weit, dass sie als einziges Familienmitglied den Rückkehrwunsch ablegt und sich stattdessen in Deutschland integriert (oder es zumindest versucht). In kindlich naiver Trotzhaltung fast schon „aggressiver Art"[103] will sie sich nicht einer Kultur zuordnen lassen, sondern positioniert sich selbst als „Kosmopolitin" (57).[104] Dabei vermittelt das alternierende Erzählen zwischen Gegenwart und erinnerter Kindheit „eine ständig sich wandelnde und dennoch kontinuierliche persönliche und kulturelle Identität der Protagonistin", wie es zum Beispiel Boa formuliert. Und dieser Identität komme der Leser dann erst allmählich näher.[105] Der Eindruck einer „kontinuierlichen" Identität der Protagonistin ist jedoch zunächst nicht aus den Darstellungen einer Leidensgeschichte der Migration herauslesbar, sondern entsteht – und zwar sowohl für die Erzählerin als auch den Rezipienten erst retrospektiv – durch das Erzählen in seiner Funktion als Kontinuität schaffende Selbstvergewisserung über den betrachteten Lebensabschnitt von der Geburt bis zur kurz bevorstehenden Entbindung hinweg.

Außerhalb der inhaltlichen Inszenierung offenbart sich Diskontinuität im Roman insbesondere in Belangen der Veränderung wie Migration, Emanzipation oder Mutterschaft. Hier sind es latente Grenzüberschreitungen, die in verschiedenen symbolischen Formen sowie in der sprachli-

---

[102] Die teilweise verkürzten Darstellungen von Grenzüberwindung durch die Protagonistin im Roman werden von Mira Beham stark kritisiert, so kenne die Romanheldin keine Probleme und nehme sich stets, was sie wolle (wie bspw. den verbotenen deutschen Freund). Kontroversen würden heruntergespielt und die Geschichte durch die stets bagatellisierten Problematiken somit für das deutsche Publikum „gefällig" gestaltet. Vgl. Beham: Die Türkin vom Dienst (1991), S. 24f. Das Zitat stammt von S. 25.
[103] Brokopf: Schreiben als kultureller Widerstand (2008), S. 115.
[104] Hierdurch bezeichnet sie sich jedoch auch nicht als inter- oder bikulturell, wie Brokopf anmerkt, vgl. Brokopf: Schreiben als kultureller Widerstand (2008), S. 115.
[105] Vgl. Boa: Hybrides Schreiben (1997), S. 132, Zitat ebd.

chen Gestaltung evident werden. Eine besonders markante symbolische Aufladung erhält dabei die gegensätzliche Zuschreibung angeblich türkischer bzw. deutscher Lebensrealitäten. Der in nostalgischem Rückblick der Protagonistin sinnlich-exotisch erscheinenden Türkei wird eine sterile deutsche Krankenhauswelt entgegengesetzt. Indes hat die schließlich imaginierte kulturelle Synthese ebenso Transgressionen zur Voraussetzung wie zur Folge, da die Protagonistin in ihrer utopischen Zukunftsvision die Unterscheidungen zwischen bestimmten geographischen (anatolisches Dorf am Rhein), religiösen (christlich-moslemisch-jüdischer Götterbund), oder kulinarischen (Speckpfannkuchen mit schwarzem Tee) Zuordnungen scheinbar mühelos übergeht. (Vgl. 120f.) Bei der kulinarischen Vermischung handelt es sich aus muslimischer Sicht sogar um das Überschreiten eines Tabus, nämlich der des Essens von Schweinefleisch.

Symbolisch hoch besetzt ist auch der weibliche Körper, an dem hier Überschreitungen in physischer wie psychischer Hinsicht (Schwangerschaft, Geburt, Vergewaltigung) dargestellt werden.[106] In der Pubertät wird es den irritierten Mädchen plötzlich untersagt, „in die Umarmung des Vater [zu] kriechen, wie sie es bisher gewohnt waren" (50), wodurch ihre weiblichen Körper zu einer Abgrenzung gemacht werden. In dieser Hinsicht eignet sich hier insbesondere die Entwicklungsgeschichte einer weiblichen Protagonistin zur Darstellung der emanzipatorischen Erfolgsgeschichte einer türkisch-deutschen Migration(sbewältigung).

So gelingt es der kindlichen Hauptfigur unter anderem, die erfahrenen Ich-Erschütterungen dadurch zu überwinden, dass sie sich Trostphantasien imaginiert. Es wird beschrieben, dass die beiden Schwestern als pubertierende Heranwachsende, in einer Phase der „gewaltigen Verwirrung" (50), unter zusätzlichen Verboten durch ihre Eltern und die hier besonders intensiv erfahrene Divergenz zu ihren deutschen Mitschülerinnen leiden und sich daher in eine Phantasiewelt flüchten: „Jede für sich schuf in ihren Träumen eine neue Familie, in der es anders zuging als in ihrer eigenen. Sie zogen sich in die abgeschlossene Welt ihrer Wohnung zurück." (51) Solches Erzeugen von Zukunftsfiktionen und anderen Umständen eines besseren Lebens in anderen Familien oder Gesellschaften bereits in der kindlichen Phantasie ist nicht unüblich. Es geschieht, „um schmerzlichen Familienbindungen zu entgehen"[107], und findet sich bei Kindern eben auch in der besonderen Begeisterung für Märchen und Geschichten, mithin für das Eintauchen in eine außerreale Welt. Somit bilden die im Roman dargestellten Fähigkeiten zum ‚Herausträumen' aus der Wirklichkeit eine weitere typisch kindliche Eigenschaft – neben der

---

[106] Dies stellt gleichzeitig auch eine Überschreitung von Tabugrenzen dar, vgl. hierzu Fachinger: Ohne Koffer (1997), S. 145.
[107] Sauer: Kindliche Utopien (1954), S. 79.

oben herausgestellten Naivität der Kind-Protagonistin – als Instrument
zur Leidensüberwindung.

Daneben offenbaren sich latente Grenzüberschreitungen auch in der
sprachlichen Gestaltung des Textes. Wie es zum Beispiel Boa darlegt,
kennzeichnet sich die Sprache dadurch, dass sie „Stereotype ablehnt und
die Klage um Verlorenes mit utopischer Hoffnung und entschlossenem
Sinn für Realität verbindet.“[108] Der Roman beschreibe durch die Veranschaulichung einer Brüchigkeit in der Sprache „nicht nur die Suche nach
einer verlorenen Zeit, sondern zugleich auch unüberbrückte Entfernungen und unwiederbringlichen Verlust", so Boa weiter.[109] Zwar lassen sich
sprachliche Brüche oder gar Grenzüberschreitungen – wie etwa in Form
von lexikalischen, grammatikalischen oder idiomatischen Verstößen oder
anderen dekonstruktivistischen Strukturen – an keiner Stelle der im Roman verwendeten Erzählsprache explizit nachweisen,[110] da weder hybride
Sprachvermischung noch die oben erwähnten infantilen Sprachmerkmale
realisiert werden. Doch sind sprachliche Transgressionen in der individuellen Vergangenheit der Romanfigur der weiblichen Ich-Erzählerin impliziert. Der Wechsel von der türkischen in die deutsche Sprache, mithin der
mit der Migration einhergehende Verlust der Muttersprache, wird dabei
auf der Figurenebene des Romans gänzlich ausgeklammert. Er kommt indirekt dadurch zum Tragen, dass er mit der verlorenen Kindheit gleichge-
setzt wird. So wird im Überschreiten der Landes- und Kulturgrenze nicht
nur die türkische Sprache zurückgelassen, sondern auch eine tiefe seelische Zäsur evident. Denn hier ‚endet‘ auch die gesamte Kindheit der Protagonistin im Alter von nur sieben Jahren, wie anhand der von ihr gewähl-
ten Formulierung „ihre[ ] sieben Kinderjahre" (63) deutlich wird. Denn
in Deutschland darf die Protagonistin als ältere und zur Verantwortung
gezogene Schwester kein „normales‘ Kind wie die Nachbarskinder" mehr
sein und muss sich fortan wie die Erwachsenen „vernünftig" (14) verhalten.

Mehr als der Sprach*wechsel* stellt für die Protagonistin die in der
Kindheit erfahrene Sprach*verlust* eine bedeutende Erfahrung dar. Dabei
geht es nicht so sehr um die kindliche Sprachunmächtigkeit, das heißt um
das typisch kindliche Nicht-Verstehen als vielmehr um ein kulturelles
Nicht-Verstehen bzw. Nicht-verstanden-Werden. Der hieraus entstehende Kommunikationsverlust spielt sich hauptsächlich zwischen Eltern und

---

[108] Boa: Hybrides Schreiben (1997), S. 131.
[109] Boa: Hybrides Schreiben (1997), S. 133.
[110] Viel eher ließen sich die erzähltechnischen Grenzüberschreitungen der weiter oben
dargelegten Abweichungen in der Einhaltung der Erzählform und den Wechseln zwischen extra- und intradiegetischer Fokalisierung nennen. Hinderlich gestaltet sich dabei immer wieder die im Roman vorhandene Vermischung von Fiktion und Autobiographie.

Tochter bzw. vor allem zwischen Mutter und Tochter ab. Er findet seinen Ausdruck in dem gescheiterten Annäherungsversuch der Protagonistin am Krankenbett ihrer Mutter, die statt einer Antwort einen Teller zu Bruch wirft. Doch wird die zwischen den Eltern und der Protagonistin herrschende Sprachlosigkeit grundsätzlich ‚überwunden', wie es die Entscheidung der Eltern am Ende des Romans verdeutlicht, mit der „totgeschwiegenen" Tochter wieder zu sprechen und schließlich auch mit der Enkelin: „Wir müssen unserer Enkelin die lustigen Geschichten von Hacivat und Karagöz erzählen." (139) Hiermit erwähnen sie ausgerechnet zwei Figuren der türkischen Volkssagen, die nichts unausgesprochen lassen, wie Bechtold anmerkt.[111]

Insgesamt steht die dargelegte Montage-Struktur des Textes, und zwar sowohl erzähltechnisch (Rahmen- und Binnenerzählung) wie inhaltlich (kulturelle Fragmente) nicht nur für Diskontinuität, sondern sie bildet insbesondere auch den Versuch der Synthese ab. Es handelt sich um ein synästhetisches Bemühen, zwei Erinnerungsräume bzw. zwei kulturelle Erfahrungsräume zu vereinen und Grenzen und Brüche zu verwischen.[112] Konkret lässt sich dieser Versuch an dem im Roman besonders präsenten, eng mit Kindheit verbundenen und dennoch in die Zukunft ‚verschobenen' Raumkonzept von Heimat ablesen.

II.3.3. Das ‚substituierte' Kind und die Verschiebung von Heimat

Der erzählte Weg der Protagonistin, auf dem sie sich als fähig erwiesen hat, die ihr gebotene Situation zwischen zwei Lebenswelten zu bewältigen, wird am Ende zu einer extensiven Zukunftsvision überformt. Dabei wird ein Lebensparadies imaginiert, innerhalb dessen es möglich erscheint, in beiden kulturellen Räumen *gleichzeitig* zu leben. Aus der Rückschau auf die Kindheit wird deutlich, dass sich die Idee einer kulturellen Synthese bei der Protagonistin bereits sehr früh im wörtlichen Sinne abgezeichnet hat: In kindlich-naiver Intuition pflanzt sie in einem gemalten Bild einen Maulbeerbaum auf einen „gleichmäßig geschnittenen" (20) Rasen. Dies zeigt Öztürk zufolge die symbolische Verbindung eines türkischen Fruchtbarkeitssymbols mit einem deutschen Ordnungssymbol, das heißt eines aus Sicht der Protagonistin vertrautem Eigenen mit dem faszinierenden Fremden an.[113]

Der somit zutage kommende unterbewusste Wunsch nach einer Symbiose steigert sich gegen Ende des Romans zu einer Lebensutopie, bei

---

[111] Vgl. Bechtold: Geburt des multikulturellen Kindes (1994), S. 78.
[112] Vgl. hierzu auch Fachinger: Ohne Koffer (1997), S. 141.
[113] Vgl. Öztürk: Das Frauenbild (1999), S. 113.

der kulturelle Grenzen aufgelöst werden, die per definitionem jedoch nicht erreichbar ist und von der Protagonistin daher doppelt „verschoben" wird. Die Protagonistin überträgt ihre Idealwelt fast schon trotzig auf ihr von Bechtold so betiteltes „multikulturelle[s] Kind"[114]. Die ungeborene Tochter wird somit zu einem ,Substitut' für den illusorischen Wunschtraum der grenzenlosen Harmonie. Hierfür entwirft die Protagonistin eine Art ,Hyperraum', in den sie idyllisierte Elemente aus beiden Kulturarchiven integriert und zu einem neuen Dritten amalgamiert. Dabei bedient sie sich insbesondere ihrer beiden verschiedenen Heimaterfahrungen:

> Wir holen das Berglein aus dem Dorf meiner Großeltern und stellen es an den Rhein, so daß die Seite mit der Mulde zum Dom liegt. Dann basteln wir einen maisgelben Baldachin mit Sternen und machen deinen Platz daraus. Mit bunten Kelims aus der Türkei, weichen Federkissen aus Österreich und kuscheligen Plüschtieren aus Deutschland bauen wir das schönste Himmelbett auf Erden. [...] Es wird zwar ein bißchen eng, aber nicht kalt, denn wir holen die heiße Mittagssonne von den staubigen Straßen Anatoliens weg und hängen sie über die Kölner Altstadt. (120)

Die im Roman immer wieder aufgerufenen Erinnerungen der Protagonistin an ihre ,verlassene' türkische Heimat sind stets an bestimmte Kindheitssensationen geknüpft. Diese umfassen sämtliche, für das Erinnern konstitutive Sinne (riechen, hören, fühlen, sehen, schmecken). So beschreibt sie eine Welt voller „Gerüche und Düfte" (16) mitsamt den „Töne[n] aus Huporgien und Bazargeschrei" (ebd.), außerdem die anatolische Hitze, das goldene Licht der Sonnenuntergänge sowie insbesondere den aromatischen schwarzen Tee mit drei Stück Zucker. (Vgl. 17) Diese Titelphrase bedient in ihrer sehnsüchtigen Verklärung nicht nur ein gängiges türkisches Klischee, sondern sie zeigt auch die auffälligste Tendenz zur Idyllisierung und wird mit Brokopf gesprochen zu einem „Ankerpunkt für das Festhalten an Heimat, Erinnerung und Geschichte"[115]. Zugleich überträgt die Protagonistin ihre eigenen sensorischen ,Erinnerungsteaser' auf die sehnsüchtige Kindheitserinnerung der Mutter an den „Duft von frischer Minze und Rosmarin, von selbstgebackenem Maisbrot und gekochtem Walnußhuhn" sowie den Maulbeerbaum „voller weißer,

---

[114] Bechtold: Geburt des multikulturellen Kindes (1994).
[115] Brokopf: Schreiben als kultureller Widerstand (2008) S. 127. In *Septembertee* wird nicht nur im Titel auf den hier untersuchten Band angespielt, sondern dieser auch direkt angesprochen: „Sie hielt mir ein Silbertablett voll dampfender Teegläser entgegen: ,Bitte, nimm doch.' Ich nahm. Sie gab mir drei Stück Zucker dazu und sagte: ,Schwarzer Tee mit drei Stück Zucker – ich habe es gelesen, ich weiß, dass du deinen Tee gern süß trinkst.'" Demirkan: Septembertee (2008), S. 37.

süßer Früchte" und das „weiche, saftige Obst", das „auf der Zunge [schmolz]"(43).

Aus diesen Vorstellungen wird deutlich, dass die im Allgemeinen auf bestimmte Orte (Geburts- und Kindheitsorte, Orte der sozialen Gebundenheit) bezogene Heimat stets einen Nicht-Ort beschreibt, da er auf Fehlendes rekurriert. Denn Heimaterfahrungen generieren sich aus der Distanz heraus und werden erst dann am intensivsten erlebt, wenn Heimat fehlt, wie Schlink ausdrücklich herausstellt.[116] Insofern bildet Heimat hier einen individuellen Bezugspunkt utopischer Qualität ab, der mit Sehnsüchten besetzt und emotional aufgeladen ist. Dabei weist der auf den ersten Blick ‚typisch paradiesische' Heimatentwurf wesentliche Merkmalen der Idylle auf und steht damit für eine durch ‚Störungen' bzw. Krisen motivierte Imagination. Das hier vorgeführte Paradiesartefakt bildet einen abstrakten ‚Nicht-Zustand' bzw. ‚Nicht-Ort' (von griech. *ou* = nicht, *topos* = Ort) im reinen Wortsinne[117] ab, welcher sich der ‚natürlichen' Realität in mehrerer Hinsicht entzieht. Als imaginierter, soziale Beziehungen und kollektive Identität konstruierender Sehnsuchtsort kann Heimat somit auch die utopische Illustration eines gegenwärtigen oder zukünftigen Ortes bzw. Zustandes bezeichnen.[118]

Als solche subjektiv-psychologische Kategorie ist Heimat im Roman *Schwarzer Tee mit drei Stück Zucker* zu verstehen. Für die Protagonistin des Romans stellt sich Heimat aufgrund der durch die Migration hervorgerufenen Fremdheits- und Ausgrenzungserfahrungen (Erschütterung des subjektiven Zugehörigkeitsempfindens und daraus resultierende irrende Suche) als ein ambivalent besetztes Prinzip dar, das sie keinem bestimmten Ort allein zuteilen kann. Umgekehrt bewirkt ihr „gebrochene[s] Verhältnis zum Konzept ‚Heimat'"[119], wie Kader Konuk hierzu theoretisch darlegt, wiederum ein für die zweite Einwanderergeneration typisches Gefühl des ‚Nirgendwo-Zugehörens'. Aus einer solchen unbefriedigenden „Minuspo-

---

[116] Vgl. hierzu Bernhard Schlink: *Heimat als Utopie*, Frankfurt a. M. 2000, S. 32.

[117] Vgl. zur Negationstheorie der Utopie auch Lars Gustafsson: „Negation als Spiegel. Utopie aus epistemologischer Sicht.", in: Wilhelm Vosskamp (Hrsg.): *Utopieforschung. Interdisziplinäre Studien zur neuzeitlichen Utopie*, Bd. 1, Frankfurt a. M. 1985, S. 280-292.

[118] Vgl. Sünne Juterczenka und Kai Marcel Sicks: „Die Schwelle der Heimkehr. Einleitung", in: dies. (Hrsg.): *Figurationen der Heimkehr. Die Passage vom Fremden zum Eigenen in Geschichte und Literatur der Neuzeit*, Göttingen 2011, S. 9-29, hier S. 14ff.

[119] Kader Konuk: „Das Leben ist eine Karawanserei. Heim-at bei Emine Sevgi Özdamar", in: Gisela Ecker (Hrsg.): *Kein Land in Sicht. Heimat – weiblich?*, München 1997, S. 143-157, hier S. 144. Vgl. zu ‚Heimat' als Konzept Gunther Gebhard u. a.: „Heimatdenken: Konjunkturen und Konturen. Statt einer Einleitung", in: dies. (Hrsg.): *Heimat. Konturen und Konjunkturen eines umstrittenen Konzepts*, Bielefeld 2007, S. 9-56.

sition"[120] heraus äußert die Protagonistin schließlich resignierend: „Ich weiß nicht, was Heimat ist. Ein Haltegriff vielleicht, um nicht umzufallen." (74) Dementsprechend wird Heimat hier im Sinne eines „Krisen- und Verlustbegriff[s]"[121] sowohl negativ konnotiert als auch im Sinne einer aus der Vergangenheit imaginierten und in die Zukunft ‚verschobenen' Idylle positiv verklärt. Mit anderen Worten entwirft die Protagonistin ‚Heimat' für sich neu und versucht, sie über die „Phantasie einer innerlich und äußerlich geordneten Welt"[122] als feststehenden Bezugspunkt – praktisch als „Origo"[123] – wiederherzustellen. Als erzählendes Subjekt ordnet sie sich um diesen Bezugspunkt, den sie mit sich trägt, auf den sie ihre Existenz bezieht und für die Zukunft begründet. Dieser Vorgang ist Teil eines Identitätsbildungsprozesses, bei dem sich die Protagonistin mit Howards Worten hauptsächlich „am substituierten Kind-Objekt [konstituiert], welches transferierte Aufgaben der Subjektwerdung und projizierte Triebe trägt."[124]

Im Rahmen dieses Subjektbegründungsprozesses begibt sich die Protagonistin – angeregt durch die eher pragmatische Definition des Vaters: „Heimat kann auch der Ort sein, den man erst finden muß" (49) – an den geographischen Ort ihrer frühen Kindheit. Wie in zwei Erzählabschnitten wiedergegeben wird, bleibt diese Art der Suche aus Sicht der Protagonistin jedoch erfolglos, da sie auf keiner ihrer Reisen ein vertrautes Gefühl empfindet. Ganz im Gegenteil erscheint ihr die Türkei vielmehr als eine Art Fata Morgana, die sich bei jedem genaueren Hinsehen als „nichts" herausstellt, wie es auf Seite 24 heißt. Die Heimat erweist sich, wie Howard formuliert, als „nicht ausdrucksfähig"[125], da die artifizielle Abbildung des Herkunftslandes nicht eingelöst werden konnte. Statt der kühlenden Flüsse und der bunten Kelims findet die Protagonistin nur „sinnlos[e] […] Öde" (24).

Bei ihrem ersten, aber im Roman etwas später rekapitulierten Besuch der Stätten ihrer Kindheit, den sie zusammen mit ihrem damaligen deutschen Freund – in den Augen der Familie eine „sündige Schande" (62) – unternommen hat, muss die Jugendliche schmerzlich erkennen, dass ihre bisherige Heimatvorstellung nicht mehr existiert. Mit Kopftuch und Son-

---

[120] Howard: Fremde Innenwelten (1996), S. 509.

[121] Vgl. Juterczenka/Sicks: Schwelle der Heimkehr (2011), S. 13, das Zitat stammt von S. 15.

[122] Horst Hamm: *Fremdgegangen – freigeschrieben. Eine Einführung in die deutschsprachige Gastarbeiterliteratur*, Würzburg 1988, S. 58.

[123] In Anlehnung an Joachimsthalers Raumtheorie, der diesen Begriff wiederum Karl Bühlers sprachtheoretischem Bezugssystem entlehnt (Karl Bühler: *Sprachtheorie. Die Darstellungsfunktion der Sprache*, Jena 1934). Vgl. Jürgen Joachimsthaler: „Text und Raum", in: *Kulturpoetik* 5 (2005), S. 243-255, hier S. 250.

[124] Howard: Fremde Innenwelten (1996), S. 511.

[125] Howard: Fremde Innenwelten (1996), S. 507.

nenbrille verkleidet, schleicht sie sich auf die Haselnussfelder der großel-
terlichen Plantage und bedient sich. Wie in Kindheitstagen wacht ihr Onkel noch an demselben Platz über das Feld, um es vor Dieben zu schützen, doch diesmal vertreibt der Mann sie grob. Diese Situation des Nicht-
Erkennens und besonders die am Ende des Besuchs entstehende Situation
des Absprechens ihrer türkischen Teil-Identität durch den aufdringlichen
Fremden – „Du bist doch keine Türkin mehr" (72) – stehen symbolisch
für eine mit der Kindheit verlorene Heimat, die damit zu einer Leerstelle
wird.

Um diese Leerstelle neu zu besetzen, entwirft die werdende Mutter
für ihr Kind nicht nur einen neuen Heimatort, sondern auch einen neuen
Handlungsraum. Dies tut sie, indem sie ein „Programm eines multikulturellen Neben- und Miteinanders"[126] entwickelt, nach dem sie auch ihr eigenes Leben organisiert hat. Das Kind soll in eine Situation hineingeboren
werden, in der seine Mutter mit ihrer inneren Zerrissenheit aufgeräumt
hat, und sie möchte dem Kind einen strukturierten Raum bieten, den sie
mittels ihrer eigenen Kindheitserinnerungen erschafft. Kurzum soll über
den Vergangenheitsrückblick eine geordnete Zukunft für die neue Generation entworfen werden. In der Beschreibung ihrer gelebten bzw. ge-
wünschten Bikulturalität erzeugt die werdende Mutter für ihr Kind eine
„utopische Vision absoluter, symbolischer Vermischung"[127], indem sie eine Collage aus Klischees erstellt. So soll das Kind nicht etwa nur ‚interkulturell' gebettet werden, sondern auch ‚interreligiös' aufwachsen. Denn
die von der Protagonistin – und freilich auch von der Autorin – entworfene kulturelle Vermischung betrifft auch die der großen Religionen und
verweist mit dem ersehnten „Götterbund" (46) aus christlicher, moslemi-
scher, jüdischer und buddhistischer Religion deutlich auf Lessings Ring-
parabel in *Nathan der Weise*, wie mehrfach herausgestellt wurde.[128] Zu-

---

[126] Bechtold: Geburt des multikulturellen Kindes (1994), S. 78.

[127] Brokopf: Schreiben als kultureller Widerstand (2008), S. 109. Die Vermischung der
kulturellen Traditionen geschieht übrigens auf dieselbe Art, wie erinnert wird, nämlich
indem alle fünf Sinne bedient werden: kulinarisch (schmecken/riechen), musikalisch
(hören) und künstlerisch (sehen, fühlen). So gibt es gegrillten Fisch nach türkischer
Art, aber gefangen im Kölner Rheinabschnitt, danach die türkischen Maulbeeren ihrer
Kindheit und abends Speckpfannkuchen mit schwarzem Tee. (Vgl. 120f.) Musikalisch
wird vermischt, indem alle miteinander singen, und künstlerisch, indem alle ins Muse-
um gehen und in der anatolischen Heimat „Gedichte von Goethe und Heine" (121) lesen.

[128] So z. B. bei Ebert: Trouble and Triumph (2004), S. 76 oder bei Eichmann-
Leutenegger: Harmonie als Glückstraum (1991), S. 36. Öztürk ordnet diese an das
Ungeborene gerichtete wörtliche Rede übrigens fälschlicherweise der im Kranken-
hauszimmer anwesenden Zigeunerin zu und sieht demzufolge in ihr eine verherrlichte
Figur mit „synthetisch[ ]-universale[r] Identität". Öztürk: Das Frauenbild (1999),
S. 134f., das Zitat stammt von S. 134. Dass die Passage jedoch von der Hauptfigur ge-

dem entwirft die Protagonistin eine soziale Utopie für ihr Kind, die sich
auf materiell besser gestellte Aussichten gründet. Zum Beispiel erhält die
Protagonistin den eigenen, unerfüllten kindlichen Traum vom Lottoge-
winn, für den die beiden Schwestern ihr gesamtes Taschengeld geopfert
haben, bis ins Erwachsenenalter aufrecht und verschiebt ihn in der Folge
auf ihre ungeborene Tochter: „Stell dir vor, ich gewinne im Lotto und
kauf' uns ein Schloß. Dann kriegst du Ballettunterricht und einen Klavier-
lehrer. Später dann darfst du in eines der besten Internate der Welt gehen"
(22).

Aus den hier am Romantext aufgezeigten Kindheitskonstruktionen –
ob in Form von konkreter Heimaterinnerung, von emotional besetztem
Bezugspunkt oder von utopischer Projektionsfläche – wird ersichtlich,
dass das Entwerfen von Kindheit als Prozess zum Zweck der eigenen kulturellen Selbstverortung geschieht. Indem die Protagonistin ihre Vergangenheit rekonstruiert, bestimmt sie ihren Standpunkt in der Gegenwart
und entwirft zugleich ihre Zukunft. Dieser dreidimensionale Prozess
zentriert sich dabei um die Erfahrung der Migration, die zugleich den
Auslöser bildet.

So geht es im Roman weder um eine realistische Darstellung noch
versucht Demirkan, „den türkischen Menschen und die türkische Kultur
der übrigen Welt näher bekannt zu machen"[129]. Stattdessen liefert sie eine
Perspektive in ihr Innenleben der Vergangenheit, beschreibt ihre Entwicklung und begründet ihr Gewordensein über die Beschreibung der
Kindheitserfahrungen im Zusammenhang der Migration. Schon gar nicht
geht sie „neutral an die Kulturen der beiden Völker [Türken und Deut-
sche] heran"[130]. Vielmehr offenbart sich eine aus ihren Erfahrungen geprägte Perspektive, nach der beide Länder sowohl ihre guten als auch ihre
schlechten Seiten haben. Damit wird das oft zitierte Betroffenheitspathos
in einer Weise bedient, bei der es in einer uminterpretierten Projektion
auf die Zukunft zugleich wieder überwunden wird. Migrationserfahrung
soll dann nicht mehr als Last oder als Leid, mithin als negativ gelten, sondern als „biographische Ressource"[131], aus der geschöpft wird.

---

sprochen wird, ergibt sich aus der Unfähigkeit der Zigeunerin, Deutsch zu sprechen
und zu verstehen. Vgl. S. 61 im Roman.
[129] Can Bulut: Renan Demirkan (1994), S. 242.
[130] Can Bulut: Renan Demirkan (1994), S. 242.
[131] Ingrid Gogolin: „Migration als biographische Ressource", in: Imbke Behnken und
Jürgen Zinnecker (Hrsg.): *Kinder. Kindheit. Lebensgeschichte. Ein Handbuch*, Seelze-
Velber 2001, S. 1032-1046.

III. ,BEWEGTE' KINDHEIT
Emine Sevgi Özdamars *Das Leben ist eine Karawanserei* (1992)

> Ich suchte in meinem Körper,
> als ob mein Körpereine antike Stadt wäre,
> den langsamen Rhythmusmeiner Kindheit und die Gefühle,
> die ich für diese wunderbar poetischen Menschen
> von damals hatte. [...] In manchen Nächten ging ich
> mit körperlichen Schmerzen ins Bett.[1]

III.1. Der „Kindheitsrhythmus"

III.1.1. Inhalt und Genre des Romans

Wenn Emine Sevgi Özdamar auf den literarischen Schaffensprozess ihres autobiographisch angelehnten Romans *Das Leben ist eine Karawanserei hat zwei Türen aus einer kam ich rein aus der anderen ging ich raus* angesprochen wird, berichtet sie häufig von einem sehr aufreibenden Vorgang schriftstellerischer Selbstreflexion. Er ist von der bemühten Suche nach dem von ihr formulierten „Rhythmus" der Kindheit[2] gekennzeichnet. Diese Suche lässt sich in ihrem Kindheitsroman aus der Art der Darstellung eines subjektiven Identitätsbildungsprozesses herauslesen. Sie erzeugt eine von vielfältigen Dynamiken ,bewegte' Kindheit.

Erstmals 1992 erschienen, wurde das Buch 2006 mit den nachfolgenden Romanen *Die Brücke vom Goldenen Horn* (1998) und *Seltsame Sterne starren zur Erde* (2003) zu der „Istanbul-Berlin-Trilogie" *Sonne auf halbem Weg* zusammengefasst. Die dargestellte Kindheitsgeschichte, die auch im Zusammenhang mit diesen Fortsetzungsromanen zu sehen ist, handelt vom Aufwachsen einer namenlosen weiblichen Ich-Erzählerin in der Türkei der 1940er bis 1960er Jahre an verschiedenen Orten und endet mit der Migration der 18-Jährigen nach Deutschland. Bei dem aus der Sicht der kindlichen Protagonistin geschilderten Entwicklungsweg ist auffällig, dass seine vielen Stationen und Gegensätze immer wieder ,Störungen' hervorrufen.

---

[1] Emine Sevgi Özdamar: „Lebensunfälle, Schreibunfälle: Von Karawanserei zu Mutterzunge", in: Renatus Deckert (Hrsg.): *Das erste Buch. Schriftsteller über ihr literarisches Debüt*, Frankfurt a. M. 2007, S. 291-297, hier S. 293. Weiter heißt es dort: „Ich war dankbar, daß mein Körper all diese Gefühle noch hatte und er sie mir beim Schreiben zurückgab. [...] Ich [...] sah manchmal die Sterne vom Bett aus und betete zu ihnen, daß sie mich und meine Toten schützen sollten, bis mein Roman zu Ende war."

[2] Vgl. zu dem vielfach in Interviews zur Sprache gekommenen „Kindheitsrhythmus" außer FN 1 auch Özdamar: „Die Wörter haben Körper", in: Lerke von Saalfeld (Hrsg.): *Ich habe eine fremde Sprache gewählt. Ausländische Schriftsteller schreiben deutsch*, Gerlingen 1998, S. 163-182, hier S. 171 u. 173.

So beginnt der Roman zunächst mit frühesten Kindheitserlebnissen, die sogar bereits *vor* der Geburt stattfinden. Sprunghaft wird sodann in eine Zeit der Vorschuljahre gewechselt. Hier lebt das Mädchen in dem von westlichen Einflüssen geprägten Istanbul der beginnenden 1950er Jahre mit seiner Familie – bestehend aus den Eltern Fatma und Mustafa, der Großmutter Ayşe väterlicherseits und dem drei Jahre älteren Bruder Ali. Es beobachtet, wie ihre Eltern damit beginnen, einen amerikanischen Lebensstil zu imitieren. Im Gegensatz dazu werden der Erzählerin durch die Großmutter beharrlich Brauchtum und Religiosität im Alltag gelehrt. Doch das kostspielige Großstadtleben und neuer Familienzuwachs erschweren den Lebensunterhalt, sodass die ständigen Geldanleihen des erfolglos Arbeit suchenden Vaters die Familie schließlich zur Flucht zwingen. In der Kleinstadt Yenişehir wohnt sie nun in einer von der inzwischen achtjährigen Erzählerin so benannten „religiösen Straße"[3], weshalb die Kinder fortan den Koranunterricht besuchen und täglich beten müssen. Doch auch hier bleibt der Vater arbeitslos, und die Familie muss wieder Schulden machen. Als die Erzählerin an Tuberkulose erkrankt, zieht die Familie innerhalb der Stadt in eine „halbfertige[ ] Villa im Bürokratenviertel" (109) um, wo sich die Lebensumstände jedoch keineswegs verbessern, sondern das Mädchen erneut krank wird. Die Familie zieht weiter nach Bursa in die „seelenlose[ ] Gasse" (138), wo sich die Protagonistin fortwährend mit dem Leben und Sterben auseinandersetzt und vor jedem Einschlafen gewissenhaft für alle ihr bekannten Toten betet. Die mittlerweile elfjährige Erzählerin gewöhnt sich gerade in die neue Umgebung ein, als die kleine Schwester geboren wird und somit der nächste Umzug in das deutlich ärmere Milieu der benachbarten „steile[n] Gasse" (170) folgt. Hier erkennt die Heranwachsende zunehmend die sozialen Unterschiede zwischen den Menschen, sie durchläuft ihre sexuelle Aufklärung und gerät in heftige Pubertätskrisen.

Die finanzielle Lage der Familie bleibt angespannt und wird verschärft durch die allgemeine Lebensmittelkrise des von Rezession und Inflation geschüttelten Landes – wie es auch der realen Geschichte der Türkei zu Ende der 1950er Jahre entspricht –, sodass die Familie erneut zu einem Umzug gezwungen ist. Die Ich-Erzählerin macht in der Schule erstmals Erfahrungen mit dem Theater und entwickelt den Wunsch, Schauspielerin zu werden. Derweil interessieren sich die ersten Brautschauerinnen für das Mädchen, doch die Mutter will ihre Tochter noch nicht verheiraten; stattdessen zieht die Familie in das Vorstadtgebiet von Ankara. Doch dieser erzwungene örtliche Wechsel in die öde „Steppe" ist

---

[3] Emine Sevgi Özdamar: „Das Leben ist eine Karawanserei hat zwei Türen aus einer kam ich rein aus der anderen ging ich raus", in: dies.: *Sonne auf halbem Weg*, Köln 2006, S. 72. Im Folgenden werden alle Zitate aus diesem Roman durch Seitenangaben in Klammern nachgewiesen.

ein tiefer Einschnitt in das Leben der Protagonistin und führt zu verzweifelten rebellischen Reaktionen der Jugendlichen, die in halbherzig-naiven
und schließlich auch vereitelten Suizidversuchen enden. Sie findet keinen
Anschluss in der neuen Schule und wird schwer krank.

Es folgt ein abermaliger Umzug, diesmal in eine Kellerwohnung in
die „unbarmherzige Grabmalstraße" (339) inmitten der Hauptstadt. In
den Wirren ihrer Identitätssuche lässt sich das Mädchen als Ausdruck seines seelischen Schmerzes eine Glatze rasieren, woraufhin die Eltern mit
einem Irrenarzt drohen. Die Familie kann schließlich in eine geräumige
Wohnung ziehen, doch Schilddrüsenbeschwerden zwingen die Erzählerin
zu einem Aufenthalt im Krankenhaus. Als sie nach Hause zurückkehren
darf, ist ihr Vater als Leiharbeiter an die persische Grenze abgereist. Die
Tochter reist ihm hinterher, und die beiden leben in einem Dorf fünf
Monate schweigend nebeneinander her. Bei ihrer gemeinsamen Rückkehr
nach Ankara ist der Bruder Ali bereits für ein Studium in die Schweiz aus-
gewandert. Jetzt zieht die Familie wieder zurück nach Istanbul, dem Ausgangspunkt ihrer Odyssee. Durch den Anblick des weiten Meeres am
Bosporus und die vielen an- und ablegenden Schiffe beflügelt, entschließt
sich die mittlerweile junge Frau, als Arbeiterin nach Deutschland zu gehen. Nach anfänglicher Widerrede durch die besorgten Eltern unterstüt-
zen sie schließlich das Vorhaben ihrer Tochter, und diese steigt in den
Zug gen Deutschland.

Diese Zusammenfassung der sich über 400 Seiten erstreckenden Binnenmigration in der Kindheit verdeutlicht schnell die nahezu gehetzte
Atmosphäre, der die Ich-Erzählerin über lange Zeit permanent ausgesetzt
ist. Ständige Ortswechsel und etliche Forderungen der Umgewöhnung
und/oder Anpassung des Kindes an wechselnde Gegebenheiten führen
immer wieder zu Verwirrung und Krankheit. Dabei ist interessant, inwiefern es der Ich-Erzählerin innerhalb ihres Entwicklungsprozesses gelingt,
diese ‚bewegte' Kindheit zu verarbeiten.

Der *Karawanserei*-Roman zeigt stark autobiographische Bezüge zur
Autorin, weswegen Textanalysen in diesem Fall oftmals Gefahr laufen,
Autor- und Textebene zu vermischen.[4] Wie die Protagonistin wurde auch
Emine Sevgi Özdamar 1946 in Malatya geboren[5] und migrierte im Alter

---

[4] Vgl. zu diesem Punkt bspw. Annette Mingels: „Emine Sevgi Özdamar. Das Leben ist
eine Karawanserei hat zwei Türen aus einer kam ich rein aus der anderen ging ich raus
(1992)", in: Claudia Benthien und Inge Stephan (Hrsg.): *Meisterwerke. Deutschsprachige Autorinnen im 20. Jahrhundert*, Köln u. a. 2005, S. 297-316, hier S. 302f.

[5] Während der Geburtsort Malatya im Roman explizit erwähnt wird, ist das Geburts-
jahr um 1946 nur mittelbar zu erschließen: Wenn die Figur der Mutter in den 1930er
Jahren zur Schule gekommen ist, und zwar nach der Schriftreform von 1928 (vgl. 73),
und ihre Tochter im Alter von 16 Jahren bekommen hat (vgl. S. 14), dann fällt dies in
die Mitte der 1940er Jahre.

von 18 Jahren nach Deutschland.[6] Dabei hat die Autorin den – in verschiedenen Interviews teilweise selbst betonten[7] – autobiographischen Bezug ihres Romans mit Verweis auf die problematische Gleichsetzung von Realität und Fiktion stets relativiert. Jede Kindheit ‚entstehe‘ erst am Schreibtisch, wo der kreative Prozess des Schreibens dann seine eigene ‚Wirklichkeit‘ entwerfe, so Özdamar.[8] Die offenbar dem Roman zugrunde liegenden Wirklichkeitserfahrungen sind mithin infolge von Reflexion, das heißt Sondierung, Bewertung, Strukturierung und Intentionalisierung der Erinnerungen, ästhetisch und stilistisch als autofiktionale Narration inszeniert:

> Als ich in die Türkei ging, [...] merkte [ich] auch, daß der Rhythmus meiner Kindheit schon längst zum Märchen geworden ist. [...] Ich wußte, was ich verloren hatte und nie wieder bekommen würde. Aber ich konnte etwas anderes erhalten; die alte Welt noch einmal zu inszenieren, als ob ich es auf der Bühne noch einmal mit anderen Augen sehen könnte, um mir so diese Welt neu zu erschließen und nie wieder zu vergessen, als Inszenierung.[9]

Persönlich mag sich die türkisch-deutsche Autorin Emine Sevgi Özdamar durch ihren Roman vor dem „Risiko [schützen], durch den Verlust einer Sprache auch eine Geschichte zu verlieren"[10]. Die dabei angewandten, folgend näher zu beleuchtenden Erzählstrategien weisen jedoch deutlich über das Anliegen, dem Leser etwa inhaltlich „Zugang zu einem Kulturer-

---

[6] Nach einem zweijährigen Aufenthalt ging sie zurück in die Türkei, um sich als Schauspielerin ausbilden zu lassen, und lebte ab Anfang der 1970er Jahre erneut in Deutschland, wie es dann auch innerhalb der Trilogie aus Sicht der Protagonistin weitererzählt wird. Ein vages Anzeichen von Kongruenz der namenlosen Ich-Erzählerin mit der Autorin gibt eine Textstelle im zweiten Roman *Die Brücke vom Goldenen Horn*, wo die Ich-Erzählerin von einer Figur „Sevgilim" (578) genannt wird; hierbei handelt es sich jedoch auch um eine Verwendung im allg. Sprachgebrauch (= meine Geliebte).

[7] So z. B. in Özdamar: Die Wörter haben Körper (1998) oder in Sabine Schmidt: „Die Türkei im Banne Brechts. RP-Interview mit der Autorin und Schauspielerin Emine Sevgi Özdamar", in: *Rheinische Post* vom 22.04.1998, S. 11 sowie in Wierschke: Schreiben als Selbstbehauptung (1996). Hier bezeichnet Özdamar den Roman als „Buch der Sevgi – also eben [...] mein Buch". (S. 254)

[8] Diese Aussagen hat die Autorin in einem persönlichen Gespräch im Rahmen einer Tagung des Goethe-Instituts München zur „Deutsch-türkischen Zukunftswerkstatt" im April 2008 in Berlin getroffen.

[9] Özdamar: Die Wörter haben Körper (1998), S. 172f.

[10] Elisabeth Boa: „Hybrides Schreiben in Werken von Özdamar, Özakın und Demirkan", in: Mary Howard (Hrsg.): *Interkulturelle Konfigurationen. Zur deutschsprachigen Erzählliteratur von Autoren nichtdeutscher Herkunft*, München 1997, S. 115-138, hier S. 121. So auch Özdamar selbst: „Ich rief mir durch das Schreiben die Menschen, die ich verloren hatte, meine Toten, ins Gedächtnis zurück, und sie fingen an zu leben. [...] Unbewußt schützte ich diesen langsamen Kindheitsrhythmus und die Körper meiner Toten". Özdamar: Lebensunfälle, Schreibunfälle (2007), S. 292f.

be"[11] zu gewähren, hinaus. So steht bei dem unter anderem als „weiblicher Schelmenroman"[12] bezeichneten Kindheitsroman ein autofiktionales Erzählen im Vordergrund, bei dem Breger zufolge eine immer wieder unterlaufene „partielle Anpassung des erzählenden Ich an die Form des autobiographischen Romans" der Autorin das Bedienen einer (west)europäischen Erzähltradition bei gleichzeitiger Distanzierung bzw. Transformation derselben ermöglicht.[13] Bei dem Versuch einer genaueren Gattungsbestimmung fällt jedoch auf, dass Özdamars Roman wie auch die übrigen Kindheitsromane von Autor(inn)en mit ‚Migrationshintergrund' selbst in neueren Historiographien des autobiographischen Schreibens in Deutschland insgesamt kaum behandelt werden. Demgemäß widmet Martina Wagner-Egelhaaf Özdamar lediglich einen kurzen Absatz ihrer Abhandlung über die Autobiographie, worin es heißt:

> Die autofiktionalen Texte der [...] Emine Sevgi Özdamar (geb. 1946) sind ein weiteres Beispiel dafür, dass das Autobiographische [...] längst zum Medium anderer Diskurse geworden ist. Jenseits allen Betroffenheitspathos, das man sog. ‚Migrantenliteratur' gerne zuweist, präsentieren sich Özdamars Romane [...] als am Lebenslauf der Autorin orientierte, [...] Lakonie und Sprachspiel verbindende Texte, in denen Grenzüberschreitungen zur bestimmten Figur inszenierter Transkulturalität werden.[14]

Wie Wagner-Egelhaaf an anderer Stelle vermerkt, handelt es sich bei *Das Leben ist eine Karawanserei* nicht um eine Autobiographie, sondern um eine paradigmatische Lebenserzählung, die in überaus „durchkompo-

---

[11] Boa: Hybrides Schreiben (1997), S. 121.

[12] Diesen Begriff verwendet Norbert Mecklenburg: „Ein weiblicher Schelmenroman", in: *Alman Dili ve Edebiyatı Dergisi* 16 (2004), S. 1-21 und ebenso in seinem Aufsatz: „Karnevalistische Ästhetik des Widerstands. Formen des Gesellschaftlich-Komischen bei Emine Sevgi Özdamar", in: *Peter Weiss Jahrbuch* 16/2007, S. 85-102, hier S. 86; Mecklenburg bezieht diese Bezeichnung als Gender-Genre auf Özdamars autobiographisches Erzählprojekt insgesamt und belegt ihn insbes. anhand Özdamars sprachlicher Ästhetik.

[13] Vgl. Claudia Breger: „‚Meine Herren, spielt in meinem Gesicht ein Affe?' Strategien der Mimikry in Texten von Emine S. Özdamar und Yoko Tawada", in: Cathy S. Gelbin u. a. (Hrsg.): *AufBrüche: Kulturelle Produktionen von Migrantinnen, Schwarzen und jüdischen Frauen in Deutschland*, Königstein 1999, S. 30-59, hier S. 42, Zitat ebd. Dieser Tatsache geschuldet sind auch andere unscharfe Bezeichnungen des Romans als bspw. „quasi-autobiographisch" (Sheila Johnson: „Transnational ‚Ästhetik des türkischen Alltags': Emine Sevgi Özdamar's *Das Leben ist eine Karawanserei*", in: *The German Quarterly* 74.1, 2001, S. 37-57, hier S. 47) oder „semi-autobiographisch" (Soheila Ghaussy: „Das Vaterland verlassen: Nomadic Language and ‚Feminine Writing' in Emine Sevgi Özdamar's *Das Leben ist eine Karawanserei*", in: *The German Quarterly* 72.1, 1999, S. 1-16, hier S. 3).

[14] Martina Wagner-Egelhaaf: *Autobiographie*, Stuttgart 2005, S. 210.

niert[er]"[15] Art und Weise „ein facettenreiches Panorama [...] zeithistori-
scher Beschreibungen"[16] erzeuge. Bei dieser Lesart rück der an Kindheitserinnerungen angelehnte und mittels bestimmter narrativer Strategien gestaltete Prozess (trans)kultureller Identitätsbildung ins Zentrum der Betrachtung.[17] Dass in der Darstellung von Kindheit dabei die oben abge-
sprochenen Aspekte von ‚Betroffenheit' durchaus eine Rolle spielen, zeigt
sich dann vor allem in den inszenierten *Störungen* des so bezeichneten
„Kindheitsrhythmus".[18]

III.1.2. „Der Film war zerrissen" – dissoziative Erinnerungsorganisation

Der schon vor seiner Publikation prämierte[19] Roman, mit welchem der
Schauspielerin, Dramatikerin und Regisseurin Özdamar der Durchbruch
als Autorin in Deutschland gelang, zeichnet sich insbesondere durch eine
pleomorphe Sprachgebung aus. Diese ist von der deutschen und zunehmend auch englischsprachigen Literaturkritik immer wieder hervorgehoben und auch literaturwissenschaftlich bereits vielfach in ihren Details
analysiert worden.[20] Wiederholt wurde dabei auf die in Özdamars

---

[15] Vgl. Martina Wagner-Egelhaaf: „Autofiktion – Theorie und Praxis des autobiographischen Schreibens", in: Johannes Berning u. a. (Hrsg.): *Schreiben im Kontext von
Schule, Universität, Beruf und Lebensalltag*, Berlin 2006, S. 80-101, hier S. 100.

[16] Wagner-Egelhaaf: Autofiktion (2006), S. 99.

[17] Vgl. zur Transkulturalität in Özdamars Schreiben bspw. Wierschke: Schreiben als
Selbstbehauptung (1996) sowie Blumentrath u. a.: Transkulturalität (2007), hier ist auf
S. 69 von der „Transkulturalität des sprachlichen Mediums" in Özdamars Roman die
Rede.

[18] Zur faktischen, neuropsychologisch elementaren Bedeutung rhythmischer Erfahrung
in der Kindheit vgl. bspw. Jürgen Seewald: *Leib und Symbol. Ein sinnverstehender Zugang zur kindlichen Entwicklung*, München 1992, S. 271ff.

[19] 1991 wurde ein Auszug aus dem Roman beim Klagenfurter Literaturwettbewerb mit
dem Ingeborg-Bachmann-Preis ausgezeichnet. Der Roman wurde in 10 Sprachen übersetzt; die türkische Fassung (erstmals 1993) wurde jedoch kritisiert. Vgl. hierzu ausführlicher Nilüfer Kuruyazıcı: „Emine Sevgi Özdamars *Das Leben ist eine Karawanserei* im Prozeß der interkulturellen Kommunikation", in: Mary Howard (Hrsg.): *Interkulturelle Konfigurationen. Zur deutschsprachigen Erzählliteratur von Autoren nichtdeutscher Herkunft*, München 1997, S. 179-188, hier S. 183ff. Die Autorin erhielt zudem weitere Literaturpreise, u. a. den Walter-Hasenclever-Preis (1993), den Adelbert-
von-Chamisso-Preis (1999), den Kleist-Preis (2004), den Fontane-Preis (2009) sowie
die Carl-Zuckmayer-Medaille (2010).

[20] Vgl. u. a. Gürsel Aytaç: „Sprache als Spiegel der Kultur. Zu Emine Sevgi Özdamars
Roman *Das Leben ist eine Karawanserei*", in: Mary Howard (Hrsg.): *Interkulturelle
Konfigurationen. Zur deutschsprachigen Erzählliteratur von Autoren nichtdeutscher
Herkunft*, München 1997, S. 171-177 sowie Eva-Marie Thüne: „„Mundhure' und
‚Wortmakler'. Überlegungen zu Texten von Emine Sevgi Özdamar", in: Fabrizio
Cambi (Hrsg.): *Gedächtnis und Identität. Die deutsche Literatur nach der Wiederver-*

Sprachästhetik deutlich werdende Prägung durch das Theater verwiesen. So gestaltet sich das Prosawerk der Autorin insgesamt als eines, bei welchem der dramatischen Erzählkunst entlehnte Formen immer wieder durchscheinen.[21] In *Das Leben ist eine Karawanserei* erinnern nicht nur perspektivische Gestaltungselemente an dramatisches Erzählen, wonach dem Kindheitsroman gar ein „Theaterblick"[22] bescheinigt worden ist. Vor allem auch die besondere Montagetechnik des episodisch fragmentierten Textes deutet auf ein ,Bühnenspiel'. Zugleich zeigt der dissoziative Darstellungsmodus an, dass auf dieser ,Bühne' hauptsächlich traumatische Erinnerungselemente zur Aufführung gebracht werden.

In seiner Gesamtform betrachtet, weist der Roman zunächst eine grobe chronologische Erzähl*folge* ohne erkennbare Organisation auf; es gibt keine Einteilung in Kapitel, und die einzelnen Szenen folgen unmittelbar aufeinander. Dies beschreibt Johnson treffend als „brandungshafte Pausenlosigkeit der Bilder"[23]. Der Roman ist in seinem Erzähl*verlauf* jedoch auch nicht als *inhaltlich* zusammenhängender Fließtext organisiert. Vielmehr zeigt die szenische Darstellung der Kindheitssequenzen mit teilweise wechselndem Erzähltempus[24] eine Ähnlichkeit zu einzelnen Bühnenauftritten. Man könnte auch sagen, die verschiedenen Szenen sind wie Ein- und Ausblendungen in einem Film durch Wechsel zwischen *hell – dunkel – hell* miteinander verknüpft. Dieser bruchstückhafte Darstellungsmodus gleicht filmischen Flashbacks und tritt an mehreren bedeutenden Umbruchstellen innerhalb der Narration auf, etwa bei Zeitsprüngen oder zwischen den Umzügen: „Ich fiel in Ohnmacht und bin erst an einem Augusttag wach geworden" (11) bzw. „Ich fiel [...] in den Schlaf

---

einigung, Würzburg 2008, S. 305-319. Zafer Şenocak hingegen kritisiert den seiner Ansicht nach marktorientierten und Leser-Exotismus begünstigenden Roman, vgl. Zafer Şenocak: „Das Leben ist eine Karawanserei. Ein Gedichtessay", in: ders.: *War Hitler Araber? IrreFührungen an den Rand Europas. Essays*, Berlin 1994, S. 55-58.

[21] Besonders augenscheinlich wird dies an Stellen, an denen ganze Passagen in Wechselrede verfasst sind, vgl. z. B. die Erzählung „Karagöz in Alamania. Schwarzauge in Deutschland" (1990). Thüne spricht vom Stil der so genannten ,fingierten Mündlichkeit'. Vgl. Thüne: Mundhure und Wortmakler, 2008, S. 312.

[22] Verena Hänsch-Hervieux: „Inszenieren eines ,naiven Blickes' und Verfremdung der Sprache in den Werken von Emine Sevgi Özdamar und Yoko Tawada", in: Christine Maillard (Hrsg.): *Écritures interculturelles / Interkulturelles Schreiben*, Strasbourg 2006, S. 43-58, hier S. 48. Özdamar erklärt selbst: „Theater ist immer drin in meinem Schreiben." Wierschke: Schreiben als Selbstbehauptung (1996), S. 252.

[23] Johnson: Literatur von deutschschreibenden Autorinnen (1997), S. 269.

[24] Erzählt wird zu Beginn im Perfekt, danach hauptsächlich im Präteritum, wobei immer wieder bei der Beschreibung emotional besetzter Kindheits-Momente im Modus eines stream of consciousness kurzzeitig ins Präsens gewechselt wird: „Es war die Zeit, in der die Nacht wie ein Stein schlief [...]. Jetzt schläft die verrückte Ayten". (197)

und wachte in einem anderen Holzhaus in der Kleinstadt auf." (69)[25] Zudem zieht die Erzählerin an zwei Textstellen eine explizite Parallele zum Film, und zwar einmal bei der Schau aus dem Mutterbauch heraus und später erneut bei dem für sie leidigen Umzug – in „Dunkelheit" (!) – nach Ankara mit den Worten: „Der Film war zerrissen." (301) Erst bei Tageslicht am nächsten Morgen beginnt eine neue Episode in einem neuen Lebensabschnitt: „Als ich morgens aus dem Bett aufstand, wußte ich nicht, wo wir waren. Meine Mutter und Großmutter standen nicht mehr in Bursa vor dem Fenster [...]. Ich sah draußen die Steppe" (301).

Rein formal sind diese Ein- und Ausblendungen im Zusammenhang mit einem Erzählen als Erinnern zu sehen und verweisen auf die Tatsache, dass sich der Kindheit nie als Ganzes, sondern nur episodenhaft erinnert werden kann. Durch die pointierte ‚Beleuchtung' werden die für den Entwicklungsgang der Hauptfigur bedeutsamen Stationen und Szenen fokussiert und dann zu einem erzählten Ganzen miteinander verknüpft. Die Anmerkung der Ich-Erzählerin: „Diese Frau nannte ich später im Leben ‚Baumwolltante'" (9)[26] gleich am Romananfang sowie weitere, den Erzählverlauf unterbrechende zeitliche Vorwegnahmen[27] zeugen von dem formalen Konstruktionscharakter der Geschichte einer Kindheit und Jugend in der Türkei[28], die aus der zeitlich distanzierten Perspektive einer erwachsenen und nach Deutschland migrierten Erzählerin rückblickend dargestellt wird. Durch diese Art der ‚subjektiven Montage' werden einzelne Erinnerungssegmente durch die Ich-Erzählerin strukturiert, inhaltlich verhandelt und damit manifestiert. Der so hergestellte narrativ-strukturelle Entwurf der Kindheit fügt sich aus den dominierenden Erinnerungsbildern zusammen, sodass Bettina Baumgärtel zufolge „an vielen Stellen weniger die Ich-Erzählerin den Erzählfluß zu organisieren [scheint] als vielmehr die sich aus Bildern oder Wörtern entwickelnden [...] filmähnlichen Sequenzen."[29]

---

[25] Ebenso heißt es an anderer Stelle: „Ich fiel [...] in Ohnmacht. Ich bin wach geworden in unserer halbfertigen Villa im Bürokratenviertel. [...] Wir waren weggezogen" (109).

[26] Der Name „Baumwolltante" gibt offenbar den türkischen Frauennamen Pamuk (=Baumwolle) in direkter Übersetzung wieder.

[27] So z. B. als das Mädchen von seiner Großmutter die arabische Gebetsformel „Bismillâhirrahmanirrahim" lernt – deren Übersetzung „Im Namen Gottes, der schützt und vergibt" (62) sie erst später nachliest – und es heißt: „Diese Bismillâhirrahmanirrahim haben mir im Leben zweimal geholfen" (60).

[28] Vgl. hierzu auch Maria E. Brunner: „Parallele kulturelle Identifikationsräume in F. Zaimoğlus Leyla und E. S. Özdamars Roman Das Leben ist eine Karawanserei. Oder Absorption von Textteilen?", in: Gabriella Rácz und Lásló V. Szabó (Hrsg.): *Der deutschsprachige Roman aus interkultureller Sicht*, Vezprèm und Wien 2009, S. 31-52, hier S. 32.

[29] Bettina Baumgärtel: *Das perspektivierte Ich. Ich-Identität und interpersonelle und interkulturelle Wahrnehmung in ausgewählten Romanen der deutschsprachigen Ge-*

Im übertragenen Sinne verweist diese Darstellungsweise der bruch-
stückhaft ein- und ausgeblendeten Sequenzen auf traumatische Erfahrungen der Ich-Erzählerin. Denn sie erinnert an den psychischen Sympto-
menkomplex einer durch traumatisches Erleben hervorgerufenen dissozi-
ativen Amnesie. Bei dieser Form von psychischer Störung bewirken bio-
logische Mechanismen neuronale ‚Umleitungen‘ im Gehirn, sodass traumatische Sinneseindrücke nur noch rein oberflächlich aufgenommen und
nur im Unterbewusstsein gespeichert werden. In so genannten ‚Erinne-
rungsblitzen‘ (Flashbacks) werden diese Trauma-Informationen der so
genannten impliziten Gedächtnisse durch einen bestimmten Auslöser
(meist sinnlicher Art) wieder aktiviert und gelangen häufig als eine Art
‚Stummfilm‘ mit kurzen, ungeordneten Szenen von meist bizarrer Ausprägung an die Oberfläche.[30]
Auf genau diese Weise werden auch die in poetische Sprachformen
gefassten, jedoch prinzipiell nicht bewusst erinnerbaren frühkindlichen
Entwicklungsstadien oder -erlebnisse – wie insbesondere das Geburtser-
lebnis – als phantasmatische Figuration der Ich-Erzählerin[31] in ihren Lebenslauf integriert. Auf der Figurenebene des Romans generieren sich
diese Phantasmen bei der erwachsenen Erzählerin vor allem aus sensuellen
Eindrücken. So löst die Betrachtung eines Familienfotos bei der erwachsenen Erzählerin eine Erinnerung an die Vergangenheit aus und wird mit
einer Gegenwartsbeschreibung der kindlichen Erzählerin verknüpft:

> Dem Tod gestohlen in Anatolien [...] saß ich vor einem Photogra-
> phen, mit meinem Vater, meiner Mutter, meinem zwei Jahre älte-
> ren Bruder [...], meiner Großmutter [...], am Meer in İstanbul,
> ließ mich photographieren mit einer kleinen Tasche in der Hand.
> (15)

Dieses Foto wird rückblickend zum „Gründungsfoto“[32] der Familie, insofern jene sich hierauf als Erinnerungsgenerator und -instrument für die

---

genwartsliteratur, Würzburg 2000, S. 330. Özdamar selbst hat auf Befragungen zu ihrem dem Roman zugrunde liegenden Lebensrückblick erklärt, dass sie ihren eigenen
zusammengesetzten ‚Film‘ immer wieder ansehe: „Hier [in Deutschland] ist der Alltag, der langatmig ist, auch Löcher hat, aber die plötzlichen Erinnerungen an das Land,
aus dem man gekommen ist, läuft ab wie ein simultaner Film mit Bildern und Sehnsüchten, die ohne Löcher sind. Das ist eine schöne Begegnung.“ Özdamar: Die Wörter
haben Körper (1998), S. 182.
[30] Vgl. hierzu bspw. Peter Fiedler: Dissoziative Störungen und Konversion. Trauma
und Traumabehandlung, 3., vollst. überarb. Aufl., Weinheim u. a. 2008.
[31] Als aus frühkindlichen Entwicklungsstadien ‚erinnerbar‘ gelten allenfalls Körperin-
nerungen oder andere psychische Markierungen. Vgl. zu den Formen literarischer Verarbeitung von Ursprungsphantasmen Voutta: Den Anfang erzählen (2008), S. 73ff.
[32] So bezeichnet von Cornelia Zierau: Wenn Wörter auf Wanderschaft gehen ... Aspekte kultureller, nationaler und geschlechtsspezifischer Differenzen in deutschsprachiger
Migrationsliteratur, Tübingen 2009, S. 98.

Erzählerin erstmals darstellt. Der elliptische Zeitsprung von der Geburt in Anatolien zum Lebensalltag als Kleinkind in Istanbul markiert dabei eine ,Erinnerungslücke', die eher dem realistischen menschlichen Erinnerungsmechanismus entspricht, genau diesen jedoch angesichts der detaillierten Erinnerungen an die Geburt und die Zeit *davor* ad absurdum führt. Das Foto wird in seiner Funktion als Erinnerungsauslöser mittels einer Prolepse später erneut bestätigt, als die siebenjährige Ich-Erzählerin die kräftige Sonnenstrahlung in Ostanatolien beschreibt: „Später, als ich die Negative der Photos sah, erinnerte mich das sehr an diese Zeit, an die weiße Sonne und die schwarzen Menschen." (51)

Außer durch visuelle Auslöser werden Kindheitserlebnisse – ähnlich der oben aufgezeigten Textstellen in Demirkans Roman – noch durch andere Sinnesassoziationen vergegenwärtigt. So ist die dargestellte Kindheit mit der ,erwachsenen' Erzählebene zum Beispiel durch den Geruch verknüpft: „Ich erinnerte mich an den verbrannten Geruch viele Jahre später in einem Freiluftkino." (32) Zusammengenommen folgt die Funktion der Vorgriffe auf ein textexternes Ereignis dem literaturtheoretischen Prinzip Genettes: Sie sind nämlich „Zeugnisse für die Intensität der aktuellen Erinnerung, die die Erzählung der Vergangenheit gewissermaßen beglaubigen soll."[33] Es handelt sich im Roman also um eine Erinnerungsorganisation, bei welcher der „zerrissene Film" der szenischen Erinnerung durch sinnstiftende Narration zu einer Kindheitsgeschichte transformiert wird, jedoch nicht ohne auf diese Erinnerungslücken hinzuweisen. Dabei werden diese nicht nur durch die Aneinanderfügung und damit eine strukturelle Organisation getilgt und neuer Sinn somit hergestellt. Sie werden auch mittels Fiktion mit neuem Inhalt gefüllt, wie es vor allem die ausphantasierte Vorgeburtssituation am Anfang des Romans verdeutlicht, auf die im Folgenden noch zurückzukommen sein wird.

Innerhalb dieser Neukonstruktion (seiner) Vergangenheit und damit auch eigenen Identität durch das erzählende (kindliche) Ich kommt jedoch vor allem der Vergegenwärtigung von mündlichem Erzählen eine bedeutende narrativ-sinnstiftende Funktion zu. Über das Erzählen im Erzähl(t)en als struktur-ästhetisches Mittel wird zum einen die historische Vergangenheit der Türkei rekonstruiert[34], wenn beispielsweise der Großvater auf der langen Zugreise quer durch die Türkei von seinem Leben zu erzählen beginnt. Hier knüpft die kindliche Ich-Erzählerin aus der Le-

---

[33] Gérard Genette: *Die Erzählung*, München ²1998, S. 47.
[34] Azade Seyhan sieht in der (Re-)Konstruktion der kollektiven türkischen Vergangenheit eine der Hauptanliegen von Özdamars sprachstruktureller Ästhetik. Vgl. Azade Seyhan: „Lost in Translation: Re-Membering the Mother Tongue in Emine Sevgi Özdamar's *Das Leben ist eine Karawanserei*", in: *The German Quarterly* 69.4 (1996), S. 414-426, hier S. 420f.

bensgeschichte über Liebe und Krieg eine neue Wissens-Struktur in Form eines Teppich-Gewebes:

> Großvater sprach, und sein unrasierter Bart wuchs auf seinem Ge-
> sicht, und der Bart fing an, einen Teppich zu weben. [...] Auf die-
> sem Teppich schneite es auf den Bergen. Auf denen lief mein
> Großvater als ein sehr junger Mann mit einem sehr jungen Mäd-
> chen [...] und rief den Geiern zu: ‚Geht, grüßt euren russischen
> Zar, den Pfeil wird er eines Tages zwischen seinen Augen finden.'
> [...] Dann sah ich ihn im Teppich wieder, er fing an zu hinken, in
> den Flammen, die Handgranaten fielen, dann flatterte auf dem
> Teppich eine deutsche Fahne neben einer türkischen Fahne. Auf
> dem Teppich baute Bismarck die Bagdadbahn. (40f.)[35]

Zum anderen begünstigt diese den Akt des Erzählens selbst akzentuie-
rende Form den Prozess der Illusionsbildung[36] und nimmt daher in der retrospektiv entworfenen Kindheitskonstruktion dementsprechend Raum und Bedeutung ein. Das Erzählen hat für die Weltauffassung, Entwicklung und Identitätsbildung der Hauptfigur – des kleinen Mädchens – sinnstiftende Funktion. Ebenso wie seine Geschwister ist es begeisterter Zuhörer der Geschichten der Eltern, Verwandten, Bekannten und vor allem der Großmutter. So greift der nur an der Oberfläche als rein subjektiv verfügte Lebensgeschichte der Protagonistin gestaltete und darunter „aus den Erzählungen einer ganzen weitverzweigten Familie und eines Wohn-
viertels als vielstimmiger Chor erzählte Roman"[37] auf Inhalte eines kol-
lektiven, kulturellen und kommunikativen Gedächtnisses zurück.

Dabei orientiert das kleine Mädchen seinen Symbolisierungsprozess vorrangig an der pragmatischen, religiösen oder unterhaltsamen Rede seiner analphabetischen Großmutter Ayşe[38] und befragt sie insbesondere zu

---

[35] Zierau stellt die narrative Inszenierung von Kulturgeschichte als hauptsächliches Erzählprinzip in Özdamars Roman heraus. Vgl. Zierau: Wörter auf Wanderschaft (2009),
S. 109. In ihrer ausführlichen Textanalyse schlüsselt Zierau anschließend an mehreren Beispielen detailliert die als historische Nacherzählungen getarnten, subvertierenden und parodierenden Neuinterpretationen Özdamars auf. Vgl. ebd., S. 108ff.
[36] Vgl. Ansgar Nünning: „Metanarration als Lakune der Erzähltheorie: Definition, Ty-
pologie und Grundriss einer Funktionsgeschichte metanarrativer Erzähläußerungen",
in: *AAA* 26 (2001) 2, S. 125-164, S. 131. Nünning bezieht sich in seinem Aufsatz je-
doch hauptsächlich auf metanarrative Erzähläußerungen in Form von Kommentaren und Reflexionen der Erzählinstanz, die „Aspekte des Erzählens in selbstreflexiver Form thematisieren". (Ebd.)
[37] Maria E. Brunner: „Die Türkei, ein Mutterland – Deutschland, ein Bitterland? Emine Sevgi Özdamars Buch *Das Leben ist eine Karawanserei*", in: *Info DaF* 26,6 (1999),
S. 556-565, hier S. 559.
[38] Diese Romanfigur steht insgesamt für die orale Erzähltradition des orientalischen Kulturraumes und beginnt demnach ihre Märchen mit einer die arabische Einleitungs-
formel كان يا ما كان (*kân yâ mâ kân*) angelehnte Phrase: „Es war einmal, es war keinmal
[...]" (105) (türk. *bir varmış, bir yokmuş*). Vgl. ebenso auf S. 193 und 253.

den Themen Leben und Tod („,Großmutter, wo ist der Tod?' Meine
Großmutter sagte: ,Der Tod ist zwischen Augenbrauen und Augen'",
19[39]), aber auch hinsichtlich allgemeiner (abergläubischer) Lebensweisheiten:

> Ich fragte meine Großmutter, warum die Menschen mal so, mal so
> sind. Sie sagte: „Ein Hals, aus dem die Stimme rauskommt, hat
> vierzig Etagen. Wenn man was sagen will, muß man erst vierzigmal
> schlucken und dann sprechen, manche Leute sprechen, ohne zu
> schlucken, dann steht in der Mitte eine Hand voller Scheiße." (73)

In diesem Zusammenhang weist zum Beispiel Vera Viehöver darauf hin,
dass die teilweise paradoxen, doch von der Erzählerin unbewerteten und
unkommentierten Redeinhalte sich „als ein dem literal geprägten Modus
der Welterklärung gleichrangiges Verfahren existentieller Sinnstiftung behaupten"[40]. Das bedeutet, das Kind-Ich erbaut sich seine Welt nicht über
,moderne' Medien, sondern über die ihm zur Verfügung stehende archaische Weise. Die Großmutter verdichtet innerhalb ihrer Erzählungen le-
benspragmatische Einsichten und moralische Grundsätze, indem sie dafür
mythisch-bildhafte Inhalte und Redewendungen gebraucht.[41] Hieraus
entwickelt die Ich-Erzählerin selbst eine Vorgehensweise, die sich genau
zwischen diesen beiden medialen „Modi der Ich- und Welterfahrung"[42]
bewegt. Sie entwirft ihre Kindheit rückblickend in einem Verfahren narrativer Sinnstiftung, das sich wiederum an den ,Erzähl-Erfahrungen' ihrer
Vergangenheit orientiert.

---

[39] Bei dem (sich auf S. 93 wiederholenden) Ausspruch handelt es sich um eine aus der
türkischen Wendung „ölüm kaşla göz arasindadir" direkt übersetzte Phrase (vgl. Aytaç:
Sprache als Spiegel der Kultur, 1997, S. 173).
[40] Vera Viehöver: „Materialität und Hermeneutik der Schrift in Emine S. Özdamars
Romanen *Das Leben ist eine Karawanserei* und *Die Brücke vom Goldenen Horn*", in:
Vittoria Borsò u. a.: *Schriftgedächtnis – Schriftkulturen*, Stuttgart und Weimar 2002, S.
343-367, hier S. 349.
[41] Vgl. Viehöver: Materialität und Hermeneutik (2002), S. 349. Darüber hinaus sei für
das Erzählen der Großmutterfigur „die Tendenz zu stereotyper Wiederholung grammatischer Strukturen" als zentrales Merkmal oral begründeten Ausdrucks charakteristisch. (Ebd., S. 350)
[42] Vgl. Viehöver: Materialität und Hermeneutik (2002), S. 352, Zitat ebd. Auf S. 361
heißt es zudem: „Zwischen oralem und literalem Modus der Selbsterfahrung besteht
eine Differenz, die nicht von außen aufgehoben und harmonisiert werden kann. Die
Erfahrung der Nicht-Vereinbarkeit beider Modi […] veranlaßt die Ich-Erzählerin
schließlich, die Vorstellung einer Höherwertigkeit der Literalität gegenüber der Orali-
tät, die sie in ihrer Begeisterung für die europäische Schriftkultur übernommen hatte,
einer Überprüfung zu unterziehen."

III.1.3. Die ,doppelte Optik' des kindlich-naiven Blicks

Der *Karawanserei*-Roman offenbart noch eine weitere Verbindung zum
Theater: das darin zum Ausdruck kommende ,Maskenspiel', das Özdamar
ihrer Figurenkonstruktion zugrunde legt:

> [D]a benutzt man ja auch immer Masken und in einer Figur ste-
> cken immer gleich drei Figuren, man holt eine aus dem Leben, eine
> aus dem Theater, eine aus dem Film und daraus wird eine Figur. [43]

Die verschiedenen literar-ästhetischen Formen erzählstrategischer Maskierung werden dabei durch die Kinderfigur repräsentiert. Bei der Analyse
derjenigen narrativen Strategien und sprachlichen Besonderheiten, welche
als ,Kindheits-Maske' den Eindruck der kindlichen Perspektivierung entstehen lassen, wird erkennbar, dass dieser kindliche Erzählmodus aus einem ambivalenten Zusammenspiel von Perspektive und Distanz hervor-
geht.

So schlüpft die anhand der Prolepsen erkennbar rückblickende, erwachsene Erzählinstanz innerhalb der Narration als autodiegetische Erzählerin in fast allen Szenen selbst wieder in die Figur des vom Vater so
bezeichneten „naivste[n] Kind[es] aller meiner Kinder" (140). Aus dieser
Perspektive heraus erzählt sie größtenteils „ungefiltert"[44] von den Geschehnissen innerhalb der Welt der Protagonistin. Es wird ein naiv-
infantiler Blick eingenommen, bei dem ein Nicht-Wissen um bestimmte
Begriffe, Kategorien und Direktiven der Erwachsenenwelt fingiert wird.
Das Erzählen folgt gewissermaßen einem „verlangsamten [...] Rhythmus"[45], der sich in dieser prä-symbolisierten Ausdrucksform einer (noch)
unreflektiert sehenden und handelnden kindlichen Figur offenbart. Dabei
bezieht sich die explizite Bezeichnung als „Rhythmus" nicht nur auf den
Sprach-Takt (das heißt im Sinne eines Rhythmus von Stimme und Geste),
sondern auch auf dessen strukturgebende Eigenschaft. Denn diese Art des
Erzählens bildet eben jene eingangs erwähnte semiotische *chora* nach
Kristeva ab, mithin einen präverbalen rhythmischen Raum „noch ganz
provisorische[r], im wesentlichen mobile[r] Artikulation"[46].

---

[43] Wierschke: Schreiben als Selbstbehauptung (1996), S. 252.
[44] Anne-Rose Meyer: „Differenzerfahrung, Identität und Strategien narrativer Erinnerungs-Repräsentation bei Emine Sevgi Özdamar", in: Jean-Martin Valentin (Hrsg.):
*Akten des XI. Internationalen Germanistenkongresses Paris 2005 „Germanistik im
Konflikt der Kulturen"*, Bd. 6: *Migrations-, Emigrations- und Remigrationskulturen*,
Bern u. a. 2007, S. 261-266, hier S. 262.
[45] Zierau: Wörter auf Wanderschaft (2009), S. 183.
[46] Kristeva: Revolution der poetischen Sprache (1978), S. 36. Kristeva bezeichnet das
Semiotische als eine der eigentlichen Sprache vorgängige, „noch nicht symbolische,
aber ein Kontinuum artikulierende Modalität" (ebd., S. 40), d. h. als eine für den Sub-
jektbildungsprozess im Sinne der Herausbildung des Symbolischen grundlegende
Etappe oder Sphäre. Vgl. ebd., S. 51f.

Doch sind die sinnstiftenden Funktionen innerhalb dieses so bezeichneten „Kindheitsrhythmus'" nicht etwa eingeschränkt, sondern ganz
im Gegenteil eröffnen sich gerade durch diese Komplexitätsreduktion der
‚Textvereinfachung' neue, über die inszenierte Ebene des Kindheitserle-
bens hinausdeutende Lesarten. Denn der typisch kindlich-naiv erscheinende Darstellungsmodus innerhalb des Textes geht unter anderem auf
eine Erzähltechnik zurück, bei der die Rhythmik eines assoziativ-
dynamischen Erzählflusses und das Muster der (teilweise exzessiven)
Wiederholung – quasi als Refrain – eine tragende Rolle spielt.[47] So kommt
dem ständigen Umherreisen ebenso wie den regelmäßigen Sprichwörtern
und Floskeln bis hin zu den repetitiven Aufzählungen und Gebeten entsprechend der Sinneslehre Waldenfels' als „geordnete Wiederkehr des
Gleichen" eine stabilisierende Funktion zu.[48] Zugleich offenbart sich aber
gerade darin auch verstörendes Potential, vor allem wenn bei dieser asso-
ziativ-kumulativen Erzählform auf eine psychologisierende Innensicht der
Erzählerin oder anderer Figuren verzichtet wird. Stattdessen bewegt sich
die Erzählperspektive zwischen einer zwar retrospektiv entwickelten, aber
aktuell (nach)empfundenen Perspektive von Innen heraus und einem
durch die Distanz zur rekapitulierten Vergangenheit verfremdeten Blick.
Mithin entsteht gleichzeitig zum völligen Begeben auf die Wahrneh-
mungsebene der Kinderfigur eine Distanz des erzählenden zum erzählten
Ich. Denn es liegt keine ‚wirkliche' Introspektion des realiter nicht kindlichen erzählenden Ichs vor. Aus diesem Grund spricht beispielsweise
Hansjörg Bay in seiner Untersuchung des Romans von einem „verrückten" Blick.[49]

Im Einzelnen gestaltet sich dieser Eindruck dadurch, dass der als naiv
inszenierte Blick lediglich beobachtet und die Ereignisse unkommentiert
darlegt. Man erhält kaum Einsicht in das gedankliche Innenleben der Ich-
Erzählerin. Aus einer rein deskriptiven Perspektive heraus werden viele
Einzelerlebnisse in parataktischer Erzählweise inhaltlich unverknüpft an-
einandergereiht. Dies geschieht auch und besonders wenn es sich um un-
angenehme oder bedrohliche Erfahrungen wie beispielsweise die armuts-
bedingten Nöte oder die angedeuteten sexuellen Belästigungen[50] handelt.
Zwar verweisen einige wenige gedankliche Schilderungen (es heißt gleich

---

[47] Auch Margaret Littler spricht hier von „refrain". Vgl. Margaret Littler: „Özdamar
Das Leben ist eine Karawanserei", in: Peter Hutchinson und Michael Minden (Hrsg.):
Landmarks in the German Novel (2), Oxford u. a. 2010, S. 93-110, hier S. 107.
[48] Vgl. Waldenfels: Sinnesschwellen (1999), S. 53ff., das Zitat stammt von S. 75.
[49] Vgl. Hansjörg Bay: „Der verrückte Blick. Schreibweisen der Migration in Özdamars
Karawanserei-Roman", in: *Sprache und Literatur* 83/1 (1999), S.29-46. Bay zielt mit
dieser Bezeichnung auf ebendiese Verschiebung ab, welche ihm zufolge gerade dadurch
entsteht, dass zwar unmittelbar aus der Szene heraus, aber dennoch aus epischer Distanz erzählt wird.
[50] Siehe hierzu ausführlicher Kap. IV.2.1 dieser Arbeit.

zu Beginn: „Ich dachte im Bauch, mein Vater ist auch Soldat", 10) auf eine interne Fokalisierung, doch bleibt eine emotionale Einsichtnahme dabei stets ausgespart. Dies betrifft ebenso positive Erlebnisse, wie sie etwa mit der Ferien-„Rückkehr" der Kind-Protagonistin in die Geburtsstadt Malatya verbunden werden. Hier heißt es nur prosaisch: „Die Stadt war ein anderer Planet." (51) Gleich im Anschluss wird diese jedoch überdeutlich paradiesisch („Schlangen", „Granatapfelbäumen", „[H]onig[ ]" und „Milch", ebd.) konnotiert.

Dass sich das Ich innerhalb der erzählten Romanwirklichkeit nicht emotional selbst reflektiert, sondern „ganz in der jeweiligen Szene auf[geht]"[51], ist gerade im krisenhaften Lebensverlauf begründet. Denn auf diese Weise vermeidet es eine Konfrontation mit bzw. eine Aufarbeitung von traumatischer Erfahrung. Stattdessen wird erzählerisch eine epische Distanz nach Brechtschem Modell aufgebaut, nach dem das erzählende Ich in die Rolle des erlebenden Ichs schlüpft, diese jedoch nicht identifikatorisch spielt, sondern verfremdend darstellt.[52] Dies zeigt sich beispielsweise in der Szene, als das junge Mädchen dem sich exhibitionierenden Friedhofsnarren ausgeliefert ist:

> [M]it meinen Augen sah ich ein Stück Fleisch in Musas Hand, das er aus seiner Hose genommen hatte. Er fragte mich: „Ist das schön?" Ich blieb einfach da, und die weiße Farbe von dem Stück Fleisch kam in meine Nähe, wurde größer. Musa hatte ein Lächeln auf seinem Mund, das Geräusch vom Pinkeln der Großmutter hörte ich nicht, aber ich sah wieder den Ball von den Jungen, die in der Nähe auf der Straße spielten. (21)

Aufgrund dieser unvermittelt-assoziativen Präsentation der Erlebnisse des noch im Prozess des Entwerfens eigener Identität verhafteten kindlichen Ichs, das in seinem Handeln und Denken nur auf sehr wenige Erfahrungen Bezug nimmt, bleibt die ‚erwachsene' Erzählinstanz außerhalb der erlebten Szene im Erzählblick des Kindes weithin unerkennbar. Bay fasst diese „dem Zeigen verpflichtete Erzählweise"[53] folgendermaßen:

> Hinter den weit geöffneten Augen des Mädchens, die voller Verwunderung in die Welt blicken, verbirgt sich ein anderer Blick, der von weit her auf die Szene schaut und kaum weniger zu staunen scheint. Es ist der Blick jener Frau, die die Ich-Figur sein wird – irgendwann lange nachdem sie in den Zug nach Deutschland gestiegen ist. [...] Aber ihr Schauen ist anwesend im Blick des kindlichen Ichs und trägt seine Fremdheit in ihn hinein.[54]

---

[51] Bay: Der verrückte Blick (1999), S. 37.
[52] Ähnlich auch Bay: Der verrückte Blick (1999), S. 41.
[53] Bay: Der verrückte Blick (1999), S. 37.
[54] Bay: Der verrückte Blick (1999), S. 40.

Gelegentlich wird ebendieses Schauen per kindlichem Weniger-Wissen explizit formuliert: So gerät die Erzählerin einmal in einen Nachtclub und entdeckt dort Dinge, die „für mich genausoschwer zu verstehen [waren], wie wenn Allah mich in der Schule und meine Mutter mich gleichzeitig zu Hause sehen konnte." (279) Hänsch-Hervieux zufolge vermag dieser erzählstrategisch eingesetzte kindliche Blick „eventuelle[ ] stereotype[ ] Vorstellungen des deutschen Lesers von der fremden (hier türkischen) Kultur"[55] zu dekonstruieren, und zwar indem die an bestimmten Stellen inszenierte vorurteilsfreie Naivität vom Leser entlarvt werden muss. Dies geschieht über das Realisieren der Differenz zwischen dem fiktiven Ereignis und dessen naiver Darstellungsweise. Mit dem aufgesetzten Kinderblick und den dadurch auftretenden Verfremdungseffekten erhielten ‚gewöhnliche' Dinge neue Bedeutungen und würden dem Leser veränderte Sichtweisen auf Bekanntes wie Unbekanntes ermöglicht.[56] Diese vielfach als charakteristisches Merkmal interkultureller Literatur angeführte „doppelte Optik"[57] wird im Roman besonders in Szenen evident, in denen kulturelle Werte verhandelt werden. So werden beispielsweise von der Großmutter gelehrte religiöse Traditionen von der kindlichen, nichtwissenden Erzählerin nicht nur abgefragt, sondern durch eine als naiv inszenierte Beharrlichkeit zugleich auch kritisch hinterfragt: „Wird der Walfisch auch ins Paradies gehen, Großmutter?" (108) Ebenso impliziert eine scheinbar neutrale kindliche Beschreibung der beobachteten, sich zum Gebet waschenden Männer eine deutliche Kritik an einschränkenden religiösen Lebensweisen:

> Sie saßen da vor dem Brunnen, als ob sie immer in einer Welt aus Wasser sitzen würden und sich, um mit Allah zu reden, ständig waschen würden. Der Regen wird immer da sein, sie werden diesen Hof nie verlassen, weil es für sie draußen keine Welt gibt. Sie werden ein nasses Leben haben [...]. (147)

Die „doppelte Optik" des Lesens ist auf die „doppelte" Perspektive des Erzählens durch ein (vordergründig) unkritisch sehendes Kind (erlebendes Ich) und die sich dahinter verbergende, bereits sozialisierte, erfahrene und dazu transnationale Erzählerin mittleren Alters (erzählendes Ich) zurückzuführen.[58] Mithin fungiert der infantile Blick des erlebenden Kindes hier als figurative Maske, hinter der das Wissen der reflektierenden Frau steht.

---

[55] Hänsch-Hervieux: Inszenieren eines naiven Blickes (2006), S. 47.

[56] Vgl. Hänsch-Hervieux: Inszenieren eines naiven Blickes (2006), S. 49.

[57] Vgl. bspw. Hänsch-Hervieux: Inszenieren eines naiven Blickes (2006), S. 49.

[58] Sheila Johnson beschreibt zudem eine „double perspective" hinsichtlich der kindlichen Protagonistin (narrative voice) und der erwachsenen, erfahrenen Autorin (authorial perspective). Vgl. Johnson: Transnational Ästhetik (2001), S. 46f.

Da eine jede Verstellung durch eine Maskierung immer auch ihr ,Dahinter' demonstriert und somit eine doppelte Codierung impliziert, treten bei einer solchen Inszenierung auch Subtexte kultureller, sozialer oder politischer Prägung hervor. Es wird geradezu auf sie verwiesen. So werden die an zwei Textstellen aus Sicht der kindlichen Erzählerin beschriebenen Denkmäler des damals wie heute verbreitet verehrten Republikgründers Atatürk als Lächerlichkeit präsentiert. Die übergroße Statue mit heeresführend ausgestrecktem Arm in Yenişehir zeige genau genommen auf „einen schief stehenden Barbierladen" und „drei Männer [...] mit Schaum in ihren Gesichtern vor den Spiegeln" (90). Ebenso heißt es bei einem Besuch im Mausoleum in Ankara in einer scheinbar unschuldig-nebensächlichen, aber dennoch bedeutungsvoll aufgeladenen Bemerkung des Mädchens: „Irgendwie schmissen uns die nagelneuen Kleider der Wachsoldaten aus dem Marmorraum." (335) An anderer Stelle zählt die Protagonistin den Staatsmann in ihren Totengebeten schlicht in einer Reihe alltäglicher Figuren auf[59] und betont damit bewusst-unbewusst eine hierin nicht vorhandene hierarchische Struktur.[60] Die weiter oben theoretisch referierte kindliche „Schwäche" im vorgeblich Defizitären eines passiven, unreflektierten Sehens wird in solcher Beschreibung eines Nationalsymbols sowie im vorgeblich unbekümmert-naiven Umgang mit der nationalhistorischen Gründungsfigur des Mustafa Kemal Pascha zu einer aktiven Art der (kritischen) Machtnahme umgekehrt.[61]

Auch die innerhalb des kindlichen Blicks zudem auftretenden verschiedenen Erzählstandpunkte zeugen von einer solchen Umkehrung des vermeintlich Passiven in aktives Verfügen: Die Fokalisierungen wechseln sich sprunghaft ab, überschneiden sich teilweise oder existieren gar nebeneinander. Hierin wird zunächst ein Erzähl-Ich deutlich, welches die Eigenschaften eines (noch) nicht strukturierenden oder reflektierenden kindlich-naiven Subjektes mimt.[62] Bereits im ersten Satz des Romans, der

---

[59] Vgl. S. 155 und 212. Hier heißt es in einem Gebet über fünf Buchseiten u. a.: „[...] für die tote Mutter und den Vater der verrückten Saniye, für die tote armenische Frau, die in Istanbul im Hauseingang gestorben ist, für den toten Atatürk, für die tote Isadora Duncan, für die toten Liebespaare, die sich von der Bergspitze geworfen haben [...]". (211f.)

[60] Vgl. hierzu auch Johnson: Transnational Ästhetik (2001), S. 44.

[61] So wertet auch Cornelia Zierau die etlichen von ihr detailliert herausgearbeiteten politischen Stellungnahmen im Roman als „kritische Haltung zum Herkunftsland". Cornelia Zierau: „Story und History – ,Nation-Writing' in Emine Sevgi Özdamars *Das Leben ist eine Karawanserei*", in: Durzak/Kuruyazıcı: Die andere Deutsche Literatur (2004), S. 166-173, Zitat S. 168. Auch Kuruyazıcı verweist auf die vielen konkreten Fakten der türkischen Historie, die dem Leser aus kritischer Perspektive vermittelt werden, sie betont jedoch die poetische Sprachformgebung der Autorin als Hauptabsicht. Vgl. Kuruyazıcı: Der literarische Text als Kulturvermittler (1996), S. 639f.

[62] Gerade diese wechselnden Erzählstandpunkte sind es Simon Melchert zufolge jedoch, die in ihrer Mischung von „realistischer Detailgenauigkeit und magischer Atmo-

die surreale Situation einer intrauterin einsetzenden Erinnerung beschreibt, zeigt sich eine multiple Perspektivierung. Hier wird eine Gleichzeitigkeit von Innen- und Außenperspektive buchstäblich evident, indem
in grotesker Weise von der Ich-Figur *aus* dem Bauch heraus *auf* den
Bauch geschaut wird: „Erst habe ich die Soldaten gesehen, ich stand da im
Bauch meiner Mutter zwischen den Eisstangen, [...] klopfte an die Wand,
keiner hörte." (9) Im Mutterleib hört, sieht und riecht die Erzählerin bereits ihre Umwelt. Diese Sinneseindrücke imaginiert die erwachsene Erzählerin in diejenige Phase der eigenen Vergangenheit hinein, die der bewussten Erinnerung realiter nicht zugänglich ist. Solche Beschreibungen
können auf den eingangs dargelegten Deckerinnerungsmechanismus infolge von Erzählungen der Mutter zurückzuführen sein, so zum Beispiel
über die Geburt[63]: „Ich [...] bin erst an einem Augusttag wach geworden
und habe sofort geweint. [...] Das neue Zimmer war sehr hell und hoch,
da saßen viele Frauen, und eine Biene guckte ins Fenster rein". (11)[64]
    Doch das im Eingangskapitel nach Freud beschriebene „Verphanta-
sieren" eines Subjektbewusstseins *vor* dem Einsetzen der Ich-
Identitätsbildung bzw. der Sprache oder gar der Geburt bezeichnet auch
den Willen zu einem ‚überschreibenden' Neuanfang der eigenen Geschichte, und zwar je radikaler, desto eher mit der vermeintlichen Erinnerung begonnen wird.[65] Demnach formuliert die im Roman eingenommene
‚unmögliche' Pose[66] pränataler sowie frühkindlicher Erinnerung den Versuch der Ich-Erzählerin, über ihre Lebensgeschichte als Ganzes zu verfügen, indem vermeintlich erinnerte problematische (Anfangs-)Erfahrungen
zum integralen Bestandteil werden. Mithin lässt sich dieses Muster eines
bereits   als   vorgeburtlich   gesetzten,   entwicklungsbedürftigen   Ich-
Bewusstseins und Sprachvermögens – zumindest als Gedankensprache –
auf problematische Erfahrungen im späteren Migrationsprozess projizie-
ren, auf den die erwachsene Erzählinstanz in ihrer eingenommenen Kind-

---

sphäre" eine Einheit herstellen. Vgl. Simon Melchert: „Sprachliche (Neu-)
Landvermessungen – Emine Sevgi Özdamars *Das Leben ist eine Karawanserei*", in:
Klaus Müller-Richter und Ramona Uritescu-Lombard (Hrsg.): *Imaginäre Topographien. Migration und Verortung*, Bielefeld 2007, S. 87-98, hier S. 91.
[63] Auf diesen Mechanismus hinsichtlich der Geburtssituation verweisen übrigens auch
die Beschreibungen der Ich-Erzählerin in Özdamars Erzählung „Der Hof im Spiegel"
aus dem gleichnamigen Erzählband (2001), S. 21: „Hast du sehr geschrien, als du mich
geboren hast, Mutter?' Ich stellte den Kassettenrecorder an, und meine Mutter machte
am Telefon nach, wie sie geschrien hatte, als sie mich geboren hatte."
[64] Breger spricht bei dieser Anfangsszene von der ‚modernen' Technik einer Erzählinstanz medialen Charakters, welche eigenmächtig „die Wahrnehmungsformen
und Erkenntnisinstrumente, über die die Moderne verfügt, ‚wild' [...] assoziier[t]".
Breger: Meine Herren, spielt in meinem Gesicht ein Affe? (1999), S. 42.
[65] Vgl. das bereits angeführte Zitat von Sloterdijk in Sloterdijk: Zur Welt kommen
(1988), S. 55.
[66] Vgl. hierzu Breger: Meine Herren, spielt in meinem Gesicht ein Affe? (1999), S. 42f.

lichkeit ja stets rekurriert. Auch bei einem migrationsbedingten ,Eintritt'
in eine neue, fremde Welt bleibt das subjektive (Sprach-)Bewusstsein angesichts der mangelnden Ausdrucksfähigkeit (zunächst noch) stark eingeschränkt und bedarf einer neuen Entwicklung.[67] Das poetische Zurückgehen Özdamars an den vorsprachlichen Ort im Mutterbauch bezeichnet
den schwer fassbaren Ort zwischen den Sprachen, dort wo er zur Un-
sprachlichkeit wird, und steht damit auch für den von Özdamar immer
wieder thematisierten (Mutter-)Sprachenverlust.[68]

In diesem Zusammenhang fällt auf, dass sich die Ich-Erzählerin im
Roman ihrer konstruierten pränatalen Situation gegenüber widersprüch-
lich positioniert. Einerseits handelt es sich für sie um eindeutig keinen paradiesischen Ort (entgegen sonstiger psychoanalytischer Theorie), sondern um einen entfliehenswerten Zustand der Kälte, der Angst, des Hun-
gers und der Gefahr: „[I]ch ertrinke hier […]. Hier ist es auch kalt und
dunkel und naß. Und so viele Sachen, an die ich immer mit meinem Kopf
anstoße." (11) Nach der Geburt wünscht sie sich jedoch sogleich wieder
„ins Wasserzimmer rein". (Ebd.) Diese teleologischen Ambivalenzen innerhalb der Szene werden durch die doppelte Perspektivierung einer internen Fokalisierung der erzählenden Figur bei gleichzeitiger Distanz zur
erzählten Figur unterstrichen: Während die Ungeborene vor Hunger in
die Nabelschnur beißt, kann sie zugleich beobachten, wie sich die Mutter
dabei vor Schmerz „kräftig in ihre Lippe biß." (Ebd.) Die vom Ich wahr-
genommenen und surreal anmutenden Ereignisse zeugen ebenso bei der
anschließenden Friedhofszene, bei der das Säuglings-Ich in ein leeres
Grab gelegt wird, um seinen Überlebenswillen zu testen, von einem
gleichsam intern wie extern fokalisierten Erzählcharakter:

[67] Deren Erfolg hängt nun – und zwar ähnlich der Situation eines Neugeborenen, wie
Yecheskiel Cohen in seinen psychoanalytischen Fallbeispielen darlegt – wesentlich von
der Qualität der ersten Erfahrungen ab. Vgl. Yecheskiel Cohen: „Frühe Entwicklung
und Migrationsprozesse", in: Peter Bründl und Ilany Kogan (Hrsg.): *Kindheit jenseits
von Trauma und Fremdheit. Psychoanalytische Erkundungen von Migrationsschicksalen im Kindes- und Jugendalter*, Frankfurt a. M. 2005, S. 17-29, hier S. 23. Eine ablehnende Erfahrung kann ein Trauma auslösen, je nach individueller früher Entwicklung:
„Je normaler diese verlief, desto besser kann sich der Migrant neu organisieren, den inneren Zusammenhang seines Selbst bewahren und sich den Anforderungen der neuen
Realität anpassen." (Ebd., S. 24) Schlechterdings könne die Migration durch Gefühle
der Ausgegrenztheit am Einwanderungsort den Migranten jedoch auch „auf frühere
Entwicklungsstufen und die dazugehörigen Konflikte" (ebd., S. 25), wie z. B. die ödi-
palen, zurückwerfen. Diese würden ausgelöst, wenn das Kind bemerke, dass es in Beziehungen – wie sie zwischen den Eltern besteht – ausgeschlossen ist. Dementsprechend könne der Einwanderer sich aus Beziehungen der Menschen im Einwanderungsland ausgeschlossen und damit nicht zugehörig fühlen, was durch die fremde Sprache
noch unterstützt werde und sein Selbstwertgefühl gefährde. (Vgl. ebd., S. 25.)
[68] Vgl. hierzu auch Angela Weber: *Im Spiegel der Migrationen. Transkulturelles Erzählen und Sprachpolitik bei Emine Sevgi Özdamar*, Bielefeld 2009, S. 188.

> Dann haben die Frauen mich und meine Mutter auf den Friedhof geschickt, mit dem Pferdewagen, dessen Fahrer man den verrückten Hüseyin nannte [...]. Meine Mutter hat mich in eine frisch gegrabene Grube gelegt und über mir gestanden. [...] In der Grube war es still, schön, die Erde war naß, weil ich gerade gepinkelt hatte. (13f.)

Dieser perspektivisch wie inhaltlich multipel inszenierte Lebensanfang – einmal vor der Geburt, dann im Wachwerden durch die Geburt, anschließend durch die Rettung aus dem Grab als ‚zweite' Geburt – bildet jedoch nicht nur die Versuchsreihe einer Neukonstruktion des Lebensbeginns. Er stellt sich auch als dessen ‚Verschleierung' und als eine Verweigerung eindeutiger Identitätszuschreibung dar.[69] Anhand all dieser unlinearen Perspektivierungen, die sich als doppelt, multiple und/oder ambivalent herausstellen lassen, wird vor allem aber eine aktive (problematische) Suchbewegung hinsichtlich identifikatorischer Selbstpositionierung hervorgehoben. Dabei steht die vorgeburtliche Anfangsszene mit ihrer implizit dargestellten Schwäche der Ich-Figur („ich [...] klopfte an die Wand, keiner hörte", 9) für die zu tilgende Macht- und Sprachlosigkeit eines zunächst indefinierten Subjekts.[70] Sie nimmt dadurch bereits Bezug auf die spätere handlungsexterne Situation in der Fremde, aus welcher dann rückblickend erzählt wird.[71] Die multiperspektivische Erzählweise steht für eine innere Fragmentarisierung, aber auch für eine Vielfalt von Erfahrungsmodi, sozialen Rollen sowie von (Selbst-)Deutungsentwürfen.[72]

---

[69] Vgl. Zierau: Wörter auf Wanderschaft (2009), S. 98. Der Rückgriff in die erinnerte (familiäre) Vergangenheit wird im Roman an der Stelle sogar noch weiter vertieft, als die Ich-Erzählerin von der Geburt ihrer eigenen Mutter berichtet, die sie über die Erzählung des Großvaters imaginär miterlebt. (Vgl. 48f.)

[70] So tritt die Protagonistin zu Beginn des Romans lediglich beschreibend auf und agiert erstmals auf S. 17 als Subjekt, indem sie ihren ersten Satz in wörtlicher Rede äußert, wie Simon Melchert anmerkt. Vgl. Melchert: Sprachliche (Neu-)Landvermessungen (2007), S. 92. Gemeint ist die Bemerkung der Protagonistin, dass die Tür nicht aufgehe (genau genommen spricht die Erzählerin einige Zeilen zuvor bereits einen Satz zur Großmutter über einen Geist); Melchert sieht hier eine Analogie zum Romantitel, wobei der ‚Eintritt' ins Leben mit der Sprachbemächtigung und damit Selbstbewusstwerdung erfolge. (Vgl. ebd.)

[71] Auch Konuk hebt ein Verdopplungsmoment der Anfangsszene hervor: „Die Ich-Erzählerin befindet sich anfangs an einem doppelten Ort der unmöglichen Rede: Während die Gebärmutter den Ort des in der sprachlichen Ordnung (noch) nicht existenten Subjekts signifiziert, versinnbildlicht der Zug den sprachlosen Ort der ‚Fremden' im westeuropäischen Dominanzdiskurs." Kader Konuk: „‚Identitätssuche ist ein [sic!] private archäologische Graberei': Emine Sevgi Özdamars inszeniertes Sprechen", in: Cathy S. Gelbin u. a. (Hrsg.): *Aufbrüche. Kulturelle Produktionen von Migrantinnen, Schwarzen und jüdischen Frauen in Deutschland*, Königstein 1999, S. 60-75, hier S. 64.

[72] Vgl. hierzu auch Brunner: Parallele kulturelle Identifikationsräume (2009), S. 49.

Insgesamt lässt sich bei jener Machtlosigkeit im Blick der Erzählinstanz, das heißt bei jener als „schwach" inszenierten, kindlich-naiven
und assoziativen Perspektive von einer erzählstrategisch eingesetzten
Kindheits-Maskerade sprechen, die es für den Leser zu entschlüsseln gilt.
Diese wirkt aber auch mit einer *kulturellen* Erzähl-Maskerade zusammen,
die für Özdamars Kindheitsroman in Bezugnahme auf Bhabhas sprach-
strukturelles Konzept der strategischen Anpassung an herrschende Diskurse wiederholt als eine „Strategie der *Mimikry*"[73] herausgestellt worden
ist. Das Konzept der Mimikry beschreibt eine Nachahmungshandlung im
Sinne einer Widerstandsstrategie, nach der Subjekte an (Macht-)
Diskursen teilnehmen, indem sie sich getarnt in die Geschichten der Literatur einbringen, um (kulturelle) Differenz von innen heraus umzu-
schreiben und dadurch zu verschieben, zu parodieren und somit Neues
hervorzubringen.[74] Das sowohl auf der Sprach- als auch auf der Handlungsebene bei Özdamar häufig angewendete Prinzip der kindlichen
Nachahmung äußert sich in diversen Szenen sprichwörtlichen ‚Nachäf-
fens'[75] – neben den etlichen arabischen Gebeten beispielsweise bei den
lautmalerischen Imitationen von Tieren: „eine Fliege machte vızzzzzz
vızzzzzz vızzzzzz" (36) – mit dem Potential, den Leser unter spieleri-
scher Sprachverwendung (Transformation, Neologisierung, Verfremdung
etc.) ‚einzufangen' und dann subversiv zu beeinflussen. Konuk spricht
hier von einer ‚Ethno-Maskerade'[76], insofern Özdamar dabei häufig mit
orientalischen Motiven operiert – wie beispielsweise mit dem ‚Erzähl-
Teppich' des Großvaters – und so die deutschen (exotistischen[77]) Leseer-
wartungen bedient und damit einer, wie Zierau formuliert, „strategische[n] ‚Orientalisierung'"[78] nachgeht. Hiervon zeugen nicht zuletzt etli-

---

[73] Zierau: Wörter auf Wanderschaft (2009), S. 108. Vgl. hierzu auch Breger: Meine
Herren, spielt in meinem Gesicht ein Affe? (1999), Brunner: Parallele kulturelle Identifikationsräume (2009) oder Konuk: Identitätssuche ist ein Graberei (1999), S. 65f.
[74] Vgl. Homi K. Bhabhas einschlägigen Aufsatz: „Von Mimikry und Menschen: Die
Ambivalenz des kolonialen Diskurses", in: ders.: *Die Verortung der Kultur*, Tübingen
2000, S. 125-136.
[75] Vgl. hierzu insbes. Breger: Meine Herren, spielt in meinem Gesicht ein Affe? (1999).
[76] Konuk: Identitätssuche ist ein Graberei (1999), S. 66f.
[77] Die ‚Berechtigung' zu einer solchen Leseerwartung bei Özdamar begründet Martin
Hielscher in seinem Aufsatz: „Andere Stimmen – andere Räume. Die Funktion der
Migrantenliteratur in deutschen Verlagen und Dimitré Dinevs Roman *Eselszungen*",
in: *Literatur und Migration* (*Text + Kritik* Sonderband IX/06), hg. von Heinz Ludwig
Arnold, München 2006, S. 196-208, hier S. 196f.
[78] Zierau: Wörter auf Wanderschaft (2009), S. 108. Ähnlich formuliert auch Breger,
dass Özdamar sich innerhalb eines erwarteten Orientalismus bewege, indem sie eine
Pose als ‚fremde', orientalisch schreibende Autorin in Europa einnehme. Vgl. Breger:
Meine Herren, spielt in meinem Gesicht ein Affe? (1999), S. 46f.

che Rezensionstitel zum Roman wie „Märchen mit 1001 Kontrasten"[79], „Im Namen Allahs: hochpoetisch"[80] oder „Reise in fremde Welt"[81] etc. Inwiefern diese textstrategischen kulturellen Sprach-Maskierungen über das Konzept der Kindheit und Kindlichkeit im Einzelnen zum Ausdruck gelangen, soll im Folgenden analysiert werden.

III.1.4. Mutterzunge und Paradiesonkel – Sprache und Identität in Bewegung

Bei der Beschäftigung mit sprachlichen Formen in Emine Sevgi Özdamars Werk steht vor allem die Übersetzung als eine aus der Migration hervorgegangene „Arbeit an der Sprache"[82] im Zentrum. Für diesen teilweise schmerzhaften Bearbeitungsprozess im Sinne einer wechselseitigen Veränderung von Mutter- und Fremdsprache stehen die Bewegungen des Sprechorgans in den viel zitierten[83] Anfangssätzen aus Özdamars Erzählung „Mutterzunge" (1990):

> In meiner Sprache heißt Zunge: Sprache. Zunge hat keine Knochen, wohin man sie dreht, dreht sie sich dorthin. Ich saß mit meiner gedrehten Zunge in dieser Stadt Berlin. [...] Wenn ich nur wüßte, wann ich meine Mutterzunge verloren habe.[84]

In der Sprachgestaltung des zwei Jahre später erschienenen *Karawanserei*-Romans ist nicht nur eine solche vom Türkischen ins Deutsche ‚gedrehte Zunge' auszumachen, sondern hier wird eine identifikatorische Suchbewegung deutlich, die durch die Motilität und Mutabilität von Sprache an sich – und zwar auch im Derrida'schen Sinne einer allgemeinen sprachli-

---

[79] Irene Graefe: „Märchen mit 1001 Kontrasten", in: *Kieler Nachrichten* vom 17.09.1992, S. 12.

[80] Elisabeth Binder: „Im Namen Allahs: hochpoetisch. Emine Sevgi Özdamars neuer Roman", in: *Neue Zürcher Zeitung* vom 04.12.1992, S. 31.

[81] Heike Langenberg: „Reise in fremde Welt. Emine Sevgi Özdamar schätzt ungewöhnliche Bilder", in: *Nordsee-Zeitung* vom 28.01.1993, S. 23. Auf eine Marginalisierung der migrierten Autorin durch die hierin zum Ausdruck gebrachten Orientalismen verweist auch Konuk, vgl.: Identitätssuche ist ein Graberei (1999), S. 62.

[82] Weber: Im Spiegel der Migrationen (2009), S. 173.

[83] Vgl. hierzu insbes. Ottmar Ette: *ÜberLebenswissen. Die Aufgabe der Philologie*, Berlin 2004, S. 235ff.

[84] Emine Sevgi Özdamar: „Mutterzunge", in: dies.: *Mutterzunge*, Berlin 1990, S. 7. Die Sätze beziehen sich sowohl auf das türkische „dil", was etwa dem englischen „tongue" vergleichbar ist, als auch auf das türkische „cevirmek" für „drehen" und auch für „übersetzen". Demgegenüber hat Özdamar zur Bedeutung des Titels „Mutterzunge" konstatiert: „Mit Zunge meinte ich nicht die Sprache, sondern die Zunge im Mund meiner Mutter, ein warmes Körperteil, die Liebesquelle meiner Sprache, meiner Gefühle, meiner Kindheit, meiner Jugend." Özdamar: Lebensunfälle (2007), S. 296.

chen Arbitrarität gesehen[85] – zum Ausdruck gelangt. Denn anhand verschiedener dargestellter Krisensituationen im Roman, die immer auch im Zusammenhang mit der persönlichen Entwicklung der kindlichen Protagonistin stehen, wird Sprache und Sprechen in der Funktion einer Art „Gewährleistungsinstanz"[86] für individuelle und kollektive Identität in Frage gestellt. So kann beispielsweise die kindliche Ich-Erzählerin, nachdem sie von ihrem Ferienaufenthalt aus Anatolien zum elterlichen Wohnort in Istanbul zurückkehrt, das Wort „Mutter" (!) durch eine eingeschlichene Mundart nicht mehr „sauber[ ]" (56) aussprechen. Zwischen Mutter und Tochter bildet sich eine hermetische „Dialektmauer" (ebd.):

> Ich machte wieder meine Arme auf, sagte: „Mutter-Anacuğum."
> Meine Mutter sagte: „Sag: Anneciğim! Nicht Anacuğum." Ich sagte: „Anacuğum." Mutter sagte: „Anneciğim", ich sagte: „Anacuğum." [...] Diese beiden Wörter fochten in der Mitte des Zimmers, wo die Spinnen in großer Ruhe an den Wänden ihre Häuser längerzogen. [...] Großmutter sagte: „Ja, sie sagt Anagı", was auch in ihrem Dorfdialekt in Kapadokia „Mutter" heißt. Ihre Anagı, meine Anacuğum standen nebeneinander gegenüber İstanbuler Anneciğim. (56f.)

Die in dieser Textstelle anhand von Sprachmechanismen artikulierte „schmerzhafte Erfahrung, von den eigenen kulturellen Wurzeln abgeschnitten zu sein"[87], erscheint in der Darstellung aus kindlicher Perspektive abgemildert und wird gleichzeitig betont. Daneben offenbart das Gespräch eine gewisse Komik in der Darstellung des Wortgefechts durch die ‚ver-rückte' Kinderperspektive. In Form von naiv-komischer Verfremdung wird dabei gerade die Bedeutung dieser Erfahrungen als wichtige Etappe in der Sozialisation der Ich-Erzählerin betont, auf dessen Bildungsweg es vor allem der Mutter um einen sprachlichen Identitätsstandard zum Schutz der Tochter zu tun ist.[88] In den hier mikrokosmisch an-

---

[85] Jacques Derrida hebt in seinen dekonstruktivistischen Sprachtheorien die generelle Unverfügbarkeit, Unbeherrschbarkeit und Nicht-Aneigbarkeit von Sprache hervor. Da Sprache stets aus Übersetzung, Übertragung oder Überlieferung hervorgehe, handle es sich auch bei Muttersprache immer um eine angeeignete, ursprünglich fremde Sprache. Vgl. Jacques Derrida: *Die Einsprachigkeit des Anderen oder die ursprüngliche Prothese*, aus dem Frz. von Michael Wetzel, München 2003 und das darin enthaltene Nachwort von Michael Wetzel: „Alienationen. Jacques Derridas Dekonstruktion der Muttersprache", S. 141-154.
[86] Kadıpınar: Kulturelle und hybride Identität (2009), S. 119.
[87] Weber: Spiegel der Migrationen (2009), S. 208.
[88] So sorgt sich die Mutter um die Integration ihrer Tochter und besteht darauf, dass die Ich-Erzählerin wieder „sauberes Türkisch" spreche, um in der Schule nicht als „Bauer" (56) zu gelten. In solchen sprachästhetischen, aber auch in inhaltlichen Textgestaltungen wie z. B. der eingenommenen ambivalenten Haltung gegenüber Atatürk und seinen Sprachreformen versteckt sich Kadıpınar zufolge im Roman eine allgemeine

hand von Binnenmigration dargestellten Auswirkungen von Sprachverlust ist durch die Art der Übertragung ins Deutsche und dessen Aneignung bereits eine spätere migrationsbedingte Sprachfremde eingeschrieben.

So erscheint ähnlich diesem ‚Dialektduell‘ die gesamte sprachliche Gestaltung des Romans als eng an die Wahrnehmungsfähigkeit der Kind-Protagonistin gebunden. Schon der auf den ersten Blick „merkwürdige[ ]“[89] Titel *Das Leben ist eine Karawanserei hat zwei Türen aus der einen kam ich rein aus der anderen ging ich raus* hebt in seiner parataktisch-assoziativen Form samt grammatischer Regelmissachtung des Deutschen nicht nur kulturelle Differenz[90] oder gar Exotik[91] hervor, sondern erinnert vor allem auch an kindliche Sprachmuster. Dieser ebenso für den restlichen Erzähltext geltende Eindruck einer infantilen Sprachgestaltung ist einem auf türkisch-deutsche Transformationsprozesse zurückgehenden Sprachmodell geschuldet, bei welchem die deutsche Schreibsprache nicht nur *durch*setzt von türkischen Silben, Wörtern und Sätzen ist, sondern sich zu wesentlichen Anteilen aus *über*setzten türkischen Sprachelementen und -strukturen speist. Der Prozess der ‚*Ein*schreibung‘ des Türkischen ins Deutsche wird dabei zu einem Prozess der forschend suchenden ‚*Er*schreibung‘ des Deutschen: Es gibt den Anschein, als werde entsprechend dem Spracherwerb des Kindes ein Sprachsystem erst erschaffen, für das Wörter, Wendungen und lautmalerische Elemente „auf mehreren Ebenen durchgespielt [...] oder einfach die Mehrdeutigkeit von türki-

---

„Kritik am Sprachpurismus“. Vgl. Kadıpınar: Kulturelle und hybride Identität (2009), S. 124, Zitat ebd.

[89] Şölçün: Literatur der türkischen Minderheit (2000), S. 143. Der Titel bildet sich aus den Anfangsversen des Liedes eines bekannten türkischen Volkssängers, wie Özdamar erklärt, vgl. Wierschke: Schreiben als Selbstbehauptung (1996), S. 250. Dass es sich dabei um Aşik Veysel (1894-1973) handelt, haben u. a. Mecklenburg (vgl. Mecklenburg: Karnevalistische Ästhetik, S. 95 u. Anm. 19) oder Aytaç (Sprache als Spiegel der Kultur, 1997, S. 173) hervorgehoben, wo es zudem heißt, es handle sich um ein „dem türkischen Publikum gut bekanntes Gedicht“ mit den Zeilen: „Dünyada geldiğim anda / Yürüdüm aynı zamanda / İki kapalı bir handa / Gidiyorum gündüz gece.“

[90] Die grammatischen Regelverstöße (es fehlen Kommata, und man kann nicht „aus“ einer Tür „rein“ kommen) bewirken laut Boa eine „ungelöste Spannung zwischen den in sprachliche Hybridität eingeschriebenen Polen der Verschmelzung und der Disjunktion kultureller und psychischer Unterschiede.“ Boa: Hybrides Schreiben (1997), S. 127.

[91] Regula Müller lenkt das Augenmerk auch auf die graphische Gestaltung des Buchumschlags samt Titel, der durch seine Farbgestaltung eindrucksvoll an religiöse Schriften erinnere. Schließlich erwecke das Wort „Karawanserei“ beim Leser Assoziationen sowohl mit einer anderen Kultur als auch einer andern Zeit. Vgl. Regula Müller: „‚Ich war Mädchen, war ich Sultanin‘: Weitgeöffnete Augen betrachten türkische Frauengeschichte(n). Zum Karawanserei-Roman von Emine Sevgi Özdamar“, in: Sabine Fischer und Moray McGowan (Hrsg.): *Denn du tanzt auf einem Seil. Positionen deutschsprachiger MigrantInnenliteratur*, Tübingen 1997, S. 133-149, hier S. 135.

schen Begriffen in der deutschen Sprache ausprobiert"[92] werden. Bei dieser Weise der spielerisch-artifiziellen Verfremdung entstehen – mehr oder
weniger deutlich auf ihre türkischen Ursprünge verweisende – hybride
Sprachformen, die durch ihre bisweilen komischen Effekte sprachliche
und kulturelle Differenz betonen und zugleich dekonstruieren.[93]
    Im Einzelnen gestaltet sich dies im Roman anhand sprachlicher For-
men, über die der deutsche Leser zunächst ,stolpern' mag und auch soll[94],
um somit Aufmerksamkeit auf Prozesse von sprachlicher Sinnkonstituie-
rung sowie fremdsprachlicher Verständigung zu lenken.[95] Zu den auffälligsten „Störfaktor[en]"[96] zählen dabei die in großer Breite verwendeten
kulturtopographischen[97] Idiome und Metaphern, die als lineare Übersetz-
zungen[98] in Form von teilweise befremdlicher bis grotesker Bildsprache
jeweils neu funktionieren. Im Kontext sprachphilosophischer Theorien
wird die Metapher aufgrund ihrer Abweichung und Uneigentlichkeit als
der „Ort des Fremden" bzw. der Verfremdung schlechthin gesehen. Doch
kann sie im Sinne eines ,produktiven Fremdkörpers' zugleich auch immer
ein kreatives ,Zwischen' des Textes (im Sinne einer Bewegung der Meta-

---

[92] Baumgärtel: Das perspektivierte Ich (2000), S. 329.

[93] Bay geht davon aus, dass der verfremdende Effekt auf deutsche wie auf türkische Leser wirke, da für beide jeweils neue Sichtweisen eröffnet würden. Vgl. Bay: Der verrückte Blick (1999), S. 42.

[94] Die explizite Absicht, den Leser über bestimmte Spracheigenheiten und auch -fehler
„stolpern" zu lassen, hat Özdamar selbst in verschiedenen Interviews geäußert. Vgl.
bspw. in: David Horrocks und Eva Kolinsky: „Living and Writing in Germany. Emine
Sevgi Özdamar in Conversation with David Horrocks and Eva Kolinsky", in: dies.
(Hrsg.): *Turkish Culture in German Society Today*, Providence und Oxford 1996, S.
45-54, S. 49: "They have to be made to stumble".

[95] Vgl. Frank Krause: „Emine Sevgi Özdamar. ,Schwarzauge und sein Esel'", in: Ingo
Breuer und Arpad A. Sölter (Hrsg.): *Der fremde Blick. Perspektiven interkultureller
Kommunikation und Hermeneutik*, Innsbruck u. a. 1997, S. 229-247, hier S. 232f.

[96] Kader Konuk: *Identitäten im Prozeß. Literatur von Autorinnen aus und in der Türkei in deutscher, englischer und türkischer Sprache*, Essen 2001, S. 91. Metaphern
kennzeichnen sich Haverkamp zufolge grundsätzlich durch „Dysfunktionalität, Verunsicherung und Durchbrechung". Anselm Haverkamp: „Die paradoxe Metapher. Einleitung", in: ders. (Hrsg.): *Die paradoxe Metapher*, Frankfurt a. M., S. 7-25, hier S. 8.
Ette führt Özdamars ,Sprachstörungen' in seinen Ausführungen auf „Migrationsstreß"
zurück: Ottmar Ette: „Die Fremdheit in der Muttersprache. Emine Sevgi Özdamar,
Gabriela Mistral, Juana Borrero und die Krise der Sprache in Formen des weiblichen
Schreibens zwischen Spätmoderne und Postmoderne", in: Reinhard Kacianka und Peter V. Zima (Hrsg.): *Krise und Kritik der Sprache. Literatur zwischen Spätmoderne
und Postmoderne*, Tübingen und Basel 2004, S. 251-268.

[97] Aytaç zufolge handelt es sich bei Özdamars Metaphern wie bei Metaphern generell
um „bewährte Spiegel der Kultur eines Volkes". Aytaç: Sprache als Spiegel der Kultur
(1997), S. 172.

[98] Diese bezeichnet Göktürk als „eigenwillige Verdeutschung[en] türkischer Redewendungen". Göktürk: Kennzeichen: weiblich / türkisch / deutsch (1999), S. 528.

pher zwischen uneigentlicher Redewendung und buchstäblich Gemein-
tem) eröffnen.[99] Kommt zur metaphorischen Übertragung nun noch die
sprachliche Übersetzung hinzu, so gerät die Metaphorisierung hier noch
zusätzlich in Bewegung. Denn Sprichwörter beschreiben prinzipiell auch
den Wissens- und Erfahrungsschatz eines Kollektivs und transportieren
somit implizit dessen sprachliche wie kulturelle Identitätsstandards.[100]

So formuliert David Martyn zu den hier verwendeten, transferierten
Metaphern und Idiomen eine Ambivalenz hinsichtlich ihrer identitätsstiftenden Funktion: Sie folgten einerseits ausdrücklich nicht den „konstruierten' Fremdbilder[n] des europäischen Kulturdiskurses" und bildeten
„wahrhaft Importware"[101], erzeugten zugleich aber auch wieder keine
,wahren' Metaphern, da sie „nicht intakt eingeführt"[102] würden; es handele
sich weder um türkische noch um deutsche Wörter, sondern um ein
sprachliches ,Migrationsprodukt', das sich aufgrund seines desorientie-
renden Effekts jegliche kulturelle Verortung verbiete.[103] Insgesamt relativiert der textstrategisch im Roman eingenommene Kinderblick hier jedoch jeglichen „Schock des Wörtlichen"[104], wie ihn etwa Johnson beschreibt, insofern der als kindlich inszenierte Darstellungsmodus sowohl
sprachliche als auch inhaltliche Fehler in gewisser Weise ,legitimiert'. Die
Differenzfunktion der Metapher wird somit hervorgehoben und dabei
zugleich abgeschwächt.

Zwar sind die übersetzten Sprachformen und -bilder im Roman häufig nur von bilingualen und/oder kulturell ,eingeweihten' Lesern überhaupt als Transformation zu erkennen wie beispielsweise der Name
„Schwarze Rose" (155) [„Karagül"][105] der jüngeren Schwester. Viele kon-
notative Schnittstellen mit dem türkischen Kulturkontext bleiben dem
unwissenden fremdkulturellen Leser verschlossen.[106] Doch lassen etliche,
ungewöhnlich bis bizarr anmutende Wortformen Reflexionsprozesse über
eigene Konnotationen anfahren, wie etwa die im Türkischen gebräuchli-

---

[99] Vgl. Jentsch: Da/zwischen (2006), S. 24ff., Zitat S. 25.

[100] Vgl. Kadıpınar: Kulturelle und hybride Identität (2009), S. 120.

[101] David Martyn: „„Schiffe der Wüste', ‚Schiffe des Meeres'. Topographien der Meta-
pher bei Emine Sevgi Özdamar, Salim Alafenisch und Yoko Tawada", in: Hartmut
Böhme (Hrsg.): *Topographien der Literatur. Deutsche Literatur im transnationalen
Kontext*, Stuttgart und Weimar 2005, S. 724-744, hier S. 733.

[102] Martyn: Schiffe der Wüste (2005), S. 734.

[103] Vgl. Martyn: Schiffe der Wüste (2005), S. 735.

[104] Johnson: Literatur von deutschschreibenden Autorinnen (1997), S. 269.

[105] Eigene Übersetzungen werden im Folgenden durch eckige Klammern gekennzeichnet.

[106] Wie bspw. in der Rede vom „schwarzen Zug" (10), mit dem die Soldaten in den
Krieg fahren und der im Türkischen als Metapher für eine Reise in den Tod steht. Vgl.
hierzu Gerhard Bechtold: „Fallen im Text. Notizen zu Lesungen von Emine Sevgi
Özdamar in Istanbul", in: *Diyalog* 1 (1994), S. 131-137, hier S. 132f.

che Schimpfrede „Die Augen des Geldes sollen blind werden." (247) [„Paranın gözü kör olsun." i. S. v. „verfluchtes Geld"] oder die Phrase „Würmer ausschütteln" (122) [„kurtlarını dökmek" i. S. v. „Schlechtes loswerden"] zeigen. Mithin wird anhand einiger ihm recht derb erscheinender Wendungen – wie zum Beispiel der ad verbum übertragenen, ugs. verwendeten Aufforderung: „Fick nicht meine Ohren" (189) [„Kulağımı sikme" i. S. v. „rede nicht so viel"] oder der Rede Sıdıkas: „Kinder, eure Ärsche bereithalten, es wird alles von Amerika gefickt." (182)[107] – ein Anstoß an fäkal-sprachlichen Formulierungen und Schwerpunktsetzungen[108] regelrecht provoziert.

Wenn Göktürk in den sprachlichen Transformationen einen „exotische[n] Reiz"[109] für die deutschen Leser ausmacht, darf dabei nicht unberücksichtigt bleiben, dass solche ungewohnt wirkenden Sprachstrukturen auch einer strategischen Erzähltechnik geschuldet sind, die mit infantil erscheinenden Sicht- und Ausdrucksweisen operiert. Mithin überlagern sich die spezifische translinguale Schreibweise der Migrationsautorin Özdamar und deren als kindlich inszenierte Sprachästhetik im Roman.[110] Wie es insbesondere auch Sohelia Ghaussy hervorhebt, findet hier eine Rückversetzung des deutschen Lesers in die Lage des kindlichen Spracherwerbs statt. Denn dieser lernt erst aus der Erklärung und kontextualen Einbin-

---

[107] Des Weiteren beschwert sich die Mutter bspw. bei ihren Kindern: „Ihr habt diese Nacht das Haus gefickt." (192) [„Bu akşam evi sikdiniz." i. S. v. „Unordnung machen"]. Die befremdende Wirkung dieser übersetzten Redewendungen reflektiert die (erwachsene und migrierte) Erzählerin sehr wohl, insofern sie diese Ausdrucksweisen dem Leser erklärend darlegt, vgl. 192.

[108] So erscheint die Protagonistin als „mit einem Schwanz am Arsch" (72), hat beim Beten „Angst vorm Furzen", so hält die Großmutter manche Sprechweisen für „eine Hand voller Scheiße" (73), möchte ein Vater „die Sippe dieser Englischlehrerin glattficken" (190) oder werden bspw. in textgraphischer Herausstellung etliche umgangssprachliche Bezeichnungen für Penis aufgelistet. (Vgl. 188f.) Obendiek vermerkt hinsichtlich dieser arglosen Verwendung der Vulgärsprache, dass Özdamar eine Fremdsprache ohne ihr bekannte Tabubeschränkungen, d. h. ohne „affektiven Ballast", anwende. Vgl. Edzard Obendiek: *Der lange Schatten des babylonischen Turmes. Das Fremde und der Fremde in der Literatur*, Göttingen 2000, S. 45.

[109] Deniz Göktürk: „Muttikültürelle Zungenbrecher: Literatürken aus Deutschlands Nischen", in: *Sirene* 12/13 (1994), S. 77-92, hier S. 80. Vgl. hierzu auch dies.: Kennzeichen: weiblich / türkisch / deutsch (1999), S. 527. Ferner weist Boa auf die Gefahr der deutschen Leserschaft hin, die ihnen fremdartigen Sprachmuster in Özdamars Roman – der sich ihrer Meinung nach explizit an eine türkisch sprechende bzw. zweisprachige Leserschaft richte – nicht zu verstehen bzw. zu exotisieren und damit dem Orientalismus zu verfallen. Vgl. Boa: Hybrides Schreiben (1997), S. 127f.

[110] Wie Özdamar in einem Gespräch mitteilte, nahm sie für den Fortsetzungsroman *Die Brücke vom Goldenen Horn* (1998) bewusst eine ‚erwachsenere' Sprachgestaltung vor, die sich von derjenigen ihres Kindheitsromans absetzen sollte. Vgl. hierzu auch die Angaben in Gutjahr: Bildungsroman (2007), S. 120.

dung der unbekannten Phrase, diese zu verstehen.[111] Dies geschieht dabei
meist in parodierender Form, wenn sich zum Beispiel an den Gebrauch
der Redewendung des ‚Würmer-Ausschüttelns' im Roman unmittelbar
die Erzählung über die Genesung der Protagonistin von einem tatsächlichen Bandwurm-Befall anschließt. (Vgl. 118ff.) Zudem wird der Ausdruck durch eine direkte Konfrontation mit seiner faktischen Entsprechung subversiv ins Komische gewandt: „Meine Tochter, du bist deine
Würmer losgeworden, jetzt wollen dein Vater und deine Mutter auch ihre
Würmer im Kino ausschütteln." (122) Durch diese Weise der entlarven-
den Darstellung wird dem nicht ‚eingeweihten' Rezipienten die Ge-
brauchsform und Bedeutung der Redensart so unwillkürlich wie ein-
drücklich bewusst gemacht. Dies gilt ebenso für die im Romanverlauf
eher selten offengelegten direkten Sprachtransformationen wie „Regen-
bogen hieß: Gökkuşağı. Gök ist der Himmel, kuşak ist der Gürtel =
Himmelsgürtel." (152)[112]
    Neben den Metaphern bilden auch die ins Deutsche ‚migrierten'[113]
und fremdartig wirkenden grammatischen Strukturen ein sprachliches
Stilmittel des Kindlichen. So erscheinen beispielsweise die auf das Türkische zurückgehenden Kompositabildungen wie „Großmutterbewegun-
gen" (80) oder „Steinbrucharbeiterhand" (93)[114] sowie das häufig eingesetzte parataktische „und dann" als kindliche Ausdrucksform. Ebenso erinnern grammatikalisch oder sinnlogisch nicht immer einwandfreie Formulierungen wie „Der Tote ging im Sarg weg" (243)[115] innerhalb der
deutschen Sprache aufgrund ihrer holprigen Form an kindliche Diktion.
Die hier oftmals uneben oder unbeholfen wirkende Art verweist auf eine
für die junge Protagonistin authentisch erscheinende kindliche und naive

---

[111] Vgl. Ghaussy: Das Vaterland verlassen (1999), S. 7. Darauf verweist außerdem
Baumgärtel: Das perspektivierte Ich (2000), S. 332.
[112] Gelegentlich werden vollständige türkische Sätze in der wörtlichen Figurenrede anschließend entweder direkt übersetzt: „Küçük hanım (Kleine Frau) akşam oluyor' (es
wird Abend)" (65) oder sinngemäß übertragen: „Zübeyde Hanım cin bastı.' [Frau
Zübeyde, ein Dschinn hat uns überfallen.] Sie meinte, die Geister machen Razzia."
(244)
[113] Auch Regula Müller stellt hinsichtlich Özdamars Text ein „migrierende[s] Schreib-
verfahren" heraus. Regula Müller: Ich war Mädchen (1997), S. 143.
[114] Vgl. zu den Komposita im Roman u. a. auch Mingels: Emine Sevgi Özdamar (2005),
S. 304 und Weber: Spiegel der Migrationen (2009), S. 233.
[115] Unmittelbar transferiert von türk:: Ölü tabutun içinde gitti.". Vgl. außerdem z. B.
wenn die Figur der Mutter auf die Frage der Ich-Erzählerin, *warum* (nicht *woran*) Atatürk gestorben sei, antwortet: „Am Rakıtrinken." (147) Weber spricht bei Özdamars
Schreibpraxis von dem Eindruck der konsequenten „Unterwanderung der deutschen
Grammatik". Weber: Spiegel der Migrationen (2009), S. 247. Özdamar selbst äußerte
sich diesbezüglich: „Die sprachlichen Fehler gehören zur Identität, weil man Bilder aus
der Muttersprache im Kopf hat, aber sich deutsch ausdrücken musste." Özdamar: Die
Wörter haben Körper (1998), S. 177.

Ausdrucks- und Herangehensweise. In diesem Sinne gestaltet sich auch
die Semantisierung der Umwelt über ein kindliches imaginatives, visuelles
und akustisches Spiel mit der Sprache und ihren einzelnen Elementen.
Hier ertönen Sprachzeichen innerhalb (Text-)Raum einnehmender, repe-
titiver Reihungen als dadaistische[116], an kindliche Spracherwerbsprozesse
erinnernde onomatopoetische Wortklänge: „çit çit çit çit çit [...]"
(114f.).[117] Oder es verwandeln sich Sprachzeichen in ‚Wortkarawanen'[118],
indem sie „wie eine Kamelkarawane hintereinander liefen" (58). Wenn die
Buchstaben des Großmuttergebets beginnen, „wie ein Vogel, [...] manche
wie schlafende Tiere" (19)[119] auszusehen, dann vermag die imaginativ-
verfremdende und infantil-naive Herangehensweise der Ich-Erzählerin,
die hier auf die Kalligraphie der arabischen Schriftzeichen rekurriert,
durch diese kindlich-kreative ‚Verzerrung' gerade einen unverstellten
Blick auf religiöse und traditionelle Strukturen freizugeben.
    Als „Störungen" in der Lektüre erzeugen diese Formen und Struktu-
ren kurzzeitig Leerstellen, die es für den deutschen Leser durch eigenre-
flexives Sinnkonstruieren zu füllen gilt. Diesen aus dem Bewusstwerden
sprachlicher Fremdheit hervorgerufenen Prozess beschreibt Obendiek
folgendermaßen:

> Mancher Leser stutzt, merkt auf, wenn Sprachen in Texten aufei-
> nanderprallen [...]. Der Moment des konkreten Sprachenkontaktes
> zieht weite Kreise, läßt fragen, wer hier der Fremde ist, woher er
> kommt, was seine Fremdheit für die Dramaturgie dieser Erzählung
> bedeutet, aber auch, was Fremdsein überhaupt ausmacht, worin es
> begründet ist und welche Wirkungen es hat.[120]

Ein solches Reflektieren des Fremden oder des Fremdseins bildet bei
Özdamar sowohl den Ausgangspunkt als auch die Intention des Schreibens. Dabei zeugt die im Roman angewandte Sprachästhetik von einer

---

[116] Özdamar selbst hat ihre Ausdrucksweise als „Sprachdadaismus" bezeichnet, vgl. das
Interview mit Chudi Bürgi: „Spazierengehen, das heisst Würmer ausschütteln", in:
Wochen Zeitung 5 vom 05.02.1993, S. 13.
[117] So z. B. auch: „zittzittzitternden" (91) oder „tıst tat tıst tat tıst [...]" (185) u.v.m.
Während der Spracherwerbsphase der vorsprachlichen Lautentwicklung beginnen Kinder im Stadium des so genannten „repetetiven Babbelns", sich wiederholende, rhythmische Lautfolgen zu bilden. Vgl. hierzu Jürgen Dittmann: *Der Spracherwerb des Kindes.
Verlauf und Störungen*, München 2002, S. 20ff. Gleichwohl sich die Prozesse ähneln
mögen, unterscheidet sich der frühkindliche Erwerb der Muttersprache jedoch wesentlich von einem späteren Erwerb einer Fremdsprache. Vgl. hierzu etwa Dieter E. Zimmer: *So kommt der Mensch zur Sprache. Über Spracherwerb, Sprachentstehung und
Sprache & Denken*, München 2008.
[118] Vgl. hierzu auch: Ghaussy: Das Vaterland verlassen (1999), S. 1.
[119] Diese Passage findet sich fast wörtlich auch in der Erzählung „Großvaterzunge" aus
dem Erzählband *Mutterzunge* auf S. 16 wieder.
[120] Obendiek: Der lange Schatten (2000), S. 13.

sprachlichen Fremdheit, die sich für die Autorin in doppelter Weise darstellt: Erstens verfasst sie den Text in einer Sprach*fremde*, nämlich in einer anderen Nationalsprache als der Muttersprache; zweitens schreibt sie
in einer Sprach*varianz*, nämlich in der naiv-infantilen Sprache eines Kindes.

All diese immer auch kindlich anmutenden Sprach-Suchbewegungen
innerhalb der Übersetzungsvorgänge verweisen nicht nur auf die generelle
Hybridität von Sprache und Kultur, sondern sie stehen auch für den Sozialisationsprozess, das heißt für den Entwicklungsvorgang in der Welta-
neignung und Enkulturation des Menschen. Dies gilt, insofern Sprache als
Verfahren der Bedeutungskonstruktion zu betrachten ist und Phantasie,
Nachahmung und Mimesis[121] wichtigste Momente innerhalb des kindlichen Spracherwerbs darstellen. Zugleich wird aber auch ein aus erwachsener Erzähl-Perspektive lesbarer Versuch der sprachlichen und kulturellen
Verortung zwischen dem Türkischen und Deutschen erkennbar. Dies
zielt nicht auf einen neu zu suchenden Standpunkt außerhalb beider Kulturen, sondern auf eine unablässige und verbindende Bewegung hin und
her, bei welcher man sich stets wie die Sonne des Trilogietitels *auf halbem
Weg* befindet. So wird im Identitätsbildungsprozess der Hauptfigur des
Romans Sprache zum essentiellen Medium, über das Vergangenheit mit
Bezug auf das gegenwärtige Gewordensein konstruiert und ein transkul-
tureller Selbstentwurf eingeleitet wird. Die Übersetzung bildet dabei den
„*locus classicus*"[122] zur Repräsentation wie Dekonstruktion kultureller
Differenz.[123] Mit anderen Worten: Es wird aus Sicht der erwachsenen,
nach Deutschland migrierten Erzählinstanz eine türkische Kindheit entworfen, indem ihr mittels der deutschen Schreibsprache eine gewissermaßen ,sprachliche Kindheit' verliehen wird[124], und die darüber zum Ausdruck gebrachte sprachliche wie kulturelle Differenz zugleich getilgt. Die
Sprache wird variiert, verformt und mit einem anderen „Rhythmus" ver-

---

[121] Vgl. Baader: Die romantische Idee des Kindes (1996), S. 109.

[122] Claudia Breger und Tobias Döring: „Einleitung: Figur der/des Dritten", in: dies.
(Hrsg.): *Figuren der/des Dritten. Erkundungen kultureller Zwischenräume*, Amsterdam und Atlanta 1998, S. 1-18, hier S. 3.

[123] Vgl. zum Zusammenhang von Übersetzung und kultureller Differenz bspw. Anselm
Haverkamp: „Zwischen den Sprachen. Einleitung", in: ders. (Hrsg.): *Die Sprache der
Anderen. Übersetzungspolitik zwischen den Kulturen*, München 1997, S. 7-12, hier S.
7.

[124] So erklärt auch die Autorin in ihrer Rede zum Erhalt des Adelbert-von-Chamisso-
Preises 1999, dass für sie deutsche Wörter keine „Kindheit" hätten. Emine Sevgi
Özdamar: „Meine deutschen Wörter haben keine Kindheit. Eine Dankrede", in: dies.:
Hof im Spiegel, Köln 2001, S. 125-132, S. 131. Wie Özdamar an anderer Stelle ausführt,
habe sie sich ihre Kindheit erst auf Deutsch konstituiert: „Ich bin in einer alten Zivili-
sation aufgewachsen. Meine Kindheitserinnerungen habe ich mit der deutschen Spra-
che ausgegraben". Sieglinde Geisel: „Die Liebesquellen der Sprache", in: *Neue Zürcher
Zeitung* vom 11.03.2005, S. 44.

sehen – sie wird gewissermaßen aus der Fassung gebracht[125] und neu er-
funden.

Bei diesem Vorgang ergibt sich keine Mischung mit dem Türkischen,
bei der beide Sprachen letztlich nebeneinander stehen bleiben; vielmehr
sind sie strategisch-verfremdend ineinander gefügt und in ihren hybriden
sprachlichen Formen und Strukturen vielfältig gebrochen und verspiegelt.
In den sich hierbei ergebenen Bruch- und Übertragungsmomenten repro-
duziert sich die Idee des Auf-Brechens und eröffnet sich der viel be-
schworene „dritte" (Bedeutungs-)Raum. Das von Walter Benjamin in seiner Übersetzungstheorie von 1923[126] beschriebene ,Dritte' bei allen
sprachlichen Transformationsprozessen meint eine Erweiterung sowohl
des Originals als auch der Zielsprache um eine weitere Bedeutungssphä-
re.[127] Es handelt sich dabei um jene Dimension, die der postkoloniale
Theoretiker Homi K. Bhabha im Zusammenhang mit Fragen der Kulturübersetzung später als konstruktiven und für die Artikulation kultureller
Differenz obligatorischen, „ambivalenten Äußerungsraum" bzw. als
„Dritten Raum" formuliert.[128] Ebendieser Raum ist es, innerhalb dessen
sich Özdamar in ihrer mit Fragen der (Un-)Übersetzbarkeit spielenden
Schreibpraxis bewegt[129] und welcher in ihrem Kindheitsroman gerade
durch diverse offensichtliche Unübersetzbarkeiten als nicht tilgbare Differenz[130] markiert wird. Insbesondere bei der Beschreibung bestimmter
kultureller Muster und Rituale wird deutlich, dass eine sprachliche Übersetzung ins Deutsche hinsichtlich einer Kulturübersetzung keine ausrei-
chende Transferleistung bieten kann, dass Sprache also als Referenzsys-
tem allein für kulturelle Muster nicht verlässlich ist.[131] Dieses ,Defizit'
kann nun die textstrategische, kindlich-naive Maskerade als legitimieren-
der Darstellungsmodus auf gewissermaßen metakultureller Ebene auffan-
gen.

---

[125] Ottmar Ette spricht davon, dass Özdamar das Deutsche zu ihrer Literatursprache
gemacht habe, „um es gleichsam aus der Fassung zu bringen und neu zu erfinden."
Ette: ÜberLebenswissen (2004), S. 237.
[126] Walter Benjamin: „Die Aufgabe des Übersetzers (1923)", in: ders.: *Gesammelte
Schriften IV*, Bd. 1, hg. von Tillman Rexroth, Frankfurt a. M. 1972, S. 7-21.
[127] Vgl. Bachmann-Medick: Dritter Raum (1998), S. 19. Auch Weber bezieht sich in ihrer Untersuchung auf Benjamins sprachphilosophische Übersetzungstheorie. Vgl. Weber: Spiegel der Migrationen (2009), S. 229ff.
[128] Vgl. Homi K. Bhabha: „Das theoretische Engagement", in: ders.: Die Verortung der
Kultur, Tübingen, 2000, S. 29-58, hier S. 57f.
[129] Die zentrale Bedeutung der Frage der Übersetzbarkeit in Özdamars Werk hebt auch
Weber hervor. Vgl. Weber: Spiegel der Migrationen (2009), S. 231.
[130] Vgl. Ghaussy: Das Vaterland verlassen (1999), S. 7. Mingels spricht in diesem Zusammenhang von den durch die sprachlichen Unterschiede versinnbildlichten „mentalen Differenzen zwischen beiden Kulturen". Mingels: Emine Sevgi Özdamar (2005),
S. 304.
[131] Vgl. Ghaussy: Das Vaterland verlassen (1999), S. 8.

Die im Darstellungsmodus der Kindheit eingenommene literarische ‚Pose‘ zeichnet sich dabei nicht nur durch imitierte kindliche Sprache aus. Das Kind-Sein wird in einer Weise als Rolle gespielt, bei der kulturelle (Sprach-)Differenz in der oben erwähnten Schelmenhaftigkeit parodiert werden kann. Denn die hier tragende Rolle der Komik[132] liegt in der Dekonstruktion sowohl vermeintlich klarer Erzählstrukturen als auch faktischer Tatsachen. Das Erzählen wie das Erzählte werden ‚unzuverlässig‘. Die Protagonistin kann aufgrund ihrer Infantilität in naivem Gestus religiöse oder kulturelle Praktiken unverwandt befragen wie auch (zwischen)menschliche Beobachtungen unmittelbar zum Ausdruck bringen. So wird beispielsweise ein Begrüßungsritual aus kindlich-naiver Sicht heraus scheinbar unkommentiert über neun (!) Seiten exemplifiziert, indem es wörtlich wiedergegeben, übersetzt und anschließend immer wieder aufgegriffen wird. (Vgl. 171ff.) Gerade durch diese ungekürzte und unreflektierte Darlegung werden die nach deutscher Sitte ungewöhnlich wirkenden ausführlichen Formen der Begrüßung einerseits als komisches Zeremoniell vorgeführt, andererseits aber auch durch ihre Kindlichkeit (das heißt die an kindliche Lernprozesse erinnernde, ständige Wiederholung) quasi wieder ‚neutralisiert‘ und legitimiert.

Die hier zutage tretende Parodie hat zwar die Tendenz, jegliche Kindheitsdarstellungen anhängende Nostalgie zu negieren[133], doch werden dabei auch vermeintlich feststehende kulturelle Zuschreibungen aufgebrochen. Denn die in dieser Form des Schreibens vorgeführte Hybridität ebnet kulturelle Unterschiede nicht ein, sondern hebt sie im Gegenteil mittels Komik hervor, die zu Verwirrung und Verunsicherung führt, und löst dadurch vorherrschende starre (Macht-)Konzepte auf.[134] Das Ziel ist also nicht eine multikulturelle Aneinanderreihung, sondern mit Ottmar Ettes Worten „transkulturelle Durchdringung und damit die Mobilisierung zuvor voneinander abgegrenzter Räume“[135].

Bei diesen, sich zum Teil mit der Narrenperspektive überschneidenden Darstellungsweisen[136] entstehen besonders anhand von Konfrontati-

---

[132] Vgl. Mecklenburg: Karnevalistische Ästhetik (2007), S. 86. Özdamars Roman sei „überbordend voll von Komik“ (ebd., S. 90), hinter der sich als Form gesellschaftskritischer Erzählkunst eine gewisse Anklage verstecke: „Ihr Migrationshumor als Aspekt einer Poetik des Transitorischen hat […] eine gewisse Nähe zu dem Humor in der postkolonialen Literatur, der gleichfalls oft als eine Form der Ästhetik des Widerstands praktiziert wird, als parodistische Einsprache ‚subalterner‘ gegen ‚hegemoniale‘ Stimmen.“ Ebd., S. 87.

[133] Vgl. hierzu bspw. auch Seyhan: Lost in Translation (1996), S. 425.

[134] Vgl. hierzu Horst: Raum- und Körperbilder (2009), S. 77.

[135] Ette: ÜberLebenswissen (2004), S. 237.

[136] Da hinter der naiv sehenden Kinderfigur im Roman eine wissende erwachsene Erzählerin steht, die ein Nicht-Wissen offensichtlich vorgibt, erinnert die Kinderfigur an die eines Narren, der in seinem scheinbar naiven Handeln bewusst auf eine bestehende

onen und Brüchen von Tradition mit Moderne oder von Türkischem mit Deutschem[137] komische, groteske, pikareske Momente. [138] Die hier zum Vorschein tretende – prinzipiell durch eine Störung hoch ritualisierter Ordnungen entstehende – karnevaleske Komik findet sich insbesondere auch an Stellen, bei denen es im Sinne von Bachtins „Körperdrama"-Modell[139] um das viel erwähnte Furzen geht: etwa als sich die kindliche Protagonistin beim Anblick der gebückten Betenden fragt: „Furzt ein Hodscha?" (85) Diese körperfunktionelle Sprachlichkeit betont dabei insbesondere das Kindliche, wie Özdamar selbst kommentiert: „Ein Kind weiß viel über's Furzen."[140] Der spezielle kindliche Sprachgestus des Romans beschreibt die Geräusche, Vorgänge oder Situationen nicht einfach nur, sondern macht sie plastisch anschaulich und hörbar präsent.[141] In diesem Sinne eines Verfremdungsprinzips alltäglicher Beobachtungen[142] wird das Naiv-Kindliche im Roman als wesentliches Stilmittel kritisch eingesetzt.

Auf diese Weise geben die unkonventionellen wie einprägsamen Sichtweisen der kindlichen Protagonistin auch dem Leser einen unverstellten Blick frei und fordern somit zu „interkulturelle[r] Gegenberechnung" [143] heraus. Diese Leserinterpretation kann als bereits bei der Textverfassung mit einbezogen betrachtet werden, wie unter anderem auch Baumgärtel für den *Karawanserei*-Roman feststellt. Die Leistung des Lesers liege dabei nicht allein in einer Transformation der türkischen Elemente (sprachlich und kulturell), sondern auch umgekehrt in der Übertragung des Deutschen in einen „mitgedachten türkischen Kontext".[144] Ob dies von einem deutschen „Modell-Leser"[145], wie Baumgärtel ihn bezeichnet, überhaupt geleistet werden kann, bleibt fraglich. Gerade

---

Ordnung rekurriert und diese damit in Frage stellt. Vgl. hierzu Michael Hofmann: „Der verfremdete Blick des weiblichen Schelms: Emine Sevgi Özdamar als Erzählerin des Überschreitens", in: ders.: *Interkulturelle Literaturwissenschaft. Eine Einführung*, Paderborn 2006, S. 214-226.

[137] Vgl. Göktürk: Kennzeichen: weiblich / türkisch / deutsch (1999), S. 530.

[138] So spricht Göktürk bei der Vermischung von deutschen und türkischen historischen Ereignissen – wie bei der Erzählung des Großvaters über seine kriegerische Vergangenheit (vgl. 40ff.) – von „Comic-Strip-Versionen", die durch die kindlich-naive Perspektive legitimiert seien. Vgl. Göktürk: Kennzeichen: weiblich / türkisch / deutsch (1999), S. 531.

[139] Hiernach bewirken vor allem Körperfunktionen (namentlich Nahrungsaufnahme und -ausscheidung) Groteskes. Vgl. Michail M. Bachtin: *Rabelais und seine Welt. Volkskultur als Gegenkultur*, Frankfurt a. M. 1987.

[140] Im Interview mit Wierschke: Schreiben als Selbstbehauptung (1996), S. 259.

[141] Vgl. Binder: Im Namen Allahs (1992), S. 31.

[142] Vgl. Maria Brunner: Parallele kulturelle Identifikationsräume (2009), S. 33.

[143] Baumgärtel: Das perspektivierte Ich (2000), S. 315.

[144] Vgl. Baumgärtel: Das perspektivierte Ich (2000), S. 318, Zitat ebd.

[145] Baumgärtel: Das perspektivierte Ich (2000), S. 324ff..

diese mangelnde fremdkulturelle Kompetenz beim deutschen Lesepublikum bilde jedoch ein wesentliches Konstruktionsprinzip des Romans, bei dessen ästhetischer Konzeption Özdamar bewusst auf kulturelle Stereotypen gesetzt habe.[146] Demzufolge müsste die Wirkung auf Leser *mit* fremdkultureller Lesekompetenz, also auf deutsch-türkische Leser etwa, eine andere sein. Doch entgegen Baumgärtels Behauptung[147] geht der Reiz des Özdamar'schen Schreibstils weder für deutsch-türkische Leser noch für deutsche Leser verloren. Denn der komische Effekt ergibt sich m. E. nicht aus der (Re-)Transformationsleistung, sondern allein aus der Wirkung in der deutschen Sprache selbst.[148]

Insgesamt zeigt sich in der narrativen Gestaltung des Romans eine Textstrategie des doppelten Erzählens, das im Gleichzeitigen einer kindlichen und erwachsenen Perspektive das Gleichzeitige einer türkischen und deutschen Perspektive spiegelt und in den dadurch entstehenden Mischungen und Brechungen deren Abgrenzungen voneinander hinterfragt. Sowohl hinsichtlich der Erzählperspektive als auch der Sprache wird deutlich, dass eine reflektierende, erwachsene Erzählinstanz unter einer Unkenntnis vortäuschenden naiv-kindlichen Sprach-Maske agiert, um bewusst gewohnte Sprachstrukturen zu verfremden und somit kulturelle Differenz zu dekonstruieren. Denn

> [i]ndem das Bewusstsein des Naiven Vorstellungen von ‚natürlichem‘ Leben, von der Spontaneität und dem freundlichen Gefühl der Menschen voraussetzt und darauf setzt, dass in der Erzählung positive Erfahrungen dieses ‚natürlichen‘ Bewusstseins mit der fremden Welt beschrieben werden können, zeigt sich die Entfremdung und das Widernatürliche der Konventionen, welche die ‚verwaltete Welt‘, die moderne Gesellschaft, regieren.[149]

Gerade das Kindliche zeigt sich dafür in werkstrategischer wie ästhetischer Hinsicht als besonders ‚geeignet‘: Zum einen werden dem Rezipienten innerhalb der hier so bezeichneten kindlichen Legitimation und der

---

[146] Vgl. Baumgärtel: Das perspektivierte Ich (2000), S. 319.

[147] Vgl. Baumgärtel: Das perspektivierte Ich (2000), S. 326.

[148] Zu fragen wäre hier stattdessen vielmehr danach, wie es sich mit dem kulturellen Verstehen bzw. dem befremdenden oder komischen Effekt verhält, wenn es sich bei dem Rezipienten um einen Drittsprachen-, also ‚doppelt fremden‘ Leser des in 10 weitere Sprachen übersetzten Romans handelt. Yun-Young Choi beschreibt den Effekt als abgemildert, da dieser Leser dann auf keine der beiden Codes (weder der türkischen noch deutschen Sprache oder Kultur) zurückgreifen könne. Vgl. Yun-Young Choi: „Das bequeme Fremde. Özdamars Texte aus der doppelt fremden Perspektive des ausländischen Lesers", in: Jean-Martin Valentin (Hrsg.): *Akten des XI. Internationalen Germanistenkongresses Paris 2005 „Germanistik im Konflikt der Kulturen"*, Bd. 6: *Migrations-, Emigrations- und Remigrationskulturen*, Bern u. a. 2007, S. 155-160, hier S. 155.

[149] Hofmann: Der verfremdete Blick (2006), S. 219.

darin entfalteten „Kulturkomik"[150] Zugänge zu den bewusst inszenierten irritierenden bis verstörenden Elementen[151] in einer Weise vermittelt, die mit dem eingangs herausgestellten Mechanismus einer Identifikation bzw. unweigerlichen Abgleichung mit eigenen Kindheitsvorstellungen operiert. Zum anderen werden die in der Literatur als wesentlich geltenden Merkmale des Kindes „Unwissenheit und irrende Suche"[152] in Sprach-Suchbewegungen überführt, die im vorliegenden Fall zu keinem eindeutigen Ergebnis führen und somit nicht als deterministisch gezeichnet sind.[153] Vielmehr geht es um die kontinuierliche Bewegung, die auch den Sprachbildungs- und Identitätsbildungsprozess kennzeichnet. Sie vereint beide Prozesse miteinander und verneint dabei starre Muster.

Somit hebt sich hier der Modus der Betroffenheit auf, der bei Demirkan noch stärker im Vordergrund steht. Blax zufolge eröffne Özdamar gar „zwischen dem Betroffenheitsgestus der Gastarbeiterliteratur und der Abgeklärtheit der jüngeren Generation einen dritten Weg", der sie zur „Pionierin der deutschtürkischen Kulturszene"[154] mache. Zumindest lässt sich konstatieren, dass insbesondere der speziellen Sprachästhetik Özdamars eine in dieser Hinsicht wegweisende Funktion zukommt. So kann die im Roman *Das Leben ist eine Karawanserei* gezeichnete ,bewegte' Kindheit nicht als im üblichen Sinne betroffen gelten, sie ist aber dennoch nicht unberührt, wie zu zeigen sein wird.

---

[150] Mecklenburg: Karnevalistische Ästhetik (2007), S. 93.

[151] Erika Tunner spricht von einem „Ermüdungseffekt" und ist der Ansicht, dass die „eigentliche Begabung" der Autorin eher im Bereich der Schauspielerei zu sehen wäre. Erika Tunner: „Über die Wechselwirkungen zwischen Leben und Schreiben – ,am Schreiben gehen': Emine Sevgi Özdamar", in: Durzak/Kuruyazıcı: Die andere Deutsche Literatur (2004), S. 162-165, hier S. 164f.

[152] Gutjahr: Schauplatz eines frühen Selbst (2011), S. 41.

[153] Horrocks spricht hier von einem Prozess eines vergeblichen Suchens innerhalb Özdamars Sprachgestaltung. Vgl. David Horrocks: „In Search of a Lost Past", in: ders. u. Eva Kolinsky (Hrsg.): *Turkish Culture in German Society Today*, Providence und Oxford 1996, S. 23-43, hier S. 27.

[154] Daniel Bax: „Deutschland, ein Wörtermärchen", in: *die tageszeitung* vom 20.11.2004, S. 17.

III.2. Karawansereien der Kindheit

III.2.1. „Eine unaufhörliche Reise" – ‚Un-Orte' und traumatische Erfahrung

Die im vorliegenden Roman erzählte Welt der Kindheit ist eine strukturell und sprachlich vielfältig durch ‚Beweglichkeit' gekennzeichnete Welt[155], die auch eine inhaltlich dynamische und um ständige Veränderung kreisende Subjektivität konstruiert. So ist insbesondere die Reise als permanente Bewegung sinn- und strukturgebend mit der Kindheitsgeschichte der Ich-Erzählerin verwoben. Boa spricht daher pauschal von einem „Reiseroman"[156]. Als typisches literarisches Symbol und Erzählmuster für die Selbsterfahrung[157] steht das Reisen hier jedoch nicht für den Mythos von Ausflug und Rückkehr, sondern für den des Unterwegsseins an sich.[158] Es strukturiert die erzählte Lebensgeschichte der Protagonistin vor allem auch im Sinne einer ‚Reise zu sich selbst'. Aus der anfänglichen, noch von außen bestimmten Reisebewegung, bei der das Kind in der halben Türkei umherziehen muss, wird gegen Ende der Kindheit ein Aufbruch von zu Hause aus eigener Initiative. Dieser Migrationsbewegung kommt daher nicht dieselbe Bedeutung eines ‚Lebensbruches' wie etwa in Demirkans Roman zu. Sie ist vielmehr als eine neue Phase eines kontinuierlichen Bewegungsprozesses zu verstehen, der sich für die Ich-Erzählerin der *Karawanserei* als „Kreisstruktur"[159] darstellt.

Schon der Romantitel verweist auf konstante Bewegung, indem dessen dynamische Trope der Karawanserei zum einen auf das Nomadentum anspielt[160] und zum anderen einen Transitraum im Sinne einer Passage fi-

---

[155] So bezeichnet Ottmar Ette Özdamars Schreiben in Bezug auf seine Inhalts- wie Ausdrucksebene als „Literatur in Bewegung". Ette: ÜberLebenswissen (2004), S. 238. Vgl. auch Ottmar Ette: *Literatur in Bewegung. Raum und Dynamik grenzüberschreitenden Schreibens in Europa und Amerika*, Weilerswist 2001.

[156] Boa: Hybrides Schreiben (1997), S. 135.

[157] Vgl. zur Reise als Symbol des Lebens(ver)laufs und der Entwicklung eines Individuums bspw. Mirjam Schneider: „Reise", in: Günter Butzer und Joachim Jacob (Hrsg.): *Metzler Lexikon literarischer Symbole*, Stuttgart und Weimar 2008, S. 294-297.

[158] Vgl. hierzu Hansjörg Bay: „Wortkarawanen. Migration und Doppelzüngigkeit bei Özdamar", in: *Blätter des Informationszentrums 3. Welt* 250 (2001), S. 30-33, hier S. 31.

[159] Ette: ÜberLebenswissen (2004), S. 239.

[160] Auf die titelbildenden Motive der nomadisierenden Lebensweise, der Bewegung und der Transgression ist vielfach hingewiesen worden, vgl. u. a. Zierau: Wörter auf Wanderschaft (2009), S. 127 oder Martina Wagner-Egelhaaf: „Verortungen. Räume und Orte in der transkulturellen Theoriedebatte und in der neuen türkisch-deutschen Literatur", in: Hartmut Böhme (Hrsg.): *Topographien der Literatur. Deutsche Literatur im transnationalen Kontext*, Stuttgart und Weimar 2005, S. 745-768, hier S. 759 sowie Ottmar Ette: „Über die Brücke Unter den Linden. Emine Sevgi Özdamar, Yoko Tawada und die translinguale Fortschreibung deutschsprachiger Literatur", in: Susan

guriert. Es handelt sich dabei nicht nur um eine räumliche Analogie zum
menschlichen Leben mit Geburt als Eintritt und Tod als Exodus – und
damit bereits im Titel um eine ganzheitliche Lebenserzählung. Es ist auch
eine Entsprechung zur Phase der Kindheit im Sinne eines auf der zeitlichen Achse zu ,durchschreitenden' (Erinnerungs-)Raumes.

> Dieses Ankommen, Ausruhen und Gehen. [...] das Leben als ein
> Ort, wo man ein bißchen bleibt und dann wieder weggeht. Ja, und
> dann kommen viele Figuren rein und raus, wie in der Karawanserei.
> Sie wechselt dauernd ihre Gäste.[161]

Die dort – ähnlich der Karawanserei – nicht vorhandenen Abgrenzungen[162] werden auf der Handlungsebene mittels des oben dargestellten,
multiple inszenierten Kindheitsbeginns veranschaulicht. Dieser ist weder
durch einen vorgeburtlichen Zeitpunkt noch durch die Geburt selbst oder
durch die Sprachbemächtigung eindeutig gekennzeichnet. Zudem wird
auf nicht eindeutig definierbare Übergangslinien verwiesen, insofern die
Adoleszenzphase keinen erkennbaren Übergangsmoment von der Kindheit zum Erwachsensein offenbart. Inhaltlich werden diese beiden ,be-
weglichen' Übergänge sehr bezeichnend von einem Erzählbeginn und einem Erzählende in einem fahrenden Zug gerahmt.[163] Zwischenliegend
geht es um ein heranwachsendes Mädchen, das durch die vielen Umzüge
und Reisen mit und ohne ihre Familie buchstäblich im Unterwegssein sozialisiert wird und währenddessen einen Identitätsbildungsprozess mit
zum Teil traumatischen Differenz- und Schwellenerfahrungen durchläuft,
der letztlich den Aufbruch zu ihrer bisher größten Reise, der Migration,
begründet.

Die vielen Ortswechsel der zu Anfang fünfköpfigen und schließlich
siebenköpfigen Familie sind jeweils durch existentielle Notlagen des drohenden Verhungerns (und Erfrierens[164]) motiviert, welche sie zur ständi-

---

Arndt u. a. (Hrsg.): *Exophonie. Anders-Sprachigkeit (in) der Literatur*, Berlin 2007,
S. 165-194, hier S. 174f. Søholm erklärt das Nomadentum bei Özdamar als zentrale
Figur zur erzählerischen Gestaltung globalisierter Biographie. Vgl. Kirsten Molly
Søholm: „Globalisierte Identitäten. Die Figur des Migranten bei Emine Sevgi Özdamar
und Feridun Zaimoğlu", in: Thomas Taterka u. a. (Hrsg.): *Am Rande im Zentrum. Beiträge des VII. Nordischen Germanistentreffens. Riga, 7.-11. Juni 2006*, Berlin 2009,
S. 197-207, hier S. 201.
[161] So Özdamar zu ihrer persönlichen Konnotation der Karawanserei in Wierschke:
Schreiben als Selbstbehauptung (1996), S. 249.
[162] Auch Karawansereien haben keine schließbaren Türen, vgl. hierzu Özdamars eigene
Erläuterungen in Wierschke: Schreiben als Selbstbehauptung (1996), S. 249.
[163] Der Zug als literarisches Motiv verkörpert Bewegung und damit Räumlichkeit. Vgl.
hierzu insbes. Bachmann-Medick: Fort-Schritte (2009), S. 257.
[164] So verkündet die Großmutter, dass „die Arbeit meines Vaters sehr schlecht ginge,
und wir würden oben in dem großen Raum alle sieben zusammen schlafen, damit wir
nicht überall den Ofen anmachen müßten." (251)

gen Bewegung zwingen.[165] Diese fortwährende Situation ist auch dem ver-
antwortungslosen wie hilflosen Verhalten des Vaters geschuldet und spiegelt damit „die alltäglichen Erfahrungen mit Modernisierungsprozessen
und gesellschaftlichen Umwälzungen"[166] in der Türkei der 1940er und
1950er Jahre wider. Hier setzten Teile der von Rezension und hoher Ar-
beitslosigkeit betroffenen Bevölkerung große Hoffnung in die fortschritt-
lich-modernen Einflüsse aus der Fremde. Deren unmittelbare bzw. unreflektierte Adaption bescherte ihnen per se jedoch keinen merklichen Auf-
schwung. Stattdessen erfuhren die Menschen nicht selten herbe Rückschläge.[167] Entsprechend dieser „äußeren" Brüchigkeit der Erzählebene
gestaltet sich auch die noch ungefestigte bzw. sich im Entwicklungsprozess befindende Identität der kindlichen Protagonistin als brüchig. Dafür
ist jedoch nicht etwa ein „sprunghaft-impressives Wesen"[168] der Ich-
Erzählerin verantwortlich wie es etwa Şölçün hier erkennt, sondern die
immer neu aufkommende Konfrontation mit dem Fremden während der
ständigen wechselnden geographischen wie sozioökonomischen Situationen. Aus diesem Grund sieht zum Beispiel auch Anne-Rose Meyer die
Hauptfigur des Romans „als poetische Figuration von gesellschaftlicher
Erfahrung"; als ein kleines Mädchen, das „psychisch wie physisch auf den
miserablen sozioökonomischen Status seiner Familie und die jeweilige
Umgebung reagiert."[169] Dabei erscheint das Ausmaß sowohl seines Zustands als auch der Umstände des türkischen Alltagslebens seiner Zeit besonders prekär: Denn auch unter Berücksichtigung sowohl der eingangs

---

[165] Hierauf verweist auch Meyer: Differenzerfahrung (2007), S. 265.

[166] Göktürk: Kennzeichen: weiblich / türkisch / deutsch (1999), S. 530f.

[167] Hierfür sprechen bspw. die im Roman angedeuteten industriewirtschaftlichen Fehl-
investitionen des Vaters. Der westlich-amerikanische Einfluss wird zum einen von den
Romanfiguren kritisiert, wie z. B. durch die Mutter: „Ein Amerikaner ist ein Mensch,
der nicht zu essen braucht, es gibt Tabletten als Essen", worauf die Großmutter ein-
wirft: „Ketzererfindung" (23) oder durch die Atatürk-Anhängerin Tante Sıdıka: „Die
Demokratische Partei hat das Land, ohne unsere Mütter zu fragen, Amerika in einer
Nacht als Nutte serviert, auf dem Tablett." (182). Zum anderen eifern sie ihm nach: So
liest der Bruder Ali begeistert amerikanische Comics, „von denen jetzt so viele raus-
kamen" (199). Verärgert verbrennt die Mutter die Comics – „Gift" (200) in ihren Augen – und betet: „Allah, nimm meine Seele, daß mein Auge nicht sieht, daß meine
Lämmchen so verhaftet sind von schlechten Geistern." (Ebd.)

[168] Sargut Şölçün: „Nomadendasein in geordnetem Leben: Emine Sevgi Özdamar", in:
Walter Fähnders (Hrsg.): *Vagabondage und Boheme in Literatur und Kultur des 20.
Jahrhunderts*, Essen 2007, S. 103-114, hier S. 106.

[169] Meyer: Differenzerfahrung (2007), S. 263. Es ist anzumerken, dass die dargestellte
Reise insgesamt keine besonders weiten Wege umfasst: Betrachtet man die Reiseroute
auf einer Landkarte, bewegt sich die Familie zwischen Istanbul, Yenisehir und Bursa
lediglich im Nordwesten der Türkei. Eine etwas weitere Reise geht nach Ankara, der
weiteste Weg führt nach Malatya. Diese zur Größe des Landes noch relativ kleinen
Entfernungen sind jedoch auch mit Bezug zur Sicht der Kinderfigur zu sehen, aus der
sie freilich größer erscheinen.

erläuterten Relativierungsmechanismen von Kindheits(re)konstruktionen als auch des ‚reduzierten' kindlichen Erzählblickes ist dennoch eine in wirtschaftlicher, gesundheitlicher und seelischer Hinsicht bisweilen äußerst beunruhigende Lage herauszulesen. Mit Mingels' Worten treffend gefasst: „[E]s ist die Welt eines Kindes, die uns der Roman präsentiert, nicht aber eine heile Welt."[170]

Es ist zu erkennen, dass die Konfrontationen der Protagonistin mit sprachlicher, kultureller und sozialer Alterität im Laufe der dargestellten Binnenmigrationsbewegung mit seelisch schmerzlichen Erfahrungen einhergehen. Denn trotz fehlender emotionaler Einsichtnahme wird bei genauer Betrachtung der durch das ‚maskierte' kindlich-naive Erzählverfahren vermittelten Erlebnisse deren traumatisches Ausmaß deutlich. Mit ansteigendem Alter der Protagonistin gestaltet sich ihr zunehmendes Leiden an den belastenden Situationen immer offensichtlicher. Zwar vermag das Kind seinen schwierigen Lebensumständen auch Positives abzugewinnen: „Aber das Schönste an dieser engen Wohnung war, daß man, wenn man rausging, die Brücke und den darunter fließenden Bach, der jeden Tag anders floß, sah." (289) Bei dieser in der Perspektivierung des naiven Kinderblicks inszenierten mangelnden Reflexionsfähigkeit handelt es sich jedoch um eine Verschiebung der Emotionalität weg von den Tatsachen der Armut hin zu positiven Deckerinnerungen der erwachsenen Erzählerin. Eine solche Verschiebung ist dabei vor allem als einer Strategie der Meidung von Konfrontation mit traumatischer Erfahrung geschuldet. Denn faktisch betrachtet stellt sich für die Kindfigur eine Realität dar, in welcher der Identitätsbildungsprozess aufgrund der unregelmäßigen Wanderungsbewegung und der sich daraus wiederholt ergebenden Abbrüche von Bindungen erheblich gestört wird. Immer wieder wird das Mädchen angesichts der überstürzten Umzüge seiner Familie ungefragt aus seinen gewohnten Umgebungen gerissen und neuen Situationen geographischer wie sozialer Natur ausgesetzt. Für die traumatischen Dimensionen dieser Lebenserfahrung steht dabei nicht zuletzt die oben bereits dargelegte Erzähltechnik einer assoziativen Erinnerungsstruktur in Flashbacks.

Schon die frühe Wohnsituation in Istanbul wird selbst aus der (vorgeblich) unreflektierten kindlichen Perspektive negativ bewertet, indem vom „krumm[en]" Holzhaus mit „verfault[en]" (28) Treppen die Rede ist, auch wenn die ersten Orts- und Situationswechsel aus Sicht der Kind-Protagonistin zu Anfang noch relativ ‚harmlos' erscheinen. So heißt es bei der ersten tiefgreifenden Veränderung im sozialen Alltag des Kindes ebenso distanziert wie unvermittelt: „Ich ging in die Schule." (39) Doch bereits hier wird das Mädchen wegen ihrer Herkunft von der Lehrerin gepeinigt: „Dann bist du Kurdin, du hast einen Schwanz am Arsch" (39)

---

[170] Mingels: Emine Sevgi Özdamar (2005), S. 308.

und von allen Mitschülern ausgelacht. Das anschließend beschriebene
Einnässen des Mädchens während des Unterrichts erfolgt zwar als komische und scheinbar belanglosere Nebendarstellung, verliert dadurch jedoch nicht an Brisanz.

Die Protagonistin wird während dieser Zeit vor allem auch auf die
sich ihr unmittelbar präsentierenden befremdenden Verhaltensweisen ihrer Eltern aufmerksam: Die Mutter trägt plötzlich „Makkaronilocken"
und der Vater Hut und Sonnenbrille; beide verehren „Erol Flayn" und
„Humprey Pockart" (29). Doch solche bisweilen belustigenden Illustrati-
onen der sich in Phantasiewelten flüchtenden Eltern verlieren schnell ihre
Lächerlichkeit, wenn man die desolate finanzielle Situation der Familie in
der Lebenswirklichkeit der Erzähleben betrachtet. Sie muss illegal in einer notdürftigen Holzhütte wohnen[171], und der überschuldete Vater sieht
sich schließlich zur Flucht gezwungen. Dabei überlässt er seine Familie
dem Schicksal. Unter dem beschämenden Blicke der Nachbarn (vgl. 65)
wird alles Hab und Gut aus dem Haus gepfändet, wie die noch junge
Tochter sehr wohl begreift. Der Mann kann die Frauen und Kinder zwar
nach Yenişehir nachholen, doch hier erlebt die Protagonistin einen weiteren ‚Rückschritt', diesmal im Hinblick auf das modernere Großstadtleben: In der neuen Gegend gibt es keine Elektrizität, und hier wird das
Mädchen aufgrund der religiösen Umgebung mit einem Kopftuch zum
Koranunterricht geschickt.[172] Als der Vater durch Bauunternehmungen
wieder kurzzeitig zu Geld kommt und für seine Familie in einem mittel-
ständischen Viertel ein Haus zu errichten beginnt, erkrankt die Protagonistin an Tuberkulose, und die Familie zieht voreilig in die erst „halbfertige Villa" (91) um. Auch diese Situation gerät zum Nachteil – die Gesund-
heit der Protagonistin wird durch Parasitenbefall (Läuse und Würmer)
ernsthaft gefährdet[173] –, sodass die Familie schließlich in die alte osmanische Hauptstadt Bursa umsiedelt. Hier erfährt sie einen sozialen Aufstieg
in einer Straße, in der nur wohlhabende Leute wohnen: „Bäckereibesitzer,
Zuckerfabrikanten, Busbesitzer, Seidenstoffgeschäftsbesitzer" (129), und

---

[171] Die Beschreibung „unser[ ] schiefe[s] Holzhaus" (65) deutet auf ein so genanntes
„Gecekondu" [„nachts hingestellt"] hin, ein (vor allem zu der Zeit) von großen Teilen
der armen Bevölkerung nächtens illegal erbautes Holzhaus, das die Regierung nach seiner Errichtung einem alten Gewohnheitsrecht zufolge nicht mehr abreißen lassen durf-
te/darf.
[172] Indes wird sie hier nun achtungsvoll als „Mädchen von Istanbul" (72) bezeichnet
und ihr Vater höflich mit „Mustafa Bey" [„Herr Mustafa"] (ebd.) angesprochen.
[173] Der zum Teil verharmlosend-komisch dargestellte Wurmbefall erscheint besonders
prekär, wenn aus den Schilderungen der Protagonistin deutlich wird, dass ihre Familie
ihr aufgrund der Armut keine medizinische Hilfe bieten kann und das Mädchen ihren
Schmerzen überlassen muss. Die Protagonistin wirft sich vor Verzweiflung in ein
Brennesselfeld und beginnt, Erde zu essen. (Vgl. 119f.)

hier kann das Mädchen nach ihrer Genesung auch endlich wieder zur Schule gehen.

Durch all dieses Hin und Her hinsichtlich sowohl räumlicher als auch sozialer Orientierungspunkte wird der kindlichen Protagonistin jede Gelegenheit zum Aufbau von Bindungen verwehrt. Das Gefühl von Haltlosigkeit „between life on the street and life on the road"[174], wie Boa treffend formuliert, offenbart sich dabei nicht zuletzt in der Beschreibung der neuen Umgebung durch die Ich-Erzählerin als eine „geruchlose[ ], seelenlose[ ] Gasse" (153). Die verringerte Zuwendung seitens der Mutter aufgrund der Geburt der kleinen Schwester inmitten dieser Konstellation spitzt die Situation der Orientierung suchenden Kind-Protagonistin zu. In einem Anfall von Eifersucht versucht sie gar, dem Säugling die Fontanelle einzudrücken. (Vgl. 158f.) Nach einem weiteren Umzug verschlechtert sich die Lage derart, dass das Mädchen zwei (eher halbherzige) Selbstmordversuche seiner Mutter miterlebt, die ihrer schwer irritierten Tochter gegenüber nur äußert: „Meine Seele hat mich erdrückt." (251) Einen abermaligen Umzug später begreift die Protagonistin zunehmend ihre widrigen Lebensumstände, wie aus ihren Schilderungen erkennbar wird. Nun muss sie „auf dem Korridor" (288) schlafen und auch in der Schule viel zu kleine Kinderkleidung tragen. (Vgl. 287) Die Familie folgt dem Vater weiter nach Ankara, wo sie in einem „Loch" wohnen, wie es die Erzählerin darstellt, das nach „nasse[m] Zement und arme[m] Stein" (301) riecht. Dieser für die Protagonistin und ihre Familie sehr belastende Umzug[175] erfolgt in die „Steppe" (301), einem Brunner zufolge hier für die Kindheit als „Un-Ort, als Inbegriff der Fremdheit" stehenden „unbehausten Raum", in dem „soziale Absicherung, Liebe und Geborgenheit verweigert werden."[176] Zusammen mit ihrem Bruder Ali trauert das Mädchen seiner früheren Heimat nach: „Wir saßen da auf dem Berghang, sagten ,Bursa, Bursa' und weinten zusammen." (306)

Die Armut der Familie, die Hilflosigkeit und das Sich-verlassen-Fühlen wird als ein lähmender Zustand empfunden[177], welcher bei der pubertierenden Protagonistin zu rebellischen bis verzweifelten Überreaktionen führt. Sie droht mit Flucht und Selbsttötung (vgl. 310), verkriecht sich auf dem Dachboden und nimmt eine Überdosis Tabletten zu sich.[178]

---

[174] Elisabeth Boa: „Özdamar's Autobiographical Fictions: Trans-national Identity and Literary Form", in: *German Life and Letters* 59 (2006), S. 526-539, hier S. 529.

[175] Die Mutter wird depressiv und bettlägerig (vgl. 301), ebenso wie die Großmutter fühlt sie sich überflüssig und möchte sterben. (Vgl. 302f.)

[176] Brunner: Die Türkei, ein Mutterland (1999), S. 562.

[177] Im Text heißt es: „Die Armut hat diesen Juliabend gut erzogen. Er hat keine Zunge im Mund." (308)

[178] Dieser (halbherzig) versuchte Suizid der Protagonistin spiegelt Littler zufolge außerdem die politischen Geschehnisse in der Türkei zu der Zeit, als die Geschichte

Allgemein erlebt sie ihren Alltag als öde und erniedrigend: „Wir lebten
von den kleinen Schulden, die mein Vater noch machen konnte, ich weiß
nicht wie." (321) Ihr Fremdheitsgefühl verstärkt sich, als Ali von anderen
Jungen gehänselt und verprügelt wird. Die Protagonistin lässt sich eine
Glatze rasieren, nässt wieder ein (vgl. 353), läuft ziellos durch die Straßen
oder fährt stundenlang in Bussen herum. Sie leidet an manischem Putzzwang (vgl. 372f.[179]) und an Hyperaktivität, sodass ihr Beruhigungsmittel
verabreicht werden. Schließlich äußern sich die psychischen Leiden der
Kinder in physischen Schäden: Der Bruder wird herzkrank (vgl. 373), und
die Protagonistin wird nach einem Suizidversuch mit Gas in die neurologische Abteilung des Militärkrankenhauses verbracht, wo eine Herzver-
größerung aufgrund einer Schilddrüsenüberfunktion diagnostiziert
wird.[180] Die Eltern machen sich Vorwürfe, als die Ärzte sie fragen, „was
für einen Kummer ich in diesen Jahren gehabt hätte, dass sich so eine
Krankheit an mich geklebt hätte." (375)

Neben diesen gezeigten negativen Kindheitserfahrungen der Protagonistin in Bezug auf wirtschaftliche, gesundheitliche und emotionale Be-
findlichkeiten sind außerdem einige Erlebnisschilderungen körperlich-
psychischer Art für den Entwicklungsgang des Mädchens relevant, die in
einer für den Text typischen metaphorisch-verfremdenden Darstellungsweise auf sexuellen Missbrauch anspielen. Auffällig ist hier, dass betref-
fende Situationen stets im Zusammenhang mit Inszenierungen von Blut
und Nässe bzw. Einnässen des Kindes stehen.[181] Zwei in dieser Hinsicht
bedeutsame Szenen finden auf dem Friedhof statt, einem für die Protagonistin angstbesetzten Ort. So heißt es in der weiter oben bereits geschilderten ersten Friedhofszene aus Sicht des im Grab zurückgelassenen Kindes: „Die Sonne kam über mich [...] die Erde war naß, weil ich gerade ge-
pinkelt hatte." (14) Auch in der zweiten Friedhofszene, in der sich der
Narr Musa vor dem Mädchen exhibitionistisch zur Schau stellt, wird das
Wasserlassen mit der sexuellen Belästigung verbunden, wiewohl diese aus
der naiven Kindersicht noch nicht als solche eingeordnet werden kann:

---

spielt, nämlich den Selbstmordversuch des zum Tode verurteilten Premierministers
Adnan Menderes von 1955. Vgl. Littler: Özdamar (2010), S. 96.

[179] Hier heißt es: „Ich find wieder an, ununterbrochen sauberzumachen. [...] [I]ch fing
sogar, wenn ich im Kino saß, an, die auf dem Tisch stehenden Sachen im Film aufzu-
räumen". Vgl. hierzu ausführlicher Kap. IV.2.2.

[180] Überdeutlich erscheint hier somit die Metapher des kranken Herzens als körperlicher Ausdruck einer ‚kranken' Seele.

[181] Dieser Lesart spielen außerdem zwei Textstellen zu, in denen das Bluten zusätzlich
(in metaphorischer Verfremdung) mit einer Ejakulation in Verbindung gebracht wird:
„Ein Bauch, der seinen rausgepusteten Samen als gewachsene Kinder immer wieder
hereinnahm" bzw. „Und die Samen der Leser schütteten sich auf sie" (37).

> Ich hörte ihr Pinkelgeräusch. Mit einem Ohr war ich bei der
> Großmutter, mit meinen Augen sah ich ein Stück Fleisch in Musas
> Hand, das er aus seiner Hose genommen hatte. [...] und die weiße
> Farbe von dem Stück Fleisch kam in meine Nähe, wurde größer.
> (21)[182]

Zudem werden die Friedhofsbäume sexuell aufgeladen und zugleich als
Bedrohung empfunden:

> Die langen schlanken Friedhofsbäume hatten Augen, schauten auf
> mich. Ich zog meine Strickjacke aus, hielt sie in der Hand, da beug-
> ten sich die Bäume herunter und faßten meine nackten Arme, ich
> stand da und zog meinen Rock hoch, und die Bäume von den To-
> ten streichelten meine Beine, hoch bis zu meinem Bauchnabel.
> (32f.)

Noch deutlicher offenbart sich eine Anspielung auf sexuellen Missbrauch
in dem geschilderten Verhalten des Vaters der Freundin Gülertina, der die
kindliche, hier nur in Unterwäsche gekleidete Protagonistin auf den
Schoß nimmt, mit den Beinen „wackelt[ ]" und „meine Schachtel ein
paarmal an[fasst]" (165)[183], wie die Erzählerin artikuliert.[184]

   Trotz der in diesen Schilderungen liegenden größtmöglichen ,Ent-
schärfung' aufgrund von inszenierter Naivität und fehlender Reflexivität
des Kinderblicks verweisen die angeführten Darstellungen dennoch auf
Kindheitserfahrungen, die von schweren bis traumatischen Ich-
Erschütterungen[185] bzw. einer Verletzung individueller körperlicher wie
seelischer Integrität[186] geprägt sind.[187] In Zusammenführung mit den dar-

---

[182] In beiden Friedhofszenen spielt Blut eine Rolle: „[D]er goldene Ohrring blieb an
dem Ohrriß hängen, und Blut tropfte auf die Erde." (15) bzw. „Ich fing an zu rennen,
ein Stück Glas von der Straße schnitt mir in den Fuß, das Blut lief vor mir durch die
Gassen." (33)

[183] Der von der Erzählerin gebrauchte Ausdruck „Schachtel" für das weibliche Ge-
schlechtsorgan entspricht hier der direkten Translation des türkischen Wortes „kutu".
Vgl. auch S. 189 im Roman.

[184] Insgesamt können diese die frühe Kindheit betreffenden Beschreibungen aber auch
für Erfahrungen der Protagonistin mit Sexualität stehen, die weit später, im jugendlichen Alter gemacht worden sind, oder für eine aus Sicht der Erzählerin als bedrohlich
oder verwirrend empfundene Auseinandersetzung mit ihrer eigenen sexuellen Indivi-
duation. Als solche verstehe ich bspw. auch Elisabeth Etz' erzähltheoretische Ausführungen zu verschiedenen so genannten Textual Actual Worlds. Vgl. Elisabeth Etz:
Text- und Figurenwelten bei Emine Sevgi Özdamar, Wien 2006, S. 60f.

[185] Vgl. hierzu Fiedler: Dissoziative Störungen (2008).

[186] Die Verhandlung von Integrität in diesem Roman untersucht Yasemin Dayıoğlu-
Yücel in ihrer Dissertation: *Von der Gastarbeit zur Identitätsarbeit. Integritätsver-
handlungen in türkisch-deutschen Texten von Senoçak, Özdamar, Ağaoğlu und der
Online-Community* vaybee!, Göttingen 2005; allerdings wird dabei nicht auf diesen
Aspekt der Integritätsverletzung durch angedeuteten körperlichen Missbrauch einge-
gangen.

gelegten problematischen (Schwellen-)Erfahrungen des ständigen Um-
herwanderns, der Entbehrung und des Mangels ergibt sich als Folge der
Traumatisierung und des regelmäßigen Fremdheitsgefühls für die Protagonistin innerhalb der Erzählrealität eine Befindlichkeit, die einem unsicheren Schwebezustand[188] gleicht – mit Kristevas Metaphorik gesprochen
einem Zustand der „Schwerelosigkeit"[189]. Diesen beschreibt die Protagonistin zum Beispiel in der Krisensituationen des Umzugs nach Ankara,
wo sie sich als fliegendes Mädchen vorstellt, das vom Wind getragen wird
und danach zwar wieder zum Boden zurückkehrt, aber mit den Füßen
„ungefähr einen halben Meter über dem Boden" (300) weiterschwebt.
Denn niemals kann sich die Erzählerin an einem Ort ‚verwurzeln' und so
ihre Ich-Identität stabil entwickeln. Ein solcher Status einer „unaufhörli-
che[n] Reise" [190], wie Özdamar es selbst bezeichnet, lässt sich Şölçün zufolge auf ein „fehlerhafte[s] Sein in der Migration"[191] übertragen. Dies
spiegele sich vor allem in Özdamars sprachlicher Gestaltung wider, und
zwar zum einen in ihren als Kunstform gebrauchten[192] ‚fehlerhaft' erscheinenden Weisen und zum anderen in den inszenierten Bildern.[193]

Insgesamt bildet die im Roman sowohl anhand der hier nachgezeichneten Binnenmigration als auch anhand der ‚beweglichen' Sprache und der
variablen Erzählperspektive dargestellte Mobilität eine identifikatorische
Suchbewegung ab. Diese ist mit einem stets drohenden Identitätsverlust
verbunden, wie er für den dauerhaften Prozess der Migration kennzeichnend ist. Dargestellt wird eine für die Migration charakteristische Befindlichkeit des Unterwegsseins, der Unordnung und Sinnsuche – mit Şölçüns

---

[187] Die Darstellungen von sexuellem Missbrauch, der die Erzählerin in allen Stationen
ihrer Binnenmigration verfolgt, entwerfen Konuk zufolge ein negatives Heimatbild.
Vgl. Konuk: Das Leben ist eine Karawanserei (1997), S. 145. Dass der Verlust von
Heimat sich in körperlichen und seelischen Schmerzen niederschlägt, kann Bandhauer
in ihrer Textanalyse nachweisen. Vgl. Andrea Bandhauer: „Eine Poetologie der Fremde. Emine Sevgi Özdamars transkulturelle Erinnerungen", in: Franz-Josef Deiters u. a.
(Hrsg.): *Erinnerungskrisen – Memory Crises*, Freiburg i. Br. u. a. 2008, S. 199-211,
hier S. 204.

[188] Mingels spricht von einem generellen „Schwebezustand[ ] aller Figuren Özdamars"
zwischen den Kulturen. Vgl. Mingels: Emine Sevgi Özdamar (2005), S. 305.

[189] Kristeva: Fremde sind wir uns selbst (1990), S. 18.

[190] Emine Sevgi Özdamar: „Schwarzauge in Deutschland", in: dies.: *Der Hof im Spiegel*, Köln 2001, S. 47-53, hier S. 49.

[191] Şölçün: Nomadendasein (2007), S. 105.

[192] Dies stellt auch Kader Konuk mit Verweis auf Özdamars eigene Aussagen heraus.
Vgl. Konuk: Identitätssuche ist ein Graberei (1999), S. 61.

[193] So z. B. in der Äußerung: „Ich stieg in den Zug nach Deutschland ein, auch viele andere Frauen stiegen ein. […] Es war ein Hurenzug." (403) Auch Boa verweist auf Äußerungen dieser Art; ihr zufolge lässt Özdamar die Erzählerin sich in den Bezeichnungen als „Mundhure" (125) und „Zungenhure" (273) einer sprachlich-hybriden ‚Verun-
reinigung' schuldig bekennen. Vgl. Boa: Hybrides Schreiben (1997), S. 124.

Worten der „moderne[n] Obdachlosigkeit"[194]. Hierfür steht eine irrend
suchende, kindliche Erzählerfigur, die sich, ihre Familie und ihre Mitmenschen in einem Zustand der Spaltung erfährt. Sie befindet sich in einem
Übergang zwischen traditionell und modern, religiös und sakral, politi-
siert und weltfremd, arm und reich, rückständig und fortschrittlich sowie
fremd und vertraut. Dadurch ist ihr die spätere transnationale Bewegung
bereits eingeschrieben.[195] Yasemin Dayıoğlu-Yücel präzisiert das der Migrationsliteratur häufig zugesprochene Konzept der Identitätssuche dahingehend, dass in Migrationstexten gerade nicht die Identifikation selbst als
problematisch inszeniert werde, sondern vielmehr die Anerkennung der
Identität und damit die eigene Integrität.[196] Dies entspricht dem im Roman dargestellten Anliegen der Ich-Erzählerin, über die narrative Reflexion der eigenen Identität (körperliche) Integrität (wieder) herzustellen.
Insbesondere am Übergang vom Kindsein zur Pubertät werden dabei
Schwellenerfahrungen inszeniert, die als Krisenmomente erkennbar werden. Sie zeigen sich unter anderem in den im Text angedeuteten Bedro-
hungen einer Verletzung physischer wie psychischer Integrität der Kind-
Protagonistin durch männliche Zugriffe. Mit anderen Worten geschieht
hier die narrative Aneignung vergangener Erfahrung über das sinnkonsti-
tutive Darstellen von Schwellenerfahrungen innerhalb der Kindheit sowie
an deren Übergängen (Geburt und Pubertät).

   Neben den einzelnen Schwellenmomenten ist es dabei auch die Kindheit als Ganzes, die als ein inszenierter Übergangsraum und damit als der
bei Özdamar häufig zum Ausdruck gelangende ,Schwebezustand' gelesen
werden kann. Denn das im Roman zelebrierte „Viel-Orte-Schema"[197], das
Brunner in ihrem Aufsatz formuliert, gilt nicht nur hinsichtlich räumlicher Entfernung, sondern betrifft auch die dargestellten zwischenmensch-
lichen Beziehungen und identifikatorischen Entwicklungsphasen. Somit
liegt auch hier, ähnlich dem Roman Demirkans, eine Kindheitsdarstellung
vor, die nicht nur durchzogen ist von Brüchen und Übergängen, sondern
die insgesamt als Schwellenmoment gesehen werden kann, insofern die
Schwelle – wie oben theoretisch dargelegt – als Übergangsmo-
ment/Übergangszone gilt, bei dem man sich zu keiner Zeit konkret loka-

---

[194] Şölçün: Nomadendasein (2007), S. 109.
[195] Vgl. Ette: Über die Brücke (2007), S. 175. Özdamar zufolge greife die von jedem
Schriftsteller unternommene Identitätssuche an der Stelle, „wo der Mensch Mensch
geworden ist: Momente des Babyseins, des Kindseins und der Pubertät. [...] Das ist
dieses In-die-Vergangenheit-Gehen und seine Vergangenheit zusammenzusammeln".
Wierschke: Schreiben als Selbstbehauptung (1996), S. 254. (Özdamar reflektiert hier
Aussagen ihres Bekannten Can Yücel über sie selbst.)
[196] Vgl. Yasemin Dayıoğlu-Yücel: „Identität und Integrität in der deutsch-türkischen
Migrationsliteratur", in: Migrationsliteratur (Dossier der Heinrich-Böll-Stiftung 2009),
S. 31-35.
[197] Brunner: Die Türkei, ein Mutterland (1999), S. 557.

lisieren kann (und die damit Fremdheit verkörpert). Hierauf verweist
nicht zuletzt die übergeordnete Metapher der „Karawanserei".

III.2.2. „Wer bin ich?" – irrende Suche und Erprobungen

Parallel zur oben nachgezeichneten faktischen Reise begibt sich die Protagonistin im Roman auf eine symbolische ‚Entwicklungsreise' von einer
unmündigen, naiven Kinderfigur hin zu einer selbstbestimmten jungen
Frau. Der dieser Lesart vollkommen entgegengesetzten Auslegung Ezlis,
dass die erzählte Geschichte keinerlei Entwicklung aufweise, kann hier
nicht gefolgt werden.[198] Im Gegenteil lässt sich der Entwicklungsprozess
der Ich-Erzählerin anhand ihres dargestellten Bildungsgangs beschreiben,
auf dem sie über verschiedene ‚Erfahrungsstationen' an Einflussmöglich-
keit auf ihre Lebensumstände gewinnt. Die anfangs in ihrer schwachen
Position eines Kindes nur beschränkt handlungsfähige Protagonistin entwickelt zunehmend Strategien des Widerstands gegen den drohenden
Identitätsverlust. Diese lassen sich als Erprobungen einzelner Grenzüberschreitungen lesen, bevor sie sich schließlich völlig vom Elternhaus löst
und in ein neues Leben aufbricht. So liest auch Brunner den Roman als
„Initiationsgeschichte eines jungen Mädchens", worin gerade die „Gesten
des kindlichen Protests" (!) Raum für Grenzüberschreitungen böten und
im Entwicklungsprozess regelrechten „Ventilcharakter"[199] aufwiesen.

Zunächst äußert sich dieser Protest nur auf eine körperlich-
substantielle und dabei kindlich-naiv anmutende Art, und zwar vornehmlich durch Krankheiten. Diese stellen zwar in erster Linie Momente der
Schwäche dar, können aber auch als (unbewusste) Form des physischen
wie psychischen Widerstands gegen die Entscheidungen der Eltern verstanden werden, zumal sie häufig vor und/oder nach Umzügen in Erscheinung treten. Sie beeinflussen das Verhalten der Eltern durchaus, wie
zum Beispiel der voreilige Umzug in die „halbfertige Villa" (91) zeigt.
Etwas später fügen sich weitere Abwehrmechanismen der Protagonistin
an, die eher den Abnabelungsprozessen von ihren direkten Bezugsperso-
nen zuzurechnen sind.

Dabei sind es im Ganzen eher die Frauen- als die Männerfiguren, an
welchen sich die Protagonistin orientiert und welche aus ihrer Sicht „die

---

[198] Ezli spricht ihr aufgrund des angeblich fehlenden reflexiven Bezugs zur Vergangenheit sowie mangelnder Distanz der Erzählerin eine Entwicklung ab. Vgl. Özkan Ezli:
„Von der Identitätskrise zu einer ethnographischen Poetik. Migration in der deutsch-
türkischen Literatur", in: *Literatur und Migration* (Text + Kritik Sonderband IX/06),
hg. von Heinz Ludwig Arnold, München 2006, S. 61-73, hier S. 64.
[199] Brunner: Die Türkei, ein Mutterland (1999), S. 561.

Welt zusammenhalten und in allen Härten lebbar machen"[200], wie Binder
es beschreibt. Die beiden prägendsten Frauen in ihrer Kindheit sind die
Mutter Fatma und insbesondere die Großmutter Ayşe. Die vielen erzieherischen Gespräche mit der Oma haben großen Einfluss auf das Mädchen und nehmen daher besondere entwicklungspsychologische Bedeutung ein.[201] Mit ihrer abergläubisch-religiösen Einstellung steht Ayşe, die
weder lesen noch die neuen Lieder ihrer Enkelin verstehen kann, für die
traditionsbewusste, alte Generation. In typisch traditioneller Manier betet
die ältere Frau mit dem tesbih (der türk. Gebetskette, vgl. 135) und verflucht die moderne Lebensart, die sie an ihrem Sohn und ihrer Schwieger-
tochter beobachtet.[202] In ihren Versuchen, ihre Enkelin mit Sprichwörtern
und Erzählungen auf das Leben vorzubereiten, steht sie außerdem für die
arabische orale Überlieferungstradition. Die religiösen bis abergläubischen Weisheiten sollen das Kind zu ,richtigem' Handeln erziehen:

> Hast du denn Sünden? Du hast keine. Dein Sündenheft ist leer. Du
> hast zwei Engel, auf deiner rechten Seite steht der Engel, der deine
> guten Taten in ein Heft schreibt, der auf deiner linken Seite ste-
> hende Engel schreibt deine Sünden. [...] Wenn deine Sünden
> schwerer sind als deine guten Taten, wird man dich zu einer Brücke
> bringen. Eine Brücke, dünn wie ein Haar, scharf wie ein Messer, du
> wirst barfuß laufen. Wenn du diese Brücke bis zum Ende laufen
> kannst, wirst du ins Paradies gehen. (23f.)

Die Ich-Erzählerin hört von klein auf fasziniert ihrer Großmutter zu und
folgt den von ihr angeregten wie vorgelebten Verhaltensweisen. Sie
spricht ihre Gebetsformeln nach und betreibt die religiösen Rituale (wie
zum Beispiel die Waschungen etc., vgl. 83f.). In den von der Kind-
Protagonistin nicht unbemerkten Phase des Umbruchs sowie in der Situation ihrer eigenen äußersten Armut ist es vor allem die Sicherheit, mit der
die Großmutter ihre Lebensweise nach außen vertritt, welche dem kleinen
Mädchen über seine Verwirrung angesichts der oftmals widersprüchlichen
Welten hinweghilft.[203] Doch die Eltern der Protagonistin fordern zunehmend, dass sie sich von dieser in ihren Augen altertümlichen Lebensart
entfernt, und möchten, dass ihre Tochter ein moderneres, besseres Leben
führen wird. So ermuntert sie beispielsweise ihr Vater beim Betrachten ihres Zeugnisses, welches er nicht einmal lesen kann, zu einem Bildungsaufstieg: „Bravo, meine Tochter, lerne, meine Tochter, für dieses Land. Werde ein Mensch, werde nicht so ein Esel wie dein Vater." (266) Somit wird

---

[200] Binder: Im Namen Allahs (1992), S. 31.
[201] Vgl. hierzu auch Aytaç: Sprache als Spiegel der Kultur (1997), S. 174.
[202] Vgl. etwa den Kommentar der Großmutter: „Sie sind ins Kino gegangen. Sie gucken
sich nackte Menschen an, sie werden in der Hölle brennen" (23).
[203] Vgl. hierzu auch: Eberhard Hübner: „Allahs Liebling", in: *Spiegel Spezial* 3 (1992),
S. 120-123, hier S. 123.

der sich an der Großmutterfigur konzentrierende Konflikt des Aufeinan-
derprallens von Archaik und Moderne[204] auch zu einem persönlichen Le-
benskonflikt für die Protagonistin.

Denn diese beiden oppositionellen Lebensweisen werden aus Sicht
der Protagonistin als Konkurrenzverhältnis zwischen den beiden Frauenfiguren Fatma und Ayşe wahrgenommen, angesichts dessen sie sich dazu
aufgefordert fühlt, Position zu beziehen. Wie auch Dufresne darlegt, erscheint die Großmutter auffällig häufig als eine Art Gegenpol zur Figur
der Mutter, was sich vor allem in ihrem Habitus und in ihrer Sprache widerspiegelt. Auf der einen Seite steht die nach althergebrachten Mustern
agierende Frau, auf der anderen Seite die Mutter, die nach Modernität und
sozialem Aufstieg strebt.[205] Stellvertretend für diese Konstellation steht
beispielsweise die Szene, als die erst 12-jährige Protagonistin bereits von
Brautschauerinnen aufgesucht wird und die Großmutter ihre Enkelin
spontan verheiratet hätte. Doch die Mutter stellt sich hier entschieden
gegen ihre Schwiegermutter: „Greisin, heirate du, wen du willst, meine
Tochter wird in die Schule gehen." (289f.)

Während sich die Großmutter oftmals gegenüber der Protagonistin
einfühlsam, zärtlich und geduldig zeigt, erfährt das Mädchen nicht selten
verletzende Zurückweisungen durch die distanzierte Mutter. Diese wird
sogar eifersüchtig auf die Großmutter: „Ich bin nicht deine Mutter, geh
zu deiner Großmutter, du zeugst mit ihr Unglück in diesem Haus"
(302f.). So werden über diese beiden im Roman als gegensätzlich vorgeführten, „in türkischen Familien dominanten Frauenfiguren"[206] nicht nur
historische und kulturelle Transformationen verhandelt, sondern zugleich
auch die beiden verschiedenen ,Pole' gezeigt, zwischen denen sich die
Entwicklung der Ich-Erzählerin bewegt.

Diese beiden gegensätzlichen Welten werden durch die Erfahrungen
der Protagonistin mit dem Theater noch verstärkt. So entdeckt die Ich-
Erzählerin durch die frühe Begegnung mit dem Theaterspiel in der Schule
für sich eine andere, neue Form der Weltorientierung. Das Privileg einer
ihr bereits im Alter von zwölf Jahren zugeteilten Rolle in Molières „Der
eingebildete Kranke" verschafft der Erzählerin erstmals große Anerkennung innerhalb einer Gruppe. Sie wird in die Clique der „reichen Mäd-

---

[204] Vgl. Hübner: Allahs Liebling (1992), S. 123.

[205] Vgl. Marion Dufresne: „Emine Sevgi Özdamar *Mutter(s)zunge*. Der Weg zum eigenen Ich", in: *Germanica* 38 (2006), S. 115-128, hier S. 124f.

[206] Brunner: Die Türkei, ein Mutterland (1999), S. 558. Isolde Neubert sieht die gegen-
teilige Tendenz, dass die Stimmen der Frauenfiguren in Özdamars Werk das Leiden
der unterdrückten Frau sowohl in der Türkei als auch in Deutschland wiedergäben.
Vgl. Isolde Neubert: „Searching for Intercultural Communication. Emine Sevgi
Özdamar – A Turkish Woman Writer in Germany", in: Chris Weedon (Hrsg.): *Post-
war Women's Writing in German*, Providence und Oxford 1997, S. 153-168, hier S.
163.

chen" (287) aufgenommen und bekommt zusammen mit allen Schauspie-
lern von einem „sehr reich[en]" Jungen, der den Arzt spielt, Essen spen-
diert. Als eines Tages gar der Direktor des Staatstheaters Bursa die Schule
besucht und die Erzählerin ans Theater mitnimmt, findet dort eines der
für sie bedeutendsten Ereignisse in ihrem Leben statt: Sie sieht zum ersten Mal im Leben eine Theaterinszenierung auf der Bühne. Als sie für drei
Monate an diesem Theater arbeiten darf und dabei Einsicht in das Leben
der „richtigen Schauspieler" erhält, schwört sie, „daß ich später in meinem
Leben Schauspielerin werde." (291) Demgegenüber sind die Eltern zunächst sehr skeptisch. Vor allem der Vater kann sich mit dieser neuen Begeisterung seiner Tochter nicht anfreunden und folgt ihr heimlich auf
dem abendlichen Weg ins Theater und zurück. Bezeichnend ist hier, dass
die Protagonistin, um von zu Hause ins Theater zu gelangen, über die
„heilige Brücke" (290) gehen muss. Dies symbolisiert die zwei aus Sicht
der Protagonistin voneinander geschiedenen Welten – Tradition, Armut
und Familienzwänge auf der einen Seite, empfundener ,Glamour', Geld,
Freiheit, Zukunftsmalerei auf der anderen Seite –, die dadurch zugleich
aber auch miteinander verbunden sind.

Die Protagonistin sieht sich der Aufgabe gegenübergestellt, sich innerhalb dieses (familiären) Spannungsfelds zwischen Tradition und Moderne verorten zu müssen. Diese Identitätssuche führt sie mit Einsetzen
der Pubertät in absolute Verwirrung: „Wie heiße ich? Wer bin ich? Wie alt
bin ich?" (333) Da sie die Antworten ihrer Familie nicht befriedigen,
„weil sie mir nicht die Augen über mein Leben öffneten" (334), wie sie
erklärt, verfällt sie in eine Art Melancholie, sperrt sich in das „Melonen-
zimmer" ein und singt traurige Lieder, um mit ihrem Kummer und ihrem
inneren Schmerz, „diese[m] cızzzzz" (348) allein zu sein. Nachdem sie
schließlich beginnt, ihr Spiegelbild zu küssen, auf dem Boden zu kriechen,
in die Tischkante zu beißen und Seife zu essen (vgl. 351f.), halten die Eltern ihre Tochter endgültig für verrückt und drohen ihr mit einem Irrenarzt. (Vgl. 348)[207] Als die Erzählerin dann tatsächlich in die neurologische
Abteilung des Militärkrankenhaus verbracht und dort medikamentös ru-
higgestellt wird, diagnostiziert ein Psychologe jedoch nur: „Ihr Problem
kommt vom Jungsein." (379)

Doch gerade die fehlende Unterstützung der Familie inmitten dieser
Wirren der Adoleszenzphase löst bei der Protagonistin regelrechte psychische wie physische Störungen aus. So nässt sie wieder in der Nacht ein,
nachdem sie zur Strafe für heimliche Treffen mit dem Kapitänsschüler
Sedat von den Eltern für eine Weile zu einer Wäscherin am Stadtrand in

---

[207] Die Aufzählung dieser „verrückten" Verhaltensweisen wird derart ins Groteske
übersteigert, dass von einer metaphorisch-imaginären Projektion auszugehen ist. So
heißt es bspw. auch, dass die Protagonistin „den Kalk von den Wänden" (351) esse
oder den Weltatlas verschlinge (vgl. 352).

ein Slumviertel fortgeschickt worden ist. Auch das darauf folgende, ziel-
lose Umherfahren in den Stadtbussen zeugt von ihrer inneren Unruhe
und Zerrissenheit, die sie selbst jedoch nicht einordnen kann. Besonders
bemerkenswert ist in diesem Zusammenhang der weiter oben erwähnte
manische Putzzwang, den die Protagonistin entwickelt:

> Ich ging hinter jedem sich bewegenden Körper und hinter allen
> Füßen her, wenn sie eine Seife in die Hand nahmen und sich ihre
> Hände wuschen. Dann wusch ich die Seife und das Waschbecken
> und auf dem Boden die Linien, über die sie gelaufen waren. (374)

Dieser Zwang steht symbolisch für die allgemeine hormonelle Unruhe in
der Adoleszenzphase – für das „Feuer" (352) wie es hier heißt –, aber
auch für die subjektive Krise der Protagonistin. Denn die Beschreibungen
der zwanghaften Putzhandlungen verweisen auf eine durch negative Erfahrungen und Stress ausgelöste so genannte juvenile Zwangsstörung.
Gemeint ist eine rituelle Zwangshandlung wie etwa das ständige Hände-
waschen, mit der eine als unkontrollierbar erlebte Situation wieder kon-
trolliert werden soll.[208]

All diese Verhaltensweisen der Protagonistin deuten auf eine äußerst
belastende Situation, nämlich die einer empfundenen Hilflosigkeit bei
dem Versuch, sich innerhalb ihrer sozio-kulturellen Umgebungsstruktu-
ren zu positionieren. Ihr Entschluss, ihre Familie und ihre Heimat zu verlassen, ist wesentlich dadurch motiviert, diesem unsicheren ,Schwebezu-
stand' zu entkommen. Ein besonders intensives Gefühl davon, „daß meine Füße nicht mehr am Boden waren" (388) beschleicht die Erzählerin,
als sie erfährt, dass ihr Bruder zum Studieren in die Schweiz gegangen ist
und der Mutter von seinem Stipendium Geschenke gekauft hat. Wie in
bisherigen Romananalysen häufig überlesen wird, sieht sich die junge Erzählerin hier im Zugzwang, es ihrem Bruder gleichzutun und für die Familie Verantwortung zu übernehmen. Insbesondere der durch die Mutter
deutlich formulierte Auftrag: „Meine Tochter, rette uns" (389) setzt sie
enorm unter Druck. Verstört schneidet sie sich ihre Haare wieder auf
1 mm kurz (vgl. 389) und verbringt in einem Gefühl der Leere („Mein
Körper kam mir vor wie aus Glas", 390) „ein paar Wochen" (391), wie es
heißt, wartend auf dem Balkon.

Somit sind es für die Protagonistin nicht nur die verlockenden Einblicke in die ,Theaterwelt', die schließlich dazu führen, dass sie sich zu ei-

---

[208] Die Mysophobie (=Ansteckungsphobie mit der Folge des Waschzwangs bzw.
Putzzwangs) ist die häufigste der juvenilen Zwangsstörungen. Vgl. hierzu bspw. Christoph Wewetzer (Hrsg.): *Zwänge bei Kindern und Jugendlichen*, Göttingen u. a. 2004.

nem Aufbruch nach Deutschland entscheidet[209], sondern es ist insbesondere auch die (explizit formulierte) Erwartungshaltung ihrer Familie, die
sie antreibt, mehr aus ihrem Leben zu machen. Die Zielsetzung der Bildung und insbesondere die Relevanz des Theaters für den Bildungsweg
der Protagonistin rücken den Roman in die Nähe des Bildungsromans, als
welchen ihn unter anderem Göktürk bezeichnet.[210] Mit Wagner-Egelhaafs
Lesart jedoch handelt es sich bei der Ich-Erzählerin um kein hermeneuti-
sches Individuum, um dessen Bildung es im Text geht. Denn für die Erzählinstanz sei die Authentizität der Lebensbeschreibung irrelevant; der
Roman stelle nicht die Nachzeichnung oder Konstruktion eines Lebens-
laufes in den Mittelpunkt, sondern hauptsächlich das poetische Sagen an
sich, das heißt den sprachlichen Ausdruck der Lebens*wahrnehmung*.[211] So
gesehen spiegelt sich die ‚Bildung‘ der Protagonistin insbesondere in der
narrativen bzw. perspektivischen Gestaltung des Romans wider. Wie sich
vor allem in der Gesamtbetrachtung von Özdamars Trilogie zeigt, verändert sich das Verhältnis zwischen erzähltem Ich und erzählendem Ich:
Während es im *Karawanserei*-Roman formal wie strukturell noch eine
größere Distanz zwischen diesen Instanzen gibt (erzähltes Kind vs. er-
zählender Erwachsener), nähern sie sich in den Folgeromanen an. Şölçün
spricht gar davon, die Distanz würde schließlich „völlig aufgehoben“,
ebenso die Distanz zwischen fiktionalem Ich und Autorschaft, sodass die
autobiographischen Bezüge besonders deutlich identifizierbar seien.[212]
Die sich wie eine Schauspielerin aufführende Erzählerin verlasse nach ihrem Spiel die Bühne nicht, sondern stelle sich den Zuschauern gewissermaßen persönlich vor. Durch diese Distanzverringerung würden zunehmend Parallelen zur Realität enttarnt und hierin ein Identitätswandel und
eine andere Selbstwahrnehmung der Autorin gezeigt.[213]

---

[209] Dass die Motivation zum Aufbruch nach Deutschland explizit in dem Wunsch nach
einer Schauspielerkarriere begründet liegt, erfährt man jedoch erst genauer auf den ersten Seiten des Folgeromans *Die Brücke vom Goldenen Horn*.
[210] Vgl. Göktürk: Kennzeichen: weiblich / türkisch / deutsch (1999), S. 530. Auch im
Klappentext der ersten Romanausgabe (Emine Sevgi Özdamar: *Das Leben ist eine Karawanserei hat zwei Türen aus einer kam ich rein aus der anderen ging ich raus*, Köln
1992) wird ein „orientalischer Bildungsroman“ angekündigt. Als solchen lesen ihn auch
Brunner (vgl. Brunner: Die Türkei, ein Mutterland, 1999, S. 561) und Breger (vgl. Breger: Meine Herren, spielt in meinem Gesicht ein Affe?, 1999, S. 41). Breger fügt hier
jedoch an, dass das Subjekt im Heranwachsen über seine Kindheit und Adoleszenz allerdings nie *erwachsen* werde und verweist damit erneut auf das Stilmittel der sich über
den gesamten Roman erstreckenden kindlichen Naivität der Erzählinstanz. Johnson
zufolge hat sich Özdamar bei ihrem *Karawanserei*-Roman an der „Western *Bildungsroman*-structure“ (Johnson: Transnational Ästhetik, 2001, S. 44) orientiert.
[211] Vgl. Wagner-Egelhaaf: Autofiktion (2006), S. 100.
[212] Vgl. Şölçün: Nomadendasein (2007), S. 106, Zitat ebd.
[213] Vgl. Şölçün: Nomadendasein (2007), S. 107f.

Insgesamt zeigt das Ich im Laufe des *Karawanserei*-Romans trotz des als naiv dargestellten Blicks und der spezifischen unkommentierten, parataktischen Erzählweise eine Entwicklung zu einem selbstbestimmten Ich.[214] Die „gelungene Subjektwerdung"[215] des sich emanzipierenden Ichs wird jedoch vor allem erst aus der Perspektive des Romanendes her offensichtlich, im Hinblick nämlich auf den Widerstand gegen die Eltern und schließlich die Entscheidung zur Migration im Alter von gerade einmal achtzehn Jahren. Diese Migration erscheint hinsichtlich ihrer soziokulturellen Entwicklung als unbedingt notwendig, da eine Weiterentwicklung sonst nicht möglich wäre.

---

[214] Dies konstatiert auch Bay: Der verrückte Blick (1999), S. 38.
[215] Bay: Der verrückte Blick (1999), S. 38.

III.3. Ver-rückte Welten – Identitäts- und Projektionsräume der Kindheit

III.3.1. „Man muß zu den Toten gehen"[216] – Identifikationsraum Religion

Religiöse Wertvorstellungen, die auch bis heute noch eng mit türkischen gesellschaftlichen und kulturellen Identifikationsmustern verknüpft sind[217], bilden in der Kindheit der Ich-Erzählerin einen zentralen Topos. Dabei verweisen sie im Rekurs auf volkstümlichen Aberglauben jedoch auf einen „dritten Raum"[218] neben den fundamentalistischen und laizistischen Diskursen, innerhalb derer die Romanfiguren positioniert sind, ohne dass für eine Position universaler Geltungsanspruch erhoben wird. So orientiert sich die Religiosität der kindlichen Protagonistin an einer gemischten Erziehungspraxis[219], je nachdem welche Bezugsperson oder Institution gerade besonderen Einfluss auf sie hat. Zunächst steht das Kind unter dem Eindruck der religiös-abergläubischen Praktiken der Großmutter, dann richtet es sich nach den Vorgaben der Koranschule und später beobachtet es – zunehmend kritisch – verschiedene religiöse wie abergläubische Bräuche anderer Mitmenschen. Mit der Wahrnehmung und Verarbeitung von Religiosität aus der naiv-kindlichen Perspektive wird im Roman nicht nur die Festlegung auf einen bestimmten, auf einen ‚richtigen‘ Glauben verweigert, sondern es werden religiöse Festlegungen an sich hinterfragt.

In diesem Zusammenhang kommt insbesondere das oben dargelegte Mimikry-Prinzip zum Tragen, bei dem eine islamisch-orientalische Welt konstruiert und gleich darauf „in ihrer klischeehaften Monumentalität" wieder dekonstruiert wird, wie auch Zierau herausstellt.[220] In der Wiedergabe aus dem spezifischen, als kindlich inszenierten Blickwinkel werden dabei die religiösen Verhaltensweisen der Großmutter und anderer Romanfiguren geradezu karikiert und oftmals ins Komische bis Groteske übersteigert.[221] Diese Art der Darstellung zeugt davon, dass es hier nicht

---

[216] Nils Minkmar: „Wir wohnen in einer weiten Hölle" (Interview mit Emine Sevgi Özdamar), in: *FAZ* vom 21.11.2004, S. 23.

[217] Vgl. hierzu bspw.: Carter V. Findley: *Turkey, Islam, nationalism, and modernity: a history, 1789-2007*, New Haven u. a. 2010.

[218] Zierau: Wörter auf Wanderschaft (2009), S. 155.

[219] Vgl. zur Theorie der Entstehung religiöser Vorstellungen bei Kindern Jürgen Hach: *Religion in der Kindheit. Zur Entstehung religiöser Vorstellungen im Vorschulalter*, Frankfurt a. M. 2001.

[220] Vgl. Zierau: Wörter auf Wanderschaft (2009), S. 136.

[221] Vgl. auch Nilüfer Kuruyazıcı: „Religiöse Wertvorstellungen in literarischen Texten und ihre Rolle bei interkulturellen Begegnungen (untersucht am Beispiel von E. Sevgi Özdamars *Das Leben ist eine Karawanserei*)", in: Ernest W. B. Hess-Lüttich u. a. (Hrsg.): *Differenzen? Interkulturelle Probleme und Möglichkeiten in Sprache, Literatur und Kultur*, Frankfurt a. M. 2009, S. 431-440, hier S. 437f.

um eine bloße Darstellung der religiösen Lebensweise der Großelternge-
neration der Ich-Erzählerin geht – oder mit anderen Worten um ein „de-
tailliertes Zeugnis des Volksislam, das auf dem anatolischen Boden heute
noch lebt"[222], wie Kuruyazıcı behauptet. So kann sich beispielsweise hinter
der vordergründig dargestellten kindlich-naiven Frömmigkeit die hintere
parodistisch-kritische Ebene aufgrund der bisweilen übersteigert dargestellten Persistenz kaum verbergen, wenn sich ein Totengebet der Ich-
Erzählerin über fünf (!) Buchseiten erstreckt: „Für den ersten toten Soldaten, für den zweiten toten Soldaten, […] für den hundertdreiundzwanzigsten toten Soldaten." (212ff.)

Zudem werden die immerzu wiederholten arabischen Gebetsfloskeln
der Großmutter aufgrund des (übrigens nicht nur kindlichen!) Unver-
ständnisses durch die Kind-Protagonistin ‚übersetzt', indem die Worte
poetisch-phantastisch metaphorisiert werden[223]:

> *Bismillâhirrahmanirrahim. Elhamdü lillâhirabbil âlemin. Errahma-*
> *nirrahim, Mâlüki yevmiddin.* […] Ich sah die Buchstaben, manche
> sahen aus wie ein Vogel, manche wie ein Herz, an dem ein Pfeil
> steckt, manche wie eine Karawane, manche wie schlafende Tiere,
> manche wie ein Fluß, mache wie im Wind auseinanderfliegende
> Bäume, machen wie Schlangen, manche wie unter Regen und Wind
> frierende Bäume. (19)[224]

Die eigentliche Bedeutung des Gebets – sowohl wörtlich als auch symbolisch – spielt keine Rolle mehr, es wird zu einer repetitiven alltagssprachli-
chen und damit belanglosen Phrase.[225]

Besonders deutlich wird das dekonstruktive Potential des kindlichen
Blicks auf religiöse Praxis an der Stelle, wo das Besuchen der Koranschule
als komisches Ereignis dargestellt wird: Nach dem Umzug in die „religiöse Straße" wird die Protagonistin zusammen mit ihrem Bruder angehalten, die arabische Schrift in der Moschee zu lernen. Bei ihrer ersten Begegnung mit dem Lehrer, dem Hodscha, beschreibt die Erzählerin ihn mit
kindlich-unverstellter Perspektive als lumpigen und stinkenden, geradezu
verwahrlosten Mann, der sie anschreit. (Vgl. 78) Für sie stellt der religiöse

---

[222] Kuruyazıcı: Religiöse Wertvorstellungen (2009), S. 437.

[223] Vgl. Zierau: Wörter auf Wanderschaft (2009), S. 137.

[224] Diese Beschreibung ist wörtlich identisch mit einer Passage in der Erzählung
„Großvaterzunge" aus dem Erzählband *Mutterzunge* (1990), wo der Ich-Erzählerin die
arabischen Gebetsfloskeln bei ihrem Arabisch-Lehrer (wieder)begegnen. Hier deutet
Bandhauer die Metaphorisierung der arabischen Floskeln als einen transitorischen, ori-
entalischen Schrift- und Sprachraum, welcher poetisch adaptiert wird. Vgl. Bandhauer:
Poetologie der Fremde (2008), S. 209.

[225] Vgl. hierzu ausführlicher bei Nilüfer Kuruyazıcı: „Der literarische Text als Kulturvermittler. Sevgi Özdamars Roman *Das Leben ist eine Karawanserei*", in: Alois Wierlacher und Georg Stötzel (Hrsg.): *Blickwinkel. Kulturelle Optik und interkulturelle Gegenstandskonstitution*, München 1996, S. 635-643, hier S. 638.

Gelehrte keine Autorität dar, sondern gestaltet sich die Lerneinheit als lustiges Hin- und Herwackeln mit dem Körper, sodass sie selbst bei den Schlägen durch den Mann lachen muss. Ähnlich wird eine Szene wiedergegeben, in der die Protagonistin in einer Moschee die sich zum Beten hinknienden Männer beobachtet: „[W]enn sie sich bückten, schaute ich immer auf ihre Hintern und zählte, wie viele furzten." (85)

Durch diese kindlich-naive, fast schon hemmungslose Art der direkten Benennung und der eigenen Interpretation wird die Hinterfragung religiöser Doktrin ermöglicht. Zum Beispiel bezweifelt die Ich-Erzählerin die ihr im Religionsunterricht gelehrte göttliche Allgegenwärtigkeit und versucht dann, diese in provozierender, kindlich-naiv anmutender Art zu widerlegen: „Wenn es dich gibt, mach meine Augen blind.' Ich machte meine Augen auf, und nichts machte mich blind. [...] ,Allah ich scheiße auf deinen Mund, mit Teufel.'" (226)[226] Die Kinderfigur nimmt sich in ihrem Handeln und ihrer Ausdrucksweise hier naturgemäß nicht zurück, sodass ganz deutlich und ohne Umschweife auf Missverhältnisse innerhalb des Lebens in den engen religiösen Sittenschranken verwiesen wird. Die grotesken und karnevalesken Inszenierungen der religiösen und abergläubischen Passagen und Dialoge machen dabei eine „Diskrepanz zur orthodox-sunnitischen Tradition"[227] sichtbar, wie Zierau ausführt. So endet beispielsweise die Befragung der Großmutter hinsichtlich des Paradieses mit dem Satz: „Wird der Walfisch auch ins Paradies gehen, Großmutter?" (108). Er folgt kindlicher Logik und hinterfragt durch seine groteske Komik die ,erwachsenen' religiösen Grundsätze.

Religiöse Vorgaben werden im Roman vor allem auch dadurch dekonstruiert, dass die Grenze zwischen Glaube und Aberglaube verwischt wird. So preist insbesondere die Großmutter die religiösen Traditionen ebenso wie die volkstümlichen Bräuche und verbindet beständig Magisches mit Gebeten[228]: „Mein Allah, gib mir einen Geduldstein [...] und ich ermesse an diesem Geduldstein, wie viel wir zu dulden haben." (105) Der im Roman vorgeführte volkstümliche Aberglaube berührt dabei insbesondere die Themen Leben und Tod sowie Krankheit. Zum Beispiel wird bei dem Bandwurmbefall der Protagonistin zunächst keine medizinische Hilfe in Anspruch genommen, sondern einer abergläubischen Praktik nachgegangen. Die Großmutter führt einen Tanz um das Mädchen herum auf und ruft: „Teufel, du sollst aus dem Bauch raus". (119) Ähnlich sucht die Baumwolltante angesichts der Tuberkulose der Erzählerin zuerst einen „Zauberhodscha" (104) auf und lässt ihn Gebete auf Papier schreiben, das anschließend dem Kind als Medizin gereicht wird. Der Protagonistin begegnen religiös-abergläubische Rituale und Lebensgrundsät-

[226] Vgl. hierzu auch Seyhan: Lost in Translation (1996), S. 424.
[227] Zierau: Wörter auf Wanderschaft (2009), S. 155.
[228] Vgl. so auch bei Kuruyazıcı: Religiöse Wertvorstellungen (2009), S. 432f.

ze in allen Situationen des alltäglichen Lebens. So erklärt ihr der alte Şavkı Dayı[229], dass man einen Granatapfel essen müsse, ohne ein Stückchen fallen zu lassen, um direkt ins Paradies zu gelangen. Zugleich wird dem Mädchen aber immer auch die bei Sünden drohende Hölle vor Augen gehalten und dadurch eine „Allah-Angst" (102) aufrechterhalten. So habe es sich stets vor dem „bösen Blick" eines „unheilige[n] Nachbar[n]" (101) zu hüten und wird jeden Abend daran erinnert, mit geschlossenem Mund zu schlafen, sonst „tritt dein Geist aus, die Katze schnappt ihn und frißt ihn auf, dann stirbst du" (288), wie die Großmutter erklärt.

Auf der einen Seite wirken diese abergläubischen Lebensvorstellungen auf die kindliche Protagonistin sehr belastend, sodass sie von Albträumen geplagt wird. Auf der anderen Seite beginnt sie auch hier wieder, deren Grundsätze zu hinterfragen und ,testet' daher zum Beispiel schon einmal, wie es sein wird, im Feuer der Hölle zu brennen, indem sie ihre Hand in die Flammen des Ofens hält. (Vgl. 229) Diese ins Komische verschobenen Darstellungen kindlicher Erprobungen der durch die Erwachsenen aufgestellten ,Wahrheiten' stehen aber auch für die Identitätsbildung der Heranwachsenden. Denn sie beginnt nun zunehmend, sich existenzialistische Weltverständnis-Fragen zu stellen wie: „Wer bin ich?", „Wie kann ich jetzt denken, was die Welt ist [...]? Wie kann das Gehirn das denken?", „Woher kommen die Wörter?" oder: „Wo war ich, als ich noch nicht hier war?" (226)

Somit ist die religiöse Praxis im Roman als Projektionsraum für Identitätsbildungsprozesse der Protagonistin zu verstehen. Religiosität ist dabei eng mit der Kindheitserinnerung – und zwar mit frühester Kindheitserinnerung – verknüpft und stellt daher einen retrospektiven Verortungsraum dar. Zugleich verweist der relativierende Umgang der Protagonistin mit ihrer religiösen Lebensumgebung eher auf ihre Zeit *nach* der Kindheit, in der sie längst migriert ist und in einer anderen Kultur lebt. So sieht auch Margaret Littler, dass Özdamars Texte in der Beschreibung der islamischen Kultur gleichzeitig in zwei Richtungen weisen: „sowohl zurück in die Mystik des anatolischen Sufismus als auch vorwärts in eine europäische Zukunft, in der bekannte Identitäten in ein ständiges Werden geraten."[230]

---

[229] Zur Figur des Şavkı Dayı führt Zierau erklärend an: „Şavkı Dayı ist als wohnungsloser Wanderer ein typischer Repräsentant der türkischen Gesellschaft der fünfziger Jahre, der sich in die Tradition der Wanderderwische stellt. Es ist nicht ungewöhnlich, dass er für kurze Zeit von einer Familie aufgenommen wird. Dennoch sollten mit diesen Personen nicht zu hohe Erwartungen an besondere Heilkünste verbunden werden und so verschwindet er auch so plötzlich, wie er gekommen ist." Zierau: Wörter auf Wanderschaft (2009), S. 154.
[230] Margaret Littler: „Profane und religiöse Intensitäten: Die islamische Kultur im Werk von Emine Sevgi Özdamar und Feridun Zaimoğlu", in: Helmut Schmitz (Hrsg.): *Von der nationalen zur internationalen Literatur. Transkulturelle deutschsprachige Li-*

III.3.2. Transliminale Dynamiken kindlicher Welterfassung

In der dargestellten Kindheitsgeschichte des Romans *Das Leben ist eine Karawanserei* geht es insgesamt nicht um die realistische Geschichte eines heranwachsenden Mädchens im Anatolien der 1940er bis -60er Jahre oder um die Abbildung der Vorgeschichte einer Migration nach Deutschland, bei der dem deutschen Leser historische Informationen über die Türkei präsentiert werden. Die narrativen Formen des Romans zeugen vielmehr von einem für die Identitätsbildung geschaffenen erzählten Raum, das heißt von einem Prozess des Werdens und des Selbsterforschens – weswegen Littler von einem erzähltechnischen Experiment spricht.[231] Kindheit in ihrer perspektivischen Darstellungsweise und in ihrer sprachlichen Ausgestaltung ist dabei sowohl das performative Mittel als auch der konstruktive Raum, in und durch den sich das erzählende Subjekt bildet.

So werden im Roman verschiedene, sich der Protagonistin als parallele Lebensrealitäten eröffnende (kulturelle) Räume entworfen, die nebeneinander existieren und dennoch ineinander übergehen. So gesehen sind hier die späteren transnationalen, transkulturellen und translingualen Bewegungen der Ich-Erzählerin[232] bereits eingeschrieben. Wenn die Protagonistin in ihren verschiedenen alltäglichen Lebensräumen von islamischem Glauben und westlichem Konsumismus, von Volkskultur und medialer Moderne zugleich agiert[233], dann ist es insbesondere der als kindlich inszenierte Erzählblick, der zum scheinbar mühelosen Überspringen der Grenzen zwischen den einzelnen Lebenswelten befähigt. Diese werden dann in einem Prozess narrativer Aneignung zu einem individuellen Selbstentwurf integriert. Somit werden die im Text inhaltlich und sprachlich markierten Grenzen symbolisch zu Zonen des Übergangs[234] mit integrativer Funktion.

Der kindliche Erzählblick richtet sich dabei auffällig häufig auf die aus Sicht der Protagonistin „verrückten" Erwachsenen wie unter anderem die verrückte Saniye aus Jugoslawien, die verrückte Wäscherin Naciye, die verrückte Ayten oder der verrückte Hüseyin. Bei ihnen handelt es sich um meist sozial benachteiligte Menschen aus der näheren Lebensumgebung, die aufgrund eines Handicaps gesellschaftliche Ausgrenzung erfahren. Sie überschreiten in ihrem Verhalten oder ihrer Sprache die Grenze

---

teratur und Kultur im Zeitalter globaler Migration, Amsterdam und New York 2009, S. 143-154, hier S. 154.

[231] Vgl. Littler: Özdamar (2010), S. 98.

[232] Gemeint ist damit die durch die Kindheitserzählung vorscheinende, rückblickende erwachsene Ich-Erzählerin, die auch in den Fortsetzungsromanen als Protagonistin agiert.

[233] Vgl. hierzu auch Ette: ÜberLebenswissen (2004), S. 244 sowie ders.: ZwischenWeltenSchreiben (2005), S. 189.

[234] So auch Ette: ÜberLebenswissen (2004), S. 245.

der Norm und/oder des Rationalen und haben dadurch für die kindliche Erzählerin immer etwas Faszinierendes und zugleich unerklärlich Geheimnisvolles an sich. Beispielsweise ist das Kind umso mehr gebannt, wenn der Friedhofsnarr Musa – ebenfalls eine Figur außerhalb der ‚normalen' Gesellschaft – in seinen oben dargelegten Lebensweisheiten die Transzendenz vom Leben in den Tod anspricht. Insgesamt fokussiert die kindliche Protagonistin all diejenigen Alltagsbereiche, die als besonders abgegrenzt voneinander erscheinen wie Leben und Tod, Erde und Himmel, Krieg und Frieden, ‚normal' und ‚verrückt', gesund und krank etc. Aus der naiv-kindlichen Perspektive wird dargestellt, dass sich das Mädchen diesen von ihrer Umgebung häufig thematisierten Dingen dadurch zu nähern versucht, dass es sie miteinander verbindet, vermischt und in seine Lebenswirklichkeit integriert. Ähnlich spricht auch Mingels der im Roman inszenierten Weltwahrnehmung aus kindlicher Perspektive „zeitlich-räumliche Grenzen transzendierende Züge"[235] zu und fokussiert dabei insbesondere die Grenzen zum Magischen.[236]

Viele der im Roman markierten Übergangsmomente sind in den kindlichen Vorgang des Entwerfens von Bedeutungsräumen integriert. Diese werden von der Protagonistin auf verschiedene Weise, aber immer in kindlich anmutender Naivität und mit Phantasie erprobt. So steht insbesondere die wiederholt gebrauchte Metapher des Paradieses für einen Bedeutungsraum, der sich für die Kind-Protagonistin als Vorstellung völliger Entgrenzung gestaltet: „Wenn ich sterbe, werde ich direkt ins Paradies gehen. […] Über die Brücke […] kann ich bis zum siebten Himmel fliegen." (88) Seine Paradiesvorstellungen überträgt das Kind dabei auch auf ihre alltägliche Umgebung, sodass sie sich als eine Mischung aus religiös-abergläubischen und weltlichen Anteilen darstellen.

Zum Beispiel wird das anatolische Malatya durch die Protagonistin zu einem Sinnbild eines Paradieses verklärt. Sie beschreibt den Ort deutlich in Anspielung an den Garten Eden: „Ich sah in dem Garten den Schleier der Morgenröte, die Schlangen spazierengehen zwischen den Granatapfelbäumen." (51) Dabei wird auch eine an das Schlaraffenland angelehnte kulinarische Idylle[237] mit „honigmachenden Bienen", „Wein-

---

[235] Mingels: Emine Sevgi Özdamar (2005), S. 306.

[236] Vgl. hierzu bspw. Boa: Özdamar's Autobiographical Fictions (2006).

[237] Die aus dem Mittelalter stammende, volkstümliche Vorstellung des Schlaraffenlandes ist eine Säkularisierung der religiösen Paradiesvorstellung zur Kompensation negativer gesellschaftlicher Lebensumstände. Sie stellt eine der berühmtesten „kollektive[n] Glücksbilder" (Alois Hahn: *Soziologie der Paradiesvorstellungen. Trierer Universitätsreden*, Bd. 7, Trier 1976, S. 11) dar und beschreibt eine Welt des Wohlstandes und des kulinarischen Überflusses, in dem Milch und Honig fließen und einem gebratene Tauben in den Mund fliegen, wie es sprichwörtlich heißt. Auch das irdische Schlaraffenland, wohin zu gelangen es nahezu unmöglich ist, wird zu einer metaphysischen Uto-

trauben", „Wassermelonen" und „Milch" (51) beschrieben. Auf diese
Weise wird Malatya zum einen zur „Wiege der Kulturen"[238] stilisiert, wie
Zierau formuliert, zum anderen wird ein paradiesisches Bild erschaffen.[239]
Dieser projektive Raum individueller Verortung wird dann mit Istanbul
verknüpft. Im Gegensatz zur ländlichen Region Anatoliens ist Istanbul
eine moderne Großstadt, die als „Grenz- und Übergangsraum"[240] für die
Migrationsbewegung steht und damit die individuelle (Entwicklungs-
)Reise der Protagonistin symbolisiert. Diese vereint die beiden Lebens-
räume aber dadurch für sich, dass sie in Malatya geboren worden ist und
in Istanbul ihre Heimat verlässt, wodurch beide Orte zu bedeutenden
Schwellenräumen werden. Zierau zufolge wird die Erzählerin damit zur
„Grenzgängerin"[241].

Als *der* Ort des Übergangs schlechthin kommt innerhalb des kindlichen Welterfahrungsmodells dem Friedhof eine gewichtige Rolle zu. So
beginnt die Romanhandlung (gleich nach der Zugfahrt) mit einer Friedhofszene und endet mit einer Friedhofszene (kurz vor der Zugfahrt), deren Beschreibungen sich zum Teil wortgleich decken.[242] Der Friedhof
wird für die Protagonistin zu einem Ort der Erkenntnis und der individuellen generationellen Selbstverortung: „Ich merkte auf dem Istanbuler
Friedhof, daß meine Großmutter auch einmal ein Kind gewesen war. [...]
Auch sie hatte einen Großvater" (402).

Es ist auffällig, dass im Roman insbesondere diejenigen Schwellenräume symbolisch aufgeladen sind, welche die sozialen, körperlichen und
psychischen Entwicklungsprozesse der Protagonistin betreffen. Johnson
sieht in der Transformation der Protagonistin von einem Kind zu einer
jungen Frau die Hauptbedeutung des gesamten Romans.[243] Diese Transformation konzentriert sich hauptsächlich auf die Adoleszenzphase, die
daher einen wichtigen Projektionsraum der Erzählerin im Hinblick auf ihre Identitätsbildung darstellt. Denn im Zusammenhang mit Migration
wird die Phase der Adoleszenz als Trennungsprozess noch bedeutender,

---

pie überformt. Vgl. hierzu etwa: Dieter Richter: *Schlaraffenland. Geschichte einer populären Phantasie*, Köln 1984.
[238] Zierau: Wörter auf Wanderschaft (2009), S. 161.
[239] Eine auffällige idyllische Verklärung zeigt sich u. a. in der Szene des Besuchs im Ba-
dehaus, „ein Mösenplanet, ein Mutterbauch, ein sonniger" (53), wie es im Text heißt.
Die sich in diesen Zuschreibungen abbildende Uterusregressionsphantasie der Ich-
Erzählerin wendet sie anschließend in eine nach außen gerichtete Sehnsucht nach einer
anderen Welt und nach einer anderen (freien) Lebensweise. Denn als sie hier die „Hu-
re" (55) beobachtet, wünscht sie sich die Freiheiten, den ‚Wohlstand' und das Ansehen
dieser Frau.
[240] Zierau: Wörter auf Wanderschaft (2009), S. 166.
[241] Zierau: Wörter auf Wanderschaft (2009), S. 173.
[242] Vgl. S. 19f. und S. 400f. des Romans.
[243] Vgl. Johnson: Transnational Ästhetik (2001), S. 42.

wie Vera King herausstellte.[244] Die soziale Transformationsanforderung der Adoleszenz und die kulturelle Transformationsanforderung der Migration verstärken sich in der retrospektiven Konstruktion der Jugend hier gegenseitig. Dabei kommen regelmäßig die Krankheitsphasen zum Tragen, die (ähnlich wie bei Demirkan) Ausdruck der Krise im jeweiligen Schwellenmoment innerhalb der erzählten Geschichte sind und zugleich selbst wieder Schwellenräume bilden. Konkret veranschaulicht wird dies insbesondere durch das bereits angesprochene, im Roman mehrfach benannte „Schwebegefühl" der Protagonistin.

Ein weiterer bedeutender Projektionsraum für die Protagonistin ist das Meer. Hier verdeutlicht sich die ‚Grenzbespielung' bzw. transliminale Dynamik dadurch, dass diese Begrenzung und Entgrenzung verkörpernden Symbole auch für einen Entwicklungsprozess der Protagonistin stehen. Das Meer spiegelt dabei in seiner entgrenzten Form die der Kindheit zugesprochene archaische und elementare Natur und steht somit einer (bürgerlich) geordneten, erwachsenen Welt gegenüber.[245] Es rahmt den Roman dadurch strukturell, dass die Protagonistin gleich zu Beginn wie zum Einstieg in ihr Leben erklärt: „Dann habe ich das Meer gesehen. Draußen stand das Meer, das unbarmherzige, das schöne" (16). Diese Begegnung wird zum Ausgangspunkt und zum Ende der erzählten Reisebewegung, die in Istanbul beginnt und dort auch wieder endet: „Dann habe ich wieder das Meer gesehen." (391) Die Erzählerin betrachtet das Meer und den Hafen, der ihre Welt mit der anderen Welt ‚draußen' verbindet, mit Sehnsucht. Hier fasst die nun 17-Jährige den Entschluss und sagt: „Mutter, ich werde als Arbeiterin nach Deutschland gehen." (392)

Mit ähnlichen Attributen der Freiheit sowie der Sehnsucht ist aus Sicht der Protagonistin der Vogel besetzt. Er gilt schon in der alttürkischen Mythologie als Seelenträger und damit als Sinnbild der Transzendenz.[246] Im Mythos überschreitet die vogelgestaltige Seele die Grenze von der Lebenswelt in den Himmel, in der Lebenswelt verkörpert er als ‚beschwingtes Wesen' das Geistig-Seelische, die Freiheit[247] und auch die Migration. So stellt der Vogel hier wie auch in anderen Erzählungen Özda-

---

[244] Hierzu Vera King: „Adoleszenz und Migration – eine verdoppelte Transformationsanforderung", in: Peter Bründl und Ilany Kogan (Hrsg.): *Kindheit jenseits von Trauma und Fremdheit. Psychoanalytische Erkundungen von Migrationsschicksalen im Kindes- und Jugendalter*, Frankfurt a. M. 2005, S. 30-51.

[245] Vgl. Karin Wemhöner: *Paradiese und Sehnsuchtsorte. Studien zur Reiseliteratur des 20. Jahrhunderts*, Marburg 2004, S. 47.

[246] Vgl. hierzu bspw. Jean-Paul Roux: „Die alttürkische Mythologie", in: Egidius Schmalzriedt und Hans Wilhelm Haussig (Hrsg.): *Wörterbuch der Mythologie*, Abt. 1: *Die alten Kulturvölker*, Bd. 7,1: *Götter und Mythen in Zentralasien und Nordeurasien*, Stuttgart 1999, S. 173-278.

[247] Auf das Ideal der Freiheit als Leitmotiv des Romans insgesamt legt auch Johnson den Schwerpunkt ihrer Untersuchung. Vgl. Johnson: Transnational Ästhetik (2001).

mars eine bedeutsame Metapher dar, die sich durch den gesamten Roman zieht. Die Bewegung, das Fliegen steht einerseits für ein Hochgefühl, andererseits aber auch eine gewisse Unsicherheit, wie es die Protagonistin an einer Textstelle beschreibt, als sie einen fremden Mann an der Hand berührt hat: „[I]ch hielt mich beim Gehen am Brückengitter fest, ich dachte, sonst werden meine Beine von der Erde fliegen" (220). Die auffällige Präsenz des Vogels in der kindlichen Welt der Ich-Erzählerin verdeutlicht, inwiefern diese Welt auch durch die türkisch-anatolische Märchentradition geprägt ist, da hier der Vogel als Fabelwesen in vielen Legenden auftritt.[248] Indem gezeigt wird, dass die Protagonistin dieses Tier in ihre kindliche Phantasie an etlichen Stellen integriert, erhalten die dargestellten (abergläubischen) Verhaltensweisen der erwachsenen Figuren, für die der Vogel und das Fliegen Hoffnung und Erlösung verkörpern, eine fast schon ,kindliche' Qualität. So beten die Mutter, die Großmutter und die Baumwolltante über der an Tuberkulose erkrankten Protagonistin: „Mein Allah, entweder gib mir einen Flügel, oder mach mich zu einem Vogel, laß mich von dieser kummervollen Welt fliegen." (105)

Das bedeutsamste Symbol der Grenze, aber auch der Freiheit stellt jedoch der über die gesamte Kindheitserzählung omnipräsente Tod dar.[249] Schon als kleines Mädchen beschäftigt sich die Ich-Erzählerin mit dem Tod und zeigt reges Interesse an allen ihr diesbezüglich vor allem durch die Großmutterfigur nahe gebrachten Geschichten und Weisheiten, die zuvorderst vom Jenseits handeln und so die Paradiesvorstellung des Kindes prägen. Nach schlaraffenlandähnlicher Manier würden ihm dort „gebratene Wachtel[n] in deinen Mund fallen". (24)[250] So betet die Protagonistin gewissenhaft für alle ihr bekannten Gestorbenen und gibt ihnen dadurch Raum in ihren Gedanken[251], der sich auch in schriftlich ausformulierter Aufzählung als besonders raumgreifende Litanei darstellt: „Für den ersten toten Soldaten, für den zweiten toten Soldaten, für den dritten

---

[248] Vgl. hierzu Pertev N. Boratav: „Die türkische Mythologie. Die Mythologie der Ogusen und der Türken Anatoliens, Aserbaidschans, Turkmenistans", in: Egidius Schmalzriedt und Hans Wilhelm Haussig (Hrsg.): *Wörterbuch der Mythologie*, Abt. 1: *Die alten Kulturvölker*, Bd. 7,1: *Götter und Mythen in Zentralasien und Nordeurasien*, Stuttgart 1999, S. 279–386, hier S. 361ff.

[249] Özdamar erklärt hierzu, dass der Tod und das Gedenken an die Toten (eine „Zeitverlangsamung") in ihrer persönlichen Familientradition eine große Rolle spielen. Vgl. Minkmar: Wir wohnen in einer weiten Hölle (2004), S. 23.

[250] In kindlicher Neugier wendet sich das Mädchen daher sogar dem Tod entgegen, indem es umso lauter weint, nachdem ihm erzählt worden ist, dass der Tod komme, wenn ein Kind ohne Grund weine. (Vgl. 97f.)

[251] Melchert zufolge handelt es sich bei den rituellen Totengebeten um ein Leitmotiv im Roman, das als Produktion von Lokalität verstanden werden kann, da hiermit die soziale Technik der Raumgebung durch Benennung und Sakralisierung beschrieben werde. Vgl. Melchert: Sprachliche (Neu-)Landvermessungen (2007), S. 93 und 97.

toten Soldaten [...]" (212) bis zum hundertdreiundzwanzigsten Soldaten (vgl. S. 215). Dennoch stellt der Tod für die Kind-Protagonistin auch ein Angstsymbol dar. Auf dem Friedhof mit seinen „toten und lebendigen Schatten" (20) erscheint ihr alles bedrohlich und werden ihr streunende Katzen zu Schreckgestalten mit „überfahrenen Beinen, zerkratzten Mündern, blinden Augen, blutenden Nasen, abgeschnittenen Schwänzen" (19), wie es im Text heißt. Nicht zufällig an diesem Ort wird das Mädchen in kurzer Abwesenheit der Großmutter auch zum Opfer der weiter oben bereits erörterten sexuellen Belästigung durch den Friedhofsnarren Musa, auch wenn speziell diese Begebenheit von dem naiv blickenden Kind (noch) nicht als bedrohlich empfunden wird.

Der Tod als Abbildung der ausgeprägtesten Grenze der Vorstellungskraft wird von der Kind-Protagonistin in ihren Gedanken („Großmutter, wo ist der Tod?", 19, oder: „Großmutter, was macht der Tod, wenn er kommt? Wie kommt er?",107) immer wieder erforscht. Zugleich steht der Tod im Roman ebenso wie das Reisen für die oben angesprochene „Kreisstruktur" der immerwährenden Bewegung – mithin für den Lebenskreislauf. Die Türen in der titelgebenden Karawane sind als Ein- und Ausgang (Geburt und Tod) des Lebens eingefügt, die Karawane selbst beschreibt das Leben und steht zugleich für den Prozess des ‚Leben-Schreibens'[252], welches die Menschen oftmals – wie es der Friedhofsnarr Musa behauptet – zu Lebenszeiten verpassen: „Die Menschen schlafen im Leben, wenn sie tot sind, werden sie wach. [...] Wenn die Erde still ist, kommt ein Engel, sagt zu dem Toten: ‚Schreibe dein Leben'" (20). Diesem Verweis auf den Vorgang des autobiographischen Schreibens selbst ist ebenfalls eine wiederkehrende Struktur eingelagert, nämlich die der Identitätssuche als Selbstreflexion, welche sich zu jedem Zeitpunkt des Lebens neu und anders gestaltet.

Eine ganz andere Art der Suche nach Freiheit geschieht innerhalb der erzählten Kindheit und Jugend über die Medien. Der Roman gibt ein anschauliches Bild von der Medialisierung der Türkei der 1950er Jahre und von der Orientierung am Vorbild Amerika. So ist die Ich-Erzählerin zu einem wesentlichen Teil „kinosozialisiert"[253], wie Blumentrath u. a. zusammenfassen. Das Kino, aber auch „amerikanische Cowboy-Comics" (199) eröffnen der Protagonistin imaginäre Räume, Phantasien und Fluchtwelten hinaus aus der Realität des Armutsalltages. Das Kino bildet einen Halt im ständigen Unterwegssein. Der Einfluss der Traumfabrik Hollywood[254] ist im Roman jedoch durchaus auch negativ besetzt. Zum Beispiel wundert sich die Kind-Protagonistin über das geänderte Verhalten ihrer ‚modernen' Eltern und nimmt die kritische Haltung aus ihrem

---

[252] Vgl. hierzu auch: Ette: ÜberLebenswissen (2004), S. 239.
[253] Blumentrath u. a.: Transkulturalität (2007), S. 67.
[254] Vgl. Horrocks: Search of a Lost Past (1996), S. 32.

Umkreis gegenüber dem neuen westlichen Lebensstil wahr. Diese Haltung wird insbesondere von Tante Sıdıka in ihren derben Aussprüchen deutlich: „Kinder, eure Ärsche bereithalten, es wird alles von Amerika gefickt" (182).

Die im Roman thematisierte und von der kindlichen Protagonistin noch ganz naiv und unbewertet aufgenommene Tatsache der zunehmenden Medialisierung verweist auf eine neu entstandene Freiheit im Sinne von Zugangsmöglichkeiten zu anderen Lebensmodellen. So legt beispielsweise Sheila Johnson bei ihrer Interpretation des Romans den Fokus insbesondere auf Özdamars Figurationen von Freiheit, und zwar von Freiheit in verschiedener Hinsicht: sozial, wirtschaftlich, politisch, sexuell. Johnson liest den Roman als transnationalen Entwicklungs- oder „Bildungsroman of a Turkish female", in dem Özdamar über die erzählte Geschichte eines Mädchens den türkischen Alltag von Mitte der 1940er bis 1960er Jahren portraitiert.[255] Die Suche nach der Bedeutung und dem Wesen von Freiheit sei das Hauptanliegen der Protagonistin, die in ihrer Entwicklung stets diesem „große[n] Geheimnis des Lebens" (218) nachgehe, wie es im Roman heißt.[256] Der Roman endet jedoch mitten in der Adoleszensphase der Protagonistin, sodass im Prinzip nur der Anfang einer Bildungsgeschichte erzählt wird. Diese wird dann in den beiden Folgeromanen (vor allem auch im Theater) fortgesetzt. In der *Karawanserei* wird zunächst die Entwicklung bzw. der Reifeprozess der Protagonistin vom Kind zur jungen Frau gezeigt, mithin eine „metamorphosis of the central character from naive child to sexually aware young woman"[257], wie Johnson formuliert. Dabei wird aber auch gezeigt, dass es für die Protagonistin zur Freiheit gehört, ihre gewohnte Lebenswelt zu verlassen und nach Deutschland zu gehen. Die Frage stellt sich hier danach, ob dies bedeutet, dass die Suche nach Selbstbestimmtheit für eine muslimische Frau nur Erfolg haben kann, wenn sie ihre Heimatkultur verlässt und in den Westen fortgeht. Horrocks verneint dies[258] und stellt heraus, dass der Westen *nicht* als Ideal gilt, wenn man die im Roman von der Kind-Protagonistin wahrgenommene und so bezeichnete „seelenlose Gasse" betrachte, in der die westlich geprägten (Frauen-)Figuren wohnen, die allesamt einsam sind:[259]

[255] Vgl. Johnson: Transnational Ästhetik (2001), S. 37ff. Das Zitat stammt von S. 40. Johnson hebt Parallelen des Romans mit Goethes *Wilhelm Meisters Lehrjahre* (1795/96) heraus. Vgl. ebd., S. 42.

[256] Vgl. Johnson: Transnational Ästhetik (2001), S. 43f.

[257] Johnson: Transnational Ästhetik (2001), S. 45.

[258] Horrocks deutet Özdamars Darstellung der starken Frauenfiguren im Roman, die ihre Position innerhalb der patriarchalen Gesellschaft der Türkei zu dieser Zeit gefunden zu haben scheinen, dahingehend, dass diese Frage verneint werden kann. Vgl. Horrocks: Search of a Lost Past (1996), S. 36.

[259] Vgl. Horrocks: Search of a Lost Past (1996), S. 36.

> [Diese Frauen] saßen da, wie mein Vater Mustafa mal gesagt hatte:
> ihre Hände in ihren Händen und beide Hände über ihren Schach-
> teln. Sie saßen da, machten ihre Münder auf, die Zeit kam in ihren
> Mund, sie kauten die Zeit, bis sie verfault war. [...] Meine Mutter
> sagte: „Sie sind Frauen reicher Männer, sie wählen die Partei, die
> für die Amerikaner arbeitet." [...] Hatte diese Gasse keine Seele?
> [...] Die Gasse ist still, so still, daß ich den Tod nicht mehr liebe,
> nicht mehr mit ihm spiele. (127f.)

Somit werden durch den subversiven kindlichen Blick nicht nur offensichtliche Dinge im Roman kritisiert, sondern es wird dadurch auch ein
kritisches Licht „auf unsere hyperzivilisierte – nicht unbedingt kultivierte
– Gesellschaft"[260], wie etwa Binder es formuliert, geworfen. Mit anderen
Worten zeigt der Roman, inwiefern der ,westliche Lifestyle' in die dargestellte traditionelle Welt einbricht und sie bricht. Es entsteht eine Welt
zwischen „Koran und Comics, Atatürk und Humphrey Bogart, Kopftuch
und Kaugummi"[261], in der die Protagonistin eine Kindheit und Jugend mit
vielen Krisen und Brüchen durchlebt. Dabei lernt sie, dass ,Freiheit' durch
Bildung erreicht werden kann, wie es ihr ihre Großmutter ans Herz legt:
„Schwester, lerne deine Bücher, damit du nicht die Füße des Mannes waschen mußt." (227)

   Um sich von den Lasten ihrer insgesamt eher negativ besetzten
Kindheitserfahrungen zu befreien, muss die Ich-Erzählerin – und hier
kann man sowohl von der erzählten als auch von der erzählenden Person
sprechen – einen mit Zieraus Worten sehr „schmerzhaften psychischen
Aufwand" leisten. Dieser ist jedoch „zur Integration kultureller Verhaltensmuster bzw. zum Widerstand ihnen gegenüber in der Persönlich-
keitsentwicklung nötig"[262]. Zierau verweist außerdem auf die Beobachtungen Harro Zimmermanns in dessen Rezension, wo die Ängste, Zwänge und Depressionen sowie suizidalen Anwandlungen der heranwachsenden weiblichen Ich-Erzählerin betont werden. Sie leide „unter unentrinn-
barer sozialer Seelenstarre" und könne sich zu ihrer „Selbstbefreiung" am
Ende nur mittels eigener „unbändiger Imaginationskraft" retten.[263] Zierau
sieht die im Roman dargestellte adoleszente Identitätskrise der Erzählerin
innerhalb eines Prozesses der nationalen Identitätsfindung der Türkei zu
Anfang der 1960er Jahre. Da sich die junge Protagonistin während ihrer
personalen Identitätsfindung unter anderem mit der türkischen Nationalgeschichte auseinander setze, offenbare sich in Özdamars Roman eine Art
von „Nation-Writing", bei dem die Erzählerin bzw. die Romanfiguren die

---

[260] Binder: Im Namen Allahs (1992), S. 31.
[261] Binder: Im Namen Allahs (1992), S. 31.
[262] Zierau: Wörter auf Wanderschaft (2009), S. 101.
[263] Harro Zimmermann: „Spinnennetz der Tradition. Emine Sevgi Özdamars erster
Roman", in: *Frankfurter Rundschau* vom 10.10.1993, S. 9.

Nationalgeschichte referieren und dabei transformieren, das heißt neu bewerten.[264] Kuruyazıcı hingegen stellt einen interkulturellen Dialog zwischen Özdamars Roman und seinen deutschsprachigen Lesern in den Mittelpunkt, welche durch die Lektüre „Kontakt mit einer andersartigen Welt auf[ ]nehmen"[265], was auch die erklärte Absicht der Autorin sei: „Deutsche Leser sollen in ihrem Text der Fremdheit begegnen."[266] Demgemäß hat Özdamar im Bürgi-Interview auch erklärt, dass die durch die Sprachformgebung entstehende Fremdheit ihre „große Absicht" gewesen sei, „weil die Begegnung ja erst stattfindet, wenn die Fremdheit wahrgenommen wird."[267] Auch Ette zufolge enthält der in der Forschung häufig als „interkultureller Verständigungstext"[268] gedeutete Roman „vielperspektivische[s] Lebenswissen", das insbesondere ein „migrationsgespeistes Wissen" sei, welches darauf abziele, Zeichen kultureller Differenz zu tilgen.[269] Die in der Heimat gesammelte Migrationserfahrung werde in das Einwanderungsland Deutschland mitgebracht und in das Lebenswissen dort eingebracht. Mithin erzeugten die sich im Roman vektorial querenden Migrationsbewegungen inhaltlich wie strukturell eine mehrdimensionale Raumgeometrie, welche die Türkei zu einer Dimension Deutschlands werden lasse, indem individuelle wie kollektive Geschichte in die (Literatur-)Geschichte des deutschsprachigen Raumes eingingen.[270] Diese Form der von Ette so bezeichneten „transkulturell gespeiste[n] grenzüberschreitende[n] Vektorisierung" verändert und erweitert die deutsche Nationalliteratur in grundlegender Weise und wird so zu einem integrativen Bestandteil derselben.

Die anhand der Kindheitsthematik wie der Kindheitssprache im Roman durchgängig zum Ausdruck gelangte Schwellenmetaphorik zeigt sich auf gattungstheoretischer Ebene insbesondere dadurch, dass die Erzählerin „die Grenzen zwischen referenziellen und fantasmatischen Räumlich-

---

[264] Vgl. Zierau: Wörter auf Wanderschaft (2009), S. 122, Zitat ebd. Vgl. hierzu auch dies.: „Story und History – ,Nation-Writing' in Emine Sevgi Özdamars *Das Leben ist eine Karawanserei*", in: Durzak/Kuruyazıcı: Die andere Deutsche Literatur (2004), S. 166-173. Das ,Nation-Writing' bei Özdamar wird vielfach hervorgehoben, so u. a. bei Margrit Frölich: „Reinventions of Turkey. Emine Sevgi Özdamar's *Life is a Caravanserai*", in: Karen Jankowsky und Carla Love (Hrsg.): *Other Germanies. Questioning Identity in Women's Literature and Art*, New York 1997, S. 56-74 oder bei Stephanie Bird: *National Identity. Bachmann, Duden, Özdamar*, Cambridge 2003.
[265] Kuruyazıcı: Karawanserei im Prozeß (1997), S. 180.
[266] Vgl. Kuruyazıcı: Karawanserei im Prozeß (1997), S. 182.
[267] Bürgi: Spazierengehen, das heisst Würmer ausschütteln (1993), S. 13.
[268] So z. B. bei Harald Tanzer: „Deutsche Literatur türkischer Autoren", in: Klaus Schenk u. a. (Hrsg.): *Migrationsliteratur. Schreibweisen einer interkulturellen Moderne*, Tübingen und Basel 2004, S. 301-315, hier S. 312.
[269] Vgl. Ette: ÜberLebenswissen (2004), S. 240, Zitate ebd.
[270] Vgl. Ette: ÜberLebenswissen (2004), S. 241.

keiten, von Vergangenheit und Zukunft, Realität und Traum überschreitet"[271], wie auch Bandhauer herausstellt. Die dabei immer wieder sowohl
erzählerisch als auch strukturell überschrittene Schwelle ist diejenige ins
Fantastische, die zugleich auch den Raum der Kindheit eröffnet. So
spricht Schenk von einer autofiktionalen Mythopoetik[272] auf einem
„Grenzgang zwischen Fiktion und Faktum, zwischen Realistik und Fan-
tastik", bei dem ein Schauplatz des Imaginären ausgemacht werden könne,
„wo sich am Ort eines Dritten autofiktionale Aspekte einschreiben, die
sich nicht mehr auf gattungskonstitutive Pakte festlegen lassen."[273] Die
hier gezeigte und über eine kindliche Perspektive arrangierte Verbindung
von Fantastischem, Mythos und Fabel mit fiktiv-realistischen Handlungen ist Jordan zufolge gerade durch Autoren der Migrantenliteratur ‚legi-
tim‘, insofern hierdurch im textstrategischen Sinne herkömmliche Denk-
weisen subversiert würden und damit gewisses aufklärerisches wie politi-
sches Potential in dieser Art der Literarizität läge.[274]

---

[271] Bandhauer: Poetologie der Fremde (2008), S. 203.
[272] Vgl. Schenk: Autofiktionale Aspekte in der Migrationsliteratur (2005), S. 359.
[273] Schenk: Autofiktionale Aspekte in der Migrationsliteratur (2005), S. 362.
[274] Vgl. Jim Jordan: „Orientalismus, umgepolt? Zum Gebrauch des Exotismus und des
Fantastischen in Werken der Diaspora-Literatur", in: Helmut Schmitz (Hrsg.): *Von
der nationalen zur internationalen Literatur. Transkulturelle deutschsprachige Literatur
und Kultur im Zeitalter globaler Migration*, Amsterdam und New York 2009, S. 155-
167, hier S. 157f.

IV. ‚ENTBEHRTE' KINDHEIT
Selim Özdoğans *Die Tochter des Schmieds* (2005)

> Als die ersten Blätter fallen, fragt sie sich,
> wohin sie gehört, warum sie sich mit über vierzig Jahren
> immer noch so verloren fühlt auf der Welt,
> ob der Tod ihrer Mutter ihr damals so tief ins Herz geschnitten hat,
> dass es ein ganzes Leben nicht mehr aufhören wird, zu bluten.[1]

IV.1. Erzählsituation und Figurenwissen

IV.1.1. Zum Inhalt und zur Stellung des Romans innerhalb Özdoğans Werk

In seinem Aufsatz zur interkulturellen Literatur in Deutschland konstatiert Mahmut Karakuş, dass ein „erheblicher Teil" der deutsch-türkischen Schriftsteller Frauen seien, die sich in ihren Werken überwiegend mit der Schilderung von Frauenschicksalen beschäftigten.[2] Mit *Die Tochter des Schmieds* legt hier jedoch ein Mann einen Roman über ein „traditionelles anatolisches" Frauenschicksal vor, für den er, wie Löffler formuliert, „etliche Kulturhürden überspringen" musste – schreibe er doch von Dingen, von denen er nichts wisse.[3] So gesehen nimmt Selim Özdoğan als männlicher Angehöriger der zweiten Einwanderergeneration die geschlechtsspezifische, die generationelle und auch die kulturelle ‚Hürde', wenn er sich in seinem Roman auf die Vergangenheit seiner vor bis zu 80 Jahren in Südostanatolien sozialisierten Eltern und Großeltern bezieht.

Die im Roman *Die Tochter des Schmieds* konstruierte Kindheit ist eine ‚entbehrte' Kindheit unter dem Aspekt, dass sich das Wesen und die gesamte Handlung der Protagonistin hier in der prägenden Erfahrung eines Mutterverlusts begründet. Es wird erzählt, wie die kleine Gül, die in den 1940er bis 1960er Jahren im ländlichen Südosten der Türkei aufwächst, bereits im Alter von etwa sechs Jahren ihre Mutter durch Krankheit verliert. Ab diesem einschneidenden Ereignis ist die Fortsetzung der bisherigen Kindheit nicht mehr möglich. Gül hört für sich in gewissem Sinne sogar auf, Kind zu sein. Die Übernahme der Mutterrolle, das folgende Zerbrechen ihrer Familie, die Unterdrückung ihrer Emotionen und vieles mehr bedeuten für die Protagonistin eine Kindheit der Entbehrung.

---

[1] Selim Özdoğan: *Heimstraße 52*, Berlin 2011, S. 230.
[2] Mahmut Karakuş: „Differenzen in der Frauengestaltung der interkulturellen Literatur: S. Scheinhardt und E. S. Özdamar im Vergleich", in: Ernest W. B. Hess-Lüttich u. a. (Hrsg.): *Differenzen? Interkulturelle Probleme und Möglichkeiten in Sprache, Literatur und Kultur*, Frankfurt a. M. 2009, S. 409-418, hier S. 409.
[3] Vgl. Sigrid Löffler: „Selim Özdoğan. ‚Die Tochter des Schmieds'", in: *Literaturen 4* (2005), S. 84.

Dies beeinflusst Gül im Verlauf ihrer Jugend, in ihrer Ausbildungszeit, in
der Ehe und der Familiengründung und schließlich in der Entscheidung,
als junge Frau ihrem Mann als Gastarbeiterin nach Deutschland zu folgen.
Auch und gerade die kurze Rückschau am Ende des Romans, in der die
gealterte Gül ihr Leben zusammenfassend bewertet, spiegelt ein Grundge-
fühl der Verlassenheit und des Gehemmtseins wider.

Der in drei Kapitel unterteilte Roman setzt mit einer kurzen Nacher-
zählung über die Vergangenheit des Vaters Timurs ein, der sich nach seiner Ausbildung zum Schmied mit seiner jungen Frau Fatma ein einfaches,
aber glückliches Leben aufbaut. Ihre erste Tochter Gül wird geboren, und
im Abstand von zwei und noch einmal vier Jahren folgen die beiden Mädchen Melike und Sibel. Die für die damaligen Verhältnisse recht wohlhabende Familie führt ein harmonisches Leben, bis beide Eltern an Tuberkulose erkranken und die Mutter unvermutet daran stirbt. Das zweite und
umfangreichste Kapitel schildert, wie Gül als Halbweise aufwächst und
sowohl unter dieser traumatischen Verlusterfahrung als auch unter ihrer
Stiefmutter Arzu leidet. Diese kann keine liebevolle mütterliche Beziehung zu den Mädchen aufbauen und überredet ihren Mann dazu, in die
Stadt zu ziehen. Dort lebt die Familie zwar moderner, aber in relativ armen Verhältnissen. Gül findet in der neuen Schule zunächst kaum Anschluss und wird gehänselt. Sie muss im Haushalt helfen und körperlich
schwere Arbeit verrichten, ohne Arzus Anerkennung zu erhalten. Dies
hat auch zur Folge, dass sie das Schuljahr nicht schafft. Während das
Mädchen sich immer mehr in sich und seine Traumwelten zurückzieht,
entwickelt es gleichzeitig eine regelrechte Fixierung auf seinen Vater, der
stets liebevoll zu seiner Tochter steht.

Als Arzu ihre erste eigene Tochter Nalan bekommt, wird die emotionale Grenze zu ihren drei Stiefkindern noch deutlicher, wobei diese jedoch völlig unterschiedlich mit der Situation umgehen: Während Melike
zwar allnächtlich einnässt, jedoch mutig und trotzig eigene Ansprüche
durchsetzt und Sibel mit entrückter Hingabe für die Malerei ihr künstleri-
sches Talent entfaltet, verharrt Gül in ihrer selbst auferlegten Mutterrolle.
Sie erledigt ihre Aufgaben fügsam, bleibt dabei jedoch introvertiert und
von wiederkehrenden Ängsten geprägt, sodass sie sich immer mehr auf
ihren Vater als einzige Bezugsperson konzentriert. Für ihn bleibt seine älteste Tochter sein „Liebling"[4], sogar als Arzu ihm schließlich einen lang-
ersehnten Sohn schenkt.

Obwohl die 13-jährige Gül Nachhilfeunterricht erhält, schafft sie das
Abschlussschuljahr nicht und wird daraufhin von ihren Eltern zur Nähe-
rin Esra in die Lehre geschickt. Schon bald werben erste Brautschauerin-

---

[4] Selim Özdoğan: *Die Tochter des Schmieds*, Berlin 2005, S. 96. Im Folgenden werden
alle Zitate aus diesem Roman durch Seitenangaben in Klammern nachgewiesen.

nen um Gül, doch diese lehnt zur insgeheimen Zufriedenheit ihres Vaters
jedes Angebot ab. Ihr Herz schlägt für ihren ehemaligen Schulkameraden
Recep, dem sie zufällig auf der Straße wiederbegegnet ist, doch sie kann
diese aussichtslose Liebe nicht öffentlich machen. Im Sommer des Militärputsches 1960 stimmt Gül im Alter von 15 schließlich der Verheiratung mit ihrem ihr eigentlich unsympathischen Stiefonkel Fuat zu und
wohnt nach der Hochzeit mit ihm im Haus der Schwiegereltern. Fuat
wird zum Militärdienst eingezogen, und Gül muss auch bei seiner Familie,
bei der sie sich stets fremd fühlt, sämtliche Hausarbeit verrichten. Als ihr
Mann auf Urlaub zu Hause ist, wird sie schwanger und bringt noch während seiner Abwesenheit ihre Tochter Ceyda zur Welt. Die kleine Familie
träumt von einer besseren Zukunft, und als sich die Lebensbedingungen
nicht bessern und ein zweites Kind unterwegs ist, geht Fuat zum Arbeiten
nach Deutschland. Gül entscheidet etwas später, ihrem Mann zu folgen,
denn „[j]eder geht jetzt nach Deutschland" (308).

Das abschließende dritte Kapitel des Romans besteht aus einem
zweiseitigen Epilog, aus dem ersichtlich wird, dass hier die gealterte Protagonistin selbst ihre Kindheit erinnert hat, als sie vor dem wohl größten
Verlust eines Menschen steht: dem des eigenen Lebens. Aus der Ich-
Perspektive resümiert sie in einem abrissartigen und dabei versöhnlichen
Rückblick auf ihr vergangenes langes Leben, dass sie ihre „Mission" (317)
als erfüllt betrachte und ihrem Ende ohne Angst entgegensehen könne.
Eine genauere Betrachtung dieses Abschnitts zeigt jedoch schnell, dass
gerade hier das ,Verlassenheitsgefühl' am intensivsten vorherrscht.

Die Tochter des Schmieds unterscheidet sich von Selim Özdoğans
bis dahin veröffentlichten Werken sowohl inhaltlich als auch stilistisch
und bestätigt damit einen Wendepunkt innerhalb seines literarischen
Schaffens hin zu dem vorher völlig ausgesparten Thema deutsch-türkische
Migrationsgeschichte.[5] Während Jens Sommerschuh seine „Laudatio auf
Selim Özdoğan" 1999 noch darauf abhebt, dass sich der Autor „von seinen Türkischen Wurzeln" „abstrahiert" und sich somit „als deutschsprachiger Literat in Deutschland"[6] erweise, habe sich diese ,Wende' laut
Carré bereits im Roman *Mehr* (1999) sowie in der anschließenden, zunächst zögernden Annahme des Adelbert-Camisso-Preises angedeutet.[7]
Özdoğans 2011 erschienener Roman *Heimstraße 52* erzählt Güls Geschichte nach ihrer Ankunft in Deutschland fort und nimmt dabei an etlichen Stellen inhaltlich Bezug auf *Die Tochter des Schmieds*, woraus sogar

---

[5] Vgl. Valérie Carré: „Schwierigkeiten der kulturellen Hybridisierung bei Selim
Özdoğan und Thomas Arslan", in: Christine Maillard: *Écritures interculturel-
les/Interkulturelles Schreiben*, Strasbourg 2006, S. 27-41, S. 27.
[6] Jens Sommerschuh: „Laudatio auf Selim Özdoğan", in: *Jahrbuch*, Bayerische Akademie der Schönen Künste in München, 13 (1999), Bd. 2, S. 885-889, hier S. 887.
[7] Vgl. Carré: Schwierigkeiten der kulturellen Hybridisierung (2006), S. 40.

eine Leseprobe eingefügt ist. Nach dem Motto des im Folgeroman formulierten Satzes „Man muss alles hinter sich lassen, aber man kommt nicht
an“[8] werden dort die Probleme der ersten (und auch der zweiten) Einwanderergeneration im Alltagsleben thematisiert. Und allein um letzteres gehe
es Özdoğan grundsätzlich, denn er wollte ausdrücklich *keine* Migrationsliteratur schreiben, wie er betont.[9] Der 1971 in Adana geborene und in frühester Kindheit nach Deutschland migrierte Autor hat es explizit und wiederholt abgelehnt, nur aufgrund seines Namens und/oder seines familiären
Hintergrundes einer bestimmten schriftstellerischen Gruppe – etwa der der
so genannten Migrationsautoren – zugeordnet zu werden.[10]

Insgesamt wurde sein Roman *Die Tochter des Schmieds* in literaturwissenschaftlichen Untersuchungen nur wenig behandelt. Indes sind ihm
ein „schlichte[r]“[11] bis „altbackene[r]“[12] Erzählton oder auch eine „epische[ ]Einfachheit“[13] zugeschrieben worden. Doch der rein oberflächliche
Befund, es handele sich hier um einen „Roman über nichts“[14] ist bei genauerer Betrachtung der Kindheitskonstruktion schnell revidiert.

IV.1.2. „Als wäre das alles gestern erst passiert“ – Erzählperspektive und Erinnerungsraum

Ein wesentlicher Schwerpunkt bei der Darstellung von Güls Kindheit und
Jugend ist im vorliegenden Roman auf die Schilderung von Übergangs-

---

[8] Özdoğan: Heimstraße 52 (2011), S. 226.
[9] Vgl. Antje Deistler: „Türkisches Gastarbeiterschicksal. Selim Özdoğan: *Heimstraße 52*“ vom 06.07.2011, unter: www.dradio.de/dlf/sendungen/buechermarkt/1502643/ (zuletzt eingesehen am 20.05.2012).
[10] Dies betonte der Autor unter anderem auf seiner Lesung am 14.08.2012 in Hamburg.
[11] Löffler: Selim Özdoğan (2005), S. 84. Laut Gabriele Lotz ist das Erzählen „geradezu provozierend schlicht“. Gabriele Lotz: „‚Fremd‘ in der deutschen Literatur? *Die Toch-ter des Schmieds* von Selim Özdoğan und *Der Schwimmer* von Zsuzsa Bánk“, in: Christoph Parry und Liisa Voßschmidt (Hrsg.): *Europäische Literatur auf Deutsch?*, München 2008, S. 202-213, hier S. 210.
[12] Andreas Pflitsch: „Fiktive Migration und migrierende Fiktion. Zu den Lebensge-schichten von Emine, Leyla und Gül“, in: Özkan Ezli u. a. (Hrsg.): *Wider den Kul-turenzwang. Migration, Kulturalisierung und Weltliteratur*, Bielefeld 2009, S. 231-249, hier S. 239.
[13] Kai Wiegandt: „Das Gewicht der einfachen Dinge. Selim Ödzogans Anatolien-Roman ‚Die Tochter des Schmieds‘“, in: *SZ* vom 6.7.2005, S. 14.
[14] Clara Branco: „Ein Becher Meer. Selim Özdoğans Geschichte eines ungelebten Le-bens in der Türkei“, in: *Frankfurter Allgemeine Zeitung* vom 31.10.2005, S. 36. Monika Schmidmeier kritisiert ein zu lang gezogenes Erzählen und konstatiert: „[H]undert Seiten weniger hätten es auch getan.“ Monika Schmidmeier: „Eine typisch westliche Sicht? Selim Özdoğan und sein neues Buch *Die Tochter des Schmieds*“, in: *Fränki-scher Tag* vom 11.11.2005, S. W4.

momenten in ihrem Leben gelegt.[15] Denn diese fallen Gül nach dem einschneidenden Erlebnis des Mutterverlusts, wonach ihre Kindheit jäh endet und sie die Rolle der Ersatzmutter für ihre Geschwister annimmt, besonders schwer. Jegliche Veränderungen werden von der Protagonistin als
intensive Brüche erfahren. Dies bildet sich auch in der achronistisch gestalteten Erzähltechnik des Romans ab, die häufig auftretende Pro- und
Analepsen, mehrfache Tempuswechsel sowie den auflösenden Epilog umfasst.[16] Dabei wird eine Erzählperspektive erzeugt, die in Bezug auf die
Kindheitsgeschichte als allein an den retrospektiven Wahrnehmungshori-
zont der aus der Türkei nach Deutschland migrierten Hauptprotagonistin
gebunden erscheint.

Über weite Teile des Romans existiert eine auktoriale Erzählinstanz
mit einer internen Fokalisierung zunächst aus Timurs und ab einem bestimmten Übergangspunkt aus Güls Sicht. Eine Ich-Erzählerin tritt erstmals im kurzen Epilog auf, der einen auflösenden Rückblick aus Sicht der
erwachsenen Gül darstellt. Damit gestaltet Özdoğan seinen Kindheitsroman im Unterschied zu Özdamar und Zaimoğlu fast vollständig in der
dritten Person und schafft dadurch eine gewisse Distanz.[17] Diese wird im
Laufe des Erzählten vor allem auch durch die teilweise sehr langen Reich-
weiten etlicher Vorausschauen auf das spätere Leben der Protagonistin
verstärkt, die hier offenbar aus großem zeitlichen Abstand souverän über
ihre gesamte eigene Geschichte verfügt. Entgegen dem ersten Eindruck
ordnen die vorhandenen Zeitsprünge schließlich einzelne Bilder innerhalb
eines Erinnerungsraumes zu einer Formation, die über die einfache Erzählgegenwart der Protagonistin hinausgeht und ihre Lebensgeschichte
als idyllisch anmutendes Bild erscheinen lässt. So gesehen liegt der von
Pflitsch gesehene „Kunstgriff" des Autors gerade *nicht* darin, durch eine
„frappierende Blickumkehr" auf eine ferne Zukunft „die zeitlose Idylle
der Geschichte aus den Angeln [zu] heb[en]"[18]. Ganz im Gegenteil erzeugen die vielen, fast durchgängig negativen Prolepsen m. E. erst das
eidyllion, das durch Nachträge wie zum Beispiel „Aber das kann niemand
ahnen" (311) unterstrichen wird.

Die Kulisse für die Kindheitsdarstellung Güls wird zu Romanbeginn
durch die Beleuchtung der Vergangenheit ihrer Eltern geschaffen. So setzt

---

[15] Diesen inhaltlichen Schwerpunkt erwähnt auch Ezli, sie spricht jedoch auch diesem
Roman, wie schon der *Karawanserei*, jede Entwicklungstendenz ab. Vgl. Ezli: Von der
Identitätskrise (2006), S. 70.
[16] Die Häufung dieser genannten Merkmale spricht eindeutig gegen ein von Ezli postu-
liertes „streng chronologisch" (Ezli: Von der Identitätskrise, 2006, S. 68.) erzähltes Leben der Protagonistin.
[17] Vgl. Pflitsch: Fiktive Migration (2009), S. 246, Anm. 70.
[18] Andreas Pflitsch: „Wunschlos unglücklich. Mit dem Roman *Die Tochter des
Schmieds* siedelt Selim Özdoğan seine Leser nach Anatolien um", in: *Zenith* 2 (2005),
S. 60.

das Geschehen noch vor Güls Geburt und unmittelbar mit der hektischen Szene zwischen dem jungen Elternpaar Fatma und Timur ein, bei der Fatma ihrem Mann aufgebracht von ihrer kurzen Entführung und Freilassung durch einen fremden Autofahrer berichtet. Die Handlung wird sogleich von einer 20-seitigen, auflösenden internen Analepse unterbrochen, eingeleitet mit den Worten: „Gestern noch war er ein kleiner Junge" (7). Hier scheinen vereinzelte Erinnerungsmomente aus Timurs Kindheit auf wie zum Beispiel die Probleme seiner Eltern Necmi und Zeliha mit seiner behinderten jüngeren Schwester Hülya, Timurs erste Reisen in die Großstadt, die Übernahme der Schmiede von seinem Vater bis hin zur Verheiratung mit der 15-jährigen Fatma und schließlich der Geburt der ersten Tochter Gül. Zur Begrenzung der Rückblende und zur Wiederaufnahme der Basiserzählung werden schließlich Fatmas Entführungsbericht wörtlich wiederholt wie auch die einleitende Phrase „Gestern noch war er ein kleiner Junge" repetitiv wiedergegeben (28). Diese analeptische Ergänzung hebt die Sozialisationsbedingungen Timurs hervor. Er hatte selbst einen sehr aufopferungsvollen Vater, in dessen berufliche Fußstapfen er getreten ist und dessen fehlendes Geschick im Umgang mit Geld er geerbt hat. Der kleine Timur darf mit seinem Vater nach Ankara reisen – für ihn ein großes Abenteuer, welches ihn zwar nachhaltig beeindruckt, jedoch seine Lebensplanung im Gegensatz zu seinen Töchtern später nicht weiter beeinflusst. Der Schmied und Fatma führen von Beginn an eine harmonische und liebevolle Beziehung, wie schon die romantisch äußerst verklärte Sicht Timurs beim ersten Anblick der ihm Versprochenen darlegt: „Sie war schön wie ein Stück vom Mond. Sie war schön, als wären da immer noch Sterne in seinen Haaren." (16)

Da dieser erste Abschnitt auf der Ebene der Figurenpsychologie nicht von der Protagonistin Gül erinnerbar sein kann, muss sie diese Erinnerungen aus den nachträglichen Erzählungen Timurs mit ihrem eigenen Erinnerungsraum verknüpft haben.[19] Ihre besondere Beziehung zum Vater und dessen wesentliche Rolle für Güls Gewordensein lässt Timur zu einer zentralen Figur in ihrem Leben und damit auch im Roman wer-

---

[19] So auch deutlich auf S. 268: „Wie mein Vater, denkt Gül. Es gibt legendäre Geschichten über Timur, wie er nachts an Fenstergittern gerüttelt hat, weil alle flüchteten, wenn er so betrunken war, daß er kaum mehr stehen konnte, aber noch unbedingt jemanden zum Kräftemessen brauchte. [...] Es soll Wochen gegeben haben, in denen die Schürfwunden an seinen Knöcheln nicht verheilten. Schon bald schlug sich niemand mehr mit ihm, und irgendwann, es mußte wohl ein, zwei Jahre nach der Heirat gewesen sein, hatte er fast ganz aufgehört zu trinken. Gül hat ihren Vater noch nie betrunken erlebt, sondern höchstens mit einem Glas in der Hand." Güls Tante Hülya nimmt außerdem die Rolle der Familiengeschichtenerzählerin ein: „Es gibt Tage, da redet Hülya, ohne sich darum zu kümmern, ob Gül zuhört oder nicht, [...] und dann fährt sie fort mit einer Erinnerung daran, wie Timur sie mal auf seinem Rücken über den Bach getragen hat, weil sie Angst vor dem Wasser hatte, da muß sie noch klein gewesen sein" (277).

den. Dementsprechend steht auch die ausschnitthafte Darstellung der
Herkunft und Geschichte Timurs zu Beginn des Erzählten, noch bevor
Gül geboren wird. Somit sind die Grenzen der als Gegenwelt zum Erwachsensein konstruierten Kindheit hier nicht durch Geburt oder
Sprachgebung gesetzt, sondern der Raum dieser Gegenwelt erstreckt sich
auf die Grenzen der Erinnerung – und zwar auch auf erzählte Erinnerung
nahestehender Personen. Im weiteren Verlauf werden Sequenzen aus Güls
sehr jungem Leben szenisch beleuchtet, indem wichtige Ereignisse ausführlicher beschrieben und ereignislose Zwischenzeiten als Ellipse ausgespart sind. So wird nach Güls Geburt nur knapp geschildert, dass sie sehr
spät laufen lernt. (Vgl. 29) Gleich im Anschluss steht ein aus der Innen-
perspektive Fatmas dargestelltes Gespräch zwischen den Eltern über die
anstehende Geburt eines weiteren Kindes, und Fatma weiß instinktiv,
dass es wieder ein Mädchen werden wird. Die Namenswahl überlässt sie
ihrem Mann: „Du wirst noch eine Tochter bekommen. Weißt du schon,
wie du sie nennen möchtest?' ‚Melike.'" (30) Die Wiederholung ihres
Namens im direkten Anschluss vollzieht gleichsam einen Zeitsprung zu
Melikes Säuglingsdasein: „Melike schrie die Nächte durch, sie brüllte, bis
sie im Gesicht ganz lila wurde" (30).

Auch der folgende Abschnitt wird summarisch („Jahr um Jahr verbrachten sie die Sommer am Rande der Stadt in dem Sommerhaus", 31)
und noch wechselnd aus Fatmas und aus Timurs Perspektive erzählt. Diese variable multiple interne Fokalisierung bleibt jedoch im Roman nur auf
wenige Stellen zu Anfang beschränkt, bis es zu einem für die etwa vierjäh-
rige Gül einschneidenden Erlebnis kommt, bei dem fast unmerklich erstmals in ihre Perspektive gewechselt wird. Als der eines Tages schlecht ge-
launte Timur die unablässig brüllende und tobende Melike drohend vom
Dach des Hauses über den Abgrund hält und Fatma ihren Mann streng
zur Ordnung ruft, empfindet die kleine Gül eine irritierende Befremdung:
„Gül sah zu ihrer Mutter hoch und erkannte, daß sie mit dieser völlig
fremden Stimme gesprochen haben musste. Auch Fatmas Gesicht sah
ganz ungewohnt aus." (32) Dieses Erlebnis hat sich für Gül als erste eigene Erinnerung manifestiert und kann daher abgerufen und hier aus ihrer
Perspektive erzählt werden. Nicht zufällig handelt es sich bei dieser ersten
Bewusstwerdung um eine Situation, bei der die Kind-Protagonistin ihre
Mutter gewissermaßen ‚verliert', indem sie sie nicht wiedererkennt. Gül
fühlt sich für einen kurzen Moment verlassen. Endgültig schwenkt der
Fokus auf die Protagonistin jedoch erst bei der anschließenden Schilderung einer Hausdurchsuchung durch das Militär, da hier die kleine Gül
erstmals reflektiert handelnd auftritt, indem sie den illegalen Waffenbesitz
ihres Vaters zu verschweigen versteht.

Die Kindheitserinnerungen gestalten sich nach diesem eigentlichen
Start jedoch noch lückenhaft. Nur selten kann die kleine Gül die Ge-

schehnisse in ihrer Umgebung wirklich begreifen, sodass die retrospektive Erzählsituation der alten Gül den Sinnzusammenhang der Geschichte durch Deckerinnerungen herstellen muss. Die besondere Dramatik eines Erlebnisses wird mithin erst nachträglich auf die vergangene Kindheitssituation projiziert, wenn aus der erwachsenen Perspektive die Schwere der Auswirkungen reflektiert werden kann. Als beispielsweise die Eltern erkranken und sich der Zustand der Mutter zunehmend verschlechtert, ahnt die gerade sechsjährige Gül zwar bevorstehendes Unheil, kann die genauen Umstände jedoch nicht deuten. Das Figurenwissen ist hier einerseits auf eine kindlich beschränkte Erfahrungswelt begrenzt und durch eine infantile Ausdrucksweise bei der Beschreibung der emotionalen Reaktion beim Eintreffen der Todesnachricht gekennzeichnet. Gerade dieser Sprachstil verleiht andererseits den Äußerungen des Kindes – aus der Perspektive und dem Figurenwissen der sich erinnernden erwachsenen Gül konstruiert – eine gewisse Dramatik: „Mama, du bist gar nicht tot, oder? […] Mama, du wirst doch wiederkommen? Mama, laß mich nicht allein. […] Mama, bitte geh nicht weg. Mama. Mama, bitte bleib. Mama." (59) Vergeblich versucht das Mädchen, sich an den Reaktionen seiner Mitmenschen zu orientieren: „[S]ie sieht das Gesicht ihres Vaters vor sich, und sie versteht etwas und versteht es nicht." (61) Auf den Verlust kann das Kind anfangs jedoch nur mit Selbsttäuschungs- und Verdrängungsmechanismen reagieren, die in der Schilderung seiner panischen Gedanken in kindlicher Diktion nachhaltig Ausdruck finden:

> Ihre Mutter wird nicht wiederkommen. Es sei denn, sie wünscht es sich ganz fest. So fest, wie sie nur kann. Das wird ihre Mutter spüren, sie wird fühlen, wie stark Gül sich nach ihr sehnt, wie unbezwingbar ihr Wille ist […]. Wenn sie jetzt die Decke über den Kopf zieht und fehlerfrei bis hundert zählt, wird ihre Mutter morgen wieder da sein. (61)

Wie in diesem Beispiel tritt das dramatische Präsens wiederholt an denjenigen Stellen im Roman auf, an denen es in besonders wichtigen, emotional hoch besetzten Situationen die Erinnerung ‚aktualisiert'. Diese Verfahrensweise wird von zum Romanende hin zunehmend auftretenden Prolepsen gestützt, welche auf die gegenwärtige Erzählperspektive Güls verweisen, die auf weit zurückliegende Zeitpunkte blickt. Dadurch wird der Erinnerungsgestus verstärkt, aber auch die naive Kindheitsperspektive betont sowie Güls Empfindung eines schicksalbehafteten Lebens, welches sie stets verfolgte und in ihrer Eigenständigkeit hemmte. Aus der Perspektive eines melancholischen Rückblicks auf die Kindheitserlebnisse wird während der Schilderung die meist negative Zukunft *außerhalb* der Kindheit angedeutet. Doch schwingt gleichzeitig auch die Erkenntnis mit, dass die ‚schöne' Kindheit oft nur eine Illusion sein kann. Denn die naive Unwissenheit der Kindheit schützt das Mädchen einerseits vor der harten

Lebensrealität – „[m]anchmal ist es besser, nichts zu wissen“, wie es auf
S. 206 heißt –, sie verhindert andererseits jedoch oft auch die Erfassung
der Wirklichkeit. Dies wird im Roman besonders anhand einer Prolepse
deutlich, die Güls in der Kindheit fehlende Zuordnung des Wortes „Ge-
fängnisstrümpfe“ auflöst:

> Jahrelang glaubt Gül, Gefängnisstrümpfe seien eine Art von So-
> cken, nämlich graue dünne Baumwollsocken […]. Von klein auf
> hat Gül diese beiden Worte zusammen gehört, und sie glaubt, es
> sei so ähnlich wie mit den Löffeln. Wie Esslöffel, Kochlöffel, Tee-
> löffel gibt es Kniestrümpfe […] und eben Gefängnisstrümpfe. Jah-
> re später wird Gül erst verstehen, daß es Strümpfe sind, die Insas-
> sen der örtlichen Justizvollzugsanstalt herstellen, um eine Beschäf-
> tigung zu haben und Geld zu verdienen. […] Doch bevor sie es
> versteht, sitzt sie, wie viele andere in der Stadt, abends beim Schein
> der Lampe im Zimmer und erneuert die Spitze der fadenscheinigen
> Socken. (109)

Auch kürzere Prolepsen sind immer wieder in die Erzählung eingestreut,
so zum Beispiel als Gül Onkel Abdurahman ein geliehenes Buch zurück-
bringt und es in einem Satz eher beiläufig heißt: „Es wird einige Jahre
dauern, bis sie wieder ein Buch liest.“ (126) Ebenso findet sich eine kurze
Vorwegnahme an der Stelle, als Melike durch einen Steinwurf von Gül aus
Versehen an der Augenbraue verletzt wird: „Jahre später wird sie [Melike]
einen Sohn namens Oktay haben, der nach einer Schlägerei an genau der
gleichen Stelle eine Narbe bekommen wird.“ (130)[20] Teilweise reichen die
Prolepsen sehr weit in die Zukunft: Als Gül sich für das Foto ihres Ab-
schlusszeugnisses von einer Schulkameradin widerwillig die Haarschleife
leihen muss, da sie selbst keine Mittel hat, um ihre eigene Schleife zu stär-
ken, heißt es: „Jahrzehnte später wird sie jedes Mal, wenn sie dieses Foto
sieht, daran denken, daß die Schleife in ihrem Haar nicht ihre eigene war,
und sie wird ihr immer wie ein Fremdkörper vorkommen auf dem Bild.“
(151)[21] So wird auch beim Erlernen des Nähens an der Maschine erstmals
auf Güls zukünftiges Dasein als Gastarbeiterin in Deutschland verwiesen:
„Doch sie wird noch oft an diesen ersten Tag denken. Sie wird sich an ihn
erinnern, wenn sie Jahre später in Deutschland an einer elektrischen
Nähmaschine sitzt und im Akkord Büstenhalter näht. Vierhundert bis

---

[20] Ein weiteres Beispiel findet sich auf S. 135, als Timurs Erzfeind Tufan plötzlich stirbt
– in Timurs Augen „zerfressen vor Geldgier“ – und es heißt: „In den folgenden Jahren
wird der Schmied jemanden, den er verfluchen will, nicht die Pest an den Hals wünschen, […] er wird sagen: ‚Möge der Herr dir Geldgier geben.‘“
[21] Eine ähnlich weitreichende Prolepse findet sich auch auf S. 114: „Später, wenn Gül
selbst verheiratet ist und angefangen hat zu rauchen, wird sie noch öfter an diesen Tag
zurückdenken, an dem sie wußte, daß ihr Vater die Kraft haben würde, dieses Laster
aufzugeben.“

vierhundertfünfzig Stück am Tag". (161) Weiter wird in diesem Zusammenhang ihr zukünftiges Wesen beschrieben, das sich aus ihrer nicht einfachen Vergangenheit entwickelt hat: „Ich habe keine Angst vor Arbeit, wird sie später immer sagen. […] Aber sie wird nicht erzählen, wie beleidigt sie sein kann, wenn niemand diese Arbeit zu würdigen weiß." (161f.)

Auch innerhalb der erzählten Kindheit werden Erinnerungsräume konstruiert, wenn Gül ihren jüngeren Schwestern Melike und Sibel von ihrer gemeinsamen leiblichen Mutter Fatma erzählt, an die nur Gül sich als Älteste in Einzelheiten erinnern kann. Diese Erinnerungen hat sie lange Zeit für sich behalten, doch als Sibel eines Tages danach fragt, beginnt Gül von ihrem früheren Familienleben zu erzählen, was zu einem über Jahre andauernden regelmäßigen „Ritual" (165) zwischen den Schwestern wird. Melike und Sibel wollen alles wissen und hören aufmerksam zu, während Gül sich beim Erzählen an immer mehr Details erinnern kann: „Die Bilder sind so klar und scharf in ihrem Kopf, als wäre das alles gestern erst passiert" (164). Zugleich berichtet sie jedoch auch mit einer gewissen Distanz, wie es hier in Anlehnung an die gesamte Erzählsituation des Romans heißt: „Sie sieht die Bilder nicht, wie sie sie damals gesehen hat, sie sieht alles wie von oben" (ebd.). Eine sich direkt anschließende Prolepse verknüpft diesen Eindruck in einem großen Zeitsprung von fünfzig Jahren direkt mit Güls Erzählgegenwart und -perspektive:

> Und sie weint beim Erzählen. Auch in fünfzig Jahren noch wird sie die Bilder in aller Schärfe sehen, und sie wird die Gefühle wieder und wieder durchleben, denn es wird ihr nicht möglich sein, die Gefühle von außen zu betrachten wie die Bilder. (164f.)

Auf ebendiese Erzählgegenwart verweist eine weitere Vorausschau, als die drei Mädchen wie so oft die alten Kleider ihrer Mutter anprobieren, sich im Spiegel betrachten und von ihrer Zukunft träumen:

> Davon hätte ich gerne ein Foto gehabt, wird Gül später sagen, wenn sie sich an diesen Tag zurückerinnert. Wir drei in den Kleidern unserer Mutter vor dem großen Spiegel im Flur des Sommerhauses. Wir drei, wir müssen glücklich gewesen sein. (242)

Hier findet sich das angesprochene Phänomen der retrospektiv positiven Erinnerung an die Kindheit, an ein Glück, auf welches sich aus dem Kontext der Erzählgegenwart des Romans heraus jedoch nicht in erster Linie schließen lässt. Eine sehr unerwartete und nachdenkliche Prolepse findet sich an der Stelle, als Timur und seine Tochter sich über den Tod unterhalten, dort heißt es dann: „Der Schmied wird noch über vierzig Jahre leben, und wenn er stirbt, wird Gül nicht an seinem Bett sitzen wie seine anderen Kinder, sie wird in Deutschland sein, in einem Krankenhaus, nach einer Augenoperation, und Timurs letztes Wort wird *Gül* sein." (200) Im gesamten Roman transportieren Vorausschauen dieser Art und

Ausdrucksweise den melancholischen Ton des „So-ist-es-eben-Gekommen"[22], welcher Güls Charaktereigenschaft des lebenslangen duldsamen Aushaltens entspricht und von ihr als eigentliche Erzählerin erinnert und im Erzählen auch so angeschlagen wird.

Insgesamt erstreckt sich der Erinnerungsraum der Protagonistin nicht nur auf ihr Leben von der Geburt bis zum Erzählzeitpunkt im Alter, sondern er wird auch auf das Leben ihrer Eltern und deren Herkunftsgeschichte ausgedehnt, insoweit diese für ihr eigenes Gewordensein relevant sind. So werden beispielsweise zur näheren Charakterisierung ihres Vaters Timur und ihrer Tante Hülya wichtige Stationen von deren Kindheit, an die sich Timur noch „entsinnen" kann, „obwohl er damals gerade fünf Jahre alt war" (8), mit in die ,Erinnerung' Güls und damit in die Romanhandlung aufgenommen.[23] Aus der Vorgeschichte von Güls Existenz werden einzelne Szenen aus Timurs Erinnerungsraum mit dem von Gül verknüpft, – wie beispielsweise die Sturheit seines eigenen Vaters Necmi oder das Reisen in die Großstadt Ankara. Dies beleuchtet die familiären und sozialen Umstände und Gegebenheiten, in die sie hineingeboren wird, unter denen sie ihre Kindheit verlebt und aus denen heraus sie am Ende zu der Entscheidung gelangt ist, diesen zu entsagen und nach Deutschland auszuwandern.

Die gesamte Kindheitserzählung geschieht aus der retrospektiven Erzählsituation des bevorstehenden Lebensverlusts, wobei Gül konstatiert: „Ich habe keine Angst vor dem Tod" und daraufhin noch viermal (!) beteuernd wiederholt: „Ich habe keine Angst mehr" (317f.). Die fast beschwörend hinzugefügten Phrasen „[G]laub mir" und „wirklich" (ebd.) richten sich direkt an den Leser ihrer Lebensgeschichte und erzeugen nachträglich den Anschein einer realen Erzählsituation mit Interview-Charakter. Zugleich schwächen gerade diese Aufforderung und die auffällige Redundanz ihrer Aussage die Glaubwürdigkeit der angeblichen Angstüberwindung. Die Bekundungen der Erzählerin erinnern hier an eine Art Eigenbeschwörung und lassen auf einen Verdrängungsmechanismus schließen. So gesehen hätte sich Gül bis in ihre letzten Tage niemals von ihrem Verhaltensmuster der Angstverdrängung befreit. Sie versucht, durch das Erinnern und Erzählen ihrer Vergangenheit dem bevorstehenden Verlust ihres Lebens, ihrer Perspektive und ihres so früh selbst auferlegten Verantwortungsbewusstseins entgegenzuwirken. Solange sie von anderen gebraucht wurde, konnte sie hinter der Aufgabe, die Wünsche anderer zu befriedigen, ihre eigenen Wünsche und Ängste verdrängen. Ih-

---

[22] Wiegandt: Gewicht der einfachen Dinge, S. 14.
[23] Dies betrifft auch spätere, von Timur persönlich erlebte Momente, die im Roman als Erzählung des Vaters an seine Tochter explizit gekennzeichnet und in die Handlung und somit in den Erinnerungsraum Güls aufgenommen werden: „Wie gerne hätte ich mal ne Heizung gemacht, schließt der Schmied jedesmal seine kurze Erzählung." (144)

re „Mission" (317) hat sie ein Leben lang befolgt – sie kann erst im hohen Alter beendet sein, in der Situation nämlich, wenn „niemand mehr da [ist], der noch auf mich angewiesen ist" (ebd.). Selbst im hohen Alter noch steckt Gül eigene Ansprüche zurück und möchte nur „niemandem zur Last fallen" (ebd.).

Dieser genaue Blick auf den Epilog zeigt, dass die gesamte Kindheitsdarstellung aus der Perspektive der gealterten Protagonistin zu sehen ist und dadurch quasi nachträglich einen bestimmten Impetus erhält. So offenbart sich hier, inwiefern die Protagonistin in ihrem Verhaltensmuster gefangen bleibt, bei dem sie den Fokus stets auf andere richtet, um von sich selbst ,abzulenken'. Auch die sinnstiftende Rückschau auf die Kindheit trägt nicht dazu bei, sich von der Angsthemmung zu befreien: Gül erzählt ihr vergangenes Leben und verdrängt gleichsam ihr gegenwärtiges. Denn auch das Überwinden der Verdrängungswiderstände im Erzählen stellt nur eine Abschwächung aktueller Verdrängungsmechanismen dar, insofern hier die Wiederholung als Übertragung des Vergangenen auf die gegenwärtige Situation gesehen werden kann.[24]

---

[24] So auch Freud in seiner Abhandlung: „Erinnern, Wiederholen, Durcharbeiten", in: ders.: *Gesammelte Werke*, hg. von Anna Freud u. a., Bd. X: *Werke aus den Jahren 1913-1917*, London 1946, S. 126-136, in der er den Bezug auf die psychoanalytische Therapie herstellt, in welcher der Analysand seine vergessenen und verdrängten Erinnerungen „als Tat" und „ohne natürlich zu wissen, daß er es wiederholt" (S. 129) dem Arzt mitteilt und somit auf die gegenwärtige Situation überträgt, um sie in der Durcharbeitung ,abzureagieren' (vgl. S. 136) und so theoretisch zu überwinden.

IV.2. (Mutter-)Verlust (in) der Kindheit

IV.2.1. Das Verlassenheitsgefühl

Aus psychoanalytischem Blickwinkel betrachtet widerfahren der Figur Gül mit dem Tod der Mutter zwei Hauptgefahrensituationen und Angstsignale auslösende Momente der frühen Kindheit: der Verlust des Liebesobjekts und der Verlust der Liebe dieses Objekts.[25] Zum Ausgangspunkt des Romans wird ein Fall von Elterntod; eine elementare Schwellenerfahrung im Leben des Kindes. Die Auswirkungen einer solchen Erfahrung werden in der Psychologie insbesondere mit Schuldbewusstsein, Gelähmtheit und Zurückgezogenheit beschrieben.[26] Auch der Roman zeigt eine Protagonistin, die sich als Kind schuldig fühlt und die der Angst vor einem Wiedererleben des Verlassen-Werdens mit Fleißarbeit und enger Bindung an den Vater zu begegnen versucht. Zugleich wirkt sie vor allem im sozialen Umgang gehemmt und zieht sich an einsame Orte und in phantastische Welten zurück.

Die im Roman dargestellten Erfahrungen der Kind-Protagonistin bilden eine Spiegelfläche für das auch in der Migration vorherrschende ‚Verlassenheitsgefühl'. So stellen unter anderem Grinberg und Grinberg die Migration als ein Trauma bzw. als eine Krise mit der hauptsächlichen Reaktion des Gefühls der Verlassenheit heraus.[27] In Bezug auf die Situation der Figur Gül ist hierbei aufschlussreich, dass sich dieses Verlassenheitsgefühl den Analytikern zufolge umso mehr verstärkt, als in der Kindheit bereits „wichtige Entbehrungs- und Trennungssituationen und darauf folgende Angst- und Verlassenheitserfahrungen erlitten wurden."[28] Wie der Roman offenbart, erleidet Gül mit dem Tod ihrer Mutter eine solche einschneidende Entbehrungssituation und darauf folgende Angst- und Verlassenheitserfahrungen. Allerdings endet die erzählte Geschichte mit dem Migrationsakt, sodass über die zukünftige Befindlichkeit der Protagonistin keine Auskunft gegeben wird. Liest man *Die Tochter des*

---

[25] Vgl. hierzu grundlegend Sigmund Freud: „Hemmung, Symptom und Angst (1926)", in: ders.: *Gesammelte Werke*, hg. von Anna Freud u. a., Bd. XIV: *Werke aus den Jahren 1925-1931*, London 1948, S. 111-205, hier S. 173f.

[26] Demnach ist die Erfahrung der Trennung vom versorgenden Objekt in der Kindheit eng verbunden mit Gefühlen von Schuld und Scham über diesen Verlust und führt „in allen Fällen zu einer weitgreifenden Verunsicherung sowohl über das eigene Leben als auch über das der verbliebenen, bedeutsamen Objekte" und nicht selten zu einer (späteren) Depression. Vgl. hierzu ausführlich: Ellen Lang-Langer: *Trennung und Verlust. Fallstudien zur Depression in Kindheit und Jugend*, Frankfurt a. M. 2009, S. 87 ff.

[27] Dabei sehen sie die Migration jedoch nicht als isolierte traumatische Erfahrung, sondern als akkumulierte Faktorenkonstellation mit u. U. später auftretenden Symptomen und dauerhaften Konsequenzen. Vgl. Grinberg/Grinberg: Psychoanalyse der Migration (1990), S. 9ff.

[28] Grinberg/Grinberg: Psychoanalyse der Migration (1990), S. 12.

Schmieds jedoch auch mit seinem Fortsetzungsroman *Heimstraße 52*, so stellt dieser mehrfach Textstellen zur Verfügung, die den früh erfahrenen Tod der Mutter im Kindheitsroman zum Ausgangspunkt eines fortwährenden Gefühl des Verlorenseins, mithin einer Art ‚Schwebezustand‘ erklären.[29]

Schon vor Fatmas folgenschwerer Erkrankung wird in einer Vorausdeutung auf das tragische Ereignis in einer Szene angespielt, als die Mutter mit der kleinen Gül umherbalgt und nach der Aussage: „Jetzt hast du mich totgekitzelt" (38) bewegungslos bleibt. Das Kind reagiert irritiert und verängstigt: „Mama. Nicht tot sein. Mama. Mama?" (Ebd.) Als etwas später, bald nach der Geburt der dritten Tochter Sibel, Güls Vater plötzlich an Typhus erkrankt, damit jedoch relativ schnell wieder „über den Berg" (52) ist, zeigt Fatma ebenfalls erste Anzeichen der lebensbedrohlichen Krankheit und erweckt damit große Angst bei Gül. Die gerade Sechsjährige erkennt hier zwar eine Gefahr, kann diese jedoch nicht zuordnen: „Sie verstand nicht, was gerade geschah, und wollte, daß ihre Mutter die Welt mit ihren Worten kleiner machte, in Stücke riß, die ihr nicht so bedrohlich vorkamen, Stücke, die sie begreifen konnte." (52) Zwar versucht ihre Mutter, sie zu beruhigen, doch „Gül hatte immer noch Angst" (53), wie es heißt. Mit dieser der kindlichen Protagonistin bereits vor der eigentlichen Verlusterfahrung zugeschriebenen Angst gelangen allgemeine kindliche Empfindungen der Macht- und Hilflosigkeit bzw. der emotionalen Überforderung zum Ausdruck.

Diese verstärken sich aus Güls Sicht durch die anschließende Trennung von ihrer Mutter, die ins Krankenhaus gebracht wird: „Gül verstand nicht, was das hieß, aber sie begriff, daß es nichts Gutes bedeuten konnte. Sie verstand so vieles nicht. [...] Die Welt wurde so riesig, daß Gül einfach stehen blieb." (55f.) Güls Zustand der Erwartung bzw. Befürchtung eines nahenden Unheils kommt nach psychologischer Theorie bereits einer traumatischen Situation gleich und produziert Angstsignale.[30] Zwar kann die Kind-Protagonistin ihrem Wissensstand gemäß nicht die realfaktischen Verhältnisse der Situation erfassen, doch in antizipatorischer Erwartung des Objektverlusts bleibt Gül bei einem Besuch am Krankenbett ihrer Mutter wie gelähmt und hält großen Abstand. Ohne ein weiteres Wort mit Fatma gewechselt zu haben, muss Gül bereits am nächsten Morgen von einer Nachbarin erfahren, dass ihre Mutter tot ist. Das Mädchen ist mit der Bedeutung dieser Nachricht überfordert und schließt sich, als sie allmählich eine „Ahnung" (59) von der Größe dieser Worte bekommt, weinend in einem Zimmer ein.

---

[29] Vgl. bspw. das diesem Kapitel vorangestellte Zitat.
[30] Vgl. Freud: Hemmung, Symptom und Angst (1948), S. 199f.

Überraschend bald setzt der für traumatische Erlebnisse typische Verdrängungsvorgang ein und lässt die Hauptprotagonistin ihren seelischen Schmerz durch die Konzentration auf ihre ,neue Verantwortung' in der Mutterrolle ersetzen[31]: „Sie hat aufgehört zu weinen und denkt: Ich muß ein großes Mädchen sein, ich muß auf Melike und Sibel Acht geben." (60) Hierin überfordert, entwickelt das Mädchen dauerhafte Angstaffekte, deren Abwehrreaktionen sich wiederum in „Hemmungen"[32] zeigen. Diese bestehen unter anderem darin, sich an stille Orte und auch in sich selbst zurückzuziehen. So bleibt die Angst von nun an für das Mädchen „eine alte Bekannte" (142), wie es zynisch heißt, deren Gegenwart sich für das Kind in bedrohlichen Bildern darstellt: „Kalt und klumpig und gezackt wie ein Blitz und größer und dunkler als der Schatten ihres Vaters in der Abendsonne." (143) Bewusste Gedanken über den Tod verbannt Gül aus ihrem mit Arbeit beladenen Alltag. Erst viel später wird sie noch einmal mit dem Sterben konfrontiert, als sie als Jugendliche zufällig mitbekommt, wie eine alte Dame aus der Nachbarschaft stirbt. Zwangsläufig wird die Protagonistin hier an ihre Mutter erinnert und bereut nun, dass sie nicht fähig gewesen ist, sich von ihrer Mutter zu verabschieden: „Ich hätte hingehen sollen, denkt Gül, ich hätte damals im Krankenhaus an ihr Bett gehen sollen, wie Melike es getan hat." (200)

Es wird geschildert, wie sich Gül im Folgenden auf ihren Vater fokussiert und nach dem Verlust ihrer Mutter in ihm ein neues Liebesobjekt sucht. Dabei verdrängt sie das von ihr heimlich belauschte Gespräch zwischen ihrer Großmutter und ihrer Tante Hülya, worin es um die geplante Neuvermählung Timurs geht. Erst als Timur selbst seinen Kindern später erklärt, dass sie eine ,neue Mutter' bekommen werden, realisiert Gül die Bedeutung dieser Aussage. Allein Timurs Mutter Zeliha hat die neue Frau für ihren Sohn ausgesucht und eine Heirat arrangiert. Dieses Verfahren erscheint aus der Sicht unseres heutigen, von westlicher Kultur geprägten Verständnisses einer modernen Liebesheirat eher befremdlich und wird

---

[31] Nach Freuds grundlegender Theorie resultiert ein psychisches Trauma aus der Hilflosigkeit eines Individuums angesichts unerträglicher innerer oder äußerer Erregung und damit Reiz- und Angstüberflutung. Die Konzentration auf bestimmte Dinge umfasst ein Fernhalten von Gedanken an traumatische Erlebnisse und wird von Freud als eine der Zwangsneurose eigentümliche Verdrängungstechnik, nämlich die der ,Isolierung', beschrieben. Vgl. Freud: Hemmung, Symptom und Angst (1948), S. 150f.

[32] Hemmung ist Freud zufolge ein Symptom eines Verdrängungsvorgangs (Schutz gegen äußere Reize); Angstausbrüche sollen verhütet und das Ich der Gefahrensituation entzogen werden. Hemmung sei „der Ausdruck einer Funktionseinschränkung des Ichs" und entstehe dann, wenn „das Ich durch eine psychische Aufgabe von besonderer Schwere in Anspruch genommen ist, wie z. B. durch Trauer [oder] eine großartige Affektunterdrückung". Denn dann „verarmt es so sehr an der ihm verfügbaren Energie, daß es seinen Aufwand an vielen Stellen zugleich einstellen muß". (Vgl. Freud: Hemmung, Symptom und Angst, 1948, S. 116 und 117)

(daher) durch die wiedergegebenen Gedanken Timurs sozio-kulturell
kontextualisiert:

> Und nun hat er diese Frau geheiratet. Sie ist nicht so schön wie ein
> Stück vom Mond, aber alle sagen sie sei fleißig und habe ein reines
> Herz. Das letzte Mal, als seine Mutter ihm eine Frau ausgesucht
> hat, hat sie eine gute Wahl getroffen. Wer sollte schon besser für
> ihn entscheiden können als seine Mutter, die ihn gesäugt und
> großgezogen hat. Und was wäre ihm auch übriggeblieben, wie hät-
> te er ohne Frau seine Töchter behalten sollen. (70)

Angesichts dieser Umstände sieht sich Gül nun unversehens einer fremden jungen Frau als neuer Mutter gegenüber. Während die jüngere
Schwester Melike Arzu schnell annimmt, bleibt Gül distanziert, fühlt sich
„verloren" (71) und fällt in einen tagelangen Fiebertraum, in dem sie immer wieder nach ihrer Mutter ruft. Nach der Krankheitsphase, die hier
gleichzeitig den Übergang zu einem neuen Lebensabschnitt symbolisiert
und deren Überwinden gleichsam für das Verdrängen des traumatischen
Verlusts steht, setzt für das Mädchen und für die gesamte Familie ein Alltagsleben ein, dass zwar „ganz normal aussieht" (71), sich jedoch wesentlich von dem vorigen Leben mit Fatma unterscheidet. Gül fühlt sich ungeliebt und verlassen, und in der Tat besucht die Stiefmutter häufig
Nachbarn und „überläßt [...] die älteren Kinder oft stundenlang sich
selbst" (74), wie es heißt.
   Der Erzähltext macht deutlich, dass die 19-jährige Arzu nur die not-
wendigsten Aufgaben in ihrer neuen Funktion als Ehefrau und dreifache
Mutter übernimmt und zunehmend eigene Ansprüche stellt. Als Gegen-
satzfigur zu Güls Mutter Fatma konzipiert, wirken sich ihre neuen Entscheidungen negativ auf Güls Entwicklungsverlauf in der Kindheit aus. So
erträgt Arzu das Dorfleben und die aus ihrer Sicht „einfältigen Dorfbewohner" nicht länger, die „noch in die Sträucher machen, Läuse, Flöhe
und Wanzen haben und nicht richtig sprechen können" (75), wie sie
meint. Sie überredet Timur dazu, wieder in der Stadt zu wohnen, in einem
Stadthaus mit Stein- statt Lehmboden und damit größerem Komfort.
Doch Gül verliert mit diesem Umzug ihre gewohnte Umgebung und ihre
Freunde und muss die Stadtschule besuchen, die sie aufgrund ihrer Größe
und Modernität befremdet und auf der sie sehr schnell mit ihrer Rückständigkeit konfrontiert wird: „Sie ist eine halbe Analphabetin." (79)
Doch niemand hilft dem stillen Mädchen zu Hause bei ihren Schwierigkeiten mit den Schulaufgaben, und es fühlt sich ungeliebt und verlassen.
Arzus Antipathie Gül gegenüber äußert sich besonders in einer Szene, als
sie eines Tages das Mädchen unter einem Vorwand zu Unrecht des Dieb-
stahls von Joghurt – einer Lappalie – beschuldigt und gewalttätig wird:

> Arzu sitzt auf dem Boden und rollt Teig aus, Gül kommt in die
> Küche, sie steht seitlich hinter ihrer Mutter, die sie ganz kurz an-

sieht und dann mit dem Holzstab, mit dem sie Teig ausrollt, gegen
Güls Beine schlägt. Sie erwischt sie knapp unterhalb der Kniescheiben, und Gül bleibt die Luft weg. Sie hört, wie ihre Mutter sagt:
Wo ist der Joghurt? (103f.)

Dem Kind schmerzt davon nicht nur das Knie, sondern vor allem die Seele: „Vor solchen Schmerzen, denen sie keinen Namen geben kann, hat sie
Angst." (104)

Güls Stiefmutter stellt sich zwar der Herausforderung, sich mit ihrer
neuen Familie abzufinden, doch kann sie die drei Kinder emotional nicht
annehmen. Stattdessen wird sie zunehmend eifersüchtig auf Timurs Liebe
zu seiner Tochter und kann schließlich ihre Abneigung gegen die Mädchen nicht zurückhalten. So äußert sie ihnen gegenüber ohne Skrupel:
„Ihr ungezogenen Blagen, möget ihr Krebs bekommen, alle drei." (240)
Timurs neuer Ehefrau ist es an keiner Stelle um das Wohl der Mädchen zu
tun, vielmehr entrüstet sie sich zu Hause darüber, dass ihr Mann der
jüngsten Tochter teure Wasserfarben kauft, vertritt jedoch nach außen die
Meinung, dass man hierbei in das Talent der Tochter investiere. Arzu ist
„auf den Schein aus" (240), wie es Güls Freundin Suzan formuliert, und
ihr maßloses Geltungsbedürfnis lässt sie penibel darauf achten, bei Nachbarn und Bekannten einen möglichst guten Eindruck zu hinterlassen und
„nicht zum Gespött der Leute [zu] werden" (107). Doch neben Arzus
Streben nach sozialem Aufstieg um jeden Preis und neben ihren ständigen
Bemühungen, ihre durch die vorherige Heirat beschädigte Reputation
wiederherzustellen, bleibt kein Raum für Zuwendung ihrer Stieftochter
Gül gegenüber.

Insgesamt wird deutlich, dass sich Gül zurückgewiesen fühlt und ihre
Mutter vermisst, dass sie diesen emotionalen Schmerz dennoch tapfer erträgt. In kindlicher Naivität nimmt sie an, dass es zu ihrem Schicksal gehöre, sich diesen Umständen zu fügen. Als Timur als erster in der Straße
ein Radio kauft und die gesamte Nachbarschaft den melancholischen
Klängen der Sänger lauschen, ist auch die kleine Gül von der Musik bewegt:

Ohne die Texte zu verstehen, begreift sie, daß diese Melancholie,
der anatolische Blues, etwas mit dem Tod zu tun hat. Mit dem
Leid, der Vergeblichkeit und damit, daß man sich trotzdem mühen
muss, daß man lieben kann, beschützen und wachsen. (92)

Diese Werte und diese Einstellung zum Leben überträgt das Mädchen
völlig auf sich selbst, es fordert nichts und fügt sich seinem Schicksal. Gül
übernimmt Verantwortung im Haushalt, wäscht, pumpt und schleppt das
Brunnenwasser, bis ihr die Tränen kommen. Doch „sie sagt keinen Ton
und weint auch nicht" (92), wie es im Text heißt. Stattdessen macht sie
duldsam immer weiter in der hoffnungsvollen Zuversicht, dass es vo-

rübergehen wird „wie alles im Leben, und am Ende wird die Wäsche sauber sein" (93).

An dieser Stelle geht es nicht darum, dass eine erzähltechnisch erzeugte naive Kinderperspektive das ,wahre' Ausmaß der negativen Wirklichkeit nicht erfassen kann und sich die Kind-Protagonistin daher als fähig erweist, diese Umstände zu ertragen. Ganz im Gegenteil vermag es die inszenierte Kinderperspektive eher, Tatsachen zu verschärfen anstatt sie abzumildern. Mit diesem Mechanismus, den Özdoğan im Interview mit Schmidmeier selbst anspricht[33], operiert der Autor hier bewusst. So zeigen die dargestellten Verhaltensweisen des nahezu krampfhaften Zurücksteckens eigener Wünsche eine innere Resignation der kindlichen Protagonistin gegen das Schicksal, und zwar als Symptom des Verdrängungsvorgangs in Form von gehemmtem Verhalten gegen eine stattdessen eintretende Reizüberflutung durch Hilflosigkeit. Es heißt im Text: „Statt selber den Mund aufzumachen, leidet sie lieber im stillen. Wofür soll man schon aufstehen in einer Welt, die nichts Gutes für einen bereithält." (307) Der Optimismus in ihrer Aussage, dass auch schwierige Phasen vorübergehen „wie alles im Leben", ist dabei nur aus einer retrospektiven Perspektive aus dem Erwachsenenalter denkbar und somit erst nachträglich auf die Gedankenwelt der Kindheit projiziert.

Im Epilog wird sichtbar, wie Gül durch diese Charakterzüge aus ihrer Kindheit geprägt worden ist. Sie blickt auf ihr Leben zurück und sieht ihre bescheiden gesetzten und offenbar einzigen Ansprüche daran erfüllt, nämlich die, zwei Kinder großgezogen zu haben. Doch auch dieses Eingeständnis wird sogleich relativiert, wenn sie formuliert, dass sie zumindest „versucht" (317) habe, ihnen eine gute Mutter zu sein, und sich diese Eigenschaft nicht selbstbewusst einfach zugestehen kann. Einer Absolution gleich erwähnt sie, dass sie zwar mal gelogen, aber weder betrogen noch geklaut habe. Ihre letzten, wieder höchst bescheidenen Wünsche sind, niemandem zur Last zu fallen und in ihrer Lieblingsjahreszeit Herbst sterben zu dürfen. Entsprechend dem fest eingebrannten Verhaltensmuster ihrer Kindheit möchte sie die Welt „sauber verlassen, sauber und ordentlich." (318)

Mit der Lebenserzählung ihrer Kindheit und Jugend in Anatolien gibt die Protagonistin ihrer eigenen Geschichte eine besondere Form. Das Leben vor der Migration war aus ihrer späteren rückgewendeten Sicht ein völlig anderes als das nach der Migration, denn mit dem Besteigen des Zuges nach Deutschland fährt sie, wie es in den abschließenden Worten des Romans heißt, „einem anderen Leben entgegen" (316). Dies verweist auf den mit der Migration einhergehenden traumatischen Lebenseinschnitt aufgrund des Kultur- und Sprachwechsels sowie der Erschütte-

---

[33] Vgl. Schmidmeier: Eine typisch westliche Sicht (2005), S. W4.

rung der bisherigen Identitätsformation.[34] Der Prozess der neuen Identitätsfindung katapultiert den Migranten durch die Trennung und den Verlust von Heimat und gewohnten soziokulturellen Strukturen zunächst in einen Schockzustand der Nirgendwo-Zugehörigkeit und damit der Hilflosigkeit, aus der heraus er sich selbst wieder neu verorten muss. Auch wenn die Migration als Kleinkind erlebt wurde und vielleicht kaum oder nicht erinnerbar ist, kann die Migration sich als vorsprachliche Traumatisierung ins implizite Gedächtnis einschreiben, später reaktiviert und schließlich sogar transgenerational an eigene Kinder weitergegeben werden.[35] Dabei stellt sich nicht das einzelne Erlebnis der Migration als Trauma (als „Wunde") dar, sondern vor allem deren meist lang anhaltende Auswirkungen.

Wie auch im zuvor untersuchten Roman Özdamars steht hier jedoch nicht die Migration an sich im Mittelpunkt. Stattdessen wird die Kindheit der Protagonistin *vor* der Migration dargestellt und dabei das Trauma des Mutterverlusts in den Mittelpunkt gerückt. Dessen Aufarbeitung soll durch den Erinnerungs-, Konstruktions- und Erzählvorgang einen möglichen Selbstverlust *nach* der Migration ausgleichen und zur eigenen Selbstbegründung beitragen. Dies verdeutlicht insbesondere eine Prolepse, die den Alltag der Akkordarbeit in einer deutschen Fabrik vorwegnimmt. Hier erklärt Güls türkische Arbeitskollegin, „die jeden Tag auf der Arbeit weint", ihr eines Tages unvermittelt: „Ich möchte dir alles erzählen." In Anlehnung an Güls eigenes Erzählen heißt es weiter: „Und sie wird anfangen bei ihrer Kindheit" (285). Dies entspricht dem Vorgehen der gealterten Gül, die sich aus der Migrationsperspektive heraus schließlich von ihren Kindheitsängsten befreit sieht und sagt: „Ich habe keine Angst mehr." (318) Die bereits dargelegte Zweifelhaftigkeit dieser Aussage wird von der Idyllisierung im Hinblick auf ihre pathologische Disposition[36] unterstrichen. Die Kindheit wird hier aus Güls Perspektive dadurch in einen Rahmen gefügt, dass sie innerhalb einer geschlossenen Erzählung konstruiert ist und einem zeitlich und inhaltlich abgeschlossenen Raum entspricht, der reflektiert werden kann. Begrenzt wird die Erzählung durch den von der Protagonistin in der Türkei verbrachten Lebensabschnitt *vor* der Migration (ausgeweitet auf einige frühere Lebenserfahrun-

---

[34] Vgl. hierzu Juliane Bründl: „Der schwierige Weg zur gewandelten Identität. Anmerkungen zur Behandlung migrationsbedingter Störungen und der Fähigkeit zu entwicklungsspezifischer Identitätstransformation", in: Bründl / Kogan: Kindheit jenseits von Trauma und Fremdheit 2005, S. 149-162, hier S. 149 sowie Kohte-Meyer: Ich bin fremd, so wie ich bin (1993) sowie Grinberg/Grinberg: Psychoanalyse der Migration (1990).

[35] Vgl. Bründl: Der schwierige Weg (2005), S. 149 sowie: Manfred Endres: „Die Schatten der Vergangenheit – Migration zwischen Trauma und Identitätsstiftung", in: Bründl / Kogan 2005, S. 178-189.

[36] Vgl. Kapitel I.1.2 weiter oben.

gen ihrer Eltern), welcher über die Kindheit hinaus auch noch einige Jahre als junge Erwachsene umfasst. Es handelt sich um eine Gegenweltskonzeption, welche der greisen Gül zur Bezugnahme auf ihr übriges Leben dient und deren Bewertung je nach Lebenslage positive oder negative Schwerpunkte setzen kann. In ihrer Erwartungshaltung des nahenden Ablebens bewertet Gül ihre Kindheit als nicht immer einfach und von einschneidenden Erfahrungen geprägt. Dennoch hat sie diese Zeit durchstanden und nachträglich betrachtet auch viele glückliche Momente erlebt, die sie hauptsächlich mit der Beziehung zu ihrem Vater, dem Schmied, verbindet.

IV.2.2. „Anatolisches Kleinfamilienglück"[37]?

Der Roman *Die Tochter des Schmieds* zeichnet eine Familienstruktur, bei der, wie Frickenstein es fasst, mit jeglichem Idealbild einer (türkischen) Großfamilie aufgeräumt wird.[38] Tatsächlich zerbricht die aus Sicht der kindlichen Hauptfigur anfangs noch idyllisch verklärte Kernfamilie Timur – Fatma – Gül – Melike mehr und mehr. Sie kann auch durch die hinzukommenden neuen Mitglieder wie Stiefmutter Arzu, Stiefoma Berrin, Halbschwester Sibel oder Halbbruder Emin nicht wieder ,aufgefüllt' werden. Übrig bleibt schließlich eine für das traumatisierte Kind Gül lebenswichtige Zweierbeziehung aus Vater und Tochter, an die es sich emotional klammert und die im Rückblick wiederum idyllisiert wird.

So sehe ich die Figur Gül entgegen Brancos Auffassung weder spröde skizziert noch ohne psychologische Tiefe versehen[39]; vielmehr wird sie hinsichtlich ihrer aus dem Mutterverlust resultierenden Ängste und Hemmungen vielschichtig charakterisiert. Die Darstellung des Mädchens als besonders schamhaft entspricht dabei der Theorie, nach der Scham als „eine Folge der unbewusst schuldhaften erlebten Trennung" durch Tod eines Elternteils auftritt. „Das eigene Überleben wird zu etwas zutiefst Beschämendem", erklärt zum Beispiel Lang-Langer: „Diese Überlebensscham wird immer tabuisiert und rationalisiert."[40] So wird insbesondere gezeigt, wie Gül sich nach ihren kindlichen Möglichkeiten und den wenigen Möglichkeiten, die ihr ihre soziale Lebensumgebung bieten kann, mit diesen Schuldgefühlen arrangiert.

---

[37] Wiegandt: Gewicht der einfachen Dinge (2005), S. 14.
[38] Vgl. Maria Frickenstein: „Gül, das heißt Rose. Schriftsteller Selim Özdoğan las an der Universität aus seinem Roman *Die Tochter des Schmieds*", in: *Neue Westfälische* vom 07.07.2005, S. 23.
[39] Vgl. Branco: Ein Becher Meer (2005), S. 36.
[40] Lang-Langer: Trennung und Verlust (2009), S. 385.

Dabei beginnt sie sehr bald nach der traumatischen Deprivation von mütterlicher Zuwendung, sich emotional sowie physisch an ihren Vater Timur zu binden. Sie ist „stets an seiner Seite" (66) und folgt ihm „auf Schritt und Tritt" (65), sogar bis vor die Toilettentür, wo sie auf ihn wartet. Die Beziehung zwischen Vater und erstgeborener Tochter intensiviert sich auf der Basis eines besonderen, wortlosen Verständnisses, obwohl sie sich in ihrem Charakter grundlegend voneinander unterscheiden. Timur, von eindrucksvoll kräftiger Statur, die „den Türrahmen ausfüllt" (106), wird allein aufgrund seines Auftretens Aufmerksamkeit entgegengebracht: Er gilt als jemand, „mit dem sich niemand gern anlegt" (171), und bei dem die Männer „allein schon vor seinen breiten Schultern Respekt" (33) haben. Zugleich ist er ein „von vielen geachteter Mann" (32), der als fleißig und wohlhabend und dabei „immer freundlich und großzügig" (32f.) gilt. Zugleich charakterisieren den gerngesehenen Mann jedoch auch eigensinnige Züge. Über den trotzigen und bisweilen aufbrausenden Schmied heißt es, er möge Esel und Kühe aufgrund ihrer Sturheit lieber als gehorsame Pferde (vgl. 112). Timur hat eigene Vorstellungen vom Leben und wendet seine Prinzipien auch streng gegen sich selbst an.[41] Der Schmied wird als Mann mit ‚zwei Gesichtern' dargestellt: So verliert er, rasend vor Zorn, einen Nahkampf mit einem Rivalen aus dem Dorf, doch als er nach Hause kommt, wird er augenblicklich wieder zum liebenden Familienvater.

Es ist dabei jedoch einleuchtend, dass Timurs beeindruckend große, starke und vorbildliche Erscheinung vor allem der aufblickenden Kinderperspektive einer ihn verherrlichenden Gül geschuldet ist. Für sie ist er ein „Heldentyp"[42], der sich auch gegen feindliche Dorfbewohner behaupten kann und gleichzeitig so großherzig ist. Wenn Gül sich nach dem Tod der Mutter in erster Linie an ihren Vater bindet, da die Stiefmutter Arzu ihr die fehlenden Zärtlichkeiten nicht ersetzen kann, dann tut sie dies jedoch nicht deswegen, weil sie von ihm besonders fürsorgliche Zuwendung erhält. Denn dazu ist der Schmied gar nicht in der Lage. So gesehen handelt es sich bei dem durch Gül idealisierten Timur eher um eine ersetzte Elternimago, das heißt um einen überhöhten Vater.[43] Dafür spricht, dass sich Gül sowohl mit ihrer symptomatischen Diminution der eigenen Individualität als auch voller Stolz auf die Frage: „Wer bist du, Kleine?" mit

---

[41] So hält er sich beispielsweise hartnäckig an seinen eigenen Schwur, sofort mit dem Rauchen aufzuhören, sobald ihm der große Wunsch nach der Geburt eines Sohnes erfüllt wird.

[42] Wiegandt: Gewicht der einfachen Dinge (2005), S. 14. Die Betitelung „anatolischer Achill" (ebd.) ist jedoch sicherlich etwas überspitzt.

[43] Vgl. zum Fingieren und überhöhten Ersetzen von Vater- bzw. Elternfiguren bspw. Walter Erhart: *Familienmänner. Über den literarischen Ursprung moderner Männlichkeit*, München 2001.

den Worten vorstellt: „Die Tochter des Schmieds" (196f.). Dabei verweist dieser Berufsstand neben seinem nicht nur zur damaligen Zeit geltenden moralischen Prinzip des schweißtreibenden Geldverdienens im wörtlichen Sinne auch auf eine Symbolik des Verschmelzens von Kulturen, mithin auf eine gelungene Hybridisierung, wie Valérie Carré herausstellt.[44] Von der Figurenebene aus gesehen – das heißt aus Sicht der kleinen Gül sowie der resümierenden großen Gül – ‚schmiedet' ihr Vater in ihrem Leben immer wieder das zusammen, was auseinander zu brechen droht, wie die Familie oder auch ihr Selbstvertrauen. Dies mag der Protagonistin den (Lebens-)Weg bis zur Migration, mithin den Kulturwechsel erleichtern bzw. erst ermöglichen. Doch eine Verschmelzung beider Kulturen wird weder hier noch in den Rückblenden des Folgeromans *Heimstraße 52* direkt oder implizit zum Thema.

Vielmehr wird hier eine Kindheit konstruiert, die davon erzählt, welche Erfahrungen die Protagonistin auf welche Weise dazu gebracht haben, ihr Leben lang – und somit auch noch viele Jahrzehnte nach dem Kulturwechsel – traumatisiert zu bleiben und dennoch zu bestehen. Es wird dargestellt, wie Gül, um auch von ihrem Vater geliebt zu werden, körperlich und seelisch belastende Mühen auf sich nimmt. Dennoch kann sie dabei erkennen, dass sie sich hierin von ihren Schwestern unterscheidet:

> Sie kann nicht erklären, daß jeder etwas hat, worin er besonders gut ist, Melike im Sport, Sibel im Malen, Nalan beim Singen, und bei Emin weiß man es noch nicht. Sie kann Schmerzen ertragen. Und oft glaubt sie, daß es jeder können muß, da es ihr ja nicht schwerfällt. (153)

Gleichzeitig zu ihrem ausgeprägten Durchhaltevermögen ist ihr Selbstbewusstsein sehr gering, sie kann vor allem nicht lügen, denn „[i]hr wird dann immer heiß, und sie glaubt, alle könnten sehen, wie sie schwitzt." (174) Ihr mangelndes Selbstwertgefühl schlägt sich auch in ihrer Meinung von ihrem eigenen Erscheinungsbild nieder: „Sie findet sich nicht hübsch, und manchmal betrachtet sie auch Melike mit einem leisen Neid, weil die ihrer Mutter ähnlich sieht" (218). Nach ihrem Nasenbeinbruch hat sie eine schiefe Nase, weswegen das Mädchen auch im heiratsfähigen Alter von ihrer Ungestalt überzeugt ist. Dies hält jedoch die um sie werbenden Männer nicht ab, denn „[e]s ist bekannt, daß sie fleißig ist, tüchtig, und außerdem kann sie nähen." (203) Es wird der Eindruck erweckt, dass al-

---

[44] Carré: Schwierigkeiten der kulturellen Hybridisierung (2006), S. 34. Carré bezieht sich in ihrem Aufsatz auf Özdoğans Roman *Mehr* (1999), in dem der Großvater des Ich-Erzählers ebenfalls den Beruf des Schmieds ausgeübt hat, wie man gleich im ersten Satz des Romans erfährt. Darüber hinaus beobachtet Carré im Gegensatz zwischen dem Beruf des Schmieds und dem Schriftstellerberuf des Ich-Erzählers eine implizite kulturelle Identitätssuche (vgl. ebd., S. 33f.), wie sie vielleicht auch auf die Autorenebene im Falle des vorliegenden Romans übertragbar wäre.

lein diese Werte im hier gezeichneten kulturellen und sozialhistorischen Kontext zählten. „Die Männer sind nicht auf Schönheit aus", heißt es da, „eine Frau muß kochen können und einen Haushalt führen." (203) Dabei wird Gül ihre Eigenschaft, sich in der Öffentlichkeit oft still zu geben, als „vornehme Zurückhaltung" (204) ausgelegt, doch ihrer persönlichen Ansicht nach sehen die Leute das „Offensichtliche" einfach nicht: „Sie ist schüchtern." (Ebd.)

Durch ihre Introvertiertheit und die konzentrierte Fixierung auf ihren Vater bietet Gül eine große Angriffsfläche für seelische Verletzungen durch Mitmenschen und vor allem durch Timur selbst. So wird sie einmal von ihrer neuen Freundin Özlem bei einem Diebstahlvorwurf verleugnet und kann auch den Schmied nicht von ihrer Unschuld überzeugen. Dies empfindet sie als einen so harten Schlag, dass durch das Gefühl des Verlassen-Seins ihr Verlusttrauma aus dem Unterbewusstsein an die Oberfläche gelangt und bei ihr eine körperliche Reaktion auslöst. Es fühlt sich an, „als hätte jemand eine Tür geöffnet, und von draußen wehte ein eisiger Wind herein, der ihr bis ins Mark drang." (83) Wieder zieht sich Gül zurück und setzt sich einige Tage lang nach der Schule „an eine einsame Stelle am Bach" (83). Doch schließlich schafft sie es, sich aus ihrem Gehemmtsein zu befreien und „über die Schwelle", zu treten, wie es dort heißt, um sich ihrem Vater anzuvertrauen und den Fall aufzuklären. Ähnlich wie in dieser Textstelle nimmt das Überschreiten von (Hemm-) Schwellen in Güls Lebensbeschreibung eine zentrale Bedeutung ein, denn es bringt sie jedes Mal nach einer erfahrenen Ich-Erschütterung aus einer unsicheren Schwebeposition heraus wieder auf festen Boden, und sie gewinnt Vertrauen hinzu. So auch in einer späteren Szene, als Gül sich zunächst nicht traut, an Timur heranzutreten, um ihn um eine Süßigkeit zu bitten. Schließlich überwindet sie ihre Hemmung jedoch spontan und läuft dabei „über die Schwelle" (132) hinweg in die Arme ihres Vaters.

Hier wird deutlich, dass durch diese Erfahrung für Gül eine erste Vertrauensgrundlage für eine feste emotionale Bindung entsteht. Als Timur eines Tages seine geliebte Uhr verliert und Gül diese dann aus einem Bach fischt, wird die Beziehung zu ihrem Vater aus ihrer Sicht noch mehr gestärkt: „Es fühlt sich gut an, die Uhr gefunden zu haben", wird Güls beschwingte Gefühlslage hier geschildert, „und von ihrem Vater, der ein wenig schwankt, nach Hause getragen zu werden." (85) Man kann sagen, dass Gül mit der Uhr im übertragenen Sinne die Zeit wiedergefunden hat, die ihr in der ‚Unzeit' des Traumas verloren gegangen war. Fortan wendet sich Gül von ihrer boshaften Großmutter ab und verbringt ihre Schulmittagspausen nur noch bei ihrem Vater in der Schmiede. Für Arzu erledigt Gül alle Aufgaben gründlich und beflissen, doch die Beziehung zwischen ihnen erwärmt sich nicht, denn „[e]s stört sie, daß ihre Mutter heimkommt, sieht, daß alles erledigt ist, und wieder kein Wort des Lobes übrig hat." (90) Dagegen kann sie ihrem Vater nun ruhig beichten, dass sie in der Schule sitzenbleiben wird, denn er reagiert freundlich und verständnisvoll. Gül ist „zum Liebling ihres Vaters" (96) geworden und Timur zu ihrem Ersatz für die verlorene Mutter: „Er hat sie gern um sich, *meine Tochter, die meine Uhr gefunden hat*, nennt er sie oder auch *die Tochter des Schmieds Timur*, er nennt sie *Schatz* und *meine Rose* und *Glanz meiner Augen*, wie ihre Mutter es häufig getan hat." (96)

Es wird deutlich, wie sich das Vater-Tochter-Verhältnis durch das zum verbindenden „Ritual" (111) gewordene Wadenkratzen intensiviert, bei dem sich Gül erstmals als nützlich wenn nicht sogar unabdinglich vorkommt. Besonders gestärkt wird Gül in ihrem Selbstwertgefühl aufgrund der von Timur deutlich gesetzten Priorität, sich trotz der fast gleichzeitig erfolgten Geburt seines ersten Sohnes zuerst seiner am Nasenbein verletzten Tochter zuzuwenden. Seine besondere Zuneigung zu Gül lässt ihn die Trennung bei ihrer späteren Verheiratung schließlich als körperlichen Schmerz empfinden: „Als würden sie einen Teil meiner Lunge rausreißen', murmelt er vor sich hin" (219). Folglich besucht er sie täglich im Hause der Schwiegereltern, um zu sehen, ob es ihr auch gutgeht.

Insgesamt wird die vertrauensvolle Beziehung zu ihrem Vater von der kleinen Gül und später von der erwachsenen Erzählerin zu einem idyllischen Bild verklärt. Dieses ist jedoch bei genauerer Betrachtung von äußerst zerbrechlicher Struktur. Denn Gül gerät immer wieder in ihr altes Muster der Verlustangst zurück, sobald sie eine Gefahrensituation des Verlassen-Werdens nahen sieht. Als Timur sie einmal im Garten beim Laubharken zurücklässt und sich verspätet, wird das Kind von großer Angst ergriffen, die es zunächst nicht zuzuordnen weiß: „Es ist eine namenlose Angst, sie hat keine Worte dafür" (98). Diese Angst empfindet Gül immer wieder in verschiedenen Alltagssituationen: „Immer wieder kommt die Angst in Güls Leben und flüstert etwas, das Gül nicht richtig verstehen kann. Ich nehme es mit, scheint sie zu sagen, ich nehme es mit." (143) Hier zeigt sich Güls Furcht vor der Situation, dass eine als sicher geglaubte Beziehung zerbricht und sie allein zurückbleibt.

Trotz einer nunmehr engeren Beziehung zu ihrem Vater ist für Gül eine dennoch fehlende mütterliche Umsorgung ausschlaggebend für ihr Verhalten, sich selbst früh Verantwortung aufzuerlegen und ihre Kindheit praktisch aufzugeben. Als älteste Schwester übernimmt sie die fehlende Mutterrolle im Haus, da einerseits die Stiefmutter Arzu nicht bereit ist, Timurs Kinder emotional als die ihren anzunehmen, und andererseits durch die psychische wie körperliche Konzentration auf diese Aufgabe kein Platz und keine Zeit für andere Gefühle, wie vor allem Ängste, bleibt. Dieser Abwehrmechanismus nimmt so viel Energie in Anspruch, dass das Mädchen bei anderen Dingen gehemmt wirkt und bei seiner Ar-

beit keine Schwäche zulassen will. Entsprechend Freuds früher Theorie zu
Symptomen eines Zwangsneurotikers, der sich zur Verdrängung eines
traumatischen Erlebnisses zwanghaft auf eine Sache konzentriert, befindet sich Gül „fortwährend in Kampfbereitschaft" gegen ihre aufkommende Angst. Dies lässt sich daran erkennen, dass sie einen regelrechten
„Zwang zur Konzentration und Isolierung"[45] entwickelt.

Güls psychisch gestörtes Verhalten wirkt insbesondere auch dadurch
auffällig, dass sie als Figur in vielerlei Hinsicht gegensätzlich zu ihren
Schwestern konzipiert ist. Als Älteste hat sie mit den meisten Erinnerungen an ihre Mutter Fatma zu kämpfen und kann deren Tod am wenigsten
verwinden. Dagegen können sich die jüngeren Geschwister schnell an die
neue Situation mit ihrer Stiefmutter anpassen. So findet ihre Schwester
Melike in der neuen Stadtschule mühelos Anschluss, eignet sich rasch den
Stadtdialekt an und wird von anderen Kindern akzeptiert. Sie entwickelt
aus der traumatischen Erfahrung des Mutterverlusts (im Alter von etwa
zwei Jahren) ganz andere Verhaltensweisen als ihre introvertierte große
Schwester. Sie äußern sich beispielsweise dadurch, dass die Zweitgeborene
bis ins spätere Schulalter hinein einnässt. Ansonsten aber lenkt sie ihr see-
lisches Ungleichgewicht in Trotz und Durchsetzungskraft um: Wehrhaft,
„flink und geschickt" (115) weiß sie sich zu behaupten, kann schlecht verlieren und beginnt dann schnell Streit, weil „ihre Energien irgendwohin
müssen, ihr Ärger und ihre Enttäuschung, ihr unbefriedigter Ehrgeiz"
(169), wie es heißt. Zu ihrer Schwester Gül hegt Melike eine Art Dauer-
wettkampf und überlässt sie aus Rache allein der Bosheit ihrer Stiefmutter, während sie sich stets gekonnt den Aufgaben im Haushalt entzieht.

Dagegen wird Gül, welche die Mehrfachrolle der Tochter, der Mutter
und der großen Schwester spielt, eher passiv gezeichnet. Sie opfert sich
für ihre Geschwister auf. Eine hierfür repräsentative Textstelle beschreibt
die Protagonistin als ‚Dulderin': So wird Gül die Narbe, die sie ihrer
Schwester durch einen Steinwurf aus Versehen an der Augenbraue zufügt,
stets

> an die Jahre erinnern, in denen sie fast alles getan hat, damit es Me-
> like gut geht. Alles, was sie als Kind konnte. Und was sie nicht hät-
> te tun müssen, weil Melike lieber kämpfte, als zu dulden. (131)

Hier wird besonders deutlich, wie Gül sich in ihrer selbst auferlegten
Zwangshandlung zur Fürsorge um ihre Schwestern verfangen hat, um eigene Wünsche und auch Ängste zu verdrängen. Auch wenn ihre Schwester Melike diese Fürsorge größtenteils gar nicht braucht und nur selten
annimmt, verharrt Gül in ihrem Rollenmuster. An einem Murmelspiel der
Kinder wird sehr anschaulich der Charakterunterschied zwischen den
Schwestern dargestellt, als Gül im Wettspiel auf verschlagenes Zureden

---

[45] Freud: Hemmung, Symptom und Angst (1948), S. 152.

eines älteren Mädchens ihre schönste Murmel einsetzt und verliert, wonach das Mädchen diese nicht mehr zurückgeben will. Melike bekommt
dies mit und überlegt nicht lange, sondern entreißt ihr die Murmel, läuft
nach Hause und übergibt ihrer Schwester diese mit den vorwurfsvollen
wie belehrenden Worten: „Du hättest sie nicht einsetzen sollen, […] immer tust du, was die anderen wollen, und dann bist du traurig." (127)

Insgesamt stellt die Charakterisierung Güls zunächst eine vergleichsweise ‚schwache‘ Persönlichkeit heraus, die durch Verlusterfahrung
in der Kindheit traumatisiert worden ist und fortan ein psychisch auffälliges Verhaltensmuster offenbart. Im Vergleich zu ihren Schwestern
scheint sie der Muttertod am stärksten zu belasten. Sie ist gehemmt und
von ständiger Angst erfasst. So beginnt sie, sich an ihren Vater zu binden,
sich bereits in ihren Kinderjahren in die traditionelle Rolle der Frau und
Mutter einzufügen und sich einem selbst auferlegten Schicksal zu unter-
werfen. Sie übernimmt Verantwortung für ihre jüngeren Geschwister und
lernt Vertrauen in ihren Vater zu setzen. Auf diese Weise findet Gül einen
Weg, ihre psychische Belastung zu tragen, und entwickelt dabei beinahe
unbemerkt auch eine gewisse ‚Stärke‘. So zeichnet der Roman einen gewissen Ermächtigungsprozess der Kind-Protagonistin nach. Ihre Entwicklung wird dadurch verdeutlicht, dass sie ihren Ängsten und ihren erschwerten Lebensumständen anfangs noch durch kindliches „Wegträu-
men" in andere, ausphantasierte Lebenswirklichkeiten entkommt, dass
aus diesen kindlich-naiven Sehnsüchten später jedoch konkretere Wünsche nach einem besseren Leben erwachsen.

IV.3. Kindliche ‚Inseln' auf dem Entwicklungsweg

IV.3.1. Hemmung und Ersatzbildung

Als Kind zieht es Gül in Situationen der Überforderung auffällig häufig an einsame Orte, um in kindlichen Träumereien der realen Welt der Ängste zu entfliehen und Zukunftsphantasien nachzugehen. Diese sind zum Beispiel dergestalt, sich ihre eigene Hochzeit als „großes Fest" mit „schillernden Kleidern" und „in einem strahlenden Weiß" (104) vorzustellen. Das „Felsgeröll oberhalb der Gärten", in welches sie sich für diese Träumerei zurückzieht, bietet sich als abgelegene Gegend in Form eines (paradiesischen) Hochplateaus an, um störende Erwachsene nicht nur in gedanklicher, sondern auch lokaler Absonderung zu meiden. Hier hat sich Gül so weit „weggeträumt" (104), dass sie darüber die Zeit vergisst und Timur vor Sorge nahezu verzweifelt.

Unbewusst flieht die Kind-Protagonistin im Sinne eines seelischen Schutzmechanismus gegen mögliche Reiz- und Angstüberflutung durch Konfrontation mit dem traumatisch erlebten Verlust immer wieder in gedankliche Phantasiewelten. Vor allem das kindliche Spielen bietet dem Mädchen diese Fluchtmöglichkeit aus der realen Welt. Nach dem Umzug in die Stadt eignet sich Gül, die zunächst wegen ihrer ‚Dorfsprache' von den dortigen Schulkindern ausgegrenzt worden ist, den Stadtdialekt an und fällt dadurch wiederum bei der Rückkehr ins Dorf sofort bei den heimischen Kindern als merkwürdig sprechendes „Kekskind" (134) auf. Diese Konstellation findet sich wie gesehen auch in Özdamars *Karawanserei*, wenn die dortige kindliche Ich-Erzählerin aufgrund eines automatisch angenommenen Stadtdialekts plötzlich an eine ‚Dialektmauer' stößt. Hier spiegelt sich das ernüchternde Erlebnis eines Missverständnisses oder gar einer Zurückweisung aufgrund von Sprachunmächtigkeit als wesentliche Erfahrung in der Kindheit wider. Es handelt sich um eine in gewissem Maße erschütternde Begegnung mit Fremdheit, die zudem mit einem Vertrauensbruch einhergeht, denn das Kind (sowohl bei Özdamar als auch bei Özdoğan) wird völlig unerwartet von vertrauten Personen abgelehnt. Diese hier dargestellten kindlichen Erfahrungen nehmen bereits die ähnlich gelagerten migrantischen Erfahrungen der Sprachfremde bzw. des Sich-fremd-Fühlens vorweg.

Für die Protagonistin Gül bedeutet dies, dass sie sich erneut umstellen muss bzw. dass sie ihre Sprache anpassen muss, um dazuzugehören. Nachdem sie zunächst wieder das zurückgezogene Spielen als Ausfluchtsort vor der unangenehmen Realität sucht, kann sich Gül dann jedoch recht schnell in das gemeinsame Spielen mit den alten Freundinnen integrieren. An dieser Stelle wird gezeigt, dass die Protagonistin ihre Anpassung übersteigert, da sie auch hier wieder die Zeit vergisst – „wie immer, wenn sie glücklich ist." (134). Auch später noch, als sie bereits kein

Schulkind mehr ist, verliert sie sich ab und an beim Spielen und verdrängt dadurch alle Sorgen: „[S]ie vergißt beim Spielen schnell die Zeit, das Wetter, ihre Schwestern, ihren Vater, ihre Mutter" (165) und handelt sich dadurch bisweilen großen Ärger ein. Doch sie gewöhnt sich daran zu träumen, und möchte dann nichts lieber tun als in ihrem Dorfgarten liegen, „unter Aprikosenbäumen oder am Brunnen" (157). Stattdessen muss sie ihrer Mutter im Haushalt helfen, kochen, spülen und die kleinen Geschwister betreuen.

Der Aprikosenbaumgarten als Symbol für den von Gül idealisierend imaginierten idyllischen Rückzugsraum kommt an mehreren Stellen zur Sprache – immer wenn das Kind einer unerträglichen Situation der Realität entfliehen möchte. Auf diese an paradiesische Ausgestaltung angelehnte Vorstellung greift Gül stets als Trost in schwierigen Zeiten zurück. Nachdem sie ihre Lehre begonnen und das ‚heiratsfähige Alter' erreicht hat, verbringt sie noch einen „sorglose[n] Sommer" (169) zu Hause, der größtenteils mit Spielen ausgefüllt ist. Dabei handelt es sich teils um Karten- und teils um Bewegungsspiele, doch immer sind es die mit ihren Freunden auf der Straße verbrachten Momente des verträumten oder versessenen Spielens, die für Gül wichtig sind, um die gegenwärtige Realität für eine Weile auszublenden. Der gesamte Sommer ist dabei aus Güls rückblickender Erzählperspektive zu einer Idylle gerahmt, indem sinnliche Empfindungen positiv erinnert und verklärend dargestellt werden. Der Geruch nach „Anis" (170), die Melodien aus dem Radio zu Geschichten von „den alten Zeiten" (ebd.), wobei die Menschen „die Magie *fühlen*, die jede Vergangenheit zu einem Märchenland werden lässt." (Ebd.) In Zeitraffung und teilweise sehnsüchtig-erinnerndem Ton („So gehen die Sonnentage dahin", 171) wird eine idyllisch verlebte, „leichte" (172) Zeit beschrieben:

> Es vergeht ein Sommer, [...] in dem Gül beim Birnenklauen erwischt wird und der Besitzer des Gartens sie laufenläßt, als er sie erkennt. [...] Emin kann laufen, er kann rennen, Purzelbäume schlagen, und er versucht sogar schon auf Bäume zu klettern. [...] Nalan hingegen redet den ganzen Tag, und wenn sie nicht redet, dann singt sie. Sie singt die Lieder, die sie aus dem Radio kennt, und ihr Gesang ist so schön, daß sich die älteren Mädchen aus der Nachbarschaft oft versammeln und ihr eine Süßigkeit oder einen Kaugummi versprechen, wenn sie ihnen etwas vorträgt. Seit Gül, Melike und Sibel ab und an zusammensitzen, wird Gül nicht mehr jedes Mal traurig, wenn sie von früher erzählt. Dafür fühlt Timur den glasigen Glanz seiner Augen, sobald er sieht, wie seine Töchter beisammensitzen. (170f.)

Diese zum Teil sehr starke Idyllisierung kann darauf zurückgeführt werden, dass es sich um den letzten Sommer vor Güls Heirat handelt, welche sie als Zäsur und Beendigung ihrer Kindheit wahrnimmt. Denn es folgt

eine schwierige Zeit im Hause ihrer Schwiegereltern und unter den Mühen des Alltags als Ehefrau und Mutter. Rückblickend wird dieser Zeitab-
schnitt in Bezug auf das Nachfolgende als (noch) „sorglos[ ]" (172) erinnert. Der sehnsüchtige Erzählton zeugt hierbei von einem empfundenen
Verlust, um den getrauert wird.

Die anhaltende Mittellosigkeit der Familie bildet ein weiteres Motiv
zur kindlichen Gegenweltkonzeption, welche sich – in Anlehnung an
Schlaraffenland-Imaginationen – in Form von Sehnsüchten nach kulinarischen Genüssen ausdrückt. So entwickeln die Schwestern unter anderem
eine regelrechte Faszination für Süßigkeiten: Trotz bedrückender Armut
kaufen sie sich von ein paar mühsam abgesparten Kuruş[46] ein Stück von
diesem Paradies: „Die Kinder mögen diese Schokolade am liebsten, weil
die Farben auf dem Staniolpapier so leuchten und weil der Geruch lange
auf dem Papier bleibt. Noch Wochen später hält Melike sich die zerknit-
terte Folie unter die Nase, atmet ein und sagt: ‚Schokolade.'" (88) Als Gül
später einmal auf der Straße die „etwas reicheren Frauen" beobachtet, die
auf dem Weg in die Konditorei sind, verfällt sie ins Schwärmen. Torte sei
für sie der „Inbegriff von Luxus, etwas, das Frauen essen, die im Winter
Pelze tragen." Aber auch die moderne und der westlichen Welt nachemp-
fundene Freizügigkeit dieser Damen, die ihr mit den „kunstvoll aufge-
türmten Frisuren" (159) und Highheels wunderschön vorkommen, bannt
Güls Aufmerksamkeit.

Insgesamt handelt es sich bei Güls selbst geschaffenen ‚Paradiesen' in
Form von versunkenem Spielen bzw. von gedanklichen sowie realen
Rückzügen um eine Verdrängungsreaktion, das heißt um eine Unterdrückung des Angstaffektes und damit um eine Hemmung. In diesem Fall
kann Freuds Ausführungen zufolge jedoch keine Lustempfindung zustande kommen. Solches Verhalten entspreche eher „de[m] Charakter des
Zwanges", da die unterdrückte Triebregung zwar einen Ersatz gefunden
habe, aber nur einen „verkümmerten, verschobenen, gehemmten"[47], der
als Befriedigung nicht mehr kenntlich sei. Damit stellt sich die Frage, ob
Güls Rückzüge in die eigenen Welten also nicht nur einen pathologischen
Ursprung haben, sondern auch als pathologisches Symptom zu betrachten sind. Dies trifft insofern zu, als das Spiel eine Ersatzbefriedigung für
den Verlust des Liebesobjektes und eine Flucht vor der Auseinandersetzung damit darstellt. Denn jede „Hemmungserscheinung ist eine Einschränkung, die sich das Ich auferlegt, um nicht das Angstsymptom zu
wecken"[48], wie Freud darlegt. Demnach flieht Gül in die Imagination einer idealisierten eigenen Welt, die sie als „Ersatzbildung" imaginiert, und

---

[46] Die kleinste Geldeinheit.
[47] Freud: Hemmung, Symptom und Angst (1948), S. 122.
[48] Freud: Hemmung, Symptom und Angst (1948), S. 129.

zwar indem sie in einem „Abwehrvorgang analog der Flucht"[49] die Raum-
distanz zwischen sich und der realen Bedrohung vergrößert. Eine der of-
fensichtlichsten, von der Protagonistin geschaffenen Distanzen ist sicherlich diejenige der Rollendistanz zu sich selbst, wenn sie sich ganz dezi-
diert eben als ‚Tochter des Schmieds' versteht und sich auch so bezeichnet. Diese Distanz der zu spielenden Rolle – ähnlich verhält es sich mit
der selbstauferlegten Mutterrolle – verleiht ihr einen Schutz vor der Konfrontation mit den Gefühlen des *Kindes* Gül, das sie dennoch ist.

Zusammengenommen werden die kindlich geschaffenen idyllischen
‚Inseln' im Sinne von Fluchtorten aus der retrospektiven Erzählperspektive der gealterten Gül gebildet. Es handelt sich um statische Vorstellungs-
räume, die jeweils wie die Insel einen Ort markieren, der für sich abgeschlossen und durch Marginalität, Liminalität und innere Homogenität
gekennzeichnet ist. Wie die Insel bietet dieser imaginäre Ort in zeitstruk-
tureller Hinsicht als „ausnahmehaften Zustand reiner Gegenwart [...] ohne spürbare Veränderung" einen Gegensatz zur dynamischen Welt der
(negativen) Erfahrung.[50] Gerisch hebt die psychopathologische Dimension solcher Idyllenbildung hervor:

> Die Idyllenbildung ist die konkretisierte Verhüllung einer trauma-
> tischen Abwehrorganisation. [...] Die Idylle als Raum in der intra-
> psychischen Landschaft ist ein pathologisches, gleichermaßen aber
> auch schöpferisches Phänomen, indem der verengte und beschädig-
> te innere Raum mittels einer Hilfskonstruktion verzweifelt aufzu-
> spannen versucht wird.[51]

Für Gül ist der Rückzug in die Idylle ein Ungetrenntheitsphantasma von
ihrer toten Mutter.

So stellen beispielsweise die Holztruhen der Mutter, in denen die
Aussteuer verwahrt wird, einen solchen abgeschlossenen Raum dar, der
für Gül eine kurze Flucht in eine Parallelwelt und somit Zeitenthobenheit
ermöglicht. In regelmäßigen Abständen öffnet das Mädchen zusammen
mit ihren Schwestern heimlich diese ‚Schatztruhen'. Sie schlüpfen in die
Kleider und Schuhe und tauchen ein in eine ‚erwachsene' und frauliche
Welt; sie bewundern und bestaunen die feinen Handarbeiten und leihen
sich kurzzeitig den dort zurückgelegten Plastik-Spielball, eine „Kostbar-
keit[ ]" (192) in ihrer Gegend.

Für eine kurze Zeit von der Wirklichkeit ‚entrückt' ist Gül außerdem,
wenn sie krank wird. Hier erscheint das Hinübergleiten in die Welt der
Fieberträume beinahe wie eine Flucht vor den realen Zuständen. Beson-

---

[49] Freud: Hemmung, Symptom und Angst (1948), S. 176.
[50] Vgl. hierzu Horst Brunner: *Die poetische Insel. Inseln und Inselvorstellungen in der deutschen Literatur*, Stuttgart 1967, S. 21, Zitat ebd.
[51] Gerisch: Auch ich war in Arkadien (2010), S. 181.

ders deutlich wird dies bei der Wiederbegegnung mit ihrem ehemaligem Schulkameraden Recep. Dies löst in Gül zunächst ein ungekanntes Hochgefühl – auch hier ein Gefühl der Schwebe – aus: „Sie könnte fliegen" (179). Doch sofort kommt die Angst zurück, und wieder versucht Gül krampfhaft, ihre Gefühle zu unterdrücken. Dies geht so weit, dass sie sogar Receps Brief nicht liest, sondern ihn mit zittrigen Händen entsorgt. Durch diese Schockreaktion werden bei dem Mädchen, ähnlich wie nach dem Tod der Mutter, tagelange Fieberphantasien ausgelöst, in denen sie von verschiedenen Situationen des Ertappt-Werdens durch ihre Eltern träumt und somit ihre Angst verarbeitet. Ähnlich wie in Özdamars *Karawanserei*-Roman steht das Fiebern der jungen Protagonistin hier für den ,krankhaften' Zustand des schwierigen adoleszenten Ablösungsprozesses. Doch sind die Fieberzustände bei Gül stärker noch ihrer psychischen Disposition zuzuschreiben. So verfällt Gül bei einer weiteren zufälligen Begegnung mit Recep in der Stadt aus einer Panik-Überreaktion sogar in eine Starre: „Sie kann nicht reden, sie kann nicht flüstern, sie kann nicht denken, sie kann nicht mal wirklich gehen" (184).

IV.3.2. *Großstadtparadiese und Sehnsucht nach mehr*

Das ländliche Leben Ostanatoliens der frühen 1950er Jahre in armen und zum Teil sehr rückständigen Verhältnissen wird im Roman insbesondere durch die angeführten Gegensätze zwischen Dorf- und (Groß-)Stadtleben dargestellt. Außerdem zeigt es sich anhand des Strebens der Romanfiguren nach Wohlstand sowie anhand der persönlichen Einstellungen zu ihren Lebensumständen. So gilt die Stadt den Romanfiguren als *die* zum Dorf gegensätzliche Lebenswelt und Sinnbild für Fortschritt und Moderne. Nicht nur Arzu zieht das Stadtleben dem in ihren Augen besonders rückständigen Dorfalltag vor, sondern auch den Kindern erscheint die Stadt erstrebenswert. Gül war nicht zuletzt deshalb so begeistert von der Wiederbegegnung mit ihrer Kindheitsliebe Recep, weil aus ihrer Sicht „einfach alles an ihm [ ] nach Stadt ausgesehen" (177) hat.

Auch Timur entkommt der Mühsal seiner Realität zeitweilig durch Flucht in die ,andere Welt' der Großstadt. Bereits als Kind ist er mit seinem Vater nach Ankara gereist, um dort einen Arzt für seine behindert geborene Schwester Hülya aufzusuchen. Dem Jungen wird diese so vollkommen vom gewohnten Dorfleben unterschiedene Welt zuvor von einem Verkäufer als Schlaraffenland angekündigt: „[D]ort gibt es Sesamkringel groß wie Kutschräder. Die Menschen dort sind reich, die können sich so etwas leisten." (11) Timur, der zuvor noch nie mit einen Zug gefahren ist oder ein Auto gesehen hat, ist schon als Kind „fasziniert" (11) von den Eindrücken der Großstadt. Seitdem wiederholt er auch als Erwachsener diese Reisen in Großstädte, in seine ausgemalten Paradiese, regelmäßig. Sobald er einige Einkünfte aus der Schmiede beiseite gelegt hat, macht er sich auf den Weg, um den ‚paradiesischen‘ Genüssen der Stadt zu frönen und sich für kurze Zeit frei zu fühlen:

> Und am meisten interessierten ihn die Abende in der Großstadt. Ein paar Stunden in einem Lokal den leicht bekleideten Sängerinnen zuhören und dabei ein, zwei Gläser trinken, ein Stück Honigmelone essen, etwas Schafskäse, und schon nach dem dritten Glas verschmolz er mit dem Klang. [...] Er hatte sich verloren in der großen Stadt [...] als würde er Habgier verlieren, Streben, Bedenken, Ketten. (21)

Der extreme Gegensatz zwischen Dorf und Stadt wird auch daran deutlich, dass sich Timur regelrecht in die Stadt flüchtet. Denn nachdem seine Tochter Gül ihr tagelanges Fieber überstanden hat, nimmt sich der gestresste Familienvater erleichtert eine Auszeit, um für kurze Zeit seiner Realität zu entkommen, sich zu berauschen und das ‚bessere‘ Leben zu kosten. Er genießt es, dort mal nicht „an Krankheit, Tod, Geburt und Hochzeit zu denken" und einfach mal „zu vergessen" (72), wie es heißt.

Diese Gedanken hat die kindliche Gül freilich (noch) nicht. Sie akzeptiert das als selbstverständlich, was ihrer Stiefmutter Arzu als ein Leben in Einfachheit und Armut erscheint. Zum Beispiel ist für das kleine Mädchen ein Bleistift „ein Luxus" (131). Es lernt schon vom Kleinkindalter an, dass seine Familie, auch wenn sie im Vergleich zu den anderen Dorfbewohnern in relativem Wohlstand lebt, in vielen (materiellen) Dingen zurückstecken muss. Gül kennt kein fließendes Wasser, weder im Dorf noch später im Stadthaus, es fehlt an Möbeln, Betten[52], sanitären Anlagen und Heizung. Obwohl die Kinder im Schlaf bei Temperaturen frieren, die Wasserkrüge neben dem Bett zu Eis erstarren lassen, beklagen sie diese gewohnten Umstände nicht, sondern fügen sie in ihre Lebensordnung ein unter der Annahme, dass es später besser würde. So gelten für sie eben wärmende „Handschuhe [als] etwas, das man bekommt, wenn man erwachsen wird." (179) Die Kinder haben die Mittellosigkeit sogar so weit angenommen, dass das ‚Reich-Sein‘ für sie etwas äußerst Fremdes und damit gar nicht erstrebenswert ist. Obwohl Güls erster Brautwerber einer wohlhabenden Familie entstammt und eine Heirat eine gute Zukunft verspräche, lehnt Gül einen solchen Lebenswandel ab:

---

[52] Das frisch vermählte Ehepaar Timur und Fatma schläft in seiner Hochzeitsnacht „zum ersten Mal in einem richtigen Bett" (17), welches Timur stolz selbst geschmiedet hat, das sie jedoch bald darauf aus Geldmangel immer wieder an andere Hochzeitspaare ‚vermieten‘ müssen, sodass es zwar eine regelrechte Berühmtheit im Dorf erlangt, den eigentlichen Besitzern jedoch nicht in seiner ursprünglichen Funktion dient. Auch wenn sie später zwischenzeitlich ihr Bett zurückbekommen, schlafen ihre Kinder gewohnheitsgemäß auf Stroh und Decken.

„Reich, denkt Gül, als sie im Bett liegt, reich, wir sind nicht reich. Ich
würde mich bestimmt klein fühlen dort. Das sind andere Menschen, die
sind nicht so wie wir." (191)

Die technische Rückständigkeit des Dorflebens, die Gül aus ihrer
kindlich-naiven Perspektive noch nicht zu erkennen vermag, wird über
eine Erzählweise verdeutlicht, die ebenfalls mit einer gewissen Naivität
der Erwachsenen spielt. So kauft Timur sich von seinen Einkünften aus
der Schmiede ein Radio, und zwar „das einzige Radio in der Straße" (91).
Es handelt sich damit um eine für die damalige Zeit einmalige Neuheit
und eine Attraktion für alle Nachbarn, sodass der Schmied das Gerät für
das allgemeine Hörvergnügen an einen Lautsprecher auf seinem Dach anschließt. Obwohl Sparsamkeit als höchste Selbstverständlichkeit bei allen
gilt, ist das Radio ein „akzeptierter Luxus" (110), da es die Menschen zumindest für eine Zeitlang ihre Nöte und Sorgen vergessen lässt. Sie lauschen den Sängern, die melancholisch von ihrer Sehnsucht singen, und
fühlen sich dadurch persönlich angesprochen. (Vgl. S. 91f.)[53] Durch den
Komfort der Live-Übertragungen umgeht der große Fußballfan und
Beşiktaş-Anhänger Timur außerdem nun auch das Problem seiner Unkenntnis der neu eingeführten lateinischen Schrift, die er nie gelernt hat.[54]

Die als naiv gezeichnete Gül versteht die Erklärungen ihres Vaters
darüber, dass es sich um Technik handelt und nicht „kleine[ ] Menschen
da drin sitzen und eine Art Theater spielen". Trotzdem bleiben ihr die
„Stimmen [...] aus diesem Kasten" (91) ein Rätsel. Außer dem Radio
wird Gül jedoch bis ins Erwachsenenalter keine anderen technische Gerä-
te kennen lernen, ihre Familie hat niemals einen Fernseher, eine Wasch-
maschine oder ein Telefon besessen, wie man erfährt. Zur Hochzeit einige
Jahre später bekommt Gül ein elektrisches Bügeleisen geschenkt, von
dem es heißt: „Gül hat noch nie in ihrem Leben ein elektrisches Bügeleisen auch nur angefaßt, sie kennt es bloß aus Filmen und Fotoromanen."
(218)

Doch Gül gehört der Generation an, die in den späten 1950er Jahren
von modernen westlichen Einflüssen geprägt werden, dabei die Möglichkeit einer besseren Zukunft sehen und dann auch aktiv versuchen, ihren
ärmlichen Lebensverhältnissen dauerhaft zu entkommen. Die jungen Leu-

---

[53] Diese türkische melancholische Musiktradition ist bis heute erhalten, nach der Sän-
gerinnen und Sänger ihrem „hüzün" [Traurigkeit] Ausdruck geben, indem sie allgemeines Leid und persönliche Schicksale besingen.

[54] Er ist nun „nicht mehr auf die Erzählungen von Menschen angewiesen, die lateini-
sche Buchstaben lesen und schreiben können, während er zur Schule gegangen ist, als
noch die arabische Schrift gelehrt wurde." Zu den von Mustafa Kemal (1882-1938) im
Zuge der Republikgründung der Türkei und deren Modernisierung sowie der konsequenten Verwestlichung von Staat und Gesellschaft initiierten Reformmaßnahmen ge-
hörte u. a. die Einführung des lateinischen Alphabets 1926-28.

te im Dorf wollen ihr Leben nicht „auf dem Rücken eines Esels verbringen" (247), wie sie über die ältere Generation abfällig bemerken, und streben zunehmend nach materiellem Wohlstand. So schaut Güls Ehemann Fuat jeden Morgen „neidvoll" (271) auf die goldene Uhr eines seiner Stammkunden und spricht davon, sich eines Tages „einen Cadillac leisten" (247) zu wollen. Dazu versucht er, Geld zu sparen, und träumt zusammen mit seinen Freunden von einer besseren Zukunft, zunächst jedoch noch im eigenen Land: „Ihr Guthaben ist nicht gewachsen, dafür aber ihre Träume, sie erzählen sich von den Häusern, die sie mal besitzen wollen, und sie stellen sich vor, wie es wäre, genug Geld zu haben, um es sich mal eine Woche in Istanbul gutgehen zu lassen". (270) Fuat möchte für sich ein besseres Leben, eines, in dem „das Klo nicht auf dem Hof ist", sowie ein Haus „mit einer Heizung, wie sie sie in den großen Städten haben" (273). Doch er weiß darum, dass die Verwirklichung solcher Träume nicht einfach werden wird und er in seiner Ausgangslage benachteiligt ist, wie er beklagt: „Einige Leute leben im Licht, und ihnen ergeht es wohl. Warum nicht auch uns, Gül, warum uns nicht auch? Sind wir denn schlechter als die? Nein, wir sind nur in anderen Verhältnissen geboren." (273f.) Fast schon resignierend erklärt er seiner Frau: „Geld, Gül, die Welt dreht sich um Geld, Geld öffnet dir die Türen." (294)

Hier werden Gül und ihr Ehemann als charakterlich gegensätzlich gezeigt. Ihrem zurückhaltenden Wesen entsprechend äußert Gül zunächst keine eigenen Wünsche, sondern träumt sich weiterhin aus der Realität weg, um die Mehrfachbelastung durch Kind, Hausarbeit und Geschäftsunterstützung ihres Mannes für eine Weile zu vergessen: „So verschiebt Gül in ihren Gedanken die lichten Stunden einfach ein kleines Stück in die Zukunft, eine Zukunft, aus der sie Kraft schöpft." (272) Diese Zögerlichkeit kann Fuat nicht akzeptieren. Zwar muss das Ehepaar in seiner derzeitigen Situation nicht Hunger leiden, doch Fuat strebt nach mehr, wie er seiner anfänglich noch zurückhaltenden Frau erklärt:

> Wir werden satt, ja, aber das kann doch nicht alles sein? Willst du nicht schöne Kleider, willst nicht auch Nylonstrümpfe, willst du keine Waschmaschine? Wie kannst du hier sitzen und zufrieden sein? Du hast doch gesehen, wie viel schöner das Leben ist, wenn man Geld hat. (294)

Gül ist eher zögerlich („Geld löst keine Probleme", 294), und ihre bescheidenen Ansprüche an eine glückliche Zukunft bestanden schon zuvor allein darin, nach der Heirat in der Nähe ihrer Familie zu bleiben. Zwar hat sie als Kind in ihrem ersten Buch „für Erwachsene" (125), welches ihr der Nachhilfelehrer geschenkt hat, von einer anderen, fremden Welt gelesen und sich „die großen Häuser vor[gestellt], die beschrieben werden, die schick gekleideten Menschen, das fremde Land." (126) Doch konkrete Pläne hat sie daraus nicht entwickelt.

Die Zögerlichkeit bis Gehemmtheit Güls wird dadurch umso mehr unterstrichen, dass die Figur der Schwester Melike hier völlig gegensätzlich konzipiert wird. Sie formuliert mutig ihre Wünsche nach einer besseren Zukunft:

> Ich möchte nicht hierbleiben [...]. Ich möchte weg, nach Istanbul oder nach Ankara. [...] Ich will in die Stadt und schöne Kleider tragen und Nylonstrümpfe, ich will Volleyball spielen, ohne daß mir jemand sagt, daß junge Frauen das nicht dürfen. Ich will Strom haben und fließendes Wasser. Was soll ich in so einem Kaff hier, das nicht größer ist als der Hintern der dicken Ayşe? (192f.)

Obwohl Melike die Schule nicht besonders mag, wie sie ihrer großen Schwester gesteht, hat sie dieses feste Ziel: „Ich will einen Abschluß, ohne Abschluß hat man es schwer. Ich will hier weg." (209) Als einzige ihrer Schwestern sieht sie dabei die Verwirklichung ihrer Träume nur über den Weg der (Aus-)Bildung realisierbar.[55] Sie hat sich zum Ziel gesetzt, Lehrerin zu werden, und besteht das Grundschuldiplom aufgrund ihres ausgeprägten Ehrgeizes auf Anhieb, sodass sie die Mittel- und Oberschule besuchen kann und später sogar zur Universität in Istanbul wechselt. Als auch Sibel vorsichtig nachfragt: „Dann kann ich auch Lehrerin werden, oder?" (193), erkennt Gül, dass ihr diese Möglichkeiten durch den fehlenden Schulabschluss verwehrt sind: „Vielleicht sollte ich heiraten, denkt sie." (193) Ihre Eltern haben sie bei Beginn des zu wiederholenden Schuljahres einfach zu Hause behalten, um im Haushalt zu helfen. Daran kann auch Onkel Abdurahmans Appell an den Vater nichts ändern, das junge Mädchen zur weiteren Ausbildung doch wieder zur Schule zu schicken: „So etwas ist wichtig heutzutage. [...] Die Zeiten ändern sich, Schmied, die Welt dreht sich, und wir werden sie unseren Kindern überlassen. Und dafür sollen die Kinder gut ausgebildet sein." (156) Doch Timur überzeugen diese Argumente nicht, da er selbst zu seiner Zeit und aus seiner eigenen Erfahrung keinen Nutzen von Schulbildung hatte. So antwortet er nur: „Ja, [...] die Welt dreht sich, [...] aber am Ende hat man nichts, das Wert hätte." (Ebd.) Für einen Mann in seinem Alter und seiner Vergangenheit öffnen sich aus seiner Sicht keine Perspektiven auf Veränderung der Lebensweise durch Weiterbildung.

Im Text heißt es, dass sich Gül zu Hause „einsam" (155) fühlt und ihr „langweilig" (157) wird. Aus diesem Grund geht sie bereits im Alter von 15 Jahren am Ende des Sommers 1960[56] auf die erneute Brautwerbung

---

[55] Im Text heißt es dazu: „Sie will hier weg, sie will hier weg, aber nicht auf die gleiche Art wie ihre große Schwester." (215)

[56] Die Jahresangabe wird aus der Bezugnahme zum historischen Ereignis des Militärputsches (27.05.1960), der Anklage gegen Adnan Menderes und der Verabschiedung einer neuen Verfassung ein Jahr später (vgl. 208f.) deutlich.

von Fuat ein und fügt sich ihrer ‚Bestimmung': „Verheiratet mich mit
ihm. [...] Vielleicht ist es mein Schicksal." (209) Obwohl Güls erste Reaktion noch Ablehnung gewesen war („Die Leute reden über ihn, er hat
schlechte Angewohnheiten, sagen sie, er raucht, trinkt, spielt", 201) und
sie damit auf die ersehnte Liebesheirat verzichtet, reichen ihr die für sich
selbst aufgestellten, vorgeschobenen Rechtfertigungen: „Und was soll sie
auch daheim. Sie verdient kein Geld. [...] Früher oder später wird sie ja
doch heiraten. Was sollte sie auch sonst tun. Früher oder später heiraten
alle." (210) Aus Güls Sicht hat sie damit den Schritt ins Erwachsenenle-
ben vollzogen, der sie angesichts des anderen ‚verpassten' Lebenswegs
trösten kann: „Gül ist jetzt selbst eine der jungen Frauen, denen sie oft
mit einer leisen Sehnsucht hinterhergeschaut hat." (Ebd.)

Doch schon in der Anfangszeit ihrer Ehe mit Fuat entwickelt Gül
neue Träume und Sehnsüchte, wenn sie zusammen im Kino sind und es
dort Filme gibt „über junge Liebe, über Liebe, die alle Grenzen überschreitet, [...] über Menschen, deren Leben mit einem großen Schmerz
angefangen hat und die nun irgendwo ein Licht sehen. Oder es sich erhof-
fen [...] oder über Menschen, die bereit sind, alles zu ertragen, damit sie
nur jemand liebt." (212) Hier sieht Gül sich selbst wieder und Hoffnungen leben in ihr wieder auf, die sie unterbewusst gehegt hat. Zwar mögen
diese nicht so stark ausgeprägt sein wie bei ihrer Schwester Melike und
vermag sie diese nicht so konkret zu äußern oder ihnen mutig nachzugehen. Doch ist das Kino hier Auslöser für das zaghafte Heranwachsen von
auf sich selbst bezogenen Zukunftsträumen, denn „Je mehr fremde
Träume sie sieht, desto mehr sehnt sie sich in andere Welten." (212)

Dem Einzug der westlichen Kinokultur in das rückständige Ostanatolien Mitte der 1950er Jahre kann sich auch Timur nicht entziehen, er
„geht gern ins Kino, in türkische oder ausländische Filme, in die Doppel-
vorstellungen, ein Liebes- und ein Abenteuerfilm, ein Drama und ein
Western, es ist ihm fast egal, was läuft." (181) Für ihn ist dieser Weg eine
Verbindung zu einer anderen Welt, er kann wieder dabei „den Tag vergessen. Die Sorgen, die Arbeit, seine juckenden Waden, seine verstorbene
Frau, die Fehler seines Gehilfen, die Hitze des Schmiedefeuers, seine
Lieblingskuh, alles verschwindet" (181). Dabei sind ihm nicht die Filme
an sich das Wichtige, sondern die ‚Auszeit', die er dabei genießen kann.
Doch entwickelt Timur aus diesen Ausflüchten keine Sehnsüchte für sei-
ne eigene Zukunft. Für Gül dagegen hat das Kino eine andere Bedeutung,
denn diese andere Welt hat sie sich nicht einmal erträumen können:
„[D]as Kino hat Güls Phantasie übertroffen." (182) Die Kinoleinwand
wird hier zu einer Spiegelfläche für kindliche Sehnsüchte, denn auch für
Melike bedeuten die Filme „eine andere Welt, in der sie leben kann."
(Ebd.) In einer Prolepse zu Melikes Kinoaffirmativität wird Filmtheater
als *das* Medium für eigene Projektionen herausgestellt:

Aber sie wird drei Jahre lang alle Filme aufschreiben, die sie sieht, und davon träumen, eines Tages auch in Istanbul zu sein, in Rom oder New York. Eines Tages will auch sie in einer großen Stadt wohnen, reich sein und solche Frisuren tragen wie die Frauen in den Filmen. Ihr Filmbuch ist ein Tagebuch wie jedes andere auch. Es soll das Leben festhalten, weil man sich nach etwas sehnt. (178)

Das Kino fungiert hier für die Romanfiguren als Auslöser zum Träumen von anderen Welten, nach einem besseren Leben und materiellem Reichtum. Gleichzeitig wird ihnen vor Augen geführt, was sie nicht haben und wie das Leben stattdessen sein könnte, was vor allem bei Fuat einerseits Frust verursacht, ihn andererseits jedoch auch weiter anspornt. („Er möchte etwas Größeres und Besseres, und er ist bereit, dafür zu arbeiten.", 273) Während dies auf Timur einen ganz anderen Effekt hat – nämlich höchstens einen Entspannungseffekt –, sind seine Kinder empfänglicher für die Botschaften dieser Scheinwelt und beziehen sie auch direkt auf ihr reales Leben. Zum Beispiel wird die 14-jährige Gül von einer Filmszene sehr beeindruckt, in der ein Junge bei seiner Mutter am Sterbebett verweilt und dann den Todeszeitpunkt verpasst, weil die Mutter ihn kurz rausgeschickt hatte. Ähnlich hat Gül selbst weder den Tod ihrer Mutter erlebt noch sich bei einer letzten Gelegenheit aufgrund ihrer Hemmungen richtig verabschiedet. „Ich würde mein Kind nicht fortschicken" (184) ist ihr Resümee aus dieser Kinoerfahrung.

Aber auch die Welt der Printmedien fasziniert die Heranwachsende. Als sie sich bereits in der Lehre befindet und somit keine Schulbücher mehr besitzt, beginnt sie, in Artikeln alter Zeitungen zu lesen, mit denen im Haus die Schränke ausgelegt sind. Obwohl die Analphabetin Arzu es ihr aus Eifersucht verbietet, kann Gül ihre Augen nicht von den Sensations-Nachrichten aus der Außenwelt lassen und sehnt sich nach den Geschichten, die von „Brudermord, Familienehre, […] Babys mit zwei Köpfen und die verderbten Kinder der Reichen" (161) handeln. Zwar zeigt Gül allgemeines Interesse an den Geschehnissen außerhalb ihres Dorflebens, jedoch noch keine eigenen Impulse, sich weiter zu bilden, um aus diesem auszubrechen. Bei ‚Männergesprächen‘ über Politik und Wirtschaft kann sie nicht mitreden, denn: „Es hat sie nie interessiert." (211) Dafür beginnt sie, Fotoromane zu lesen, und sie vertieft sich in Liebe und Leid fiktiver Figuren, auf die sie ihre eigenen Sehnsüchte projiziert. Erst in ihrer Ehe beginnt Gül den Wunsch nach einem Bildungsaufstieg zu entwickeln, da sie hier erkennt, dass nur Melike durch den Besuch einer weiterführenden Schule der Weg zu einem eigenständigen Leben offen steht und sie sich in ihrem Hausfrauendasein in einer Sackgasse befindet. Sie wünscht sich, „daß sie wenigstens die Grundschule beendet hätte, sie wünscht sich, ein Abschlußzeugnis zu haben" und „daß ihr diese Türen nicht verschlossen bleiben." (250) Etwas später, als Fuat und Suzan be-

reits zum Arbeiten nach Deutschland gereist sind und Gül allein zurück-
geblieben ist, bemerkt sie, „wie leer ihr Leben ihr vorkommt. Ein Leben,
in dem nichts geschieht, ein Leben in einem Zimmer in der Kälte und Einsamkeit des Winters" (310). Den einzigen Ausweg sieht Gül in dieser Situation schließlich darin, ihrem Mann in das „Land der Ungläubigen"
(ebd.), wie ihre Großmutter es bezeichnet, zu folgen. Diese kann nicht
verstehen, dass nun alle Menschen dorthin aufbrechen: „Was wollen all
die Menschen in der Fremde?" (311)

Diese Textstelle verweist auf die Tatsache, dass grundlegend zwischen der freiwilligen und der unfreiwilligen Migration unterschieden
werden muss, wie auch Eva-Maria Nasner-Maas nahelegt: „Die gewünschte Migration ist notwendigerweise viel stärker als die erzwungene Migration mit Phantasien aufgeladen, ein Paradies und also einen Idealzustand
zu erreichen."[57] Doch auch bei dieser Unterscheidung gibt es Über-
schneidungen, denn so können Entscheidungen zur Migration zwar gewünscht sein, aber in gewisser Weise auch durch die (persönliche) wirtschaftliche Lage erzwungen sein. So sind die im vorliegenden Zusammenhang dargestellten Migrationen zum einen durch den Wunsch nach einer
verbesserten Lebensrealität ,freiwillig' und daher mit einem bestimmten
Grad idealisiert, das heißt mit einer Paradiesimagination besetzt, zum anderen jedoch immer auch ökonomisch motiviert.

Auf der Figurenebene zeigt sich, dass hinter all den Verdrängungsmechanismen und Angsthemmungen, die Gül ihr Leben lang begleiten,
viele Wünsche und Sehnsüchte liegen. Zwar lässt Gül es fast niemals zu,
dass diese so weit hervorstoßen, dass sie ihre Maximen der Verantwort-
lichkeit für ihre Familie und der Lebensdisziplin in Anstrengung, Durchhalten und Leiden übertrumpfen. Ihre geheimen Wünsche und Sehnsüchte der Kindheit und Jugend bleiben dennoch nicht unerwähnt. Es sind
einfache, oft kindliche Wünsche, die Gül nicht äußert, sondern sie sich
nur als unerreichbar vorzustellen wagt, wie der Konjunktiv verdeutlicht:

> Sie würde sich wünschen, weniger im Haushalt helfen zu müssen
> […]. Sie würde sich wünschen, daß Melike etwas braver ist, sie
> würde sich wünschen, daß ihre Mutter sie auch mal *meine Rose*
> nennt oder *Liebes* oder *Schatz*, sie würde sich wünschen, im Win-
> ter warm zu schlafen, sie würde sich wünschen, daß ihr Vater nicht
> mit ihrer Mutter streitet. (133)

---

[57] Eva-Maria Nasner-Maas: „Migrationserfahrung versus Heimatverbundenheit in Psychoanalyse und Psychotherapie", in: Ulrich Streek (Hrsg.): *Das Fremde in der Psychoanalyse. Erkundungen über das ,Andere' in Seele, Körper und Kultur*, München 1993,
S. 133-146, hier S. 145.

Als Heranwachsende hegt sie den Wunsch nach einem eigenen Kleid, das
sie sich als angehende Schneiderin selbst nähen kann. Doch auch diesen
Wunsch zu äußern unterdrückt sie:

> [S]ie würde sich gern den Stoff kaufen, den sie in der Stadt gesehen
> hat, einen dunkelblauen Stoff, der wie Samt schimmert. Aus dem
> möchte sie sich ein Kleid nähen. Ein richtiges, schickes Kleid, nur
> für sich. So wie Özlem eins hat. Oder die Töchter der Frauen, die
> Torte essen. (174)

Erst einen Sommer später (!) erhält sie schließlich von ihrem Vater genug
Taschengeld, um sich den blauen Stoff zu kaufen, und näht sich ihr
Wunschkleid, auch wenn ihre inneren Hemmungen sie davon abhalten, es
öffentlich zu tragen.

Aber auch eine ganz andere Projektionsfläche der Sehnsucht findet
sich – ähnlich wie bei Özdamar – in der Kindheitsdarstellung Güls: das
ferne Meer[58], dessen „Blau" (260) sie sich in Gedanken vorstellt. Zu einem
weiteren Ort der Sehnsucht wird das Hamam, dessen Besuch von Gül und
ihrer Familie „wie ein Festtag" (136) zelebriert wird. In der geschlossenen
Welt unter der abschirmenden gewölbten Decke des Dampfbades „krei-
schen und lachen" (137) die Kinder, und auch Gül fühlt sich wohl und sicher. Hier kann sie zum ersten Mal einem Handlungs-Impuls nachgehen,
nämlich dem, ihre verhasste Großmutter zu ärgern und ihr einen Streich
zu spielen. Diesen Impuls unterdrückt Gül in jeder anderen Situation ihres Alltags in der Kindheit und kann den daraus resultierenden Schaden
für die eigene persönliche Entwicklung erst „viel später [...], wenn sie eigene Kinder hat" (144) reflektieren. Sie erkennt, dass das Unterdrücken,
Nicht-Mitteilen und damit In-sich-Wenden jeglicher Affekte zur Isolierung des Ichs gegen die Außenwelt geführt hat, und sie konstatiert: „Das
ist es, was einen Menschen einsam macht, nicht teilen zu können." (144)
So kommt es dazu, dass irgendwann auch Gül die Migration nach
Deutschland als große „Hoffnung" (301) erkennt. Zunächst beobachtet
sie, wie Murat, der Ehemann ihrer Nachbarin, als Erster aus ihrem Be-
kanntenkreis nach Deutschland geht Er möchte – verbittert von einem
langjährigen Gefängnisaufenthalt mit Folter – seinem Heimatland den
Rücken kehren, diesem „gottverfluchte[n] Land [...] voller Idioten"
(298), wie er es bezeichnet. Er sieht in Deutschland für seine Familie eine
bessere Zukunft in für sein Verständnis geradezu luxuriösen Lebensverhältnissen: „Dort haben alle Wohnungen Heizung und Strom, jeder hat

---

[58] Hinweise auf den Schauplatz der Romanhandlung geben die Namensangabe der
Stadt „Adana" (282) sowie die des Dorfes „Fertek" (257), welches zur Provinz Niğde
gehört, die südlich an die Provinz Kappadokien grenzt. Die Region um Niğde ist bekannt für ihren ertragreichen Apfelanbau – auch im Roman ist mehrfach die Apfelernte
Teil der Handlung.

ein Auto, aus den Hähnen kommt warmes Wasser, wir werden leben wie die Paschas" (302). Gül hört jedoch auch die Zweifel seiner Ehefrau, die den Traum vom „fremden Land" (302) nicht teilen kann, denn „was soll sie mit großen Kaufhäusern und bunten Lichtern anfangen"? (303) Ebenso hat Gül anfangs noch keine Ambitionen, ihre derzeitigen Lebensumstände zu ändern. Doch dann verabschiedet sich auch Suzan einige Zeit später und folgt ihrem Ehemann nach Deutschland. Gül versucht zu trösten: „Aber alle gehen doch hin. Es wird bestimmt gut sein, du wirst sehen." (306) Kurz darauf eröffnet ihr auch Fuat seine Migrationspläne, zunächst für ein Jahr und mit fester Rückkehrabsicht. Da muss Gül ihre als Trost gemeinten Worte als Realität annehmen: „Jeder geht jetzt nach Deutschland." (308) Fuat stimmt ihr zu: „Ja, es ist ein gutes Land, es ist sauber, und man kann dort Geld verdienen. Die reiten nicht mehr auf dem Rücken von Eseln, das sind zivilisierte Menschen." (Ebd.)

Es wird geschildert, dass Gül sich fortan in einem unsicheren Zustand zwischen der Entscheidung zu bleiben oder zu gehen befindet. Auf der einen Seite verraten ihr Suzans Briefe aus dem Migrationsland, dass man dort unglücklich werden kann: „Es gefällt ihr in Deutschland nicht, es ist kalt, kälter als zu Hause, die Menschen sind distanziert, nirgendwo wird sie angelächelt, nirgendwo fühlt sie sich willkommen" (309). Auf der anderen Seite wird Gül von allen Seiten versprochen: „Es gibt dort alles, du kannst dir alles kaufen, und es ist viel besser als hier." (313) Ein Bekannter weiß aus Erfahrung: „Es ist schwer, in die Fremde zu gehen." Gleichzeitig sagt er weise: „Es ist ein hartes Los, aber man muß nicht weinen. […] Wir werden alle von diesem Ort scheiden, also lächle. Die ganze Welt ist eine Fremde, die wir irgendwann verlassen werden." (314)

Am Schicksal der Figur Gül, die ihre beiden kleinen Kinder zurücklässt und sich für den schweren Schritt entscheidet, auch nach Deutschland zu gehen, wird gezeigt, wie schwierig es für die erste Einwanderergeneration war, in die Fremde aufzubrechen, und wie viele Hoffnungen damit verbunden waren. Wenn Urban erklärt, die Figur Gül folge ihrem Mann einfach nach, und zwar „[o]hne Hoffnung"[59], dann ist dies nicht ganz richtig. Denn Güls Hoffnung besteht insbesondere darin, ihre empfundene Leere zu beenden und ihrem „Leben, in dem nichts geschieht" (310), wie sie in Gedanken resümiert, ihrem Leben „in der Kälte und der Einsamkeit" (ebd.) einen neuen Sinn zu geben. Zwar mag ihre Hauptmotivation für den Schritt zur Migration nicht in materiellem Wohlstand liegen, doch Gül sehnt sich nach sozialer Bindung, nachdem ihre Schwestern, ihr Mann und ihre Freundin Suzan fortgegangen sind. Aus ihrer Erfahrung aus der Kindheit weiß Gül intuitiv, dass sie soziale Bindungen

---

[59] Regina Urban: „Einfühlsame Reise in eine ferne Welt. Selim Özdoğan liest in Nürnberg aus seinem Roman *Die Tochter des Schmieds*", in: *Nürnberger Nachrichten* vom 12.04.2005, S. 23.

sowie Aufgaben im Leben braucht, um sich selbst vor ihren wiederkehrenden Ängsten zu schützen.

So gesehen zeigt der Roman inhaltlich die Geschichte Güls als Ent-
wicklungs- und weniger als Emanzipationsgeschichte. Es wird nicht dargestellt, wie und ob die Protagonistin die Strukturen der gezeigten patriarchalisch geprägten Gesellschaft[60] zu durchbrechen versucht. Vielmehr
wird, wie Ezli es formuliert, ethnographisch-dokumentarisch und detailliert von der „alltägliche[n] Macht der Tradition" erzählt.[61] Am Ende sind
es dann die Männer und nicht die Frauen, die für eine bessere Lebenssituation den Aufbruch wagen. So mag die erzählte, auf eine zentrale weibliche Person ausgerichtete Migrationsgeschichte vielleicht nicht davon
handeln, inwiefern sich die Protagonistin aktiv gegen ihr traditionelles
weibliches Rollenmuster stellt. Stattdessen wird der Weg Güls bis zur
Migration nach Deutschland erzählt, auf dem es um Schicksal und familiäre Beziehungen geht, wobei der Fokus „konsequent auf die innere Entwicklung dieser Person ausgerichtet"[62] bleibt, wie auch Pflitsch herausstellt. Gül trifft letztlich für sich die Entscheidung zum Aufbruch in die
Fremde und zur Trennung von ihrer gewohnten Umgebung und ihren
Kindern (!), auch wenn sie dafür nicht erst andere Personen überzeugen
musste, sondern in erster Linie sich selbst.

---

[60] Vgl. hierzu auch Frickenstein: Gül, das heißt Rose (2005), S. 23.
[61] Ezli: Von der Identitätskrise (2006), S. 71.
[62] Andreas Pflitsch: „Familienbande. Erinnerungspanoramen in drei nahöstlichen Generationenromanen", in: ders. und Barbara Winckler (Hrsg.): *Poetry's Voice –
Society's Norms. Forms of Interaction between Middle Eastern Writers and their Societies*, Wiesbaden 2006, S. 281-295, hier S. 289.

V. ‚VERSEHRTE‘ KINDHEIT
Feridun Zaimoğlus *Leyla* (2006)

> Wir sind alle Feiglinge, Mutter, sage ich,
> es braucht große Überwindung für mich,
> einem anderen Menschen in die Augen zu schauen.
> Woher habe ich das nur?[1]

V.1. „Bildnis“ einer Kindheit

V.1.1. Romanhandlung und entstehungsgeschichtlicher Kontext

Bei dem Roman *Leyla* handelt es sich um eine Migrationsgeschichte, die als „Melodram“[2] von der Vergangenheit der türkischen Gastarbeiter erzählt und dabei das persönliche Schicksal der Titelprotagonistin in den Mittelpunkt stellt. Aus der Sicht des kleinen Mädchens wird geschildert, wie es seine Kindheit und Jugend in einer „halbalphabetisierte[n] Gegend“ (168)[3] mit patriarchalischen Strukturen im Südosten der Türkei um 1950 verbringt. Leyla lebt und leidet mit ihren Eltern und vier älteren Geschwistern in sehr ärmlichen Verhältnissen, bevor sie einige Lebenserfahrung in Istanbul sammelt und schließlich als junge Erwachsene, Ehefrau und Mutter ihrem Mann Metin für ein besseres Leben nach Deutschland folgt.

Der in 34 Kapitel unterteilte Roman schildert unvermittelt, wie die anfangs etwa fünfjährige Leyla und die übrigen Familienmitglieder die willkürliche Tyrannei ihres brutalen Vaters Halid erdulden müssen. Immer wieder schlägt er sie blutig[4] und demütigt sie. Weder die verängstigte Mutter Emine noch die beiden Brüder Djengis und Tolga oder die Schwestern Yasmin und Selda können sich wehren, wobei letztere zudem dem sexuellen Missbrauch durch Halid zum Opfer fällt. Ein später daraus entstandenes Baby wird getötet und verscharrt. Das wenige Geld, welches der Vater durch gelegentliche und unseriöse ‚Geschäfte‘ erwirtschaftet, vertrinkt er größtenteils, sodass seine Familie zumeist Hunger leidet. Die Mutter verdingt sich als Traumdeuterin, und auch die beiden älteren Schwestern helfen durch Näharbeiten für kleinen Lohn. Leylas Kinderall-

---

[1] Feridun Zaimoğlu: *Leyla*, Köln 2006, S. 195. Im Folgenden werden alle Zitate aus dem Roman durch Seitenangaben in Klammern nachgewiesen.
[2] Vgl. Karin E. Yeşilada: „Feridun Zaimoğlu“, in: *KLG*, 95. Nlg., 6/2010, S. 1-28, hier S. 19.
[3] Die „Kleinstadt“ wird als in der Nähe von „Antep“ (131, früher Ayıntap, 1928 in Gaziantep umbenannt) gelegen angegeben.
[4] Vgl. hierzu bspw. S. 79: „Djengis erlaubt sich ein Lächeln, im nächsten Augenblick saust der Silberkopf des Spazierstocks auf seinen Kopf herab. Sofort reißt die Haut auf seiner Stirn auf, aus der Platzwunde rinnt und strömt Blut heraus“ uvm.

tag ist geprägt von permanenter Angst vor dem gewalttätigen Familien-
oberhaupt und den einengenden ,Anstandsregeln' einer nach traditionellen Bräuchen lebenden Kleinstadtgesellschaft. Eine winzige Zuflucht bieten ihr lediglich ihre kindlichen Phantasie- und Spielwelten. Die Familie
zieht aus ihrer ärmlichen Behausung in ein mehrstöckiges Haus, doch
auch hier ergeht es ihr nicht besser, da sich Halid geldgierig auf einen
Drogenhandel einlässt und durch einen Verrat auffliegt. Er wird inhaftiert
und hinterlässt dadurch eine noch hungrigere Familie, die überdies dem
Gespött der Leute ausgeliefert ist. Djengis simuliert von nun an den
strengen Ersatzvater, kann jedoch nicht verhindern, dass sich Leyla heimlich mit ihrer besten Freundin Manolya zum städtischen Zeltkino
schleicht, um einen Blick hinter die Kulissen zu erhaschen. Um den bedrückenden Lebensumständen für eine Weile zu entkommen, lädt Manolya Leyla gegen den Willen ihres herrischen Vaters zusammen mit einigen
anderen Klassenkameradinnen zu einem Ausflug in ihr kurdisches Heimatdorf ein, wo die Mädchen eine unbeschwerte, ,paradiesische' Zeit verbringen und sich romantische Liebesgeschichten erzählen.

Später, als sich ein erster Brautwerber für die mittlerweile 16-jährige
Leyla interessiert, lehnt sie ab, obwohl es sich um eine ,gute Partie' handelt, wie ihr versichert wird. Stattdessen verliebt sie sich in den schönen
Metin aus Istanbul, der doppelt so alt ist wie sie. Als die Titelprotagonistin mit ihrer Familie bald darauf in die Landeshauptstadt zieht, wo sie zunächst bei einer Bekannten des Vaters unterkommen, hält Metins Vater
um Leylas Hand an, und die Verheiratung wird gegen den Willen Halids
beschlossen. Doch die Ehe der beiden Mittellosen verläuft schwierig, Leyla muss schon nach kurzer Zeit in ihr Elternhaus zurückkehren, da Metin
nicht für ihren Unterhalt sorgen kann. Währenddessen gelangt Leylas Vater durch die Verheiratung seines ältesten Sohnes Djengis mit einer Generalstochter zu plötzlichem Reichtum, macht im Import-Export-Geschäft
und geht abrupt Pleite, sodass die Familie erneut gegen die Armut zu
kämpfen hat. Metin holt Leyla zurück in sein Haus, reist jedoch als Fabrik-
arbeiter für drei Monate nach Deutschland. Kurz nach seiner Rückkehr bekommt das Ehepaar einen Sohn, den sie namenlos lassen. Ihre finanzielle
Lage verschärft sich, sodass Leyla eine darauf folgende erneute Schwangerschaft abbrechen lässt. Nachdem auch ihre Schwestern ihre Heimat
verlassen haben, um als Gastarbeiterinnen Geld zu verdienen, und Halid
schließlich gestorben ist, bricht Leyla am Ende der Geschichte ebenfalls
zusammen mit ihrem Kind und ihrer Mutter Richtung Deutschland auf.

Bei der Beschäftigung mit dem 2006 erschienenen Roman besteht eine Besonderheit darin, dass sich Feridun Zaimoğlu in Interviews sowie
vor allem in einer unter dem Gesamttitel *Ferne Nähe* publizierten Vorle-

sung im Rahmen seiner Tübinger Poetik-Dozentur 2007[5] so ausführlich
zu den Hintergründen des Entstehungsprozesses geäußert hat. Diese Erklärungen haben die Rezeption stark beeinflusst und führen immer wieder
zu einem Überhang an (auto)biographischer Textausdeutung auf Kosten
literaturwissenschaftlicher Differenzierung. So habe Zaimoğlu zu den laut
eigener Aussage erzählten Geschichten seiner Mutter von ihrem Leben in
der Türkei ihre klare Anweisung erhalten: „Ich möchte, daß du mein Leben aufschreibst."[6] Obwohl der 1964 im türkischen Bolu geborene und
nur kurze Zeit später mit seinen Eltern nach Deutschland migrierte
Schriftsteller in einem ganz anderen Kulturkreis sozialisiert worden sei[7],
habe er sich zu dem Roman entschieden, weil ihn mit der Geschichte seiner Mutter bzw. seiner Eltern dennoch viel verbindet, wie er erklärt.[8] Zaimoğlu, der sich selbst als „orientalischer Deutscher"[9] beschreibt, sei mit
den Erzählungen von dem „alten Leben"[10] der Eltern aufgewachsen. Doch
als die Mutter dem Schriftsteller während eines Besuchs im elterlichen Fe-
rienhaus an der türkischen Ägäis begonnen habe, ihm ihre Vergangenheit
in Einzelheiten zu schildern, sah sie sich angesichts der Aufarbeitung ihrer schwierigen Kindheit und der ungewohnten Offenbarung ihrem Sohn
gegenüber zunächst mit einer „Erzählhemmung"[11] konfrontiert. Dabei sei
es ihre erklärte Absicht gewesen, gerade „im Sinne einer *Ent*hemmung
[Hervorhebung M. E.]"[12] und gar zum Zweck einer Art „Teufelsaustrei-

---

[5] Feridun Zaimoğlu: „Leyla. Zweite Vorlesung", in: ders. und Ilja Trojanow: *Ferne Nähe. Tübinger Poetik-Dozentur 2007*, hg. von Dorothee Kimmich und Philipp Ostrowicz, Künzelsau 2008, S. 27-46.
[6] Zaimoğlu: Ferne Nähe (2008), S. 30.
[7] Zaimoğlu erklärt hierzu: „Wir leben [...] auf völlig unterschiedlichen Planeten." Vgl.
Söhler: Faule Aprikosen aus Malatya (2006). Zaimoğlu ist mehr als allgemein bekannt
in einem Hin und Her zwischen der türkischen und der deutschen Kultur aufgewachsen: So kam er als wenige Monate alter Säugling nach Berlin, wurde dann in Ankara
eingeschult, kam drei Jahre später nach München, kehrte mit 13 Jahren nach Ankara
zurück, wurde mit 15 nach Nienburg in Deutschland geschickt, ging mit 16 für knapp
ein Jahr wieder nach Istanbul und zog 1981 wieder nach Bonn, wo er dann sein Abitur
absolvierte. Vgl. hierzu Frauke Meyer-Gosau: „Oh Ankara. Ach, Kiel!", in: *Literaturen*
9 (2008), S. 6-12. Insgesamt sei er 26-mal mit seinen Eltern umgezogen. Vgl. Philipp
Ostrowicz und Stefanie Ulrich: „Wer Augen hat, der sehe, und das Wissenswerte wird
einem dann kundgetan.' Interview mit Feridun Zaimoğlu", in: Özkan Ezli u. a.
(Hrsg.): *Wider den Kulturzwang. Migration, Kulturalisierung und Weltliteratur*,
Bielefeld 2009, S. 177-185, hier S. 182.
[8] „[I]ch bin mit all diesen Schauermärchen aufgewachsen, auch ich bin infiziert, auch
ich bin versengt und verbrannt". (Zaimoğlu: Ferne Nähe, 2008, S. 39)
[9] Olaf Neumann: „Ich bezeichne mich nicht als Europäer", Interview mit Feridun Zaimoğlu, in: *Jungle World* 11 (2004), unter: http://jungleworld.com/artikel/2004/10/
12441.html (zuletzt eingesehen am 12.11.2011).
[10] Zaimoğlu: Ferne Nähe (2008), S. 29.
[11] Zaimoğlu: Ferne Nähe (2008), S. 37.
[12] Zaimoğlu: Ferne Nähe (2008), S. 31.

bung"[13] – wie Zaimoğlu seine Mutter aus einem Interview zitiert – zu erzählen. Aus dem Material mehrerer besprochener Tonbänder[14] habe der Autor ausdrücklich keine Dokumentation, sondern Dichtung zu verfassen beabsichtigt. Währenddessen hätte sich in seiner Familie herumgesprochen, dass er „in seinem Roman zu den Ursprüngen zurückgekehrt war – eine Großtat, sagten die einen; eine widersinnige Rückschau, sagten die anderen."[15]

Die von Zaimoğlu so gründlich kommentierte Entstehungsgeschichte von *Leyla* scheint nicht zuletzt der Plagiats-Debatte um biographisches Quellenmaterial geschuldet zu sein, die dem Roman des für seine Kanak Sprak[16] bekannten und mit diversen Literaturpreisen ausgezeichneten[17] Schriftstellers bis heute anhaftet.[18] Davon abgesehen erfuhr der Roman, der für den Deutschen Buchpreis nominiert war, hinsichtlich seines poetischen Gehalts eine sehr unterschiedliche Rezeption. Während ihm die einen dokumentarisch eintöniges[19] bis „pseudorealistisch-triviales Erzählen"[20] vorwerfen oder sich gar mit Ausdrücken wie „Klamaukclown" oder

---

[13] Söhler: Faule Aprikosen aus Malatya (2006).

[14] Teile dieser nie veröffentlichten, zunächst von Zaimoğlu auch im Plagiatsstreit zurückgehaltenen Tonbänder hat Hilal Sezgin gehört, vgl. dies.: „Eine Stimme, ein Unschuldsbeweis", in: *Die Zeit* 26 (2006), S. 51

[15] Zaimoğlu: Ferne Nähe (2008), S. 44.

[16] Feridun Zaimoğlu: *Kanak Sprak. 24 Mißtöne vom Rande der Gesellschaft*, Hamburg 1995.

[17] Zaimoğlu wurde vor dem Erscheinen von *Leyla* unter anderem mit dem Civis-Medienpreis 1997, dem Friedrich-Hebbel-Preis 2002, dem Adelbert-von-Chamisso-Preis sowie dem Hugo-Ball-Preis 2005 ausgezeichnet und erhielt im selben Jahr das Villa-Massimo-Stipendium. Für den vorliegenden Roman erhielt er 2007 den Grimmelshausen-Preis.

[18] Kurz nach dem Erscheinen des Romans hieß es in den Medien, Emine Sevgi Özdamar beschuldige Zaimoğlu aufgrund der auffälligen Ähnlichkeiten zu ihrem *Karawanserei*-Roman des Plagiats. Vgl. hierzu Volker Weidermann: „Was schreibst du? Streit um den Roman *Leyla*: Özdamar gegen Zaimoğlu", in: *FAZ* vom 01.06.2006, S. 37. Zaimoğlu stritt dies in verschiedenen Stellungnahmen ab. Vgl. bspw. Söhler: Faule Aprikosen aus Malatya (2006). Zu inhaltlichen Aspekten im Plagiatsstreit vgl. bspw. Norbert Mecklenburg: „Ein türkischer Literaturskandal in Deutschland?", in: *literaturkritik.de* vom 07.07.2006, unter: http://www.literaturkritik.de/public/rezension. php?rez_id=9610 (zuletzt eingesehen am 16.11.2009) oder Brunner: Parallele und kulturelle Identifikationsräume (2009).

[19] Vgl. Fridtjof Küchemann: „Besuch im Heimatmuseum", in: *Literaturen* 3 (2006), S. 68-69, dort heißt es auf S. 68: „Wie ein Chronist, ein Archivar von Ansichten und Alltagsverrichtungen aus alter Zeit, wirkt der Autor in diesem Buch."

[20] So Norbert Mecklenburg in: „Gegendarstellung. Zu Tom Cheesmans Artikel ,Pseudopolitisch, pseudokorrekt: Ein deutscher Literaturskandal', unter: http://www.literaturkritik.de/public/rezension.php?rez_id=12001&ausgabe=200806 (zuletzt eingesehen am 06.07.2008), der insbes. den letzten Abschnitt des 6. Kapitels kritisiert, in dem Djengis von seiner Französischlehrerin verführt wird, – seiner Ansicht nach ein „fa-

„Hätscheltürke[ ]" über seinen „literarischen Fast Food" echauffieren[21], wurde der Roman von vielen Seiten enthusiastisch aufgenommen.[22] *Leyla* unterscheidet sich von dem bisherigen Werk des Autors, das häufig von einer provokanten „Künstlerpose"[23] dominiert werde, wie Yeşilada befindet, inhaltlich und stilistisch gravierend. So wendet sich der einst als „schreibender Arm der Türkenpower"[24] betitelte Zaimoğlu hier einer vollkommen anderen Art des Erzählens zu, wie die folge Betrachtung zeigt.

V.1.2. „Keine alte Geschichte"

Bei der Erzähltextanalyse richtet die bekannt gewordene Entstehungsgeschichte des Romans ein spezielles Augenmerk auf die von Zaimoğlu geschaffene Erzählinstanz. Hier sind die eingenommene Erzählperspektive und ihre Rolle innerhalb der erzählten Wirklichkeit von Bedeutung. So stellt sich die Frage danach, wie sich die literar-ästhetische ‚Aufarbeitung' einer Vergangenheit und Migrationsgeschichte über kulturelle, generationale und Gender-Grenzen hinweg gestaltet. Das heißt, es gilt zu untersuchen, mittels welcher narrativer Strukturen und Techniken die kulturellen, zeitlichen und geschlechtsspezifischen Distanzen geschaffen bzw. überwunden werden sollen.

Dass nämlich genau dies der Kernpunkt in Zaimoğlus Romanprojekt einer ausphantasierten Kindheits- und Jugendgeschichte eines Mädchens in der Türkei zu Mitte des letzten Jahrhunderts mit biographischer Reminiszenz auf seine Mutter darstellen würde, hat der Schriftsteller immer wieder betont. Er habe sich nicht nur ganz gezielt dafür entschieden, mit den Augen eines Kindes zu sehen, sondern auch aus der Perspektive einer Frau zu schreiben, und dafür sogar einige ‚Feldforschung' unternommen, wie er darlegt:

---

de[s] und peinliche[s] Softporno-Kapitel", das dem Autor „erzähltechnisch gänzlich danebengegangen" sei. (Ebd.)

[21] So Mecklenburg: Karnevalistische Ästhetik (2007), S. 98f.

[22] Vgl. bspw. Liliane Studer: „Eintauchen in Geschichten. Feridun Zaimoğlu entführt ins Leben einer anatolischen Kleinstadt", in: *literaturkritik.de* 7/2006 unter: www.literaturkritik.de/public/rezension.php?rez_id=9679&ausgabe=200607 (zuletzt eingesehen am 26.10.2009) oder auch Maike Albath: „Mein Goldkörnchen, mein Silberstern. *Leyla* – Feridun Zaimoğlus Roman über das Leben einer Frau", in: *Neue Zürcher Zeitung* vom 31.05.2006, S. 43, die dem „berückende[n] Buch" eine „bildmächtige Sprache" bescheinigt.

[23] Yeşilada: Feridun Zaimoğlu (2010), S. 2.

[24] Patrizia Persch: „Identität ist Tofu für Lemminge'. Interview", in: *Der Deutschunterricht* 51/5 (2004), S. 87-98, hier S. 88.

> [E]s kam mir falsch vor, in die Rolle des Vaters oder eines Bruders
> meiner Mutter zu schlüpfen, ich wäre dem Widerstand ausgewi-
> chen. Also lauschte ich den Damen der ersten Gastarbeitergenera-
> tion, ich bat den einen oder anderen Freund um einen Besuch bei
> der Mutter, es hörte sich an wie die Bitte um eine Audienz […].
> Ich wollte lernen, wie eine Frau zu erzählen, und ich wußte, daß
> man mich deshalb für verrückt erklärte, das war nicht weiter wich-
> tig, wichtig war allein das Bildnis meiner Mutter.[25]

Doch dies habe sich für den Autor schwieriger dargestellt als erwartet; so
sei er während der äußerst aufreibenden Entstehungszeit des Famili-
enepos nicht selten daran verzweifelt, dass ihm das „Schlüpfen" in die
Frauenfigur nicht gelinge. Trotz der Bemühungen, „kalt" und „nüch-
tern"[26] vorzugehen, habe die emotionale Verbundenheit und die gleichzeitige Distanz zu der Generation bzw. zum Kulturkreis seiner Mutter immer wieder zu einer Art „Schreiblähmung"[27] geführt.

   Zaimoğlu startet ein dreidimensional ausgelegtes Unterfangen, wenn
er das Denken eines Mädchens in einem anatolischen Dorf der 1940er bis
1960er Jahre konstruiert: Erstens muss er sich in ein kulturell anders geprägtes Denken versetzen, zweitens einen weiblichen Blick einnehmen
und dies drittens aus kindlicher Sicht inszenieren. Dies vereint die eng
miteinander in Verbindung stehenden Perspektiven der Kultur, des Ge-
schlechts und der Zeit. Wie Erll und Seibel aus Sicht der gender-
orientierten Erzähltextanalyse zeigen, bedingen sich kulturelles Erinnern
(und Vergessen!) und gender insofern, als „zu den Aufgaben des Kultur-
gedächtnisses auch die intergenerationelle Kontinuierung von *gender*-
Konzeptionen gehört". Mithin erfüllen „Geschlechtervorstellungen ähnliche Funktionen wie die Vergangenheitsversionen des kulturellen Gedächtnisses", sie dienen nämlich der „Stabilisierung oder Dekonstruktion
von kollektiven Selbst- und Fremdbildern und Werthierarchien"[28]. Besonders hervorgehoben wird von Erll und Seibel der Zusammenhang zwischen Erinnerungskultur und kollektiver Identitätsbildung. Sie betonen,
dass „alle Verfahren kulturellen Erinnerns […] durch Geschlechterdiffe-
renz geprägt sind"[29]. Folglich unterliegen auch alle Schreibweisen der vorliegenden Familien-Autofiktion einer Gender-Beeinflussung, wobei sich
diese Position bei der Einnahme einer geschlechter*differenten* Erzählperspektive im Besonderen zeigt. Über die Art und Weise der Darstellung
des ‚alten' Werteverständnisses im ländlichen Anatolien der 1950er Jahre
werden gegenwärtige Geschlechterverhältnisse legitimiert oder delegiti-

---

[25] Zaimoğlu: Ferne Nähe (2008), S. 37.
[26] Söhler: Faule Aprikosen aus Malatya (2006).
[27] Zaimoğlu: Ferne Nähe (2008), S. 42.
[28] Erll/Seibel: Gattungen, Formtraditionen und kulturelles Gedächtnis (2004), S. 183.
[29] Erll/Seibel: Gattungen, Formtraditionen und kulturelles Gedächtnis (2004), S. 184.

miert. Dies geschieht, indem bewusst oder unterbewusst bestimmte vergangene Ereignisse sowie die kulturelle Perspektive auf sie präferiert bzw. gespart und somit textimmanente individuelle Sichtweisen lesbar werden. Diese von Erll und Seibel so genannten „gender-geleiteten Selektionsprozesse kultureller Erinnerung"[30] geschehen hier in doppelter Hinsicht: erstens bereits durch die ‚gefilterte' Erzählung der Mutter und zweitens dann im transformierten Erzählen[31] Zaimoğlus.

Auf der Textebene des Romans äußern sich diese Prozesse in einer ästhetisch-metaphorischen Transformation gleich zu Beginn: So ist dem ersten Kapitel eine knapp einseitige, als „Prolog"[32] betitelte Vorrede vorangestellt, die mit den Worten eines Erzählkommentars beginnt: „Dies ist eine Geschichte aus der alten Zeit. Es ist aber keine alte Geschichte." (7) Hierin zeigt sich bereits insofern eine wesentliche Erzählintention, als die „alte Zeit", wie es mit prähistorischem Anklang heißt, in der noch „Blutrache und Ehrenmord bei allen Menschen verbreitet"[33] waren, nicht etwa Jahrhunderte weit zurückliegt, sondern das vorige Leben der türkischen Migranten beschreibt. Die hier durch den Autor der „Nachfolgegeneration"[34], wie er sich selbst bezeichnet, geschaffene Erzählinstanz wertet diese Zeit als altertümlich, da die im Roman beschriebenen Lebensweisen und -umstände der Figuren auf den ersten Blick den heutigen so fern erscheinen, als entstammten sie eben einer besonders „alten Zeit". Die direkt folgende Ergänzung, es handele sich jedoch um „keine alte Geschichte", verweist nicht nur auf genau die Tatsache, dass sie lediglich eine Generation zurückliegt, sondern funktioniert auch in der Art eines Reflexionsanstoßes[35] dahingehend, dass es sich um keine bisher ungehörte Begebenheit handelt, sondern um gegenwärtig vielfach öffentlich thematisierte und (literarisch) aufgearbeitete Sozialisationsrealitäten der ersten Einwanderergeneration von der Türkei nach Deutschland. Diese verdoppelte Sichtweise ist es, die Ijoma Mangold mit seiner für den Roman festgestell-

---

[30] Erll/Seibel: Gattungen, Formtraditionen und kulturelles Gedächtnis (2004), S. 185.
[31] Ein auffälliges Zeichen sprachlich-textueller Transformation stellen bspw. die an die deutsche Phonetik angepassten Schreibweisen türkischer Namen dar, vgl. Yasmin, Djengis, Hatidsche, Aysche, Schafak etc. statt Yasemin, Cengiz, Hatice, Ayşe, Şafak etc.
[32] Diese explizite Bezeichnung mit einem Begriff aus dem theaterwissenschaftlichen Bereich verweist auf die rahmengebende Funktion. Im Allgemeinen führt der Prolog in die folgende Handlung ein und erläutert meist auch die Intention eines Stückes.
[33] Zaimoğlu: Ferne Nähe (2008), S. 34.
[34] Zaimoğlu: Ferne Nähe (2008), S. 30.
[35] Auch Maria Brunner sieht hierin eine „äußerst verklausulierte Form der Markierung als Aufforderung an die Leser, dies bei der Rezeption zu bedenken." Brunner: Parallele und kulturelle Identifikationsräume (2009), S. 34.

ten „Mischung aus Nähe und Ferne"[36] beschreibt – und die auch im paradoxen Titel von Zaimoğlus schriftlich veröffentlichtem Schaffensprozess
des Romans, *Ferne Nähe*, anklingt. So mag sich auch der Leser zunächst
von den teilweise in märchenhaftem Erzählton dargestellten, der heutigen
Zeit so fern erscheinenden Zuständen innerlich distanzieren, bevor er sich
dann jedoch allmählich einem gewissen ‚Realitätsbezug‘ des Erzählten
gewahr wird.

Inhaltlich beschreibt der Prolog eine Hetzjagd eines Wolfsrudels, das
einen Menschen angreift, und steht damit für das Jagen und Gejagtwerden
bzw. für die Frage nach Macht und Unterlegenheit – also nach Herr-
schaftsverhältnissen. In dem „Wolfsgleichnis"[37], wie es der Autor selbst
nennt, unterstreicht die Verwendung von Begriffen aus dem Bereich des
Animalisch-Bedrohlichen eine Atmosphäre der Hatz, wie zum Beispiel
„Opfer", „Rudel[ ]", „Beute", „brutale Kraft", „Angriff", „Lefzen", „Zäh-
ne" etc. (7) Der gejagte Mensch ist hier hilflos dem Tierischen ausgeliefert, er „erstarrt" (ebd.) angesichts seiner Unterlegenheit. Vorwurfsvoll
wird jedoch anschließend auch die Schuld formuliert, sich als rational
überlegener Mensch dem Tierischen so einfach zu ergeben.[38] Der Wolf
dagegen – der schon in der alttürkischen Mythologie als mächtiges Führ-
ertier galt[39] – sei nicht zu verurteilen, denn er ist der tierische Jäger und
folge nur seinen Trieben.

Mit diesem allegorischen Incipit ist der dann folgenden Geschichte
einer Kindheit und Jugend eine besonders im späteren Verlauf deutlich
werdende Anspielung auf das zur damaligen Zeit herrschende Geschlechterverhältnis zwischen Mann und Frau vorangestellt.[40] So stehen sich in
dem Roman, der ursprünglich hätte *Wildnis* heißen sollen[41], auf der einen
Seite die tierischen, das heißt triebgesteuerten, brutalen und bestialischen
Wesen (Männer) und auf der anderen Seite die menschlichen, das heißt
rational überlegenen Wesen (Frauen) als Opfer gegenüber, die ihnen an-

---

[36] Ijoma Mangold: „Die Mitte der Sitte. Poetisch und soziologisch, nah und fern zugleich: Feridun Zaimoğlu erzählt in *Leyla* vom Leben unter dem Gesetz", in: *Süddeutsche Zeitung* vom 14.03.2006, S. V2/7.

[37] Zaimoğlu: Ferne Nähe (2008), S. 31.

[38] „Wie kann man nur seine Unschuld opfern, daß man sich in der Not den Wölfen
hingibt?" (8)

[39] Vgl. Roux: Alttürkische Mythologie (1999), S. 204f.

[40] Besonders deutlich wird dies in der für den Roman grundlegenden Erzählung der
Mutter Zaimoğlus, in der sie die Männer ihrer damaligen Lebensumgebung als Tiere
beschreibt und als „blutsüchtige[ ] Blutsäufer" (Zaimoğlu: Ferne Nähe, 2008, S. 34)
bezeichnet, die übereinander herfielen und aus Scham ihre Töchter umbrächten.

[41] Dies berichtet die Rezensentin der *Stuttgarter Zeitung* Sibylle Thelen (vgl. Sibylle
Thelen: „Anatolien, Istanbul, Deutschland. Geschichte einer starken Frau: Feridun Zaimoğlus *Leyla*", in: *Stuttgarter Zeitung* vom 13.02.2006, S. 13). Der Verlag habe jedoch
einen Titel mit dem Hinweis auf eine Frauenfigur im Zentrum des Romans bevorzugt.

gesichts ihrer körperlichen Unterlegenheit sowie des vorherrschenden Geschlechterverhältnisses jedoch hilflos ausgeliefert sind. Die im Gleichnis verwendete Tiermetaphorik setzt sich auch im Romanverlauf fort, und zwar stets im Zusammenhang mit männlichen Figuren. Es ist immer wieder die Rede von „Jäger[n]" (13), „Tiermaul" (17), „Raubtier" (23) etc. Halid, der seine Familie mit den Worten bedroht: „Was mir in den Sprung läuft, fress' ich" (12), wurde bereits von seinem eigenen Vater gelehrt: „Jage den Feind, der sich an dich herangepirscht hat" (13) und will auch seinen Erstgeborenen „zum Jäger ausbilden" (40). In Leylas Traum spricht er zu einer Geiß: „[I]ch reiße dein Fleisch mit meinen Händen entzwei" (33) und kann nur durch das Tier selbst zum Unterlegenen werden, indem es wie ein Wolf den Nachthimmel anheult. In der Realität des Romans sind ihm seine Familienmitglieder unterlegen und schutzlos ausgeliefert, vor allem die weiblichen, die er psychisch und körperlich misshandelt.

So konstruiert sich aus Sicht der kindlichen Titelprotagonistin eine Welt der Angst, in der „die Tiere und die Tierhaften den Menschen im Dunkeln auflauern" (37), das heißt in der eine Geschlechterkonstellation vorherrscht, bei der sich die Frauen vor Männern und deren „Wespenstachel" (167) in Acht nehmen müssen. Durch diesen, die (damaligen) Herrschaftsverhältnisse und die Unterdrückung der Frau in der türkischen Kultur anklagenden Prätext wird dem Roman eine Exposition verliehen, die zum einen in ihrer Setzung an die „prominenteste Stelle in einem Roman" die kritische Erzählposition in den Posttext implizit einschreibt.[42] Zum anderen wird jedoch genau jene Fremdbildkonstruktion bedient, bei welcher der Orient als Gegenwelt zum zivilisierten Europa erscheint – und zwar als „Ort der Wildnis, [...] der Brutalität und der Despotie"[43], wie Yeşilada in ihrem Aufsatz von 1997 formuliert – und welche Edward Said als Orientalismus kritisiert hat.[44]

Jedoch wird diese Konstruktion durch die beiden Schlusssätze des Romans teilweise relativiert, indem sie das Wolfsgleichnis aus dem Prolog wieder aufgreifen und dadurch auf eine Kreisstruktur verweisen. Denn dort erklärt Leyla bei ihrer Ankunft in Deutschland: „Ich will dieses Land lieben, weil es vermißt werden will. Ich werde den Wolf streicheln, und er wird vielleicht die Hand nicht beißen, die ihm über das Rückenfell fährt." (525) Hiermit wird angedeutet, dass Leyla im ersten Moment nach der Migration aus ihrer Sicht erneut an einem Punkt ‚wilden' Zustände angekommen ist, aus denen sie sich im Laufe ihrer vorigen Entwicklung eigentlich befreit hat. Nun muss sie praktisch von vorne beginnen in einem

---

[42] Vgl. dazu auch Brunner: Parallele und kulturelle Identifikationsräume (2009), S. 34, Zitat ebd.
[43] Yeşilada: Die geschundene Suleika (1997), S. 95.
[44] Vgl. Edward Said: *Orientalismus*, Frankfurt a. M. u. a. 1981.

fremden Land mit einer fremden Kultur, die ihr als bedrohliche ,Wildnis'
erscheinen muss. Auch wenn die junge Frau dabei mit einer versöhnliche-
ren Absicht und mit einem größeren Verständnis vorgeht, als es ihr noch
in ihrer Kindheit möglich war.

V.1.3. Leylas Schatten

„Du bist nicht das, was du zu sein behauptest" (128) – mit dieser überfüh-
renden Äußerung der Romanfigur Tolga scheint Zaimoğlu seine offen
dokumentierte Konstruktion einer genderspezifischen wie kindlichen Erzählperspektive auf den Punkt zu bringen. Denn aus der im Roman vorherrschenden Ich-Perspektive wird die Geschichte ebenso wenig von der
weiblichen wie von der kindlichen Figur Leyla ,zuverlässig' erzählt. Stattdessen wird das angewandte Erzählverfahren inszenierter kindlicher Naivität immer wieder aufgebrochen und dadurch unterlaufen, dass die Erzählinstanz auf den Erzähler Zaimoğlu in seiner Rolle als „Leylas Sohn"[45]
oder, wie er es selbst formuliert, als Leylas „Schatten"[46] verweist. Zwar befindet sich der Erzähler dabei zu keinem Zeitpunkt auf einer „kommen-
tierenden Metaebene" mit expliziten Formen der Bewertung, wie auch
Mangold herausstellt.[47] Doch das erzählerisch vorgeführte naive Wissen
der weiblich-kindlichen Figur erscheint durch latente Stellungnahmen,
wie sie bereits im Prolog deutlich werden, als ein ,unzuverlässiges' Rollenspiel, das dadurch selbst zum Programm wird.

Zum Beispiel generiert sich die Kinderperspektive der kleinen Leyla
über einen dargestellten sprachlichen Wissenshorizont, bei dem das Mädchen Schwierigkeiten mit einem komplexen Fremdwort hat: „Chinasul-
tanseife, sage ich, ich mag sie nicht. Chininsulfatseife, sagt Selda" (35).[48]
Oder die Protagonistin erfindet selbst kindliche Wörter, wie einen Namen für ihr neues Spielzeug „Püppchenpupp" (56). Zugleich übertrifft
Leylas Wortschatz den einer Fünfjährigen bei weitem, wenn ihr Wörter
wie beispielsweise „Langettenstich" (20) oder „Freischärlerkommandant"
(25) in den Mund gelegt werden. Ebenso ,unzuverlässig' zeigt sich das
kindliche Erzählen, wenn der in nahezu allen Erlebnissituationen der Pro-

---

[45] Barbara Frischmuth: „Dem Vater entfliehen", in: *Die Presse* vom 25.02.2006, S. XI.
In diese Rolle verfalle der Erzähler Frischmuth zufolge insbes. in den Situationen, in
denen es „um besondere Schweinereien" gehe.
[46] Zaimoğlu: Ferne Nähe (2008), S. 41. Dort heißt es weiter: „[E]s klang falsch, ich
schrieb wie ein Mann mit verstellter Stimme, ich war völlig unglaubwürdig".
[47] Mangold: Mitte der Sitte (2006), S. V2/7.
[48] Hinsichtlich der im Roman verwendeten Figurensprache ist die fehlende Kennzeich-
nung wörtlicher Rede als „Unart" kritisiert worden. Vgl. http://www.lesekost.de/
deutsch/mig/HHLDMIG4.htm (zuletzt eingesehen am 10.02.2012).

tagonistin gleich bleibende, auch von Küchemann kritisierte „seltsam ein-
tönig[e]"[49] Erzählstil zwar dem Anspruch des unsentimentalen[50] und unreflektierten Kinderblicks geschuldet erscheint, jedoch der spätere Wechsel zu einer reflektierten Perspektive der jungen Frau fehlt. Entsprechend
kritisiert Hubert Spiegel in seiner Rezension, dass der Autor den schlich-
ten Tonfall Leylas „nicht immer variabel genug handhabt, um die Entwicklung der Heranwachsenden auch sprachlich widerzuspiegeln."[51] Somit erscheint die eingenommene Perspektive der Naivität als spezielle *Inszenierung*, hinter welcher ein weiterer Text hervortritt.

Dies wird gleich zu Romanbeginn deutlich, wenn die dargestellte
kindliche Welt zu einer Idylle überformt wird, und zwar in dem eingangs
dargelegten psycho-pathologischen Verständnis einer statisch „gerahm-
ten" Wirklichkeitsimagination unter Ausschluss alles Negativen. Hier
beißt das kindliche Ich unter fürsorglicher Hilfestellung durch die Mutter
in eine süße „Honigmelone", „bis der Saft an meinem Kinn herunter-
schliert." (9) So entsteht ein ,paradiesisches' Sinnbild des süßen Genusses
und des an die intrauterine Situation erinnernden Gefüttert-Werdens.
Hieran schließt sich die Illustration einer scheinbar glücklichen kleinen
Mädchenwelt an, bestehend aus gesammelten „Steinchen" und „Hölz-
chen" (ebd.) sowie Spielen und Zählreimen: „Fünf Finger, eine Hand.
Zehn Finger, zwei Hände" (9). Diese kindliche ,Über-Idylle' wird jedoch
sogleich von einer Prügelattacke durch den Vater durchbrochen: „Er füllt
den Türrahmen [...], seine Faust saust auf meinen Kopf, er setzt mir mit
Hieben zu." (11)

Das Gewicht dieser und weiterer Gewalttätigkeiten wird erst und nur
durch die Erzählweise aus dem naiven, unsentimentalen Kinderblick dar-
stell- und vermittelbar. Das hier angewandte strategische Erzählprinzip
inszenierter Naivität verzichtet dabei jedoch nicht vollständig auf kom-
mentierende Einwände, Vorwürfe oder anderweitige logische Aufbrüche.
So äußert die zur Reflexion eigentlich noch unfähige Leyla, die sich kin-
derpsychologisch gesehen sogar mit dem Vater identifizieren müsste,
stattdessen ihre Rachegedanken: „Sterben soll er, sage ich." (58)

Die mithin hinter der Figur Leyla verborgene kritische Erzählinstanz
tritt wiederholt in denjenigen Textabschnitten deutlich hervor, die zwar
vordergründig sprachlich und perspektivisch ,zuverlässig' in kindlichem
Modus erzählt werden, jedoch durch eine gezielte Montagetechnik auf

---

[49] Küchemann: Besuch im Heimatmuseum (2006), S. 69, dort heißt es weiter: „Seltsam
ort- und zeitlos wird hier geredet, aus einem gleichbleibenden Abstand zum Geschehen".
[50] Vgl. zur Unsentimentalität des inszenierten Kinderblicks Nause: Inszenierte Naivität
(2002), S. 63ff.
[51] Hubert Spiegel: „Der Tag, an dem der Teufel sich die Beine brach", in: *FAZ* Beilage
zur Leipziger Buchmesse vom 15.03.2006, S. L 1.

bestimmte politische Subtexte verweisen. Das zeigt sich beispielsweise in
der Szene, als Leyla sich zusammen mit anderen Neugierigen um einen
toten Mann versammelt, der Selbstmord begangen hat, nachdem ihm die
Nachricht vom Tod seines Sohnes an der Kriegsfront übermittelt worden
war. (Vgl. 57ff.) Hier wird die Situation durch den beobachtenden Blick
der Kinderfigur nahezu unbewertet wiedergegeben. Leyla lauscht den Ge-
sprächen der Umstehenden und gibt sich ihrem erbosten Bruder Tolga
gegenüber unschuldig, sie habe doch nur im Garten gespielt und sei dann
den plötzlich zusammenströmenden Menschen gefolgt. Sie stellt ihm
kindlich-naiv anmutende Fragen, zum Beispiel ob der Mann nun zum
„Grillfleisch Gottes" (59) werde. Da sie Tolgas Antwort nicht versteht
(„Was heißt das?", 59) und später auch Yasmins Kommentaren nicht folgen kann („ich verstehe sie nicht", 91), wird sie ängstlich und zählt si-
cherheitshalber die einzelnen Mitglieder ihrer Familie durch.

   Hier werden kindlich-naive Verhaltens- und Sichtweisen über das
Stilmittel der simplifizierenden Reduktion dargestellt, das heißt komplexe
Sachverhalte werden mit dem beschränkenden Blick der kindlichen Figur
wahrgenommen und wiedergegeben. Kindliches Nicht-Wissen und
Nicht-Verstehen führen zu seltsam erscheinenden Bemerkungen und
Schlussfolgerungen („Grillfleisch Gottes") und heben gerade dadurch die
eigentliche Bedeutung hinter der als oberflächlich inszenierten Aufnahme
des Geschehens hervor. Zugleich wird diese reduzierte kindliche Welterfassung jedoch mit durchaus komplexen Botschaften versehen, indem
verschiedene politische Positionen und historische Ereignisse der Türkei
um 1950 im Zusammenhang mit deren Teilhabe am Korea-Krieg[52] eingeflochten werden. Leyla hört, wie Tolga den Krieg verurteilt und es sich
dennoch verbittet, deswegen als „Bolschewist" (60) zu gelten, während
Djengis patriotisch die „Tapferkeit im Felde" (64) lobt. Seine Position
wird ebenso ins Lächerliche gezogen dargestellt wie diejenige der eher
häuslich geprägten Frauen, die zu diesem Thema nur ihr Dogma von der
Wiederauferstehung der Toten beitragen können. (Vgl. 61 und 62) Die
insgesamt kriegsfeindliche Erzähl(er)position offenbart sich jedoch besonders in der engen Fokussierung auf persönliche tragische Schicksale,
die aus der beobachtenden, scheinbar nicht wertenden Perspektive Leylas
geschildert werden. Als das Mädchen wieder einmal unschuldig im Garten
mit ihrer Puppe spielt, sieht sie die Nachbarin Fatma Hanim aufgrund der
Nachricht vom Soldatentod ihres Sohnes kollabieren. In anrührender,
kindlich-naiver Geste versucht Leyla, die verzweifelte Frau aufzumuntern,
indem sie ihr tröstend ihre Puppe ans Gesicht drückt. (Vgl. 62) Dasselbe

---

[52] So wird durch Leylas beobachtende Perspektive geschildert, dass der Kaffeehausbe-
treiber die aktuelle Zeitungsschlagzeilen proklamiert: „Wir sind stolz auf unsere Kore-
alöwen! Euch ein schönes Schicksal und euren Feinden Verderben! Wetzt die Scharten
eurer Bajonette!" (60)

versucht sie bei einem bettelnden Kriegsversehrten, den sie zudem in unvermittelt kindlich-naiver Art fragt, ob sie seine Krücke einmal anfassen
dürfe. (Vgl. 64)

Die kritische Haltung gegenüber der mit der türkischen Geschichte
verbundenen Kriegsgewalt wird außerdem in der äußerst brutal dargestellten individuellen patriarchalen Gewalt der Vaterfigur[53] gespiegelt. Dies
geschieht, insofern Schilderungen der väterlichen Gewaltausübung aus der
Perspektive Leylas direkt mit Textpassagen verknüpft werden, in denen
sie die Erzählungen des Frontsoldaten rekapituliert. Dadurch, dass Leyla
ihre Situation zu Hause mit der Situation in einem Schützengraben
gleichsetzt – so wie Leyla unter den Schlägen ihres Vaters versucht, sich
möglichst unsichtbar zu machen, hat sich der Soldat „unter dem Feuer
von den Bergflanken" (84) geduckt –, werden Krieg und Patriarchat auf
eine Ebene gehoben. Auch die von Leyla unmittelbar nach den Demütigungen Halids rezitierten Durchhalteparolen des Soldaten werden somit
direkt auf Leylas Lebenssituation bezogen:

> Es ist schlecht, Träume aufzugeben, hat der Soldat gesagt, was hat
> man sonst im Leben? Einen zerschlissenen Leibrock am Körper,
> Füße, die einen tragen, solange man sich auf sie verlassen kann.
> Und Feinde, die nicht eher ruhen, bis sie einen erwischt haben.
> (85)

Die Verurteilung von (patriarchaler) Gewalt und Willkür wird noch an
anderer Stelle evident, und zwar als Leyla beobachtet, wie ihr Vater nachts
heimlich das mit Yasmin gezeugte Baby[54] ,beseitigt'. (Vgl. 264ff.) Leyla
wird hier unfreiwillig Zeugin einer Handlung, die sie nicht ganz versteht
und daher ohne moralische Wertung wiedergibt. Während die Mutter und
Selda hier ebenfalls wachliegen (!) und die unerträgliche Situation in re-
gungsloser Starre zu ,übersehen' versuchen, vermag es nur der kindlich-
naive Blick, *nicht* wegzuschauen. Das erzähltechnische Verfahren einer
sachlichen Schilderung aus der Kinderperspektive bewirkt dabei auch hier
eine Intensivierung der empörend grausamen Tat. Denn dessen Ausmaß
beginnt der Leser, den Zaimoğlu nach eigener Aussage stets „beim

---

[53] Vgl. hierzu auch Alexandra Lübcke: „Enträumlichungen und Erinnerungstopographien: Transnationale deutschsprachige Literaturen als historiographisches Erzählen",
in: Helmut Schmitz (Hrsg.): *Von der nationalen zur internationalen Literatur. Transkulturelle deutschsprachige Literatur und Kultur im Zeitalter globaler Migration*, Amsterdam u. New York 2009, S. 77-97, hier S. 95.

[54] Es handelt sich hier um kein inzestuös gezeugtes Kind, denn aus der bruchstückhaf-
ten Erzählung der Mutter sowie der Erzählung des Vaters auf seinem Sterbebett wird
klar, dass es sich bei ihrer ersten Tochter Yasmin nicht um die leibliche Tochter Halids
handelt. Yasmin entstammt einer Vergewaltigung durch Soldaten und war bereits geboren, als Halid sich Emine zur Frau nahm. Vgl. 195f. und S. 517ff.

Schreiben vor Augen"[55] habe, zusammen mit dem immer größer werdenden Blickfeld des Kindes allmählich zu reflektieren. Im Roman heißt es:

> [D]ann tritt Yasmin auf den Flur, gekrümmt und die zur Faust ge-
> ballten Hände auf dem Schoß, sie geht in trippelnden Schritten in
> das Schlafzimmer des Nährvaters [...] Dann tritt er einen Schritt
> zurück und läßt Djengis aus dem Badezimmer heraustreten, er hält
> ein Knäuel zwischen seinen Händen, er betrachtet es, und unnöti-
> gerweise legt der Nährvater den Finger auf die Lippen, Djengis hat
> die ganze Zeit kein einziges Wort gesprochen. [...] Ich muß für
> kurze Zeit eingeschlafen sein, vom Kratzen werde ich wach und
> sehe noch, wie Djengis mit leeren Händen in die Wohnung
> schlüpft. Hast du es ... ist es weg? sagt der Nährvater. Ja, flüstert
> Djengis, es ist weg und vorbei. (265f.)

Der in dieser Textpassage generierte Erzählblick kann jedoch nicht als
,zuverlässig' kindlich gelten, da Leyla hier längst kein kleines Kind mehr
ist, wie noch zu Anfang des Romans, sondern mindestens zehn Jahre alt.[56]
Es lässt sich somit von einer erzähltechnisch aufgesetzten Kindheitsmaske sprechen, mit der über eine vorgegebene Naivität bestimmte kultur-
spezifische Werte und Normen verhandelt werden können wie zum Beispiel der normgebende, handlungsweisende Wert der ,Ehre'. Zudem können so die in der damaligen Gesellschaft fest verankerten abergläubischen
Praktiken hinterfragt werden. Diese werden als fester Bestandteil von
Leylas Alltagsleben dargestellt, in dem die Leute Salz vor sich verstreuen,
um das Böse abzuhalten, oder Stirnsalben kaufen, denn „die Stirn sei das
Schlupfloch der Teufel" (141). Doch Leyla ist diesen traditionellen Ritua-
len gegenüber skeptisch und äußert in kindlicher Naivität unverhohlen ihre Zweifel. So fragt sie ihre Mutter einmal, ob sie auch wirklich einen spi-
rituellen Traum hatte. Als diese nur ausweichend antwortet, stellt Leyla
fest: „Du hast nicht geträumt" (76) und beschließt somit für sich die Sache. Über diese Formen des unverstellten Blicks und der unvermittelten
Benennung wird es möglich, die hierin angedeuteten damaligen Lebens-
strukturen in Teilen der ländlichen Türkei umso deutlicher zu kritisieren
und von einer heutigen westlichen Position abzugrenzen.

Das in mehrfacher Hinsicht ,aufgebrochene' kindlich-naive Erzählverfahren hat jedoch auch Auswirkungen auf der Figurenebene hinsichtlich der Entwicklung im Identitätsfindungsprozess Leylas. Zum einen ist
es der „manieriert-archaische[ ] Tonfall" des Erzählten, der Brunner zufolge die dargestellte Emanzipation Leylas nicht glaubhaft mache.[57] Zum
anderen wird das Erzählen aus der Ich-Perspektive immer wieder durch

---

[55] Feridun Zaimoğlu: „Die Zeiten waren hart" [Interview mit Feridun Zaimoğlu], in:
Falter 15 (2006) vom 12.04.2006, S. 56.
[56] Auf S. 272 spricht Leyla von sich als einer „Fünftklässlerin".
[57] Vgl. Brunner: Parallele kulturelle Identifikationsräume (2009), S. 31f., Zitat S. 31.

Sequenzen mit auktorialer Erzählinstanz und Nullfokalisierung unterbrochen. Zum Beispiel geschieht dies in der Szene, als Halid vergeblich versucht, seine Orangen an Hasan Bey zu verkaufen (vgl. 26ff.) oder als Djengis von seiner Lehrerin verführt wird. (Vgl. 106ff.) An anderen Stellen wird zu einer internen Fokalisierung anderer Figuren gewechselt, beispielsweise als die Istanbuler Gastgeberin Halids Verhalten verurteilt:

> Was soll ich nicht wissen? denkt sie: daß du mir Lügengeschichten erzählst? Daß dieses Kind dich verlassen will, bei der ersten Gelegenheit, beim ersten Mann, der es anlächelt? Du tust so, als würde deine Tochter unter ihrem Stand heiraten, dabei bist du nur ein hochgekommener Lumpenträger. (297)

Diese Verschiebungen der Fokalisierung von der Kind-Figur Leyla hin zu erwachsenen Figuren bzw. reflektierenden Erzählinstanzen ergänzen – theoretisch unnötig – die in dem Stilmittel der ‚naiven' Perspektive ausgelassenen Kommentare, um Leylas Position noch einmal explizit zu erläutern. Zudem führt die in dieser Mischform erzeugte Diskontinuität – die indes an keiner Stelle im Roman als Erzähltechnik reflektiert wird[58] – insgesamt zu dem Eindruck einer de-individualisierten Erzählinstanz, die als Repräsentantin einer Gruppe fungiert, zu der sie gehört und für die sie steht. Kennzeichnend für diese „communal voice", wie Lanser sie typologisiert[59], ist insbesondere der Wechsel zwischen Erzählinstanzen, wodurch individuelle Erfahrung zu kollektiver Erfahrung verschoben wird.[60] Obwohl der Romantitel *Leyla* eine eher individuelle Geschichte andeutet und die Ich-Perspektive offenkundig auf eine individuelle Erzählinstanz verweist, kann das Schicksal der Figur Leyla auch für das von vielen Frauen ihrer Zeit und Kultur stehen, wie nicht zuletzt die Ähnlichkeit der Geschichte zu Özdamars und auch zu Özdoğans Roman bestätigen.

---

[58] Dies kritisiert Brunner, derzufolge die fehlende ironische Brechung und Infragestellung durch eine Erzählerreflexion zu einer „ausladend-ermüdenden Darstellung kultureller Lebensräume" führe und nicht, wie etwa in Özdamars *Karawanserei*-Roman, über die vielfältige literar-ästhetische Montage einzelner Kindheitssequenzen zu einem (re)konstruierend zusammengefügten Identitätsentwurf. Vgl. Brunner: Parallele kulturelle Identifikationsräume (2009), S. 50, Zitat ebd.
[59] Susan Sniader Lanser: *Fictions of Authority. Women Writers and Narrative Voice*, Ithaca 1992.
[60] Vgl. Gaby Allrath und Carola Surkamp: „Erzählerische Vermittlung, unzuverlässiges Erzählen, Multiperspektivität und Bewusstseinsdarstellung", in: Vera Nünning und Ansgar Nünning (Hrsg.): *Erzähltextanalyse und Gender Studies*, Stuttgart 2004, S. 143-179, hier S. 146f.

V.2. ,Untilgbare Hassmale' der Kindheit

V.2.1. Gewalt, Scham und Schande

Wie der Psychohistoriker deMause darlegt, stellen die Praktiken der Kindererziehung in einer Gesellschaft die entscheidende Bedingung für die Entwicklung ihrer Kulturmerkmale dar bzw. lässt sich umgekehrt der Zivilisationsgrad einer Gesellschaft vor allem an ihrem Umgang mit Kindern bemessen.[61] Unter diesem Gesichtspunkt offenbaren die in *Leyla* inszenierten Kindheitserfahrungen eine überaus gesellschaftskritische Intention. Denn die im Roman konstruierte Kindheitswelt ist vor allem von Gewalterfahrung geprägt, die aus der scheinbar nicht wertenden kindlich-naiven Perspektive in exponierter Art und Weise zur Darstellung gebracht wird. Die Kindheit der Titelprotagonistin wird als Leidensphase gezeigt, das heißt als eine von Despotismus und Sittengesetzen bestimmte Lebenswirklichkeit, in der das Mädchen in seinem Alltag gefangen ist: „Tagsüber gibt es Prügel, und nachts gehen wir ins Bett." (103) Die als zentrales Merkmal der kindlichen Welt Leylas dargestellte (infantile) Macht- und Sprachlosigkeit bildet dabei das ungleiche Geschlechterverhältnis in der Gesellschaftsordnung des ländlichen Anatoliens um 1950 äußerst kritisch ab.

Zaimoğlu hat gemäß dem von ihm zitierten Ausruf seiner Mutter: „[W]as ist das für eine Kultur der Gewalt, der Scham und der Schande?!"[62] diese Themen für seine Romankonzeption ins Zentrum gesetzt. Sie sind als wichtigste Einflussgrößen auf seine kindliche Hauptfigur Leyla inszeniert. Deren Abhängigkeit von der traditionell-religiös[63] wie patriarchalisch strukturierten Lebensumwelt verdeutlicht ihre ,schwache Position', von der aus sie sich im Verlauf des Romans nur bedingt emanzipieren kann. Denn das durch die Figur Halid verkörperte Patriarchat ist an einen Fanatismus der ,Sittengesetze' geknüpft, von deren „unerbittlicher Macht" sich die Titelprotagonistin unmöglich lösen könne, wie auch Mangold in seiner Rezension unterstreicht.[64]

---

[61] Vgl. deMause: Evolution der Kindheit (1977), S. 15.

[62] Zaimoğlu: Ferne Nähe (2008), S. 33.

[63] Während Mangold in seiner Rezension eine von religiöser Doktrin beherrschte Welt Leylas ausmacht (vgl. Mangold: Mitte der Sitte, 2006, S. V2/7), lässt Zaimoğlu Iris Alanyalı zufolge in der Konstruktion von Leylas Alltagswelt „Allah außen vor" und rückt stattdessen mehr die Tradition in den Fokus. Vgl. Iris Alanyalı: „Die Flucht vor dem Mann im Pyjama. Feridun Zaimoğlu gibt Leyla, Türkin der ersten Einwanderer-Generation, eine Jugend und ein Gesicht", in: *Die Welt* vom 08.04.2006, S. 3.

[64] Vgl. Mangold: Mitte der Sitte (2006), S. V2/7. Auch in den 1980ern herrschte in der Türkei noch das „finsterste[ ] Patriarchat", wie es Egghardt in ihrem Vorwort zur von ihr herausgebrachten Anthologie türkischer Schriftstellerinnen formuliert, bei dem die Frau des Mannes „Nutzvieh" wäre, zumindest nach den Gesetzen in ländlichen Gebie-

Die sich aus Leylas Sicht darstellende Gesellschaftsordnung, in welcher die Frau dem – zumindest im eigenen Hause uneingeschränkte Autorität beanspruchenden – Mann prinzipiell unterlegen ist, spiegelt sich dabei speziell in dessen Ehrvorstellungen wider. Bei der im Roman nach dem Muster einer so genannten „Honour-and-Shame"-Kultur[65] entworfenen Gesellschaft steht eine von Halid und den übrigen ‚typischen' männlichen Figuren verkörperte archaische Werteauffassung im Mittelpunkt. Sie orientiert sich an den mit Körperlichkeit und Vergeltungsprinzipien verbundenen moralischen Konzepten von Ehre und Scham. Für diese Männer ist ihr „Ehrengesetz" oberster Verhaltenskodex, und „jede Ehrverletzung muß sofort geahndet werden", wie es auf S. 28f. heißt. Ehre gilt für sie als steuerndes und (des)integrierendes Normensystem mit psychosozial bedeutsamem Stellenwert. Das heißt, diese Männer unterliegen der Bewertung des ‚ehrenvollen' Verhaltens durch ihre soziale Umgebung.[66] Dementsprechend gebärdet sich Halid als ‚Sittenwächter' über seine weiblichen Familienmitglieder, da diese gemäß der allgemeinen Auffassung in patriarchalischen „Ehre-und-Schande"-Gesellschaften körperlich und moralisch schwach sind und ihre weibliche Ehre von den Männern überwacht werden muss.[67] Dass er dazu bei seiner eigenen Ehefrau in der Kriegssituation nicht fähig war, wie er erst auf seinem Sterbebett zur Sprache bringen kann, bleibe für immer ein allen sichtbares „untilgbare[s] Haßmal" (40).

Doch dadurch, dass Halid dabei über die kindlich-naive Perspektive Leylas in seiner Lächerlichkeit entlarvt wird, wird dieses durch die Vaterfigur verkörperte Gesellschaftssystem einem heutigen mitteleuropäischen Verständnis nicht nur kontrastiv gegenübergestellt, sondern auch negativ bewertet. So wirkt die im Roman dargestellte brachiale Durchsetzung von der südostanatolischen Kultur zugeschriebenen Ehrvorstellungen für heutige mitteleuropäische Begriffe übertrieben und höchst kriminell.[68] Denn vom Standpunkt der modernen staatlich garantierten Rechtssysteme aus gelten solche Ehrkomplexe als Relikte bzw. sogar Syndrome vergangner, archaischer Lebensweisen und als Ausdruck ‚triebhafter' Verhaltensweisen von Angehörigen ‚niederer' Kulturstufen.[69]

---

ten. Hanne Egghardt: „Vorwort", in: dies. und Ümit Güney (Hrsg.): *Aufbruch aus dem Schweigen. 16 Erzählerinnen aus der Türkei*, Fulda 1984, S. 7.

[65] Vgl. hierzu etwa Dagmar Burkhart: *Eine Geschichte der Ehre*, Darmstadt 2006 oder Winfried Speitkamp: *Ohrfeige, Duell und Ehrenmord. Eine Geschichte der Ehre*, Stuttgart 2010.

[66] Vgl. Burkhart: Geschichte der Ehre (2006), S. 181.

[67] Vgl. Burkhart: Geschichte der Ehre (2006), S. 200f.

[68] Vgl. hierzu auch Burkhart: Geschichte der Ehre (2006), S. 197.

[69] Vgl. Christian Giordano: „Der Ehrkomplex im Mittelmeerraum: sozialanthropologische Konstruktion oder Grundstruktur mediterraner Lebensformen?", in: Ludgera

Auf genau diesen Punkt wird auf der Handlungsebene des Romans dadurch verwiesen, dass Halid zum Erwerb und zur Verteidigung seiner Ehre[70] nur das Mittel der Gewaltanwendung kennt.[71] Und zwar wird wiederholt detailliert und schonungslos beschrieben, wie Leyla als jüngstes Kind – und damit als „rangniedrigste Frau" (394) – tägliche Erfahrung mit körperlicher und seelischer Gewalt machen muss. Schon auf den ersten Seiten des Romans wird der Leser durch die brutale Reaktion des heimkehrenden Vaters regelrecht verstört. Er setzt der etwa fünfjährigen Leyla mit Fausthieben, Tritten und dem „Sühnestock" zu, der „rote Finger auf unserer Haut" (11) hinterlässt. Das Ausmaß dieser Gewalt wird umso mehr verstärkt, als seine schlimmsten Schläge gegen das Kind gerade nicht beschrieben, sondern durch eine Ellipse bzw. den Ein-Wort-Satz „Danach." markiert werden. Sie sind selbst aus naiver Erzählperspektive nicht erzählbar:

> [S]eine nackten Fersen finden mich, auch wenn ich mich zusammenrolle, er findet mich, er hat mich gefunden…
>
> Danach. Wir alle tragen die Orangen wieder heraus aus dem Haus, in Pfannen, in Töpfen, in Kesseln. (31)

Somit wird Leylas Kinderwelt als eine gezeichnet, die von Ängsten dominiert wird. Diese sind im Roman ganz und gar nicht „wohldosiert"[72] gesetzt, wie etwa Iris Alanyalı befindet, sondern bilden einen wesentlichen Bestandteil von Leylas dargestelltem Alltag zu Hause und in der Schule. Auch dort muss sie Erfahrungen von Gewalt und Erniedrigung machen, denn die Kinder sind der Willkür durch die Lehrer ausgesetzt, die sie körperlich züchtigen und quälen. So wird geschildert, wie sich eine neue Lehrerin ausgerechnet Leyla vorknöpft und vor der restlichen Klasse schlägt und demütigt:

> Bist du ein Miststück? fragt sie laut.
> Nein, Frau Lehrerin.
> Doch, du bist ein Miststück. Willst du es jetzt endlich zugeben?

Vogt und Arnold Zingerle (Hrsg.): *Ehre. Archaische Momente in der Moderne*, Frankfurt a. M. 1994, S. 172-192, hier S. 172f.

[70] Als sozial bedingter Komplex zugeschriebener oder erworbener Rollen ist Ehre nicht statisch, sondern muss immer wieder neu erworben werden bzw. verteidigt werden. Vgl. Burkhart: Geschichte der Ehre (2006), S. 197.

[71] Zaimoğlu selbst äußert sich zu der an Frauen im Namen eines bestimmten ‚Ehrverständnisses' verübten Gewalt durch Männer in der vom Schriftsteller in *Leyla* gezeichneten Gesellschaft dahingehend, dass die Frauen hier im Namen einer Ehre geprügelt würden, die „nichts weiter ist als ein krimineller Impuls", und zwar von „komplexbeladenen Männern", wie sie in fast allen traditionellen Kulturen vorkämen. Feridun Zaimoğlu: „Das Ethnogeschrei sein lassen" [Interview mit Feridun Zaimoğlu], in: *Falter* 11 (2007), S. 5.

[72] Alanyalı: Flucht vor dem Mann im Pyjama (2006), S. 3

Ich bin ein Miststück, sage ich.
Ich habe dich nicht verstanden, ruft sie und schlägt mir mit dem
Lineal auf den Kopf.
Ich bin ein Miststück, schreie ich, ich entschuldige mich. (101)

Diese Dinge stellen innerhalb der Kindheitswelt Leylas eine ‚gewohnte‘
Realität dar, ebenso wie sich die ihr darbietende familiäre Ordnung durch
eine absolute Unterwürfigkeit unter den Vater kennzeichnet: „Er ist der
Kopf, und wir sind der Körper, ohne ihn sind wir nichts. […] Sein Wille
geschieht" (102), wie es aus Sicht des Mädchens heißt. Insgesamt bleibt
Leyla der durch die Erwachsenen erfahrenen physischen und psychischen
Gewalt gegenüber sprach- und damit machtlos. Dem internalisierten „Va-
tergehorsam" (286) folgend und aus Angst vor den Konsequenzen
schweigt das Mädchen und ruft sich fast beschwörend ins Gedächtnis:
„[M]eine Zunge muss gelähmt bleiben, immer dann, wenn man von mir
Antworten verlangt, die ich nicht geben darf." (18)

Somit wird deutlich, dass weder die Schwestern noch die Mutter die
Möglichkeit haben, das Wort gegen Halid zu erheben oder aus ihrer Situation auszubrechen, sodass eine Atmosphäre der Ohnmacht erzeugt wird.
Speziell den weiblichen Familienmitgliedern scheint jeglicher Widerstand
unmöglich[73], und ihnen bleibt nur abzuwarten, bis sie durch eine Verheiratung das Haus verlassen und in eine andere Familie wechseln können.
Die Frauen in Leylas Familie, die Alanyalı als „große Dulderinnen"[74] bezeichnet, werden durch die vom Vater vertretenen „Anstandsregeln"
(135) unterdrückt und sind jeglicher Freiheit beraubt. Eigenes Begehren
zu unterdrücken hat Leyla schon als Kind gelernt: „Ich bin die Kleinste,
sage ich, ich darf meinen Eltern gegenüber keine Wünsche äußern." (106)
Diese in der Kindheit internalisierte ‚Verhaltensregel‘ prägt Leyla bis ins
Erwachsenenalter und ist mit verantwortlich für ihr mangelndes Selbstbewusstsein. Auch als junge Frau noch stellt sie eigene Wünsche stets zurück, und als hätte sie sich damit abgefunden, nicht wünschen zu dürfen,
seufzt sie einmal: „Wie so viele meiner Wünsche bleibt auch dieser
Wunsch unerfüllt." (329)

Über den größten Teil des Romans hinweg wird die Titelprotagonistin als in den vorherrschenden Gesellschaftsstrukturen gefangen gezeigt.
Das Mädchen wird nach den Leitlinien der hier dargestellten traditionellen, archaischen Stammesgesellschaft erzogen, die auch ihre späteren Verhaltensweisen wesentlich prägen. Ständig wird Leyla durch Angst machende Belehrungen und Drohungen eingeschüchtert und von der Er-

---

[73] Lediglich die heranwachsenden Söhne Djengis und Tolga beginnen im späteren Verlauf der Geschichte beinahe zaghaft, gegen ihren Vater aufzubegehren, indem sie sich
zum Beispiel schützend vor ihre Mutter werfen, wenn Halid sie prügelt, oder indem sie
ihm widersprechen oder ihm gar drohen.
[74] Alanyalı: Flucht vor dem Mann im Pyjama (2006), S. 3.

wachsenenwelt abgeschirmt. Dabei bildet die Scham eines der wichtigsten
Gebote, an denen sich Leylas dargestellte Kindheitswelt orientiert, wie die
im Text auffällig häufig und durchgehend verwendeten Worte aus der
Wortfamilie „Scham" anzeigen, vgl. zum Beispiel „verschämt", „beschä-
mend", „schamlos" usf. Die Scham gilt in den von Geschlechtsehre domi-
nierten Gesellschaften insbesondere als ein der Frau zugeschriebenes
Verhaltensmerkmal, insofern ihre ‚Ehre‘ an ihrer sexuellen Keuschheit als
wichtigste Qualität festgemacht wird.[75] Wenn im Roman beispielsweise
der Nachbarin die „Schamesröte" (141) ins Gesicht steigt oder sich Fulya
nach ihrem Streich im „Schamzimmer" (16) verbergen soll bzw. Leylas
Freundin Sevgi[76] „Schamestränen" (233) weint, dann zeigt sich auch hier
das mit der weiblichen Person verbundene Verhaltensgebot. Als im
Dampfbad unter den ausschließlich anwesenden Frauen in einem Gespräch das Wort „Mann" fällt, erschaudert Leyla regelrecht: „Was, ein
Mann? entfährt es mir, und vor Scham bedecke ich meinen Mund und sehe mich nach verkleideten Eindringlingen um." (185) Dieses Verhalten
wird von einer Bekannten gelobt, und Leylas Mutter erklärt über ihre
Töchter voller Stolz, dass sie eben „rein" (186) seien. In dieser Szene zeigt
sich die der Scham zukommende Sanktionsfunktion unerfüllter Ehre, insofern eine nach dem Kriterium der Gruppenehre geordnete Gemeinschaft mit Ausgrenzung reagiert, wenn ein Mitglied gegen interne moralische Regeln verstößt. So fungiert Scham bzw. das Vermeiden von Schande in archaischen Stammesgesellschaften als Modell zur Garantie von
Konformität innerhalb der Gruppe.[77]

Für die Figur Leyla bedeutet dies insbesondere, ihre Jungfräulichkeit
zu bewahren und ihr „Goldstück" (167) – bei Özdamar wird dies als „Di-
amant" bezeichnet – vor dem bedrohlich ‚bösen‘ Manne zu schützen. Dies
wird ihr schon als kleines Mädchen eingeschärft: „Ihr müßt Dasdaunten
bewachen, Dasdaunten ist euer Schatz, die Männer brechen eure
Schatztruhe auf, sie plündern und werfen das leere Schatzkästchen weg."
(112)[78] Doch während Özdamars Protagonistin sich hinsichtlich des Ver-

---

[75] Vgl. Burkhart: Geschichte der Ehre (2006), S. 200.
[76] Sieglinde Geisel wirft den Verdacht auf, Zaimoğlu habe sich nicht nur an Özdamars
Motiven bedient, sondern die Autorin durch die Darstellung der sterbenden Romanfigur Sevgi „in einem (geradezu klassischen) literarischen Muttermord […] zumindest
symbolisch zum Verschwinden bringen" wollen. Sieglinde Geisel: *Leyla*, eine Travestie? Weiterungen im Disput zwischen Feridun Zaimoğlu und Emine Sevgi Özdamar",
in: *Neue Zürcher Zeitung* vom 24.06.2006, S. 25.
[77] Vgl. hierzu und zur Unterscheidung von so genannten „Schamkulturen" und
„Schuldkulturen" Burkhart: Geschichte der Ehre (2006), S. 181f.
[78] Im Biologieunterricht in der Schule werden die Jungs nach Hause geschickt, damit
die Lehrerin mit den Mädchen in Ruhe über die aus Leylas Sicht „beschämende Sache"
(167) sprechen kann; die Mädchen werden davor gewarnt, dass die Männer nur darauf
warten würden, „ihr fingerlanges Tier aus der Hose zu holen" (167).

lusts ihres ,Diamanten' nicht sonderlich bedroht fühlt und im Fortsetzungsroman *Die Brücke vom Goldenen Horn* sogar alles daran gibt, sich
von ihm zu befreien, bleibt die Titelprotagonistin in *Leyla* in der ihr in-
doktrinierten Furcht gefangen. Als sich Leyla als etwa Siebenjährige einmal im Garten von ihrer kratzenden Unterhose befreit, wird sie sogar von
ihrer sonst milden Mutter mit Schlägen bestraft.[79] Die daraufhin ausge-
sprochenen Warnungen Seldas, sich jemals wieder außerhalb des Hauses
auszuziehen, da Leyla sonst von „Teufel[n]" (42) geschnappt werde, verdeutlicht eine Erziehung und Sozialisation kleiner Mädchen, die sich
durch Angst machende Einwirkung und Abschottung vor ,erwachsenen'
Themen kennzeichnet.

Folglich erschrickt die unaufgeklärte Leyla heftig, als bei ihr die Menarche einsetzt, und sie meint, Schuld auf sich geladen zu haben. Darin
wird das verängstigte Mädchen durch die drohenden Worte ihrer Schwester sogar noch bestärkt: „Jetzt bist du in der Hölle" (113), sagt sie, „das
Kleinmädchenleben ist vorbei" (114). Yasmin erklärt ihrer verzweifelten,
ahnungslosen Schwester kurzum: „Alle Frauen bluten, das ist ihr Fluch."
(Ebd.) Leylas Ansicht nach ist damit das Ende ihrer Kindheit gekommen:
„Nein, ich bin nicht mehr ein Kind [...]. Kinder tragen keine Brust-
schnürstoffe, Kinder haben kein blutendes Dasdaunten." (130f.) Sie gilt
jetzt als „junges Mädchen, das die Familie vor den Blicken fremder Männer verstecken muss." (155) Auch wenn sich Leyla innerlich weiterhin wie
„ein halbes Kind" (163) fühlt, muss sie sich als Heranwachsende zunehmend den soziokulturellen Codes ihrer Umgebung anpassen. Sie beobachtet, wie sich die Frauen nur in knöchellangen schwarzen Schleiern in
der Öffentlichkeit bewegen und hat schon als kleines Kind gelernt:
„[W]ir müssen den Jungs die freie Sicht auf unsere Brüste und Beine
nehmen." (118) So sollen sich auch Leyla und Manolya ihre Brüste ab-
schnüren und ihre weiblichen Reize verbergen. Die Mädchen sind angehalten, sich auch sonst möglichst unauffällig zu verhalten und darauf zu
achten, dass ihr „Frauenanstand" nicht „befleckt" (198) wird, indem sie
zum Beispiel nachts unverschleiert allein auf der Straße gesehen werden.

Dargestellt wird jedoch zugleich, wie die von dem Barbier gefürchte-
ten „fremden Sitten des Westens" (134) beginnen, das Leben der ländlichen Gesellschaft zu beeinflussen und die strengen traditionellen Sitten
zu hinterfragen. Leyla und ihren Klassenkameradinnen, die in der Schule
per Gesetz keine Kopftücher tragen dürfen[80], legt die Biologielehrerin ih-

---

[79] Allerdings lässt die Mutter dann vor Lachen über diese merkwürdige Situation
schnell ab.

[80] In der Türkei ist das Tragen von Kopftüchern in öffentlichen Gebäuden per Gesetz
verboten. Allerdings ist das Kopftuchverbot an türkischen Universitäten seit Oktober
2010 aufgehoben. Vgl. hierzu etwa: Oliver Trenkamp: „Verbotsstopp in der Türkei.
Sümeyra legt das Kopftuch an", unter: www.spiegel.de/unispiegel/studium/verbots-

re grundsätzliche Ansicht in dieser Sache dar: „Ein Schleier ist des Guten zuviel, das ist ein Tarnanzug, worin die Frauen schwitzen, und ihre Natur verändert sich unter dem vielen Stoff aber nicht." (167) Die Mädchen sind darüber und über den von der Lehrerin durchgeführten Aufklärungsunterricht empört, vor allem da die Frau, die ihrer Ansicht nach „eigentlich vor Scham tot umfallen" (168) müsste, so offen über „unsere Natur" (167) spricht.

Die wiederholten Beschreibungen der Verhaltensnorm, sich stets ‚schamvoll' zu gebären, erklären, inwiefern auch Leylas späteres Weltbild als junge Erwachsene davon beeinflusst bleibt. So stellt beispielsweise Ipek Hanim, die freizügige Geliebte des Vaters, für Leyla die Verkörperung des Sittlosen dar, weil sie ihre Liebesdienste verkauft, öffentlich raucht, sich schminkt und einen engen Rock trägt, der „über den Knien endet, eine Ungehörigkeit." (271) Dieses Verhalten führt bei dem Mädchen zu dem Urteil: „Sie kennt wirklich keine Scham". (272) Da Liebesbekundungen in der Öffentlichkeit ebenfalls als verpönt gelten, ist Leyla regelrecht entsetzt, als Selda sie zum Zeltkino führt und vermutet, dass es im Film Liebesszenen zwischen Mann und Frau gibt: „Was? rufe ich aus, es gibt Filme mit Kuß-Szenen?" (175) Hinter diesen als noch halb kindlich-naiv dargestellten Ansichten der heranwachsenden Leyla kommen auch hier wieder politische Subtexte zum Vorschein, wenn Selda sie mit den Worten beruhigt: „[D]er Mann und die Frau küssen sich nicht richtig, das würde auch die Zensur gar nicht zulassen" (ebd.). Das Kino, vor dem Leyla bisher als „Unzuchtstätte[ ]" (202) gewarnt worden ist, steht auch in diesem Roman für den Einzug der westlichen Kultur in Anatolien ab den 1950er Jahren. So beobachten Selda und Leyla aus einem Versteck in der Nähe des Zeltkinos heraus, wie sich die Frau an der Kasse eine Zigarette anzündet, und wieder ist Leyla fassungslos: „Ich kann es nicht glauben, eine Frau, die öffentlich Zigaretten raucht" (175). Denn die Mädchen waren bisher der festen Überzeugung: „Frauen rauchen nicht." (176)[81]

Diese im Roman dargestellte, größtenteils unreflektierte bis naive Orientierung Leylas an den für ihre (kindliche) Lebenswelt maßgeblichen Verhaltensvorgaben des ‚sittlichen' und ‚schamhaften' Benehmens unterstreicht die gegensätzlichen sozialen Ordnungsvorstellungen zwischen vormodernen und modernen Gesellschaften. Dabei wird der vormodernen Türkei eine „Ehre-und-Schande"-Mentalität zugesprochen, während

---

stopp-in-der-tuerkei-suemeyra-legt-das-kopftuch-an-a-723590.html (zuletzt eingesehen am 10.10.2012).

[81] Eine ähnliche Szene ereignet sich etwas später, als Leylas Freundin Nermin von einer Dichterin erzählt und Leyla ebenso erstaunt ausruft: „Eine Frau, die dichtet?" (235)

Ehre in Deutschland eher „Antiquiertheit"[82] besitzt, wie es Wolf Schmidt
formuliert. Der Erzähltext lässt Ehre als Instrument kultureller Differenzierung erscheinen, indem die türkische ländliche Gesellschaft zu Mitte
des vergangenen Jahrhunderts nicht nur archaisiert und damit auch exoti-
siert wird, sondern vor allem als ,uneuropäisch' und entsprechend dem ursprünglich vorgesehenen Romantitel als ,Wildnis' dargestellt wird.

V.2.2. Gefangen in der Vaterwelt

Die von Zaimoğlu selbst zur „Schlüsselfigur in meinem Roman"[83] erklärte
Figur des Vaters verkörpert die gesellschaftlich-strukturellen, patriarchalischen Machtverhältnisse, aus denen es aus Leylas Sicht auszubrechen gilt.
Halid wird als despotischer Hausherr dargestellt, der durch seine vermes-
senen Verhaltensweisen immer mehr zu einer gleichsam lächerlichen Figur gerät und dadurch in seiner über die Familie ausgeübten Machtpositi-
on dekonstruiert wird. Während die anfangs kindliche Leyla noch in einer
von häuslichem Terror und Angst geprägten ,Vaterwelt' gefangen erscheint, kann dieser Mann später über die jugendliche bzw. erwachsene
Leyla, die nunmehr sein blamables gebieterisches Gehabe zu durchschau-
en im Stande ist, nicht mehr beliebig verfügen. Zu offensivem Aufbegeh-
ren gegen ihren Vater bleibt sie insgesamt jedoch unfähig.
     Halid tritt als äußerst brutaler Tyrann auf, der seine Kinder mit sei-
ner Faust, dem „Strafknüppel" (13) und der „Zuchtrute" (81) – wie die
kindliche Ich-Erzählerin das Schlaginstrument bezeichnet – prügelt. Seine
Ehefrau beschimpft er unter anderem mit Ausdrücken wie „undankbare
armenische Nutte" (11) und „Soldatenflittchen" (12), die Kinder werden
verächtlich als „Drecksbrut" (17) bezeichnet, und Leyla spricht er später
gar mit „Hurenmädchen" (352) an. In den beengten Wohnräumen der
Familie entgeht den Kindern nicht, wie er die Mutter vergewaltigt oder
sich über die ihm demütig servierten Speisen auslässt: „Deine Scheiße
setzt du mir als Essen vor! Meine Ausscheidung hätte besser ge-
schmeckt!" (81) Tagelang sperrt er Frau und Kinder zu Hause ein und
quält sie mit herabwürdigenden ,Hausregeln', welche selbst die Reihen-
folge beim Essen betreffen. Seine Allmachtstellung behauptet der Mann
mittels offensiver Einschüchterung und rechtfertigt sie durch angebliche
Direktiven aus dem Koran:

---

[82] Wolf Schmidt: „Einführung", in: Türkei-Programm der Körber-Stiftung (Hrsg.): *Ehre und Würde. Şeref ve Onur*, Hamburg 2000, S. 13-15, hier S. 14.
[83] Zaimoğlu: Ferne Nähe (2007), S. 36. In Zaimoğlus Vorstellung gestalte sich das Bild
eines Patriarchen, „der bei einem Widerwort vor Zorn glühen konnte, er trug zu Hause
immer Hemd, Jackett, Krawatte und eine gestreifte Pyjamahose, seine beiden Söhne
beließen ihn in dem Glauben, immer noch der Herr der Sippe zu sein." (Ebd.)

> Hier steht es, schreit er, ihr seid meine Untergebenen. Der Schlüs-
> sel zum Paradies ist in meinen Händen, ihr Hundebrut! Nicht ich
> habe die Regeln aufgestellt, sondern der Erhabene, dessen Namen
> ihr nicht in den Mund nehmen dürft, so schmutzig seid ihr… Der
> Prügel treibt die Gläubigen ins Paradies, hier steht es geschrieben
> […] Der Vater ist der Herr des Weibes und der Kinder… Der Va-
> ter ist euer Fürst! […] Der Vater wartet im anderen Leben an der
> Paradiespforte, und nur wenn er es zuläßt, werdet ihr hineingehen
> können. Das alles steht im Koran, ihr Dämonenbrut! (82)

Damit ähnelt die hier entworfene Vaterfigur derjenigen in *Die Tochter
des Schmieds* entgegen Pflitschs Behauptung in keiner Weise.[84] Zaimoğlu
konzipiert die Figur Halid als megalomanen Antihelden, nach dessen
Auffassung Ehefrau und Kinder ausdrücklicher „Besitz" (82) sind, an dem
man freie Hand hat. Auf der Figurenebene wird deutlich, dass Halid in
Fortführung der Tradition seines eigenen Vaters[85] handelt und dabei sein
eigenes Wort für geltendes Gesetz hält. Für ihn ist alles Weibliche verab-
scheuungswürdig („Die Menschen sind schlecht, die Mädchen sind
schlechter, man muß sie bei lebendigem Leibe einmauern" 42) und ehrlos,
wie er unter anderem in einer prahlenden Erzählung über einen Gefäng-
niskollegen zum Ausdruck bringt: „Wir haben ihn wie eine Frau behandelt, wir haben ihn gebrochen, seine Ehre haben wir ihm genommen, und
das war rechtens". (192)

Entsprechend der integrierenden Funktion der Ehre ist es Halid, der
in der Nachbarschaft als Zugezogener mit ‚seltsamen' Ansichten gilt, ste-
tig darum zu tun, sich eine ‚ehrvolle' Position zu sichern; selbst während
seiner Inhaftierung wahrt er die „Knastehre" (191) und bringt es laut seinen prahlenden Geschichten zu einem Ağa[86] unter den Insassen. Dementsprechend schnell ist der cholerische Mann in seinem „Ehrengesetz" (28)
verletzt, was stets unverzüglich „geahndet" (29) werden muss. Schon
beim kleinsten Affront tobt er und verliert sich in der für ihn üblichen,
beleidigenden Fäkalsprache, die ihn zugleich intellektuell herabgestuft:

> Komm' runter, du Dämonenscheiße, schreit Halid, ich ramme dir
> die Feder meines Füllers zwischen die Augen! Noch besser – ich
> werde dich auf die Weise foltern, wie es meine Ahnen mit Mem-
> men und Verrätern getan haben. Erst rasiere ich deinen Schädel mit
> einer stumpfen Klinge kahl. Dann weihe ich Gott eine Kuh,

---

[84] Pflitsch zufolge seien sich die beiden Vaterfiguren „sehr verwandt". Pflitsch: Fiktive
Migration (2009), S. 239.

[85] Im Text heißt es: „Der Befehl des Großvaters gehört zum Hausgesetz." (13)

[86] Der türkische Ausdruck *ağa* [Anführer, Meister, Herr] war im Osmanischen Reich
ein Titel für zivile und militärische Würdenträger und wurde später nur noch inoffiziell
als Anrede für Respektspersonen (etwa Familienoberhäupter oder Landbesitzer) verwendet.

schächte sie und stülpe das blutwarme Euter über deinen Kopf.
[...] Hörst du mich, du Dämonendreck? (29)

Halid gebärdet sich in der Öffentlichkeit als stolzer Tschetschene[87] aris-
tokratischer Abstammung und Wortführer im kleinstädtischen Kaffee-
haus, weswegen er bei den Männern in der Nachbarschaft zunehmend auf
Ablehnung stößt. Als einstiger Staatsdiener bei der Eisenbahn, der aufgrund vorsätzlicher Aktenvernichtung entlassen worden ist und sich dennoch mit diesem Berufsstand brüstet (vgl. 433), versucht er, sein öffentli-
ches Ansehen wieder herzustellen und als ‚Geschäftsmann' mit allen möglichen Dingen Geld zu machen, welches er dann allerdings „versäuft"
(122). Dass seine Familie dadurch in ständiger Armut leben muss, interessiert ihn wenig, wogegen die Mutter sich, um das Leid ihrer Kinder möglichst zu verringern, mit trockenen Brotkanten und Wasser zufrieden
gibt. Leyla beschreibt diese Lebensumstände ihres Kindheitsalltags mit
den deutlichen Worten: „Ich habe die meiste Zeit des Tages Hunger"
(156) und sieht in ihrem Zuhause kaum mehr als „Höhlen zum Leben und
zum Schreien" (30). Eine kurze Möglichkeit des Aufatmens ergibt sich
für Leyla erst, als Halid sich in seiner Geldgier als Handlanger auf windige
Drogengeschäfte einlässt, heimtückisch verraten wird und direkt ins Gefängnis kommt. Zwar wird Leyla deswegen verspottet, doch „wenigstens
haben wir unseren Frieden" (166), wie ihr Bruder Tolga erleichtert feststellt.

Der Verfügungsgewalt durch ihren Vater kann sich die Titelprotagonistin jedoch nicht körperlich entziehen oder ihr offensiv begegnen. Sie
kann ihrer Aversion lediglich in unbemerkten, kindlich-naiven ‚Racheak-
ten' Ausdruck geben. So beißt sie verbotenerweise und heimlich „so tief
und fest ich kann" (26) in eine der Orangen, welche die Familie unter
Halids strenger Beobachtung ins Haus tragen muss. Erst ein paar Jahre
später kann Leyla Halids Demütigungen und Drohungen für sich klar reflektieren: „Nichts als Worte. Nichts als Worte eines Verbrechers, der uns
versammelt hat, um mit Heldengeschichten zu prahlen. Ich weiß es besser." (192) Dennoch vermag sie es auch hier (noch) nicht, dies offen zu
äußern, da sie schon als kleines Mädchen mit niemandem über die väterliche Gewalt sprechen durfte: „Ich bin das jüngste Kind. Man hat mich dazu erzogen, nichts zu sehen und nichts zu hören, den Kopf abzuwenden
und nichts zu wissen." (103) Ihrem autoritären Vater gegenüber empfindet das Mädchen seit jeher ein betäubendes Ohnmachtsgefühl – von „ro-

---

[87] Viele Tschetschenen leben seit der Zwangsumsiedlung von etwa einer halben Million
Nordkaukasier in das damalige Osmanische Reich nach dem Ende der russisch-
kaukasischen Kriege nach 1864 in der heutigen Türkei. Zaimoğlu gibt an, dass sein
Großvater sich vor lauter Stolz über seine tschetschenische Abstammung sogar den
Nachnamen „Tschetschen" (FN 32) zugelegt habe, wovon bis heute der Nachname
von Zaimoğlus Mutter (Çeçen) zeugt, wie auch die Romanwidmung anzeigt. (Vgl. 5)

buste[r] Widerstandskraft“[88] kann sonach keine Rede sein. Leyla ist weder
in ihrer Kindheit noch in ihrer Jugend fähig, diesen Mann als ihren „Vater“ zu bezeichnen.[89] Stattdessen verwendet Leyla erbitterte Ausdrücke
wie „Prügler“ (19), „Blutverspritzer“ (36), „Schädling“ (80), „knurren-
de[s] Tier aus der Höllengrotte“ (146) oder emotional neutrale Begriffe
wie „Mann meiner Mutter“ (16) und „Halid Bey“ (17).[90] In der am häufigsten verwendeten Bezeichnung als „Nährvater“ (97) rückt Leyla Halid
durch die Zurücknahme der biologischen Rolle gegenüber einer sozialen
Funktion emotional von sich,[91] wobei die Aufgabe des Ernährens genau
genommen nicht einmal von ihm, sondern von den älteren Söhnen und
Schwestern übernommen wird.[92] Selbst nach ihrer Heirat und dem Verlassen der eigenen Familie fällt es Leyla nicht leicht, ihrem Schwiegervater
Schafak unbefangen gegenüberzutreten: „Ja, lieber Vater, sage ich, es wird
eine ganze Weile dauern, bis ich diese Worte ohne Scheu aussprechen
kann.“ (393)

Halid vergeht sich an seinen Kindern nicht nur körperlich, sondern
fügt ihnen auch tiefe seelische Wunden zu. Seine Gewalttaten gipfeln
nicht zuletzt im sexuellen Missbrauch Yasmins, mit der er einige Tage allein verreist und die ihm dabei „dienstbar“ (45) ist, wie er es ausdrückt.
Aus der kindlich-naiven Position Leylas heraus wird in der angeblichen
Geschäftsreise noch keine Untat ausgemacht, zumal ihre Schwester sich
darüber stets ausschweigt. Erst als der Vater Yasmin eines Abends mit
Aprikosen zu bewerfen beginnt, droht sie ihm erstmals und auch erfolgreich mit den Worten: „Bring mich nicht dazu, den Mund aufzumachen“
(121). Sie bringt Halids Verbrechen jedoch nicht zur Sprache und behält
zeitlebens ein gestörtes Verhältnis zu Männern, worüber sich Leyla in ihrer kindlichen Naivität nur wundern kann. Indes erkennt sie immer mehr
die befremdliche Wirkung, die Halid mit seinem Benehmen auch auf die
Menschen in ihrer Umgebung hat. Leyla schämt sich ihres Peinigers und
versucht ihn ihrer Freundin Manolya gegenüber zu schützen, nachdem sie
zufällig Zeuge seines Ehebruchs mit Ipek Hanim (seiner „Nebendame“,
205, wie er sie nennt) geworden ist. Doch durch die fortwährenden Schläge und Demütigungen durch ihren Vater bleibt Leyla ein verängstigtes

---

[88] Solche spricht Sibylle Thelen der kindlichen Protagonistin in ihrer Rezension zu.
Vgl. Thelen: Anatolien, Istanbul, Deutschland (2006), S. 13.

[89] Leyla spricht erstmals von „Vater“, als Halid auf dem Sterbebett liegt. (Vgl. 514).

[90] Auch die Mutter gebraucht vornehmlich emotional neutrale Begriffe wie z. B. „Zeu-
ger“ (41).

[91] Diese Bezeichnung geht etymologisch auf den im lat. *pater* enthaltenen Stamm *pa*
(nähren) zurück, wobei das lat. *pater* nicht die natürliche, sondern die rechtliche Vater-
schaft im Sinne des Hausherrn bezeichnet. Vgl. hierzu Ralf Fascher: *Der vakante Vater. Vatermangel in der Psychoanalyse und die vaterlose Gesellschaft*, Berlin 2004, S.
116.

[92] Vgl. hierzu auch Alanyalı: Flucht vor dem Mann im Pyjama (2006), S. 3.

Mädchen, das schon zusammenzuckt, als eine Lehrerin ihr nur lobend auf den Schenkel klopfen möchte. Sie ist in ihrer Sozialkompetenz blockiert und kann fremden Menschen nicht unverwandt gegenübertreten – die bloße Begegnung fremder Männer fürchtet sie. „Vor den meisten Männern aber habe ich Angst." (131), stellt sie betreten fest und kann es sich dennoch nicht erklären.

Auch in Halids Abwesenheit können Leyla und ihre Schwestern sich nicht lange ihrer Freiheit erfreuen, denn der älteste Sohn Djengis beginnt sogleich, seinen autoritären Vater nachzuahmen. Der psychoanalytischen Theorie entsprechend, nach der männliche Heranwachsende sich mit ihren gewalttätigen Vätern identifizieren und verpflichtet fühlen, dessen Traditionen weiterzuführen,[93] mimt der Älteste nun die Rolle des punitiven „Ersatzvater[s]" (169). Die durch erlittene Schläge und Demütigungen aufgestaute Aggression leitet Djengis in einen Kontrollzwang gegen seine Schwestern um: „[W]enn es der Vater übersieht, bin ich zur Stelle und breche euch die Knochen." (84) Seinen drohenden Worten lässt Djengis jedoch keine Taten folgen – er ist es schließlich sogar, der als erster und einziger gegen den Vater aufbegehrt und sich ihm nach der Ermordung des Neugeborenen entgegenstellt: „Ab heute sind du und ich quitt, sagt Djengis, nie wieder, hörst du mich, nie wieder wirst du mich packen und wegwerfen." (267) Diese unversehens von Leyla beobachtete Situation einer Drohung des Erstgeborenen seinem Vater gegenüber – für sie ein „unmöglicher Vorfall" (ebd.) – verblüfft sie ebenso wie der später von Djengis mit einem „Machtwort" (286) durchgesetzte Umzug der Familie nach Istanbul.

Die hier inszenierten Situationen des Aufbegehrens gegen das ‚alte System' werden von Leyla lediglich beobachtet und im Rahmen ihres kindlichen Figurenwissens – bzw. ihrer bisher erlernten Verhaltensdoktrin – als anormal erkannt. Doch nur durch diese Art der verstellt-unverstellten Wiedergabe kann der Prozess der Loslösung vom alten Normensystem in seiner Intensität annähernd nachgezeichnet werden. So bleibt Leyla in ihrer kindlichen Rolle hier zunächst ‚Wiedergabemedium' für diesen Prozess, den sie später jedoch selbst durchläuft, als sie das Elternhaus verlässt und sich dadurch des gewalttätigen Machteinflusses durch ihren Vater größtenteils entzieht. Zwar widerstrebt ihm Leylas Entschluss zur Heirat grundlegend, wie seine in interner Fokalisierung geschilderte gedankliche Überreaktion zeigt:

---

[93] Vgl. hierzu ausführlich Joseph Christian Aigner: *Der ferne Vater. Zur Psychoanalyse von Vatererfahrung, männlicher Entwicklung und negativem Ödipuskomplex*, Gießen ²2002, S. 274ff. Jedoch wird im Roman nicht davon erzählt, dass Djengis oder Tolga in ein gewalttätiges Verhaltensmuster verfallen; eher im Gegenteil wird dargestellt, wie sich ihre Lebensläufe zum Positiven wenden, indem sie es schaffen, sich vom Vater psychisch loszulösen.

> [U]nd da er sie sieht, […] will er sie an die Wand drücken und auf
> ihre Stelle unter dem Rockbund schlagen, seine Männerfaust, die
> seinem Tochterflittchen jede Lust austreibt. […] [E]in fester Zu-
> griff, und er bräche ihr das Genick und schleuderte den seelenlosen
> Körper hinab auf den Boden. (298)

Doch wird die von der Vaterfigur verkörperte patriarchale Macht in der
zweiten Hälfte des Romans zunehmend dadurch dekonstruiert, dass sie
trotz ihrer Grausamkeit als beschränkt gezeichnet wird. Die aus der Perspektive der nunmehr jugendlichen Leyla geleiteten Beschreibungen über
das „Monstrum“[94] Halid transportieren immer auch einen gewissen Ton
von Spott, insofern dieser Mann sich zwar herrschsüchtig und tyrannisch,
dabei zugleich aber auch in aller Borniertheit gebärdet. Zum Beispiel kann
der fortwährend Pyjamahose tragende Herr als Analphabet[95] den von ihm
so oft zitierten Koran gar nicht lesen, versteht auch in mündlichen Kom-
munikationssituationen einfache Fremdwörter nicht[96] und wird aus Sicht
der heranwachsenden Protagonistin zunehmend als „Maulheld“[97] entlarvt.
Leyla erkennt, dass er seine willkürlichen Gewalttaten nur im eigenen
Hause auszuüben vermag, denn „[h]ier kann er richten“ (23). In der Öffentlichkeit dagegen ist er nicht der selbstherrliche Alleinherrscher, der er
gerne wäre. Hier gerät auch Halid in Konflikt mit dem Gesetz, als er beispielsweise Leyla nach den Sommerferien nicht zur Schule gehen lässt und
seine Tochter von der Gendarmerie gegen seinen Willen aus dem Haus
abgeholt wird. (Vgl. 97ff.)

Halid wird vor allem auch dadurch zur lächerlichen Figur, dass er
sich bei seinen Anstalten zur Ehrerhaltung bzw. -verteidigung an den
Männern seiner Umgebung misst. Diese betrachten ihn jedoch nicht als
gleichwertig, sondern als Fremden, als Ausländer, als sozial Niedrigeren,
als Kinderschläger. Doch der Ehrkodex hat in archaischen Gesellschaften
immer auch eine schichtspezifische Komponente, das heißt Ehrkonflikte
können sich nur zwischen Personen ergeben, deren soziale Distanz nicht
groß ist.[98] Obwohl Halid von den Männern im Roman zunehmend geäch-
tet wird, sucht er bei ihnen nach der Bestätigung seiner Ehre.

In dieser immer wieder ins Lächerliche gezogenen, fast bemitlei-
denswerten Darstellung kann die Figur Halid – die laut Liliane Studer ein
„gescheiterter Mensch“[99] ist – für die Protagonistin Leyla keine Vorbild-

---

[94] Spiegel: Der Tag, an dem der Teufel sich die Beine brach (2006), S. L1.
[95] Dass Halid Analphabet ist, wird im Text auf S. 20 explizit erwähnt.
[96] Im Text heißt es auf S. 211: „Halid Bey, sagt der Direktor, ich will Ihnen überhaupt
nicht imponieren … Was wollen Sie mir nicht? sagt Halid drohend, lassen Sie diese
neumodischen Worte, sprechen wir hier doch von Mann zu Mann.“
[97] Spiegel: Der Tag, an dem der Teufel sich die Beine brach (2006), S. L1.
[98] Vgl. Giordano: Ehrkomplex im Mittelmeerraum (1994), S. 187ff.
[99] Studer: Eintauchen in Geschichten (2006).

funktion erfüllen. Die allgemeine – heute nicht mehr unumstrittene[100] –
entwicklungspsychologische Relevanz des Vaters bzw. der Vaterrolle (vor
allem in der präödipalen Phase) lässt sich insbesondere an einer physisch
oder psychisch „fernen" Vaterfigur[101] und damit fehlender Identifikati-
onsmöglichkeit mit dem Vater verdeutlichen. So bilden etwa auch Väter,
die physisch anwesend und dabei abweisend und brutal sind, eine unzuverlässige Bezugsperson und können zu demselben ‚Vaterdefizit' führen.
Für die Romanfigur Leyla stellt sich die Situation, dass weder die stille,
gedemütigte Mutter als primäre Bezugsperson fungiert noch der lieblose,
gewalttätige Vater. Er bleibt in Leylas Augen damit nur der unabdingbare
„Nährvater", den es zum physischen Überleben braucht. Denn allen anderen Familienmitgliedern ist die Erwerbstätigkeit zur Sicherung der Existenz (noch) nicht ausreichend möglich – einerseits aufgrund ihres Alters
und andererseits aufgrund der traditionell und patriarchal geprägten gesellschaftlichen Strukturen Südost-Anatoliens ihrer Zeit. Die Familienmitglieder sind auf Halid angewiesen, auch wenn er seiner Versorger-
Aufgabe eher schlecht als recht nachkommt. Erst viel später nach dem
Umzug in die Großstadt Istanbul und einer ersten Begegnung mit den
dortigen moderneren und emanzipierten Lebensmöglichkeiten erfährt
Leyla erstmals von den heimlich gehegten Plänen der Mutter, ihren Ehemann zu verlassen. (Vgl. 312) Leyla hat sich hier bereits durch ihre Hei-
ratspläne emotional von ihrem Vater losgesagt. Die symbolische Überga-
be an den Ehemann sowie das Verlassen des Elternhauses, in dem Halid
qua gesellschaftlich anerkanntem ungeschriebenen ‚Gesetz' noch über das
Mädchen verfügen konnte, entbindet Leyla traditionell von seinem Einfluss. Auch wenn die Umstände sie kurz darauf vorübergehend zu ihrer
Familie zurückführen, ist sie Halid nicht mehr wie früher „unterworfen"
(401) und wagt sogar die vorher undenkbare Geste, ihn direkt anzusehen
und ihm zu widersprechen.
　　Die Vaterfigur Halid bildet weniger aus dem Grund die Schlüsselfigur des Romans, dass sie in ihrem Verhalten zügelloser Gewaltausbrüche
im Namen eines fanatischen Ehrenkodex' eine Typisierung des „berüch-
tigten türkischen ‚Ehrenmörders'" darstellt, der zur Zeit der Bucherschei-
nung in Deutschland gerade negative Schlagzeilen gemacht habe, wie
Yeşilada ableitet.[102] Die einfache Herstellung von Zusammenhängen zwi-

---

[100] Vgl. zur Vaterbedeutung bei Freud und allgemein Fascher: Der vakante Vater
(2004), S. 37ff.
[101] Vgl. hierzu Aigner: Der ferne Vater (2002), S. 71f.
[102] Yeşilada: Zaimoğlu (2006), S. 19. Auch Brunner und Geisel kritisieren eine „ermü-
dende" (Brunner: Parallele kulturelle Identifikationsräume, 2009, S. 48) und klischeehafte Illustration der Türkei als einer Welt, aus der „die Ehrenmörder, die gewalttätigen Rütlischüler, die islamistischen Terroristen und die Parallelgesellschaften" (Geisel:
Leyla, eine Travestie?, 2006, S. 25) kommen.

schen archaischen Ehrvorstellungen und den gegenwärtig in Deutschland häufig verzeichneten kriminellen Taten der ,Blutrache' ist aus historischer wie ethnologischer Sicht nicht unproblematisch.[103] Vielmehr steht die von der Figur Halid vertretene Ehrvorstellung hier allgemein für ein bestimmtes altes Wertesystem von Teilen der ländlichen, südostanatolischen Gesellschaft vor etwa 60 Jahren, das es durch die nachfolgende Generation – durch Leyla also – zu überwinden gilt. Um zu einem (kulturellen) Fortschritt zu gelangen, müssen alte Werte und Normen entwertet und verworfen werden, wozu hier insbesondere der Vater ,überwunden' werden muss. Der Loslösungsprozess von der Vaterfigur steht hier auch aus dem Grund im Mittelpunkt, dass die als besonders ,schwach' gezeichnete Mutterfigur für Leyla keine Orientierungsfigur sein kann. Hier zeigt sich eine gegensätzliche Konstellation zu Özdamars *Karawanserei*-Roman etwa, bei dem eher die Loslösung von der Mutter das zentrale Motiv bildet, während die Vaterfigur relativ schwach bleibt.

Der Prozess der Ablösung gestaltet sich für Leyla nur schrittweise, und es werden aus ihrer Sicht immer ,untilgbare Hassmale' der Kindheit bleiben. Doch er gestaltet sich schließlich insbesondere darin, dass sie eine eigene Familie gründet, für die sie deutlich andere Werte zum Ziel setzt als die ihres Vaters, von denen sie sich ausdrücklich distanziert. So reagiert sie gereizt, als ihr älterer Bruder Tolga davon spricht, dass die „Sippe" nie aussterbe, da sie in Leylas Sohn nun einen ehrbaren Nachfolger gefunden habe:

> Was soll schon gewonnen sein, wenn die Sippe bis ans Ende der Tage besteht? Die Ehre der Männer bringt Unglück, das Geschwätz der Männer nimmt den Lebenden die Luft zum Atmen, das Brot zum Essen. Mein Sohn ist mein Sohn, und nicht der Älteste einer ehrlosen Gemeinschaft. Ich werde das Pack aussperren, so wahr mir Gott helfe. Ich vermisse meine Mutter, soll er doch sterben, der Prügler. (498f.)

V.2.3. Irritierende Fremdheit

Der mit dem Aufbruch der Titelprotagonistin endende Roman kreist auch ohne die erzählte Begegnung zwischen türkischer und deutscher Kultur um den zentralen „Komplex der kulturellen Differenz"[104]. Denn in *Leyla*

---

[103] Vgl. hierzu Speitkamp: Geschichte der Ehre (2010), S. 279ff. Ehrenmorde werden hier als Produkt sozialer Exklusion in modernen Gesellschaften, d. h. als Ausdruck bedrohter Minderheitengruppen erklärt.
[104] Mirjam Gebauer: „Der Barbar in der Wagenburg. Feridun Zaimoğlus Ich-Entwürfe", in: Ulrich Breuer und Beatrice Sandberg (Hrsg.): *Autobiographisches Schreiben in der*

wird in Bezug auf die Darstellung der türkischen Kultur und Gesellschaft ein vielschichtiger und multiethnischer Raum entworfen.[105] Dieser betont die kulturelle Heterogenität der Figuren durch ihre armenische, kurdische, tscherkessische und tschetschenische Herkunft. Zugleich macht er die sozialen Unterschiede durch die immer wieder thematisierte Armut von Leylas Familie oder ihre dörfliche bzw. kleinstädterische ,Rückständigkeit' deutlich. So werden mehrfach Situationen und Begegnungen Leylas inszeniert, in denen sie sich in verschiedener Hinsicht als eine Fremde bzw. Ausgegrenzte erfährt. Obwohl sie diese irritierende Position sehr belastet, kann sie ihr nicht entgegenwirken und erscheint stattdessen gehemmt:

> Die jungen Männer des Viertels versuchen sich bei meinem An-
> blick in den Gebärden des Spotts: Sie lachen in die hohle Hand, sie
> schielen und hinken, drücken die Zeigefinger an die Scheitel, es
> sind die Bockshörner des Teufels oder die Ohren eines Esels, so
> genau weiß ich es nicht. [...] [I]ch strecke ihnen in mädchenhafter
> Verzweiflung die Zunge heraus. (160)

Diese und ähnliche Situationen[106] lösen bei Leyla, die mit ihrer Familie in der Kleinstadtgegend als Zugezogene gilt und schon als Kind zwischen sich und den „Einheimischen" (43) zu unterscheiden weiß, ein Fremdheitsgefühl aus, das jedoch nur zum Teil aus den Reaktionen ihres Umfeldes resultiert. Zu einem größeren Teil ist es auf ihre familiäre Erziehung und Sozialisation zurückzuführen, die für ihr geringes Selbstwertgefühl verantwortlich ist. Doch das kann das junge Mädchen nicht reflektieren, weswegen es seine empfundene ,Andersheit' in naiven Überlegungen schlussfolgert: „Ich bin Linkshänder, und sie sind Rechtshänder, vielleicht fehlt ihnen deshalb das Verständnis." (162) Leyla fühlt sich oftmals ,fremden' Blicken ausgesetzt und durch sie bedroht. Dies gelangt besonders in der Szene zum Ausdruck, als sie von ihrer Mutter in das Zigeunerviertel geschickt wird und hier sogar von den ,Fremden' schlechthin, den Zigeunern, verspottet und abgewiesen wird. (Vgl. 162f.) Ebenso erfährt sie bei der unumgänglichen Entfernung ihrer entzündeten Mandeln durch einen Arzt in einem Krankenhaus soziale Ablehnung. Hier lässt der Arzt sie unverhohlen spüren, wie sehr ihm dieses „Volk der Bauern" (260), wie er ausruft, „auf die Nerven" (256) geht.

Das Gefühl des ,Fremdseins' erhält seine intensivste Ausprägung für Leyla bei ihrem Umzug mit ihrer Familie aus der Provinz in die Groß-

---

deutschsprachigen Gegenwartsliteratur, Bd. 1: *Grenzen der Identität und der Fiktionalität*, München 2006, S. 126-139, hier S. 128.
[105] Vgl. auch Lübcke: Enträumlichungen und Erinnerungstopographien (2009), S. 95.
[106] Auch im Anschluss an die weiter oben beschriebene Szene der Demütigung durch die Lehrerin wird Leyla von ihren Schulkameraden nachgeäfft und ausgelacht. (Vgl. 102) Nur Manolya stellt sich auf Leylas Seite.

stadt. Wie in Özdoğans Roman der Gegensatz Dorf vs. Stadt für die Protagonistin eine wesentliche Fremdheitserfahrung in der Kindheit darstellt,
ist hier ähnlich der Gegensatz Kleinstadt vs. Großstadt gestaltet. In Istanbul angekommen, wird Leyla schnell in ihren Erwartungen enttäuscht,
da sie wegen ihres „Ostakzent[s]" (290) auffällt und die Menschen ihr un-
freundlich begegnen oder sich abwenden. Leyla zeigt sich von diesem
Verhalten erschüttert: „[I]ch spreche dieselbe Sprache wie sie, ich gehöre
zum selben Volksstamm, ich weiß nicht, was sie von mir wollen." (290)
Die Familie darf in der Beamtenvilla einer früheren Liebschaft von Halid
auf engstem Raum wohnen – eine „Verwandte sechsten Grades" (297) wie
seiner Familie weismachen will. Diese „Großtante" sorgt sich zwar um
das Wohl der Kinder und der Ehefrau, doch sie behandelt ihre Untermie-
ter oft herablassend. Auch ihre Tochter Melek Hanim verhält sich distanziert, doch sie wird von Leyla für ihre Modernität bewundert: „Sie ist eine
Istanbuler Dame. Ihre Haare sind kurzgeschnitten, in der Mitte geschei-
telt und hinter die Ohren gekämmt. Ein Rosenmund." (301) Denn Leyla,
ihre Schwestern und ihre Mutter verkörpern als die ,Kleinstädter' die Sit-
tentreuen, für die sich vieles nicht „schickt" (342), wodurch sie immer
wieder auf Unverständnis bei den Großstädtern stoßen. In den Augen einer Verwandten von Metin stammt Leyla gar von den „Wilden" ab und sei
eine „halbe Bäuerin" (341), die sich nicht an das Stadtleben in Istanbul
gewöhnen könne. Beispielsweise müssen sich Leyla und ihre Familie hinsichtlich ihrer Sitzgewohnheit erst umstellen, denn „hier gilt es als eine
unzivilisierte Sitte, auf dem Boden zu kauern, wir haben uns angepasst."
(294)

Leyla wird das Gefühl nicht los, dass die Großtante sich von ihr und
ihrer Familie „angewidert" (367) fühlt, von den „Schafhirten" (367), die
so ,unstädtisch' das Hennaritual vor der Hochzeit in ihrem Haus durch-
führen. So muss sie der Großtante versprechen, sich bei ihrer Hochzeit
auch an westliche Sitten zu halten, was Leyla als sehr verwirrend empfindet. Sie ist in einer Kleinstadtgesellschaft aufgewachsen, die aus Sicht der
Großstädter rückständig – „[r]ückschrittlich" (364), wie es Tolgas liberale
Freunde später bezeichnen –, traditionell und abergläubisch ist. Die dort
lebenden „vormoderne[n] Männer" (344), die sich in Straßenduellen um
Ehre messen und darum, wer der „wahre Herr der Hauptstraße" (138) sei,
passten nach Ansicht der Großtante „einfach nicht in die Großstadt"
(344). Die alte Dame, die hier für die moderne Lebensart steht, behauptet
von sich, dass ihr Leben, nachdem sie begonnen habe, an die Liebe zu
glauben, eine „moderne Wendung" (298) genommen habe.

Für Leyla dagegen sind Eingeständnisse solcher Emotionen fremd.
Ihrer Erziehung bzw. ihren familiären Prägungen gemäß steht die Affekt-
kontrolle an oberster Stelle, ihre Leitlinien sind Anstand, Sitte und
Keuschheit. Und so lautet ihr Motto auch im Erwachsenenalter noch:

„[S]ei die Herrin über deine schlechten Leidenschaften." (400) Daher befremden sie die in aller Öffentlichkeit präsentierten familiären Probleme
der „Stadtdame" (323) Aysche Hanim aufs äußerste: „[I]ch bin abgesto-
ßen von dieser Frau, die sich so unangemessen dramatisch verhält, draußen im Freien, in der Kleinstadt würden ihr die Schleierfrauen im Vorbei-
gehen zuzischen, ihre Trauer oder ihre Furcht in ihren vier Wänden aus-
zuleben." (323) Innerhalb dieser Eingeschränktheit erkennt Leyla jedoch
Aysche Hanims Ansicht nach das reale Leben nicht. „Mach nur weiter so,
und du verträumst dein Leben" (323), wirft sie dem jungen Mädchen vor.
Denn aufgrund ihrer traditionellen Erziehung glaubt Leyla auch, in ihrer
Wahl des Ehepartners nicht frei zu sein. Eine Liebesheirat gilt zu der Zeit,
in welcher der Roman spielt, als selten und „geht nicht gut aus" (283), wie
es der Nachbar Irfan Bey – der Onkel von Leylas späterem Ehemann Metin – konstatiert. So kundschaften die Mütter von heiratswilligen Söhnen
im Dampfbad als „strenge Richterinnen" (187) schon einmal Kandidatin-
nen nach speziellen Kriterien aus, die hier erneut die untergeordnete soziale Rolle der Frau widerspiegeln:

> Die Schönheit ist nicht wichtig. Kräftig muß das Mädchen sein, ein
> gebärfähiges Becken muß sie haben. Wird es müde, wenn es seiner
> Mutter beim Baden geholfen hat, oder schafft es das Mädchen, alle
> seine weiblichen Verwandten der Reihe nach zu waschen? Vor al-
> lem: Ist es gefügig? (187)

Indes wird Leylas Geschichte der Verheiratung so erzählt, dass sie selbst
dabei im Verhältnis zu ihren wenigen Freiheiten als Kind relativ viel Ein-
flussmöglichkeit hat. Als sie 16 Jahre alt ist, hält Erol, ein Sohn aus gutem
Hause, um ihre Hand an, doch Leyla wehrt ab, obwohl ihr zu dieser vor-
teilhaften Verbindung geraten wird, mit der sie sich „nach oben heiraten"
(274) würde. Stattdessen verliebt sich Leyla in den schönen Metin. Dessen Cousine Fulya gibt Leyla in einem Brief Anstoß zur Heiratszustim-
mung, und Leyla, die einen emotionalen „Brand" (286) in sich zu fühlen
meint, erklärt kurz darauf ihrer Mutter ihre Heiratsabsicht. Denn sie erkennt hierin ihre einzige Chance, Halid zu entkommen, wie es Selda noch
einmal in deutliche Worte fasst: „Jetzt ist die Frist zum Davonlaufen, sagt
Selda, du machst den Anfang, du wirst die erste sein, und dann laufen wir
ihm alle davon." (313)
    Um dieses Vorhaben auch gegen den Widerstand Halids zu verwirk-
lichen, bedarf es jedoch eines geschickten Gastspiels durch die Hausdame,
die sich in dieser Sache für Leyla einsetzt und sich bei dieser Gelegenheit
an ihrem ehemaligen Geliebten rächen kann. Als Metin mit seinem Vater
Schafak dem traditionellen Brauch gemäß bei Leylas Familie erscheint,
um die Hand des Mädchens zu erbitten, gelingt es der Großtante, den
aufbrausenden Halid unter Kontrolle zu halten. Leyla kann diese fremd-
bestimmten Verhandlungen über ihre Zukunft, die durchaus in ihrem In-

teresse geschehen, nur von außerhalb des Hauses belauschen. Sie ist äußerst aufgeregt, dem ihr fremden „Mann, der mich zu seiner Frau machen
will" (311f.), zu begegnen. Denn Leyla und Metin sind sich einander völlig fremd, und als sie das erste Mal für eine halbe Stunde allein gelassen
werden, verhalten sie sich äußerst reserviert. Dann beginnt Leyla zaghaft,
über die Liebe zu philosophieren, doch sie bereut ihre naiven Worte sogleich, und Gefühle der Minderwertigkeit ergreifen sie: „[F]ür einen
Moment glaube ich, daß er mich und meine Mutter lächerlich findet, daß
ihn unsere Herkunft, unser kleinstädtischer Zungenschlag und auch meine Armenbrautphantasien zum Lachen reizen." (339)
     Somit wird klar, dass sich die Protagonistin ihrer sozialen Stellung
sehr wohl bewusst ist. Im Gegensatz zu der Familie aus Özdamars *Karawanserei*-Roman, die der türkischen Mittelschicht entstammt und in der
die Kinder liberaler erzogen werden, entstammt Leylas Familie der Unter-
schicht und lebt in äußerst armen Verhältnissen.[107] Leylas Mutter und Geschwister verdingen sich als „Tagelöhner[ ]" (43), die Behausung der Familie ist aus „Stroh und Lehm" (19), und die Kinder müssen billige, drü-
ckende Schuhe in Einheitsgröße tragen. Wie sehr die Familie Hunger erleidet, veranschaulicht Leylas unmäßige Freude über nur „eine Finger-
kuppe Käse" (36). So wird auch und gerade aus der kindlichen Perspektive
deutlich gemacht, mit welchen erschwerten Lebensumständen es die Protagonistin zu tun hat. Dabei vermag schon die kleine Leyla sehr wohl zu
begreifen, wie die Mutter täglich um genug Essen für ihre Kinder besorgt
ist und dafür häufig selbst auf Mahlzeiten verzichtet. Doch diese Lebens-
verhältnisse stellen für Leyla eine gewisse ‚Normalität' dar, und das Mädchen hinterfragt sie aus seiner kindlichen Sicht freilich nicht. Indes bemerkt es gewisse soziale Unterschiede und nimmt Situationen wahr, bei
denen es sich selbst immer wieder als ‚Andere' bzw. als Ausgeschlossene
sieht.
     Insgesamt werden all diese Gegebenheiten und Erlebnisse in Leylas
Kindheit aus Sicht der Protagonistin jeweils anhand von problematischen
Einzelsituationen dargestellt, die stets eine gewisse Irritation nach sich
ziehen. Es handelt sich jeweils um Situationen, in denen Leyla mit kultureller, sozialer oder emotionaler Fremdheit konfrontiert wird. Dabei ist
sie dann gehemmt oder nervös, hat Angst, erfährt Schmerzen oder schämt
sich. Aus der postmigrantischen Erzählperspektive betrachtet, werden
diese so prägend dargestellten Erfahrungen der Kindheit damit zu symbolischen Trägern von späteren einschneidenden Erfahrungen mit Fremdheit.

---

[107] Diesen Vergleich unternimmt auch Brunner. Vgl. Brunner: Parallele kulturelle Identifikationsräume (2009), S. 48.

V.3. „Glücksvorräte" zur Überwindung von ‚unmöglichen' Räumen

V.3.1. Smaragdgott und Dörraprikosen

Die das Wesen und Verhalten der kindlichen Hauptfigur Leyla charakterisierende Hilflosigkeit und Naivität erschwert objektiv gesehen die Orientierung in ihren sozialen Lebensräumen. Auf der subjektiven Ebene der Figurenpsyche ist es jedoch gerade diese Herangehensweise der kindlichen Naivität, mit der es der Protagonistin gelingt, sich eigene Räume zur (kulturellen) (Neu-)Orientierung zu entwerfen.[108] Denn ihre kindlich anmutende Art der Wahrnehmung ohne wirkliche Reflexion weist immer wieder auch strategische Züge auf, die zur psychischen Kompensation der jeweils gegenwärtigen negativen Situation eingesetzt werden. Die eigentliche ‚Waffe' der Kind-Protagonistin gegen die unerträgliche Wirklichkeit ist somit weniger ihre zuweilen innerlich ausgelebte Verachtung gegen ihren Vater[109] als vielmehr die Entwicklung diverser psychischer Verdrängungsstrategien bzw. Fluchtutopien. Als Gegenwelt zu der erfahrenen Gewalt entwirft das Mädchen imaginäre ‚Wirklichkeiten' bzw. entwirft sich in imaginären Räumen neu. Ihr kindliches Imaginitätspotential ermöglicht ihr diesen typisch kindlichen – mit Wucherpfennigs Worten – „phantastisch-grüblerischen Versuch, sich aus der drückenden Welt hinauszuspiegeln"[110]. Die Geschichte von Leyla wird somit als eine erzählt, in der es die „kluge verträumte" (283) Protagonistin vor allem aufgrund ihrer bestimmten individuellen psychischen Disposition vermag, ihre Kindheitserlebnisse zu verwinden und schließlich den Schritt in ein selbstbestimmtes Leben zu gehen.

In der von Leyla geschaffenen Phantasie, an der sie niemanden teilhaben lässt und in der ihr der imaginierte „Smaragdgott" (33) zur Seite steht, lässt sich die ‚reale' Welt kurzzeitig ausblenden. So macht sich das Kind zum Beispiel in einer der vielen Situationen, als der Vater die Mutter vergewaltigt, „unsichtbar" (13), indem es sich vor das Haus setzt und die Augen schließt. Als weitere Verdrängungsmechanismen dienen ihm das Summen (vgl. 83) oder das Verkriechen unter der Decke, wobei es dort ein imaginäres Bild „in die Dunkelheit, die mir gehört" (14), malt. Insbe-

---

[108] Wie Dorothee Kimmich darlegt, trifft dieser Mechanismus des Entwerfens imaginierter Räume zur kulturellen (Neu-)Orientierung auf die meisten Figuren in Zaimoğlus neueren Texten zu. Vgl. Dorothee Kimmich: „Öde Landschaften und die Nomaden in der eigenen Sprache. Bemerkungen zu Franz Kafka, Feridun Zaimoğlu und der Weltliteratur als ‚littérature mineure'", in: Özkan Ezli u. a. (Hrsg.): *Wider den Kulturzwang. Migration, Kulturalisierung und Weltliteratur*, Bielefeld 2009, S. 297-315, hier S. 310f.
[109] So Alanyalı: Flucht vor dem Mann im Pyjama (2006), S. 3.
[110] Wucherpfennig: Kindheitskult (1980), S. 187.

sondere durch das kindliche Spiel kann Leyla ihren vom tyrannischen Vater bestimmten Kinderalltag kompensieren und beginnt in bedrohlichen Situationen zum Beispiel, Türme aus Erbsen zu bauen oder einen Storch zu imitieren und „als Phantasievogel im Himmel auf- und abzusteigen." (39) Dem Leser, der in diesen Situationen dicht Leylas kindlich-naiver Perspektive folgt, welche die eigentliche negative Handlung ausblendet und sich stattdessen ganz anderen Dingen zuwendet, wird das ,übergangene' Geschehen jedoch gerade dadurch besonders präsent. Die Darstellung von Leylas Verdrängungsstrategien der naiven Ausblendung sowie der ,Hinausspiegelung' im kindlichen Spiel erhält eine besonders intensive Tragik in einer Szene, die diese Strategien miteinander verbindet: Genau in dem Moment, als die Mutter dem Ruf des Vaters ins Schlafzimmer folgt und die Tür hinter sich schließt, damit die Kinder „nur hören, aber nicht sehen können" (13), fragt Leyla ihre Schwester freudig: „Spielst du mit mir?" (Ebd.)

Der kindlich empfundene „Glücksvorrat" (23), aus dem Leyla – wie sie selbst andeutet – zum Ausgleich ihrer negativen Umwelt schöpft, wird hauptsächlich durch den Genuss von Früchten angereichert. So beginnt der Haupttext des Romans gleich mit einer Art ,Früchtephilosophie' der kindlichen Protagonistin: „Besser ist es, erst Pfirsich und dann Melone zu essen, denn Melone ist süßer." (9) Aus Früchten besteht Leylas phantasmatischer Entwurf einer paradiesischen Gegenwelt, in der sie trotzig gegen ihren Vater aufbegehrt. Deutlich wird dies besonders in der Szene, als das Stehlen von Orangen, die Halid weggesperrt hat, zu einem von Leylas größten Glücksmomenten wird. Schon der Anblick der Früchte führt bei dem Mädchen zu überschwänglichem Optimismus:

> Dann löst er die Schnüre, schlägt die Plane über der Ladung zurück, und es ist, als würden kleine Sonnen aufscheinen: der Karren ist gefüllt mit hundert oder mehr Orangen, Fruchtgeschenke des Himmels, das Glück wird sich wenden. (25)

In dieser gleichsam ,entrückten' Stimmung vergisst Leyla sogar ihre Schmerzen – denn „das Glück bricht den Schmerz", wie es ebd. heißt – und wagt es, die verbotene Vorratskammer zu öffnen. Als sie auf frischer Tat ertappt wird und brutale Prügel durch den Vater befürchten muss, imaginiert sie sich kurzerhand an einen paradiesischen Ort: „Ich liege in einem Garten, die Gottesbrocken sind herabgeregnet, ich kann sie berühren." (31) Eine deutliche Paradies-Anspielung stellt hier die ,verbotene' Früchtekammer dar, in der es „wie in einem großen Garten" riecht, mit dem einzigen Unterschied, dass die „Gottesbrocken [...] nicht an den Bäumen [wachsen]" (30). Hieran anknüpfend wird der Verstoß gegen das Gebot, nicht von den Früchten zu essen, von Halid mit dem „Sündenknüppel" (31) geahndet.

Die Leyla am häufigsten in ihrer Kindheit begegnende Frucht ist jedoch die Aprikose. Mit ihr identifiziert sich die Protagonistin regelrecht
und bezeichnet sich auch später noch als das „Aprikosenmädchen" (379).
Diese Frucht ist für Leyla ein Sinnbild einer möglichen positiven Gegenwelt; sie stellt sich aus ihrer Sicht wiederholt als Zahlungs-[111], Trost-[112]
oder Lockmittel dar, mit welchem die Mutter das Mädchen beispielsweise
wegschicken kann, um der häuslichen Gewalt für eine Weile zu entkommen: „Heute Abend gibt es Aprikosen. Geh spielen." (103) Eine explizite
Verbindung zum Paradies wird in der Szene hergestellt, als Leyla in Manolyas Heimat auf der Gartenwiese liegt und die Aprikosenbäume gewissermaßen mit allen Sinnen erlebt:

> Wir spielen Schlaraffenland, ich strecke mich unter einem Baum,
> öffne den Mund, Manolya steigt auf den Aprikosenbaum, schüttelt
> an den Ästen, und es hagelt Früchte herab, eine Aprikose schlägt
> auf meiner Stirn auf und zerplatzt, eine Aprikose landet auf meiner
> Nase, der Saft rinnt mir das Gesicht herunter, und ich lecke das Si-
> rup der Paradiesfrüchte. Was für ein Überfluß! (246)

Eine ganz andere ‚paradiesische' Welt – die allerdings auch wieder mit der
Süße von Früchten, hier Kirschen, in Verbindung gebracht wird – eröffnet sich der Protagonistin, als ihre Lehrerin sie und ihre Freundinnen zum
‚Straf-Putzen' zu sich nach Hause beordert. Beim Betreten der Wohnung
geraten die Mädchen angesichts des Luxus einer vollständig eingerichte-
ten Wohnung mit mehreren Zimmern, welche die Dame „ganz für sich allein" (104) bewohnt, ins Staunen. Als sie ihren Schülerinnen auch noch
Kirschwasser anbietet, das diese gierig verschlingen, findet Manolya nur
noch einen Ausdruck für die Situation: „Ein Paradies" (ebd.). Besonders
beeindruckt sind die Mädchen auch von den Freiheiten, die die verwitwe-
te und alleinstehende Frau genießt: „Man kann hier tun, was man will,
und es ist keiner da, der einen davon abhalten könnte" (ebd.).
    Insgesamt stellen die von Leyla in vielen Situationen gedanklich fi-
xierten Fluchtutopien einer in ihrem kindlichen Verständnis ‚paradiesisch'
entrückten Wirklichkeit imaginär durchgespielte Loslösungsphantasien
dar. Schritt für Schritt entwickelt die Protagonistin diese zu einem realen
Lebensentwurf weiter. Als die Mutter ihr erstmals von den ihr zugefügten
Gewalttaten in der Vergangenheit erzählt, schließt Leyla die Augen und
träumt sich in einen sicheren Garten, von dem aus sie den Vater zu einer
fremden Person werden lässt:

---

[111] Als „Fruchtpfennige der Armen" (283) bilden die Kerne der Aprikose in ihrer
Kindheit ein wertvolles Zahlungsmittel und im Falle von Djengis' Erkrankung das einzige, das ihre Familie dem herbeigeholten Arzt anbieten kann.
[112] So bietet Leyla sie Tolga nach seiner schmerzlichen Beschneidung am Krankenbett
zum Trost an: „Wie geht es dir? [...] Hast du Lust auf Aprikosen?" (149)

> In Nermins Garten will ich sein, ich möchte mit ihr im Jubelton
> von einem Geliebten schwärmen und am weißen Jasmin riechen,
> und vielleicht erlaubt sie auch Manolya, in ihren Garten einzutre-
> ten, und nach vielen Stunden werden wir auf der Gartenbank sit-
> zen, während ein Zug von Menschen draußen vorrückt, am Garten
> vorbeizieht. Dort in der Menge wird auch der Nährvater sein, ein
> fremder Mensch, der mich mit einem Blick streift, aber nicht er-
> kennt. (197)

Diese kindlichen Phantasie reift immer mehr zu der reflektierten Gewiss-
heit, etwas verändern zu müssen, sodass Leyla ihrer Freundin Manolya eines Tages offen anvertraut: „Ich möchte mein Leben verlassen, sage ich,
ich möchte nicht sterben, aber ich möchte nicht mehr mein Leben führen“ (208). Schließlich wird daraus der konkret geäußerte Plan, aus ihren
Lebensumständen auszubrechen, auch wenn der Gedanke an eine Migration dabei zunächst noch keine Rolle spielt: „Ich werde die erste sein, die
die Familie verläßt, so wahr mit Gott helfe.“ (303)

Ein bedeutender Wendepunkt auf dem Weg in Richtung Ablösung
von ihrem Vater stellt für die Protagonistin ihre Heirat dar, mit welcher
sie traditionell in die Hände eines anderen Mannes übergeben wird. Symbolisch verbunden mit diesem ersten Schritt zur Loslösung ist Leylas erste Begegnung mit der Möglichkeit zur Migration – einer noch radikaleren
Ablösung – genau zu dem Zeitpunkt ihrer Vermählung. Und zwar berichtet der Standesbeamte noch während der Trauzeremonie von seinen Plänen, nach Island umzuziehen, und möchte dem jungen Brautpaar von dieser schönen neuen Welt „etwas auf den Weg geben“ (343). Schon einige
Wochen später erklärt Metin Leyla gegenüber, nun Deutsch zu lernen,
und berichtet ihr kurz darauf von seinem Entschluss, mittels eines För-
derprogramms für ein Jahr als Arbeiter nach Deutschland zu gehen. Metin schwärmt seiner Frau von einem möglichen besseren Leben in der
Fremde vor:

> Die Menschen dort haben nicht so dunkle Gesichter wie wir, fährt
> er fort, sie sind mit einem hellen Schein und einem hellen Glanz
> gesegnet. Sie greifen nicht gleich zum Messer, wenn ein Streit aus-
> bricht. Sie riechen alle nach Seife. Und wenn man auf den Straßen
> geht, knirscht kein kleiner Müll unter den Schuhsohlen. Das Sand-
> wich fällt dir aus der Hand? Du kannst es vom Boden aufheben
> und unbesorgt essen. Die Keime sind ausgerottet. Ein schönes
> Land ist das. (446)

Dieses überspitzte und sinnbildlich göttlich überhöhte Bild – „mit einem
hellen Schein und einem hellen Glanz gesegnet“ [113] – des Ziellandes

---

[113] Diesen Aspekt greift auch der Titel der Rezension von Marius Meller auf: „Auf ins
Land der hellen Gesichter. Feridun Zaimoğlu erzählt in seinem monumentalen Roman

Deutschland wird von der Figur Metin jedoch mit weitaus weniger ironischem Unterton gezeichnet als es sich dem Leser präsentiert. Auch hier ist es, wie in *Die Tochter des Schmieds*, der Mann, der in naiver Begeisterung in die Fremde aufbricht, während die junge Ehefrau dem gegenüber zunächst skeptisch zurückbleibt. Denn Leyla hat sich zwar immer eine bessere, modernere Zukunft gewünscht, in der sie „elektrisch leben" (339) und ihren Haushalt mit Kühlschrank, Bügeleisen und Waffeleisen einrichten will. Doch bereits als ihre Familie durch die Verheiratung von Djengis mit der reichen Generalstochter Nesrin zu plötzlichem Wohlstand gelangt ist, hat Leyla begonnen, diesen Lebensentwurf anzuzweifeln. Sie verflucht den „Geldrausch" (434), in den auch ihre Brüder geraten sind, und meint, „die Zeichen des Niedergangs" (423) zu erkennen. Schließlich kann sie ihr Ehemann doch noch darin bestärken, ihren Weg der Ablösung vom Vater mit ihm zusammen weiterzugehen, und dies bedeutet, die alte Heimat zu verlassen. „Eigentlich sind du und ich eine Familie", erklärt er, „der Vater ist Vergangenheit." (438)

Die am Ende stehende Migration ist für Leyla der letzte Schritt zur ‚Überwindung' ihrer Kindheit. Die zuvor in einzelnen Stationen durch Heirat, Auszug aus dem elterlichen Haus sowie durch den Tod Halids gewonnene Teilautonomie bildet lediglich den Anfang auf dem Weg zur psychischen Ablösung. Hier findet allmählich Leylas Wechsel von der ehemals ‚schwachen' in eine ‚starke' Position statt, das heißt die frühere kindlich-naive Figur wird zur reflektierenden Figur, wie insbesondere Leylas plötzlich selbstsicheres Auftreten ihrer älteren Schwester Yasmin gegenüber verdeutlicht: „Wieso läßt du es dir gefallen? frage ich, wieso gehst du nicht weg? Wieso reißt du dich nicht los von dem Vater" (445). Die Protagonistin ist in ihrer Entwicklung an einem Punkt angekommen, an dem sie ihr einstiges kindliches Selbst als ‚naiv' erkennt[114] und in erstarktem Selbstverständnis beschließt, in eine neue Zukunft aufzubrechen:

> Ich habe zwanzig Jahre meines Lebens verschlafen, das ist die Wahrheit. Ich bin nichts weiter als ein dummes sentimentales Mädchen [...]. Ich werde die Armut nicht als mein Schicksal ansehen. Ich werde die Gesetze der Männer nicht als Gottes gesprochenes Wort begreifen. [...] Ich habe mich entschieden, ich nehme das Angebot an, ich fahre nach Deutschland. (445f.)

Leyla die Vorgeschichte des deutsch-türkischen Miteinanders", in: *Der Tagesspiegel* vom 19.02.2006, S. 31.
[114] Die Erkenntnis ihrer eigenen Naivität als Zeichen von Reflexionsfähigkeit und damit von ‚Erwachsensein' der Protagonistin zeigt sich explizit, als sie auf der Reise nach Deutschland schließlich ausruft: „Mein Gott, sind wir naiv" (522).

V.3.2. Manolyas Abenteuer – Selbsterfahrung und Entgrenzung

Leylas Entschluss zur Migration erwächst aus einem bereits in der Kindheit einsetzenden Entwicklungsprozess, der ganz wesentlich von ihrer Auseinandersetzung mit Manolya beeinflusst wird. Diese konträr zur Titelprotagonistin konzipierte Figur steht für eine „verpönte Wildheit und Freiheit"[115], die sie Leyla immer wieder nahezulegen versucht. Doch Leyla erkennt durch den Kontakt zu ihrer Schulfreundin überhaupt erst die Möglichkeit einer Lebensweise ohne Einschränkungen durch patriarchale (Familien-)Strukturen. Insbesondere der Ausflug zu Manolyas Familie aufs Land ist für Leyla ein bedeutsamer Lichtblick in die „ansonsten düstere Kindheit"[116] und stellt einen wichtigen Drehpunkt in ihrer Entwicklung hin zu mehr Autonomie dar.

Manolya verkörpert all das, was sich Leyla zu sein wünscht. Als Tochter eines einflussreichen kurdischen Clanführers wird sie in Leylas Augen zu einer „Prinzessin" (227), die sich ihrer ,Andersheit' nicht schämt[117], sondern diese stolz nach außen trägt. Manolya wird als ein aufgewecktes, burschikoses Mädchen dargestellt, das sich schnell „wie eine Füchsin" (247) fortbewegt und sich dabei schon einmal die Knie aufschürft. Bereits als Kind vertritt sie klare Vorstellungen und stellt zu Leylas Erstaunen immer wieder deutliche Forderungen an ihre Umgebung auf. Beispielsweise erwartet Manolya von der Schule, dass man ihr dort „das Werkzeug in die Hand gibt, mit dem sie im Leben Schrauben ziehen kann." (117) Leyla bewundert dieses „angstfreie Mädchen" (200) für ihre Selbstsicherheit, denn während sie selbst kleinlaut offenbart: „Vor den meisten Männern aber habe ich Angst." (131), verkündet Manolya lauthals: „[D]as sind alles Angeber. Die sollen mir nur kommen." (200)

Noch dazu hält Manolya nicht viel auf Leylas „Tugendkram" (119), der sie ihrer Ansicht nach „verkümmern" (231) lassen würden. Ihre Form der Rebellion gegen herrschende Traditionen und gesellschaftliche Normen besteht unter anderem darin, dass sie einfach jedem „unverschämt" (199) direkt in die Augen blickt und stets die Führungsposition für sich beansprucht.[118] So lehnt das kurdische Mädchen einen Brautwerber ab, der ihren Wunsch, erst studieren zu wollen, nicht akzeptiert. (Vgl. 241) Mehr noch: Manolya spricht die ihrer Ansicht nach nicht akzeptable Unterwerfung der Frau direkt an. Sie habe „genug von Mädchen, die glaubten, eine Frau müsse sich beherrschen, ein Mädchen gelte doch nur dann als ehrenhaft, wenn es sich zeit seines Lebens tot stellte". (231)

---

[115] Ulrich Rüdenauer: „Sich herausnehmen, was sonst nur Jungs tun", in: *Frankfurter Rundschau* vom 15.03.2006, S. 4. Die als „Wilde" (22) geltende Figur Fulya wird aufgrund ihrer Verhaltensweisen außerhalb der Norm von ihrer Familie weggesperrt.
[116] Yeşilada: Zaimoğlu (2006), S. 19.
[117] Im Text heißt es: „Du hast recht, sagt sie, ich bin nicht normal." (209)
[118] Dies erklärt Manolya bildhaft: „Wenn geküßt wird, bin ich es, die küsst!" (241)

Diese als furchtloses, individualistisches und aus Leylas Sicht überaus ‚starkes' Mädchen entworfene Figur – die in dieser überzeichneten Form an die Figur Pippi Langstrumpf erinnert – erschüttert Leylas bisherige Kindheitswelt, indem sie ihr neue Erfahrungsräume öffnet. Ein wesentlicher Erfahrungsraum ist dabei das Leyla nahezu unbekannte Gefühl des Frei-Seins. Gleichsam einer „Abenteurerin" (207) kann Leyla eine für sie neue Welt ‚verkehrter' Verhältnisse erkunden, durch die sie von der „Fürstentochter" (237) Manolya geführt wird und die sie in einer Mischung aus Faszination und Entsetzen wahrnimmt. Insbesondere wird dies während des Ausflugs in Manolyas Heimat deutlich. Die sich über zwei Kapitel (13 und 14) erstreckenden Schilderungen über diese für Leylas Entwicklung zentrale Erfahrung bilden auch formal die Mitte des Romans. Bei dieser Exkursion, auf die Manolya sie und weitere vier Mädchen aus der Schulklasse eingeladen hat, verlässt Leyla das erste Mal ihre Kleinstadt und ist ohne Aufsicht, sodass sie sich gleich bei Reisebeginn befreit fühlt:

> [I]ch atme die frische Luft ein und schreie aus Leibeskräften, ich schreie wie ein albernes Mädchen und stecke die anderen an, die in meinen langgezogenen Freudenschrei einfallen, die Freude zerreißt mir fast die Brust. Weit weg von der Wohnung, in deren Zimmer ich wie ein Schatten streiche, weit weg vom Mann in der Pyjamahose. (220)

Doch gleich bei der ersten Begegnung mit den besonders dunklen Frauen aus Manolyas Heimatdorf bekommt es die unerfahrene und schüchterne Leyla wieder mit der Angst zu tun. In ihrer kindlichen Naivität fürchtet sie, gefangen genommen und auf dem Sklavenmarkt verkauft zu werden. Manolya amüsiert sich über Leylas Misstrauen und karikiert sich dabei selbst: „Du, Leyla, machst dir aus Angst vor uns Wilden ins Höschen." (223) Leyla erscheint diese Welt fremd, die andere Sprache der Menschen, ihre traditionelle Tracht und ihre Lehmhütten. Die Stadt-Mädchen werden von den Dorfbewohnern als ‚Fremde' bestaunt und aufgrund ihrer blassen Gesichtsfarbe sogar für krank gehalten. Leyla ist so verunsichert, dass sie Manolyas Scherz über vermeintliches Menschenfleisch in den Gerichten ernst nimmt. Aber unter den höhnischen Appellen Manolyas, hier in der „Wildnis" (225) doch endlich das „gezierte Verhalten" (234) abzulegen, lernt Leyla allmählich die für sie neue Erfahrung der Freiheit zu schätzen. So ist es ihr gestattet, im Schneidersitz zu sitzen – eine ansonsten für Frauen unschickliche Position –, und sie darf erstmals in ihrem Leben unter freiem Himmel frühstücken und unter freiem Himmel schlafen.

Die Beschreibung der Erlebnisse wird dabei aus Leylas Sicht immer wieder mit Paradiesimaginationen verknüpft. So bewundert die Protagonistin den traditionell als einer der Paradiesflüsse geltenden Euphrat und

ist beeindruckt von dem orientalischen ‚Wohnparadies' des Landhauses:
Hier gibt es zahlreiche kostbare und glänzende Gegenstände, seidene
Vorhänge und Samt- und Damastpolster.[119] Auch das Essen erscheint
Leyla paradiesisch, und sie kann nach langer Zeit einmal ihren Hunger
richtig stillen: „[I]ch habe noch nie an zwei aufeinanderfolgenden Tagen
Fleisch gegessen, ich [...] versuche, die Fleischstücke nicht alle auf einmal
gierig in den Mund zu stopfen." (234) Auf der Gartenwiese spielen die
Mädchen „Schlaraffenland" (245), indem sie sich die überreifen Aprikosen wie „Paradiesfrüchte" (ebd.) in den Mund fallen lassen. Leyla empfindet großes Glück und kann hier, weit weg von den gewohnten gesellschaftlichen Zwängen, für kurze Zeit von einem Leben ohne väterliche
Tyrannei kosten, das sie „wie eine verbotene Frucht" verschlingt.[120] Aus-
gelassen werden Kissenschlachten abgehalten und „alberne Kinderspiele"
(237) in der freien Natur gespielt. „Jetzt ziehen wir Frauen in das Paradies
ein" (239), kündigt Manolya triumphierend an.

Als Manolya auf dieser Reise auch erstmals Leylas private Situation
direkt anspricht und sie auffordert, ihre Familie zu verlassen, ist Leyla
empfindlich getroffen:

> Hast du mir nicht verraten, daß du dein Leben verlassen möchtest?
> Wärst du glücklich, würdest du nicht auf solche Gedanken kom-
> men?
> Das Unglück rührt vom Elend des Nährvaters, sage ich, in seiner
> Nähe verdirbt jeder Mensch.
> Dann geh da weg!
> Was? schreie ich, das ist undenkbar.
> Denkbar ist eine Heirat, sagt Manolya und schnalzt mit der Zunge,
> um das Maultier zum schnelleren Tritt anzupeitschen. [...] ich
> kenne sie und schweige, das Schweigen lastet zwischen uns wie die
> Luft vor einem heftigen Regenfall (231).

Doch durch ihre offenen Worte hat Manolya bei Leyla einen Denkpro-
zess ausgelöst, der von da an nicht mehr aufzuhalten ist. Leyla beginnt
nun, darüber nachzusinnen, weshalb sich ihre Einstellung zum Leben so
von derjenigen Manolyas unterscheidet. In der nächsten Zeit übernimmt
sie unbewusst immer mehr die selbstsichere Einstellung ihrer Freundin
und legt manche ängstliche Verhaltensweise ab. Zum Beispiel überhört sie
die anzüglichen Sprüche der Männer auf der Straße einfach und stellt anschließend fest: „[D]ie Zeit, daß ich mich bei unanständigen Zuflüsterun-
gen verstecken wollte, ist endgültig vorbei." (275)

---

[119] Die paradiesischen Gärten werden im Koran so beschrieben: „Für jene sind Edens
Gärten, durcheilt von Bächen. Geschmückt werden sie darinnen mit Armspangen von
Gold und gekleidet in grüne Kleider von Seide und Brokat, sich lehnend darinnen auf
Diwanen." (18, 31)
[120] Vgl. Alanyalı: Flucht vor dem Mann im Pyjama (2006), S. 3

Daher geht die mittlerweile 16-jährige Leyla mit ihrem Entschluss, Metin zu heiraten, ihrem Wunsch nach, endgültig „herauszubrechen aus der Familie" (290). Während ihre Mutter diese Entscheidung aus rationalen Gründen befürwortet („Das wird deine Rettung sein.", 294), missfällt sie ihren beiden älteren Schwestern, und sie protestieren heftig. Doch von nun an lässt sich Leyla nicht mehr von anderen Menschen beeinflussen und bleibt stur. Erstmals wagt sie es, ihre Scham zu überwinden und gleich mehrere tabuisierte Dinge offen auszusprechen. In einem sprachlich-performativen sowie körperlich-symbolischen Akt überwindet Leyla ihre voriges kindliches Sprach- und Handlungsunvermögen, indem sie ihre Stimme und sich selbst bei ihrer Gastgeberin in Istanbul erhebt:

> Ja, sage ich.
> Ja, was? hakt sie nach.
> Wir fallen Ihnen zur Last, und ich werde heiraten, und der Vater schlägt die Mutter, sage ich und stehe auf. (300)

V.3.3. „Heldinnen der Einwanderung"? – zum weiblich-kindlichen Raum

Ähnlich wie in den drei zuvor untersuchten Romanen wird in *Leyla* durch die Inszenierung einer weiblichen Kind-Protagonistin das oben skizzierte kindliche Raumkonzept mit einem Raumkonzept der Weiblichkeit[121] verknüpft. Dieses wird zum einen als Handlungsraum und zum anderen als Köperraum entworfen. Während diese Räume bei der Darstellung der Protagonistinnen in den anderen Kindheitsromanen eher quantitativ von Bedeutung waren (wie viele verschiedene Räume ergeben sich für die Figuren, wo stehen die Figuren angesichts dieser Raumvielfalt?), rücken sie hier hinsichtlich ihrer qualitativen Eigenschaften in den Mittelpunkt. So werden die Grenzen dieser Räume als besonders ausgeprägt gezeigt und zugleich deren Überschreitungen immer wieder drastisch in Szene gesetzt. Mit diesen Überschreitungen gehen dabei auch einzelne Entwicklungsschritte der Titelprotagonistin einher, die ihren Höhepunkt dann in der am Ende stehenden ,Grenzüberschreitung' der Migration finden.

  Von Beginn an wird Leylas kindlich-weiblicher Handlungsraum durch die Darstellung einer spezifisch ,kindlichen' und zugleich spezifisch ,weiblichen' Lebenswelt in der türkischen Gesellschaft der 1940er bis 1960er Jahre sowohl symbolisch als auch geographisch eng abgesteckt. Die Grenzen sind hier durch das innerfamiliäre Patriarchat, den gesellschaftlichen Sittenkodex sowie durch die Zuweisung bestimmter Aufenthaltsräume – vornehmlich zu Hause – gesetzt. Leyla vermag es zunächst

---

[121] Vgl. zum ,weiblichen Raum', insbes. in der Migrationsliteratur, Horst: Der weibliche Raum (2007).

nicht, aus ihnen auszubrechen. Während sich aus Leylas Sicht diese Grenzen als unüberwindbar darstellen, muss sie aber auch erfahren, wie die Grenzen des weiblichen und speziell des kindlich-weiblichen Körperraumes durch andere Personen permanent überschritten werden. Dies geschieht sowohl in Form von erfahrener Misshandlung am eigenen Körper als auch in Form von wahrgenommener körperlicher Misshandlung an anderen, wie es die Schläge und Vergewaltigung der Mutter oder der Missbrauch der Schwester anzeigen. Zugleich werden Übertritte des (weiblich-)kindlichen Körperraumes anhand der durch Leyla indirekt beobachteten Entbindung der Schwester[122] und der Tötung des Babys offenbar. Für die Protagonistin wird hierdurch die raumbildende und verortende Funktion des Körpers empfindlich gestört. Denn insbesondere die Verletzung der grenzbildenden Haut[123] durch äußere Gewalteinwirkung bricht die sich am Körper spiegelnde, identitätsbildende Strukturierung von Innen und Außen auf.

Insgesamt stellt sich der weiblich-kindliche Raum hier als ein Raum dar, dessen Begrenzungen nicht eigenmächtig gesetzt werden können und über dessen Gestaltung ausschließlich von anderen verfügt wird. Damit wird er zu einem gleichermaßen *be*grenzten wie *ent*grenzten und damit ‚unmöglichen' Raum. Wenn nun gerade anhand einer kindlichen und zudem weiblichen Figur gezeigt wird, inwiefern dieser Zustand ‚überwunden' werden kann, dann stellen sich diese Entwicklungsprozesse als besondere ‚Errungenschaften' dar. Denn die ursprünglichen Handlungs- und Körperräume müssen hier zuerst hinterfragt, dann aufgegeben und schließlich völlig neu entworfen werden. Die Wahl einer weiblichen Protagonistin für diesen Roman zeugt m. E. nicht etwa von einer „distanzierte[n] Haltung gegenüber der Migrationsgeschichte"[124], wie es Ezli interpretiert. Sie stellt ganz im Gegenteil den Versuch dar, die Motive der ersten Einwanderergeneration besonders anerkennend und nachvollziehbar darzustellen. Denn für die Titelprotagonistin bestehen als Kind und erst recht als junges Mädchen kaum Möglichkeiten, sich innerhalb ihrer sozialen Umwelt selbst zu positionieren. Dass sie es dennoch schafft, von einer unmündigen, unterdrückten Position in eine selbstständige und selbstbewusste Position zu wechseln, betont zum einen die besondere individuelle ‚Leistung', zum anderen spiegelt sich darin die von der Figur Leyla vertretene ‚Leistung' einer neuen Generation, die sich von althergebrachten

---

[122] Die Geburt im Sinne einer symbolischen ‚Überschreitung' des weiblichen Körperraumes findet sich in allen vier untersuchten Kindheitsromanen als bedeutendes Motiv.
[123] Vgl. zur Haut als symbolischer Fläche bzw. Grenze zwischen Selbst und Welt insbes. Claudia Benthien: *Haut. Literaturgeschichte. Körperbilder. Grenzdiskurse*, Reinbek b. Hamburg 1999.
[124] Vgl. Ezli: Von der Identitätskrise (2006), S. 72. Zitate ebd.

Traditionen lossagt. Dabei vertritt Leyla insbesondere auch eine neue Generation der aufbegehrenden Frauen gegen die Männer.

Wenn zum Beispiel Studer für den Roman insgesamt nur „starke[ ] Frauen" und alle „Männer als Schwächlinge"[125] ausmacht, dann überspitzt sie damit eine vermeintliche Autorenintention, die auf Zaimoğlus Äußerungen zu seinen persönlichen Hintergründen zurückgehen mag. Demnach entstamme dieser einer Sippe „starke[r]" Frauen, die im harten Leben damals ihre Wege gefunden hätten, weswegen er die Frauen der ersten Generation als die „eigentlichen Heldinnen der Einwanderung"[126] sehe. Doch hat der Autor ebenso erklärt, dass es in Bezug auf den Roman lediglich seine Absicht gewesen sei, „die Geschichte einer einfachen türkischen Frau aus dem Volk [zu] schreiben, die es am Ende des Buches nach Deutschland verschlägt"[127]. Im Ganzen betrachtet, zeigen die Mädchenfiguren im Roman eine größere Entwicklung (insbesondere gegenüber den Söhnen) hinsichtlich ihrer Selbständigkeit auf, da sie sich von ihren Familien bzw. von den patriarchalen Strukturen lösen und unabhängig(er) werden. Demgegenüber kehren Leylas ältere Brüder fortwährend zum Vater zurück, um ihm sogar ihr schwer verdientes Geld auszuhändigen, da sie „Angst vor ihrem neuen Leben" (313) hätten, wie Selda erklärt. Selbst am Sterbebett des Vaters stehen die beiden Söhne stramm und warten „auf eine letzte heilige Anweisung" (514), wie es dort heißt, während Leyla hoffnungsvoll fragt: „Es geht mit ihm zu Ende?" (515)

Bei der Hauptfigur Leyla wird eine Entwicklung hin zu mehr Selbständigkeit allerdings erst spät offensichtlich.[128] Über den gesamten Roman begehrt sie nicht offensiv auf, sondern verbleibt objektiv gesehen in dem ihr traditionell vorgegebenen weiblichen Rollenmuster. Es handelt sich bei Leyla vielmehr um einen subjektiv gezeigten, allmählichen, aber nachhaltigen Prozess des Umdenkens. Während bei Demirkan und Özdamar die weiblichen Hauptfiguren aktiv gegen bestimmte „weibliche" Rollenmuster rebellieren, sind es hier eher die weiblichen Nebenfiguren (wie Ipek Hanim oder die Gastgeberin), die sich in ihrer aufreizenden Kleidung oder ihrem provokantem Verhalten gegen die traditionelle Unterdrückung der Frau stellen und, wie Rüdenauer formuliert, dabei „geschickt die Fäden in der Hand"[129] halten. Anhand dieser Frauenfiguren werden einige Einflüsse der einziehenden Moderne in die Türkei zu Mitte

---

[125] Studer: Eintauchen in Geschichten (2006)
[126] Zaimoğlu: Die Zeiten waren hart (2006), S. 56.
[127] Zaimoğlu: Die Zeiten waren hart (2006), S. 56.
[128] Dafür zeigt sich Leyla dann recht schnell „erwachsen", indem sie bspw. das Sterben ihres Vaters als Erlösung bezeichnet. Vgl. hierzu Yeşilada: Zaimoğlu (2006), S. 19.
[129] Rüdenauer: Sich herausnehmen, was sonst nur Jungs tun (2006), S. 4. Auch Thelen spricht von Leyla als einer „starken Frau", vgl. Thelen: Anatolien, Istanbul, Deutschland (2006), S. 13.

des letzten Jahrhunderts gezeigt, doch diese Frauen stehen dabei nicht für die neue Generation der ersten Migranten. Diese wird durch Leyla verkörpert, die sich in ihrer Entscheidung für den Kulturwechsel von der Denkweise der älteren Generation: „So war es immer, und so wird es weitergehen" (395) löst. Während zum Beispiel Leylas Mutter noch der Ansicht ist: „Einmal Heimat, immer Heimat" (316) und ihre kurz aufgekommenen Pläne, den Mann zu verlassen, schnell wieder verwirft, verwirklichen ihre drei Töchter ihren Traum davon, aus dem alten Leben auszubrechen, und verlassen ihre Heimat. Doch anhand von Seldas Ankündigung einer baldigen Rückkehr wird deutlich, dass die Schwestern hier lediglich einen kurzen Arbeitsaufenthalt im Migrationsland im Blick haben, während Leyla für sich und ihre neue Familie eine dauerhafte Veränderung in ihrem Leben anstrebt.

Dadurch dass Leyla ihren Vater letztlich ,überwindet', kann der Roman als eine „Geschichte einer Emanzipation, als Geschichte eines Auf- und Ausbruchs"[130] gelesen werden, insbesondere wenn man die ,Leistung' Leylas relational zu ihrer Sozialisation betrachtet. Die durch Zaimoğlus Kommentierung vorgegebene Bezeichnung als „Heldin" lehnt jedoch Alanyalı für die Romanfigur Leyla aus dem Grund ab, dass diese als Frau ihr Schicksal zu duldsam ertragen habe.[131] Zu einer „Heldin der Einwanderung" wird die Titelprotagonistin des Romans vielleicht dadurch, dass ihre Motivation – ähnlich des Entwurfes der Protagonistin in *Schwarzer Tee mit drei Stück Zucker* – vielmehr darin liegt, ihrem Kind eine bessere Zukunft zu verschaffen: „[I]ch will nur dieses elende Leben hinter mir lassen", erklärt sie, „ich will, daß mein Sohn eine andere Luft atmet." (521)

Ob in *Leyla* aufgrund der somit dargelegten Entwicklung von einem kindlichen, unmündigen und unterdrückten Mädchen zu einer selbständigen Frau „die Tradition des klassischen deutschen Bildungsromans" fortgeschrieben werde, wie Söhler konstatiert[132], bleibt zu diskutieren. Zaimoğlu selbst bezeichnet sein Buch als „typische[n] deutsche[n] Bildungsroman"[133], während Sieglinde Geisel etwa von einem „Adoleszenzroman"[134] spricht. Diese Kategorisierung trifft insofern zu, als sich hier, wie bereits dargelegt, Räume dynamisieren und somit der aktive Positionierungsakt der ,Zugehörigkeit' zum Topos wird. Denn dieser Vorgang findet sich besonders im adoleszenten Entwicklungsraum, in welchem sich „aus Erfahrungen der Zugehörigkeit sowie der Nicht-Zugehörigkeit

---

[130] Alanyalı: Flucht vor dem Mann im Pyjama (2006), S. 3
[131] Alanyalı: Flucht vor dem Mann im Pyjama (2006), S. 3.
[132] Vgl. Söhler: Faule Aprikosen aus Malatya (2006). Auch Pflitsch liest *Leyla* als Bildungsroman. Vgl. Pflitsch: Fiktive Migration (2009) S. 246.
[133] Söhler: Faule Aprikosen aus Malatya (2006).
[134] Geisel: Leyla, eine Travestie? (2006), S. 25.

auf Zugehörigkeit bezogene Verständnisse aus[bilden]"[135]. Hinsichtlich
der Figur Leyla kann davon gesprochen werden, dass sie in ihrer Phase der
Adoleszenz insbesondere durch die von Manolya beeinflussten Erfahrungen allmählich ein Verständnis von Zugehörigkeit entwickelt. Dies geschieht in einem „Prozess des Erarbeitens gesellschaftlicher Position und
Teilhabe"[136].

So gesehen erklärt sich die Figur Leyla in ihrer Konzeption zum Teil
auch aus dem Modell von Sigrid Scheifele, demzufolge Migration oder
zumindest die Veränderung des kulturellen Symbolsystems ein häufiges
Resultat von (familiären) Gewalterfahrungen darstellt.[137] Zwar scheint es
auf den ersten Blick so, als hätte Leyla sich nicht offensiv gegen traditionelle Rollenmuster gestellt, denn sie hat im gesamten Romanverlauf nicht
gegen ihren Vater aufbegehrt. Stattdessen leistet sie eher passiven Widerstand in Form von gedanklichem Widerspruch („Sie können sagen, was
sie wollen, ich halte mich nicht daran.", 86) oder in Form von phantasti-
schen Fluchtutopien. Doch bildet auch oder gerade diese Art des latenten
Widerstands, bei dem Grenzen gedanklich überschritten werden, den
Ausgangspunkt für später realisierte Grenzüberschreitungen. Hinsichtlich der am Ende des Romans stehenden Migration ergibt die Betrachtung
der Entwicklung Leylas, dass genau diese fiktiven ,Ausbrüche' den Ursprung ihres tatsächlichen ,Ausbruchs' aus der ihr zugeschriebenen gesellschaftlichen Position bilden.

In dieser im Roman mit Thelens Worten nachgezeichneten „klassische[n] Spur der Migration" habe Zaimoğlu einige klassische Motive der
Gastarbeiterliteratur eingefügt[138], dabei jedoch keine Betroffenheitslitera-
tur geschrieben.[139] Auch Esselborn ist der Ansicht, mit dem Roman *Leyla*
kehre Zaimoğlu zwar „wieder zur Vorgeschichte der Arbeitsmigration in
der Türkei zurück", es sei jedoch „keine dokumentarische Opfergeschich-
te mehr" wie sie beispielsweise noch bei Saliha Scheinhardt in den 1980er
Jahren zu finden war.[140] Vielmehr sei der Roman ähnlich den Romanen

---

[135] Britta Hoffarth und Paul Mecheril: „Adoleszenz und Migration. Zur Bedeutung von
Zugehörigkeitsordnungen", in: Vera King und Hans-Christoph Koller (Hrsg.): *Adoleszenz – Migration – Bildung. Bildungsprozesse Jugendlicher und junger Erwachsener
mit Migrationshintergrund*, Wiesbaden 2006, S. 221-240, hier S. 230.
[136] Vgl. Hoffarth/Mecheril: Adoleszenz und Migration (2006), S. 223, Zitat ebd.
[137] Vgl. Scheifele: Migration und Psyche (2008), S. 17f.
[138] Vgl. hierzu auch Yeşilada: Zaimoğlu (2006), S. 20. Yeşilada zufolge bezieht sich Zaimoğlu dabei auf Autoren wie Şinasi Dikmen oder Aras Ören und lehnt sich an Darstellungen von Scheinhardt, Baykurt oder auch Özdamar. (Vgl. ebd.)
[139] Vgl. Thelen: Anatolien, Istanbul, Deutschland (2006), S. 13.
[140] Vgl. Karl Esselborn: „Unterschiedliche Erscheinungsformen der Interkulturali-
tät/Transkulturalität deutschsprachiger Literatur am Beispiel von Horst Bienek, Feridun Zaimoğlu und Yoko Tawada", in: Ernest W. B. Hess-Lüttich (Hrsg.): Kommuni-

Özdamars aus einer „neuen selbstbewußten Perspektive einer sich emanzipierenden türkischen Frau"[141] geschrieben.

kation und Konflikt. Kulturkonzepte in der interkulturellen Germanistik, Frankfurt a.
M. u. a. 2009, S. 321-347, hier S. 337, Zitate ebd.
[141] Esselborn: Unterschiedliche Erscheinungsformen (2009), S. 338.

VI. SCHLUSSBETRACHTUNG

Kindheitsromane aus dem Bereich der deutsch-türkischen Migrationsliteratur variieren und erweitern den literaturhistorisch vielfach besetzten
Topos der Kindheit in seiner kulturellen Signifikanz. Sie knüpfen ästhetisch und symbolisch an Traditionen idealisierter Selbstreferenz bzw. individueller Entwicklungs(re)konstruktion an. Doch sie geben der Raum-
figur ‚Kindheit‘ auch eine ganz neue Funktion. So leisten die hier untersuchten Romane weit mehr als nur eine „Aufarbeitung der Geschichte der
türkischen Arbeitsmigration nach Deutschland"[1], wie etwa Pflitsch es
fasst. Ihre Analyse hat insbesondere gezeigt, inwiefern über Kindheit als
Thema wie auch als Darstellungsmodus Prozesse (trans)kultureller Identitätsbildung verhandelt werden. Die autofiktiv konstruierten Kindheiten
rekurrieren auf textexterne Konstellationen der Migration, indem sie den
‚Lebensbruch‘ des Kulturwechsels auf inhaltlicher sowie auf erzähltechni-
scher Ebene vielfach widerspiegeln. Im Mittelpunkt stehen dabei Überschreitungen bestimmter (Entwicklungs-)Grenzen sowie damit verbundene Schwellenerfahrungen. Diese werden durch narrativ-sinnstiftende
Aneignung einer Zurückblickenden miteinander verknüpft und begründen dadurch einen über die vergangene Kindheit hinausgehenden Raum
kultureller Selbstverortung.

Die untersuchten Romane haben hinsichtlich ihrer Darstellungsform
inszenierter Kindlichkeit das Erzählprinzip der Naivität gemeinsam. Es
handelt sich dabei um eine Textstrategie, die mit einer auf die kindlichen
Hauptfiguren bezogenen Komplexitätsreduktion operiert. Sie wird nicht
nur als Mittel eingesetzt, um die äußerst negativen und traumatischen Erfahrungen der Kinderfiguren (Missbrauch, Gewalt, Tod etc.) überhaupt
darstellbar zu machen. Die Hauptfunktion des erzählerischen Schauens
aus einem scheinbar naiven Blickwinkel liegt hier darin, vorgeblich
sprachliche, soziale und/oder kulturelle Codes nicht zu kennen, um
dadurch gezielt auf sie anspielen und kulturspezifisch Tabuisiertes zur
Sprache bringen zu können. Das zu dieser Erzähltechnik gehörende (häufige) Aufbrechen des Naivitätsmodus durch seine betonte Inszeniertheit,
aber auch durch sprachliche oder erzählstrukturelle Zäsuren – speziell
durch Prolepsen – findet sich in allen behandelten Erzähltexten. Bei
Özdamar lässt sich dies vornehmlich anhand ihrer kindlich anmutenden,
deutsch-türkischen Sprachverfremdung – von ihr als „Kindheitsrhythmus" bezeichnet – aufzeigen, die als ‚Störung‘ konzipiert ist. So entwirft
der *Karawanserei*-Roman eine immerfort ‚bewegte‘ Kindheit, die von
Selbsterschütterungen und Fremdheitsbegegnungen geprägt und durch
sie strukturiert wird. Im Gesamtbild wird durch diese Dynamik prinzipi-

---

[1] Pflitsch: Fiktive Migration (2009), S. 247.

eller Dislokation ein gewissermaßen ent-grenzter Kindheitsraum entworfen, dessen irritierend ‚schwebender' Charakter sich besonders in den etlichen inhaltlichen und stilistischen Wiederholungen zeigt. Ähnlich irritierend gestaltet sich die kindlich-naive Perspektive der Titelprotagonistin in
Zaimoğlus *Leyla*, welche die dargestellte Gewalt so reduziert wie expo-
niert erscheinen lässt und dabei immer wieder durch ein häufig ‚unzuverlässiges' Erzählen gebrochen wird.

Ein gleichermaßen ‚verstörendes' Darstellungsprinzip zeichnet sich
in Özdoğans Roman ab, indem gerade das episodisch anklingende Erzählen über die kindlich-naive Tochter des Schmieds das psychopatholo gische Ausmaß ihrer besonders schweren Traumatisierung hervorhebt. Dies
wird dadurch unterstrichen, dass die gealterte Gül im Epilog ihre Ängste
zu relativieren versucht. Insbesondere aus diesem Nachtrag wird die
Struktur einer rekapitulierten Kindheitsgeschichte in Anatolien ersichtlich, die als erklärender Prätext für die Migration nach Deutschland erscheint. Doch ist durch die mehrmalige Blickumkehr innerhalb der Kindheitserzählung bereits eine Fremdbegegnung präsent, deren ‚Schrecken'
sich in den dargestellten Kindheitserfahrungen abbilden. Im Zentrum
steht dabei das durch den Mutterverlust ausgelöste Verlassenheitsgefühl,
ein Fragmentierungszustand, aus dem heraus sich die Protagonistin immer wieder neu organisieren muss. Ihre rückblickend idyllisierte Bindung
an den Vater sowie ihr Rückzug in sich selbst können diesen Zustand
temporär aufheben, bevor er durch den Schrecken des Erwachsen-
Geworden-Seins in der Nachrede erneut zutage tritt.

Die hier verdeutlichte Distanz zwischen der Erzählerin und der erzählten Figur legt auch Demirkans Montagestruktur von Rahmen- und
Binnenerzählung offen, bei der die als kindlich inszenierte Weltsicht immer wieder in Relation zur erwachsenen, postmigrantischen Sicht gesetzt
wird. Diese besondere Form der nahe am Kinderblick und zugleich aus
großer Distanz gestalteten Narration resultiert Şölçün zufolge aus der
„erzählerische[n] Souveränität"[2], mit welcher die Ich-Erzählerinnen vor
ihrem kulturellen Erfahrungshorizont ihre Vergangenheit so konstruieren, dass sie spielerisch verfremdend inszeniert werden kann.

Somit präsentiert sich dieses erzähltechnische Verfahren als ein von
den Autorinnen und Autoren kulturelles Rollenspiel[3] mit der Differenz
zwischen Wissen und Nicht-Wissen. Dabei findet sich der Leser in die

---

[2] Sargut Şölçün: „Gespielte Naivität und ernsthafte Sinnlichkeit der Selbstbegegnung.
Inszenierungen des Unterwegsseins in Emine Sevgi Özdamars Roman *Die Brücke vom
Goldenen Horn*", in: Aglaia Blioumi (Hrsg.): *Migration und Interkulturalität in neueren literarischen Texten*, München 2002, S. 92-111, hier S. 94.
[3] Deniz Göktürk weist in diesem Zusammenhang darauf hin, dass die Autorinnen Demirkan sowie Özdamar selbst auch Schauspielerinnen sind. Vgl. Göktürk: Kennzeichen: weiblich / türkisch / deutsch (1999), S. 519.

dargestellte Kinderfigur versetzt, insofern er wie diese einen sprachlichen und kulturellen Lern- bzw. Aneignungsprozess durchläuft. Über den kindlich-naiven, unvermittelten Blick auf das Geschehen eröffnen sich dem Leser neue Sichtweisen auf kulturelle Praktiken, und über die kindlichen Sprachspiele (rhythmische Lautfolgen oder wiederholte Fragen) ‚tastet‘ sich der Leser gemeinsam mit der Kinderfigur an Unbekanntes heran. Zugleich versteht der Leser die dargestellten Kindheits- und Sozialisationsgeschichten aus der Türkei der 1950er Jahre immer auch in Relation zu ihrer postmigrantischen Reflexionsebene. Das heißt, es tritt hinter der jeweiligen kindlichen ‚Erzählmaske‘ immer wieder die eigentliche, erwachsene Erzählinstanz hervor, die indirekt und direkt auf die Migrationserfahrung rekurriert. Die Intention dieses erzählstrategischen Wechselspiels zwischen Nähe und Distanz, zwischen naiver und relationaler Betrachtungsweise – das heißt zwischen dem ‚kindlichen‘ und dem ‚erwachsenen‘ Blick – besteht schließlich darin, den gewohnten Blick auf vermeintlich feststehende kulturelle wie sprachliche Muster zu unterlaufen und diese dadurch als relativ erfahrbar zu machen.

Neben diesen erzähltechnischen Spezifika von inszenierter Kindlichkeit weisen die in den vorliegenden Romanen konstruierten Kindheiten insbesondere auch symbolische Funktionen auf. So stellen die präsentierten Kindheiten Anfangs- und Entwicklungsgeschichten und nicht zuletzt Loslösungsgeschichten dar, in denen sich bereits die späteren Migrationserfahrungen spiegeln. Als wesentlicher symbolischer Träger dieser Migrationserfahrungen fungieren die immer wieder inszenierten ‚Grenzerfahrungen‘. Gemeint sind damit nicht unbedingt Überschreitungen von bestimmten, institutionalisierten Grenzen. Zwar ist die Migration zumindest bei Demirkan integraler Bestandteil, sodass bereits die kindliche Protagonistin eine konkrete nationale Grenze überschreiten muss. Vor allem aber befindet sie sich in ihrem Alltag immer wieder in anders gelagerten ‚Grenzsituationen‘, die sich speziell aus ihren Erfahrungen mit der Welt außerhalb ihrer familiären Herkunftskultur ergeben.

In allen hier entworfenen Kindheiten werden problematische Erfahrungen dargestellt, bei deren Verarbeitung die Kinderfiguren auf keinerlei gewohnte Handlungsmuster zurückgreifen können und die sie daher irritieren. Es handelt sich um Erlebnisse (Verlust, Armut, Gewalt), die jedes zuvor entworfene Weltmodell zerstören, indem sie die Annahme von der Existenz bestimmter Grenzen widerlegen. Mithin kennzeichnen sich die erzählten Kindheiten durch die Erfahrung einer gewissen Art von – in jedem Fall befremdlich erscheinender – Ent-grenzung. Denn weder das ‚Zwischenraumkind‘ aus *Schwarzer Tee*, das sich seiner Kindheit beraubt fühlt, noch die Ich-Erzählerin der *Karawanserei*, die ständig aus ihren sozialen Strukturen gerissen wird, noch die Figur Leyla, die körperliche wie psychische Gewalt erfahren muss, können sich auf feststehende Grenzen verlassen, innerhalb derer sie sich in ihrem Prozess kindlicher Welterfassung orientieren können. Stattdessen kommt es für die Protagonistinnen immer wieder zu Fremdheitsbegegnungen im Sinne von Situationen der Diffamierung, der Verlassenheit, der Hilflosigkeit etc. Diese Erfahrungen des Sich-fremd-Fühlens, des Fremd-Seins oder des Fremd-Werdens durchziehen alle vier vorliegenden Kindheitsnarrative und deuten dabei bereits auf die (post)migrantische Fremdheit voraus. So führt insbesondere der in *Die Tochter des Schmieds* erzählte Mutterverlust schon früh zu der gravierenden ,Grenzerfahrung' eines erschütternden Verlassenheitsgefühls, das in verschiedenen körperlichen wie psychischen Begleitreaktionen immer wieder zum Vorschein kommt.

Die bedeutendste Nachwirkung solcher Erschütterungen stellt der aus Sicht der kindlichen Protagonistinnen in allen hier untersuchten Romanen beschriebene ,Schwebezustand' dar, bei dem ihnen sprichwörtlich der Boden unter den Füßen schwindet. Die hier zum Tragen kommende körperliche Erfahrung der Spaltung, bei der sie sich fühlen, als verließen sie ihren Körper und schauten von oben auf sich selbst herab („out-of-body-experience"), geht dabei auf fehlende Bezugsmöglichkeiten der Protagonistinnen zurück. Dieses in traumatischen Situationen typische Abwehrmuster der Entrealisierung[4] findet sich sowohl bei dem ,Zwischenraumkind' Demirkans und bei der ,ortlosen' Protagonistin Özdamars als auch bei der mutterlosen Gül und der misshandelten Leyla. Eine zweckmäßige Strategie, dieser undefinierten Schwebe entgegenzuwirken, ist das Entwerfen von statischen und begrenzten Räumen, wie sie durch eine Idylle verkörpert werden.

Solche unmodifizierbaren, inneren Erinnerungsbilder im Sinne von Zufluchtsorganisationen sind als paradiesische Kindheit(smomente) in die Erzähltexte integriert. Sie zeigen sich sowohl in der gesamten Struktur der Retrospektive mit positiver Gesamtbilanz (wie zum Beispiel in der *Tochter des Schmieds*) als auch in einzelnen Segmenten, die wiederum von den Kinderfiguren selbst imaginiert werden (wie zum Beispiel in *Leyla*). Ob berauschende Musik oder himmlische Obstgärten – alle Mädchen imaginieren sich zur Kompensation negativer Wirklichkeit eigene, naive Welten des permanenten Glücks. In der neu entworfenen, idealisierten Welt – einer Art Hyperraum ohne Konflikte – setzen und definieren sie Grenzen eigenständig und stellen damit ihre durch erfahrenes Unheil zerstörte Ordnung wieder her. Dadurch gelingt es ihnen, die hier so bezeichneten ,unmöglichen' weiblich-kindlichen Räume supressiver Gewalt oder schmerzlicher Verluste über ausgemalte Paradiese aufzubrechen. Auf der Ebene der jeweiligen Erzählerin vermag diese es, im elliptischen Erzählen über Brüche hinweg der dargestellten Kindheit eine idyllisierte

---

[4] Vgl. Fischer: Psychoanalyse und Psychotraumatologie (2000), S. 13.

Form zu verleihen. Einzelne Stationen ortloser Kindheit werden bei Özdamar zu einem einheitlichen ‚Bühnenstück' zusammengefügt, einzelne Grenzerfahrungen der ‚Zwischenraumkindheit' werden bei Demirkan als multikulturelle Utopie in die Zukunft projiziert. All diese Formen entsprechen einem narrativen „framing", das nach Kalb den absoluten Bruch in der Entwicklung des leidenden Selbst abwendet.[5] In Bezug auf die Ebene der Figurenpsychologie kann man sagen, dass die durch Grenzüberschreitung (von nationalen, kulturellen, persönlichen Grenzen etc.) charakterisierte Migration hier mit Anselms Worten „seelisch wirksam"[6] wird: Sie produziert eine Phantasie von begrenzten Räumen, die der Vorstellung vom Paradies in seiner topographischen wie gedanklichen Fixierung entsprechen.

Im Umkehrschluss zeigt das in jedem der vier Romane auf der Figurenebene häufig inszenierte Ausweichen auf paradiesische, abgeschlossene Gegenwelten – mithin die Tendenz zur Idyllisierung der Kindheit – eine akute Krisensituation der Figur bzw. der Erzählerin an. Denn diese ‚Krise' erklärt sich sowohl aus der Perspektive der Kinderfiguren als auch aus der postmigrantischen Perspektive der Erzählerinnen, die jeweils in ihrem bisherigen Identitätsbewusstsein erschüttert werden bzw. worden sind. Grund dafür ist eine Verlusterfahrung, etwa von Heimat oder von Sprache, wie sie besonders durch die „Dialektmauer" zwischen der kindlichen Protagonistin und ihrer Mutter in der *Karawanserei* verkörpert wird. Ein weiteres Motiv ist Orientierungslosigkeit, die bei den verlassenen Protagonistinnen in Demirkans und Özdoğans Text im Vordergrund steht. Bei der Betrachtung solcher Erschütterungsmomente im Sinne einer Projektion von Migrationserfahrungen zeigen die hier immer wieder aufgerufenen Kindheitsparadiese eine doppelte Dimension: Sie sind sowohl in die Vergangenheit als auch in die Zukunft gerichtete und die gegenwärtige Krise aufhebende utopische Imaginationen.[7] Denn wie besonders die religiöse Paradiesvorstellung in ihrem Akt der Vergegenwärtigung die heilsgeschichtlich inspirierte Sehnsucht abbildet, dass „auf eine Phase der Trennungen und Zerrissenheit eine neue Einheit folgt"[8], stehen die vielen kleinen ‚Paradiese' in den Kindheitskonstruktionen für utopische Räume ungebrochener Identität.

Doch bleibt es in den dargestellten Kindheiten weder bei undefinierten Schwebezuständen noch bei rein imaginativen Grenzüberschreitun-

---

[5] Vgl. Kalb: Selbstbildung im Leiden (1999), S. 165.
[6] Sigrun Anselm: „Grenzen trennen, Grenzen verbinden", in: Richard Faber und Barbara Naumann (Hrsg.): *Literatur der Grenze – Theorie der Grenze*, Würzburg 1995, S. 197-209, hier S. 197.
[7] Vgl. hierzu auch Alefeld: Göttliche Kinder (1996), S. 16.
[8] Meike Sophie Baader: *Die romantische Idee des Kindes und der Kindheit. Auf der Suche nach der verlorenen Unschuld*, Neuwied u. a. 1996, S. 229.

gen. Was die Kindheitsromane darüber hinweg vorführen, sind Entwicklungs- bzw. Ermächtigungsprozesse der jeweiligen kindlichen Protagonistinnen. So bild- und klischeehaft alle vier Texte zunächst die von der Forschung als überwunden geglaubte Kategorie der ‚Betroffenheit' aufrufen, so nachdrücklich weisen sie schließlich über sie hinaus. Denn es werden auf der Figurenebene ausschließlich Protagonistinnen gezeichnet, die aufgrund von Fremdheit, Armut und/oder Gewalt physisch und psychisch leiden, die sich parallel dazu jedoch weiterentwickeln und dabei ihre Lage zunehmend reflektieren können. Dabei ‚überwinden' allmählich sie ihre anfängliche Naivität und Passivität und werden zu eigenständigem, selbstbewusstem Handeln fähig.

Dieser Prozess wird zum Teil durch den ebenfalls dargestellten Gesellschaftswandel in der Türkei der 1950er Jahre ermöglicht. Er ist vor allem aber den persönlichen Erfahrungen sowie der jeweiligen psychischen Disposition der benachteiligten Protagonistinnen geschuldet: Sie alle haben diverse Selbsterschütterungen erlebt und erweisen sich dennoch oder gerade deswegen als ‚stark' genug, ihr gewohntes Lebensmodell zu durchbrechen. Sie wagen schließlich den Schritt, sich von ihrem bisherigen Leben loszusagen und einen unbekannten Weg einzuschlagen. So werden sie gewissermaßen als diejenigen „Entwurzelten" dargestellt, welche, wie Kemal Kurt es in seinen *Bildern einer Kindheit* beschreibt, die „Lasten eines Lebens in der Fremde als erste und bereitwillig auf sich nahmen."[9] Damit zeigen diese explizit an Mädchenfiguren vorgeführten, teleologisch auf die Migration hin ausgerichteten Emanzipations- und Loslösungsgeschichten das Aufbrechen kulturspezifisch festgelegter weiblicher Rollenmuster als Ausgangspunkt der deutsch-türkischen Migrationsgeschichte. Zugleich reflektieren sie damit die Leistung der Überwindung kultureller (Macht-)Strukturen und Grenzen durch die ‚betroffene' erste Einwanderergeneration.

Zusammengenommen werden über diese in allen vier Romanen zu beobachtenden Gestaltungs- und Entwicklungsprozesse der Kindheit an Grenzen entlang und über Grenzen hinweg nicht nur einzelne Erfahrungsräume umdefiniert und/oder utopisch besetzt. Vielmehr wird ein geschlossener – aber nicht abgeschlossener – Erfahrungs- und Identitätsraum *insgesamt* konstruiert. Scheint er zunächst im Sinne einer Verfügung über die Geschichte einer Subjektwerdung einen definierten Raum abzubilden, so stellt er sich bei näherer Betrachtung als dynamisch und variabel heraus. Inhaltlich wird dieser sich permanent in Bewegung befindliche Raumbildungsprozess durch das Besteigen des Zuges angezeigt, mit dem alle vier Romane enden. Es verweist in seiner Dynamik auf die prinzipielle Unabgeschlossenheit jeder Identitätssuche. Demnach lässt

---

[9] Kurt: Bilder einer Kindheit (1986), S. 111.

sich auch mit der (Re-)Konstruktion von Kindheit Identität nicht ‚feststellen‘.

Von außen betrachtet kann dies ein Grund dafür sein, dass sich gleich drei Autor(inn)en der hier untersuchten Texte dazu veranlasst sahen, ihre Kindheitsromane Jahre später durch Folgeromane – Özdamars *Die Brücke vom Goldenen Horn* (1998), Demirkans *Septembertee oder Das geliehene Leben* (2008) und Özdoğans *Heimstraße 52* (2011) – noch einmal zu kommentieren. Es ist ein Indiz dafür, dass erzählte Kindheit als Teil eines subjektiven Semantisierungsprozesses grundsätzlich einen Raum abbildet, dessen kulturelle Wissensordnungen und „gesellschaftliche[ ] Hierarchien", wie Hallet und Neumann hinzufügen, „ständig neu gesetzt, reflektiert oder transformiert werden."[10] Somit ist jede Lebensgeschichte eine ‚bewegliche‘ Geschichte, die ihre Form und sogar ihre Inhalte je nach Reflexionskontext, Wissenshorizont und Wertmaßstab ändert, sodass auch jede Kindheitsgeschichte im Prinzip immer wieder neu geschrieben werden *muss*.

In diesem Sinne stehen die in den Romanen zur Darstellung gebrachten Grenzüberschreitungen und -auflösungen zum einen dafür, dass es sich bei Grenzen – insbesondere bezogen auf Subjekte und auf Identität – um keine feststehenden Realitäten handelt, sondern um konstruierte Unterscheidungsmerkmale, die relativ sind. Zum anderen wird das Übertreten bestimmter Erfahrungsgrenzen als unhintergehbar gezeigt, wie es das ständige Fortschreiten in einzelnen Entwicklungsschritten verdeutlicht. Jeder neue Schritt bedeutet auch wieder einen neuen Anfang bzw. eine neue Ausgangssituation. Erst die Reflexion der entstandenen Neukonstellationen misst den einzelnen Abgrenzungen voneinander überhaupt ihre/eine Bedeutung bei. So ‚bemerken‘ es die in den Romanen konzipierten naiven Kinderfiguren naturgemäß kaum, wenn sie eine bestimmte (Entwicklungs-)Grenze überschreiten. Diese Erkenntnisse werden ihnen erst aus der reflexiven Erzählperspektive, in welche alle vorliegenden Kinderfiguren eingebettet sind, zugeschrieben.

Eine solche zweidimensionale Darstellung von Grenz-Wahrnehmungen ermöglicht eine relativierende Sichtweise und bezieht sich dabei im Erzählen von Geschichten deutsch-türkischer Arbeitsmigration im Speziellen auf kulturelle Merkmale. Derweil ist zu beobachten, dass das allgemeine Bild einer *entweder* deutschen *oder* türkischen Kultur – und damit einer scheinbar unüberwindbaren Grenze – auch nach den kürzlich gefeierten 50 Jahren gemeinsamen Lebens in Deutschland[11] durchaus noch Be-

---

[10] Hallet/Neumann: Raum und Bewegung in der Literatur (2009), S. 25.
[11] Am 31.10.2011 jährte sich der Abschluss des deutsch-türkischen Abkommens zur Anwerbung türkischer Arbeitskräfte für den deutschen Arbeitsmarkt zum 50. Mal. Vgl. hierzu etwa den Artikel „50 Jahre deutsch-türkische ‚Anwerbevereinbarung‘" so-

stand hat. Kultur(en) aus der ‚Rand'-Sicht inszenierter Kindlichkeit zu beleuchten – Hofmann zufolge ein bezeichnendes Phänomen interkultureller Literatur[12] – bildet eine besonders produktive Möglichkeit, sich ihr/ihnen gegenüber (neu) zu verorten.

Kindheits(auto)biographien haben, wie Havekost aufzeigt, traditionell die Funktion, eine Gruppenidentität „in einer kulturellen oder ethnischen Minderheit zu produzieren", und sie entstehen vermehrt zu Zeiten „der ideologischen Umorientierung"[13]. Demzufolge handelt es sich bei den hier analysierten Kindheitsdarstellungen um Reaktionen auf diejenige ‚Umorientierung', welche die Globalisierung und die Migrationsbewegungen mit sich gebracht haben. Meines Erachtens unterscheiden sich die Kindheitsgeschichten von Özdoğan und Zaimoğlu in ihren Voraussetzungen gar nicht so „fundamental"[14] von denen Özdamars oder Demirkans, wie Pflitsch konstatiert. Denn auch wenn beide Autoren auf keine unmittelbaren Erfahrungen zurückgreifen konnten, stellen diese entgegen Pflitschs Ansicht keine „fiktiven Migrationen"[15] dar – bzw. anders gewendet bilden *sämtliche* der vier Texte grundsätzlich fiktive Migrationen ab. Denn sie rekonstruieren sowohl die Geschichte(n) der Vorfahren ihrer Autor(inn)en als auch deren eigene Geschichte und ordnen sie dabei neu. Sie transformieren Erinnerungen – ob mittelbare oder unmittelbare – in fiktionale Narrationen und müssen dazu dieselben erzähltechnischen wie psychologischen ‚Hürden' nehmen. Diese sind zum Beispiel: Erinnerungen ordnen, zusammenfügen, versprachlichen und dabei Amnesie, Deckerinnerungen und Tabus reflektieren.

So liegt weder für die beiden männlichen noch für die beiden weiblichen Autor(inn)en und weder für die älteren noch für die jüngeren Romane das Hauptmotiv darin, mit ihren Kindheitsdarstellungen auf das „Informationsdefizit der meisten Deutschen" zu reagieren und diesen „kulturelle Nachhilfe"[16] zu geben, wie es Heike Henderson hinsichtlich

---

wie das Veranstaltungsprogramm auf der Homepage der Deutschen Botschaft in Ankara unter: http://m.ankara.dip
lo.de/Vertretung/ankara/de/03_Presse/Anwerbeabkommen/Anwerbevertrag.html
(zuletzt eingesehen am 09.12.2012).

[12] Vgl. Hofmann: Der verfremdete Blick (2006), S. 219.

[13] Hermann Havekost: „Vorwort", in: Michael Fritsche (Hrsg.): *Besonnte Kindheit und Jugend? Autobiographische Texte aus verschiedenen Kulturen*, Oldenburg 1992, S. 7-10, hier S. 7.

[14] Pflitsch: Fiktive Migration (2009), S. 243. Pflitsch bezieht hier jedoch nicht auf den Roman von Renan Demirkan.

[15] Pflitsch: Fiktive Migration (2009), S. 242.

[16] Henderson: Geschichte(n) erzählen (2000), S. 81. Ansonsten zeigten die Erinnerungen an Kindheiten in der Türkei lediglich „Geschichte in ihrer Diskontinuität und Bewegtheit" und ergänzten „die offizielle (Literatur-)Geschichte der Bundesrepublik Deutschland um einen oft ausgegrenzten Teil unserer gemeinsamen Geschichte". Ebd., S. 84.

einer explizit für den „westlichen Markt"[17] geschriebenen Kindheitslitera-
tur von deutsch-türkischen Autor(inn)en formuliert. Vielmehr erzählen
alle vier Autor(inn)en – ob aus Sicht der ersten Generation oder aus Sicht
der Nachfolgegeneration – Kindheitsgeschichten, die auf ähnliche Erfah-
rungsarchive zurückgreifen. Zudem orientieren sie sich an einigen tradier-
ten Narrativen einer gemeinsamen kulturellen Vergangenheit. Und drittens sind ihnen allen auch traumatische Migrationserfahrungen aus individueller Perspektive eingeschrieben. Somit wird hier nicht nur die kollektive Geschichte der ersten türkischen Einwanderergeneration nach
Deutschland rekonstruiert, um – wie Zaimoğlu es nennt – bei sich selbst
anzukommen.[18] Es werden vielmehr individuelle Anfangs- und Entwicklungsgeschichten geschrieben, um das kulturelle Selbst und damit auch
ein Stück der kulturellen Gemeinschaft, deren Teil es darstellt, *fort*schreiben zu können.

Inwiefern sich solche Modelle auch auf andere Bereiche der Migrati-
ons- oder Exilliteratur übertragen ließen, wäre ein sich hier anschließen-
des Forschungsgebiet. Betrachtet man z. B. Kindheitsdarstellungen jüdischer Exilautoren wie Vladimir Vertlibs Roman *Zwischenstationen*
(1999)[19], zeigen sich einige ähnliche Muster und Verfahren: Hier wird die
Kindheit eines emigrierten russisch-jüdischen Jungen rückblickend erzählt, die von etlichen Umbrüchen geprägt ist. Allerdings zeigt das Erzählen hier stärker autobiographische Strukturen; und als gemeinsamer Erfahrungshorizont tritt neben der Migration immer wieder die Shoa hervor. Eva Lezzi spricht in ihrer Analyse literarischer Kindheitsdarstellungen zur Shoa (2001) von einem verbindenden „autobiographischen Impuls"[20]. Unter einem solchen Blickwinkel zeigt sich meines Erachtens ein
möglicher Ansatzpunkt für eine vergleichende Studie zu deutsch-
türkischen Kindheitsdarstellungen. Dann, um bei diesem Begriff zu bleiben, liegt der „autobiographische Impuls" – der hier eher ein „autofiktio-
naler Impuls" zu nennen wäre – in den untersuchten Romanen stärker in
einer verbindenden Erfahrung vor dem Hintergrund der besonderen (und
andauernden!) deutsch-türkischen Migrationsgeschichte. Diese außerhalb
der Kindheitsromane liegenden – und dann doch in den genannten Folgeromanen zur Sprache gebrachten – Fremdheitserfahrungen und Fremd-
heits*zuschreibungen* sind auf die dargestellten Kindheiten zurückgespie-
gelt und machen ihren besonderen Charakter aus. In einem derart präsenten In-Beziehung-Setzen der Vergangenheit zu späteren Erfahrungen
werden migrantische Entwicklungswege nachgezeichnet und dadurch
überhaupt erst aufgezeigt. Somit werden über die Kindheitskonstruktio-

---

[17] Henderson: Geschichte(n) erzählen (2000), S. 81.
[18] Vgl. Ostrowicz/Ulrich: Wer Augen hat, der sehe (2009).
[19] Vladimir Vertlib: *Zwischenstationen*, Wien 1999.
[20] Lezzi: Zerstörte Kindheit (2011), S. 353.

nen nicht nur Geschichten erzählt, sondern es wird Geschichte geschrieben. Bei den Lebenserzählungen, die hier Kindheitserzählungen sind,
steht im Sinne einer Lebensgeschichtsschreibung die Zuschreibung von
Bedeutung zur Vergangenheit im Vordergrund. Es geht um eine Bildung
von Sinn, die besonders dann notwendig wird, wenn negative Erfahrungen, die hier als „Sinnstörungen" vorliegen, verarbeitet und neu angeeig-
net werden sollen.

So tritt eine besondere Bedeutung der Kohärenz hervor, die nicht
einfach im Nacherzählen der Vorgeschichte der deutsch-türkischen Arbeitsmigration aufgeht, da es sich hier nicht um ein historisches Ereignis
im Sinne eines abgeschlossenen Kapitels handelt. Vielmehr zeigt die Bezugnahme zur Gegenwart, dass der Verlusterfahrung auf der einen Seite
auch das Finden auf der anderen Seite gegenübersteht. Doch wie geht es
genau damit weiter, werden dabei auch ‚Erfolgsgeschichten' erzählt? Drehen sich diese Geschichten noch (oder wieder?) um kulturelle Veror-
tungsprozesse, und inwiefern verändern sie ggf. wiederum die Sichtweise
auf die Romane der „ersten" Generation? Diese Fragen eröffnen neue
Untersuchungsfelder, für die sich jüngste Romane und auch Filme von
Autor(inn)en bzw. Künstler(inne)n nachfolgender Generationen von
Grenz(über)gängern anbieten.

VII BIBLIOGRAPHIE

Primärliteratur

Demirkan, Renan: *Schwarzer Tee mit drei Stück Zucker*, Köln 1991.

Demirkan, Renan: *Septembertee oder Das geliehene Leben*, Berlin 2008.

Özdamar, Emine Sevgi: „Das Leben ist eine Karawanserei hat zwei Türen aus einer kam ich rein aus der anderen ging ich raus" (1992), in: dies.: *Sonne auf halbem Weg. Die Istanbul-Berlin-Trilogie*, Köln 2006.

Özdamar, Emine Sevgi: *Der Hof im Spiegel. Erzählungen*, Köln 2001.

Özdamar, Emine Sevgi: *Mutterzunge*, Berlin 1990.

Özdoğan, Selim: *Die Tochter des Schmieds*, Berlin 2005.

Özdoğan, Selim: *Heimstraße 52*, Berlin 2011.

Zaimoğlu, Feridun: *Leyla*, Köln 2006.

Sekundärliteratur

Abel, Julia: „„Migrationsliteratur ist ein toter Kadaver.' Ein Gespräch (mit Feridun Zaimoğlu)", in: *Literatur und Migration* (*Text + Kritik* Sonderband IX/06), hg. von Heinz Ludwig Arnold, München 2006, S. 159-166.

Adelson, Leslie A.: „Against Between – Ein Manifest gegen das Dazwischen", in: *Literatur und Migration* (*Text + Kritik* Sonderband IX/06), hg. von Heinz Ludwig Arnold, München 2006, S. 36-46.

Aigner, Josef Christian: *Der ferne Vater. Zur Psychoanalyse von Vatererfahrung, männlicher Entwicklung und negativem Ödipuskomplex*, Gießen ²2002.

Alanyalı, Iris: *Die Blaue Reise und andere Geschichten aus meiner deutsch-türkischen Familie*, Reinbek b. Hamburg 2006.

Alanyalı, Iris: „Die Flucht vor dem Mann im Pyjama. Feridun Zaimoğlu gibt Leyla, Türkin der ersten Einwanderer-Generation, eine Jugend und ein Gesicht", in: *Die Welt* vom 08.04.2006, S. 3.

Albath, Maike: „Mein Goldkörnchen, mein Silberstern. *Leyla* – Feridun Zaimoğlus Roman über das Leben einer Frau", in: *Neue Zürcher Zeitung* vom 31.05.2006, S. 43.

Albrecht, Monika: „Jenseits des ‚Dazwischen': Renan Demirkans Beitrag zur Diskussion gegenwärtiger kulturtheoretischer Fragen", in: *German Life and Letters* 59: 4 (2006), S. 540-554.

Alefeld, Yvonne-Patricia: *Göttliche Kinder. Die Kindheitsideologie in der Romantik*, Paderborn u. a. 1996.

Allrath, Gaby und Surkamp, Carola: „Erzählerische Vermittlung, unzuverlässiges Erzählen, Multiperspektivität und Bewusstseinsdarstellung", in: Vera Nünning und Ansgar Nünning (Hrsg.): *Erzähl-textanalyse und Gender Studies*, Stuttgart 2004, S. 143-179.

Amodeo, Immacolata: „Betroffenheit und Rhizom, Literatur und Litera-turwissenschaft", in: *Migrationsliteratur. Eine neue deutsche Litera-tur? Dossier*, hg. von der Heinrich-Böll-Stiftung, Berlin 2009, S. 6-8, unter: http://www.migration-boell.de/web/integration/47_1990.asp (zu-letzt eingesehen am 20.07.2010).

Amodeo, Immacolata: *‚Die Heimat heißt Babylon'. Zur Literatur auslän-discher Autoren in der Bundesrepublik Deutschland*, Opladen 1996.

Andresen, Sabine und Hurrelmann, Klaus: *Kindheit*, Weinheim und Basel 2010.

Anselm, Sigrun: „Grenzen trennen, Grenzen verbinden", in: Richard Faber und Barbara Naumann (Hrsg.): *Literatur der Grenze – Theorie der Grenze*, Würzburg 1995, S. 197-209.

Ariès, Philippe: *Geschichte der Kindheit*, München [6]1984.

Arikan, Erkan und Ham, Murat: *Jung, erfolgreich, türkisch. Ein etwas an-deres Porträt der Migranten in Deutschland*, Bergisch Gladbach 2009.

Arnold, Klaus: „Kindheit im europäischen Mittelalter", in: Jochen Martin und August Nitschke (Hrsg.): *Zur Sozialgeschichte der Kindheit*, Freiburg und München 1986, S. 443-467.

Assmann, Aleida: „Werden was wir waren. Anmerkungen zur Geschichte der Kindheitsidee", in: *Antike und Abendland* XXIV (1978), S. 98-124.

Assmann, Aleida: „Zur Metaphorik der Erinnerung", in: dies. und Diet-rich Harth (Hrsg.): *Mnemosyne: Formen und Funktionen der kultu-rellen Erinnerung*, Frankfurt a. M. 1991, S. 13-35.

Assmann, Aleida: *Erinnerungsräume. Formen und Wandlungen des kul-turellen Gedächtnisses*, München 1999.

Assmann, Jan: „Kollektives Gedächtnis und kulturelle Identität", in: ders. und Tonio Hölscher (Hrsg.): *Kultur und Gedächtnis*, Frankfurt a. M. 1988, S. 9-19.

Assmann, Jan: *Das kulturelle Gedächtnis. Schrift, Erinnerung und politi-sche Identität in frühen Hochkulturen*, München 1992.

Assmann, Jan: *Religion und kulturelles Gedächtnis. Zehn Studien*, Mün-chen 2000.

Aytaç, Gürsel: „Sprache als Spiegel der Kultur. Zu Emine Sevgi Özdamars Roman *Das Leben ist eine Karawanserei*", in: Mary Howard (Hrsg.): *Interkulturelle Konfigurationen. Zur deutschsprachigen Erzähllitera-tur von Autoren nichtdeutscher Herkunft*, München 1997, S. 171-177.

Baader, Meike Sophie: *Die romantische Idee des Kindes und der Kindheit. Auf der Suche nach der verlorenen Unschuld*, Neuwied u. a. 1996.

Bachmann-Medick, Doris: „Dritter Raum. Annäherungen an ein Medium kultureller Übersetzung und Kartierung", in: Claudia Breger und Tobias Döring (Hrsg.): *Figuren der/des Dritten. Erkundungen kultureller Zwischenräume*, Amsterdam und Atlanta 1998, S. 19-36.

Bachmann-Medick, Doris: „Fort-Schritte, Gedanken-Gänge, Ab-Stürze: Bewegungshorizonte und Subjektverortung in literarischen Beispielen", in: Wolfgang Hallet und Birgit Neumann (Hrsg.): *Raum und Bewegung in der Literatur. Die Literaturwissenschaften und der Spatial Turn*, Bielefeld 2009, S. 257-279.

Bachmann-Medick: „Kulturelle Texte und interkulturelles (Miß-)Verstehen. Kulturanthropologische Herausforderungen für die interkulturelle Literaturwissenschaft", in: Alois Wierlacher (Hrsg.): *Perspektiven und Verfahren interkultureller Germanistik*, München 1987, S. 653-664.

Bachtin, Michail M.: *Rabelais und seine Welt. Volkskultur als Gegenkultur*, Frankfurt a. M. 1987.

Bade, Klaus J.: *Europa in Bewegung. Migration vom späten 18. Jahrhundert bis zur Gegenwart*, München 2000.

Bade, Klaus J.: *Homo Migrans. Wanderungen aus und nach Deutschland*, Essen 1994.

Bandhauer, Andrea: „Eine Poetologie der Fremde. Emine Sevgi Özdamars transkulturelle Erinnerungen", in: Franz-Josef Deiters u. a. (Hrsg.): *Erinnerungskrisen – Memory Crises*, Freiburg i. Br. u. a. 2008, S. 199-211.

Barth, Mechthild: *Mit den Augen des Kindes. Narrative Inszenierungen des kindlichen Blicks im 20. Jahrhundert*, Heidelberg 2009.

Baumgärtel, Bettina: *Das perspektivierte Ich. Ich-Identität und interpersonelle und interkulturelle Wahrnehmung in ausgewählten Romanen der deutschsprachigen Gegenwartsliteratur*, Würzburg 2000.

Bax, Daniel: „Deutschland, ein Wörtermärchen", in: *die tageszeitung* vom 20.11.2004, S. 17.

Bay, Hansjörg: „Der verrückte Blick. Schreibweisen der Migration in Özdamars Karawanserei-Roman", in: *Sprache und Literatur* 83/1 (1999), S. 29-46.

Bay, Hansjörg: „Wortkarawanen. Migration und Doppelzüngigkeit bei Özdamar", in: *Blätter des Informationszentrums 3. Welt* 250 (2001), S. 30-33.

Bechtold, Gerhard: „Die Geburt des multikulturellen Kindes: mit Komplikationen. Ein Versuch über Renan Demirkans *Schwarzer Tee mit drei Stück Zucker*", in: *Diyalog* 1 (1994), S. 67-79.

Bechtold, Gerhard: „Fallen im Text. Notizen zu Lesungen von Emine Sevgi Özdamar in Istanbul", in: *Diyalog* 1 (1994), S. 131-137.

Beham, Mira: „Die Türkin vom Dienst", in: *Süddeutsche Zeitung Magazin* 41 (1991), S. 24-25.

Behnken, Imbke und Zinnecker, Jürgen: „Die Lebensgeschichte der Kinder und die Kindheit in der Lebensgeschichte", in: dies. (Hrsg.): *Kinder. Kindheit. Lebensgeschichte. Ein Handbuch*, Seelze-Velber 2001, S. 16-32.

Benjamin, Walter: „Die Aufgabe des Übersetzers (1923)", in: ders.: *Gesammelte Schriften IV*, Bd. 1, hg. von Tillman Rexroth, Frankfurt a. M. 1972, S. 7-21.

Benthien, Claudia: „Das Maskerade-Konzept in der psychoanalytischen und kulturwissenschaftlichen Theoriebildung", in: dies. und Inge Stephan (Hrsg.): *Männlichkeit als Maskerade. Kulturelle Inszenierungen vom Mittelalter bis zur Gegenwart*, Köln u. a. 2003, S. 36-59.

Benthien, Claudia: *Haut. Literaturgeschichte. Körperbilder. Grenzdiskurse*, Reinbek b. Hamburg 1999.

Bhabha, Homi K.: „Das theoretische Engagement", in: ders.: *Die Verortung der Kultur*, Tübingen 2000, S. 29- 58.

Bhabha, Homi K.: „Von Mimikry und Menschen: Die Ambivalenz des kolonialen Diskurses", in: ders.: *Die Verortung der Kultur*, Tübingen 2000, S. 125-136.

Binder, Elisabeth: „Im Namen Allahs: hochpoetisch", in: *Neue Zürcher Zeitung* vom 04.12.1992, S. 31.

Biondi, Franco und Schami, Rafik: „Literatur der Betroffenheit. Bemerkungen zur Gastarbeiterliteratur", in: Christian Schaffernicht (Hrsg.): *Zu Hause in der Fremde. Ein bundesdeutsches Ausländer-Lesebuch*, Fischerhude 1981, S. 124-136.

Bird, Stephanie: *National Identity. Bachmann, Duden, Özdamar*, Cambridge 2003.

Blumentrath, Hendrik u. a.: *Transkulturalität. Türkisch-deutsche Konstellationen in Literatur und Film*, Münster 2007.

Boa, Elisabeth: „Hybrides Schreiben in Werken von Özdamar, Özakın und Demirkan", in: Mary Howard (Hrsg.): *Interkulturelle Konfigurationen. Zur deutschsprachigen Erzählliteratur von Autoren nichtdeutscher Herkunft*, München 1997, S. 115-138.

Boa, Elisabeth: „Özdamar's Autobiographical Fictions: Trans-national Identity and Literary Form", in: *German Life and Letters* 59 (2006), S. 526-539.

Boas, George: *The Cult of Childhood*, London 1966.

Boer, Elfriede u. a.: „Autobiographie als Weg psychischer Selbstheilung", in: Fritsche, Michael (Hrsg.): *Besonnte Kindheit und Jugend? Autobiographische Texte aus verschiedenen Kulturen*, Oldenburg 1992, S. 69-78.

Bohleber, Werner: „Erinnerung, Trauma und historische Realität", in: Gottfried Fischer u. a. (Hrsg.): *Jahrbuch für Literatur und Psychoanalyse*, Bd. 23: *Erinnern*, hg. von Wolfram Mauser und Joachim Pfeiffer, Würzburg 2004, S. 43-53.

Boratav, Pertev N.: „Die türkische Mythologie. Die Mythologie der Ogusen und der Türken Anatoliens, Aserbaidschans, Turkmenistans", in: Egidius Schmalzriedt und Hans Wilhelm Haussig (Hrsg.): *Wörterbuch der Mythologie*, Abt. 1: *Die alten Kulturvölker*, Bd. 7,1: *Götter und Mythen in Zentralasien und Nordeurasien*, Stuttgart 1999, S. 279-386.

Bourdieu, Pierre: *Praktische Vernunft. Zur Theorie des Handelns*, aus dem Frz. von Hella Beister, Frankfurt a. M. 1998.

Boxall, Peter (Hrsg.): *1001 Books You Must Read Before You Die: A Comprehensive Reference Source, Chronivling the History of the Novel*, New York 2006.

Böschenstein-Schäfer, Renate: *Idylle*, 2. durchgesehene und ergänzte Auflage, Stuttgart 1977.

Branco, Clara: „Ein Becher Meer. Selim Özdoğans Geschichte eines ungelebten Lebens in der Türkei.", in: *FAZ* vom 31.10.2005, S. 36.

Breger, Claudia: „‚Meine Herren, spielt in meinem Gesicht ein Affe?' Strategien der Mimikry in Texten von Emine S. Özdamar und Yoko Tawada", in: Cathy S. Gelbin u. a. (Hrsg.): *AufBrüche: Kulturelle Produktionen von Migrantinnen, Schwarzen und jüdischen Frauen in Deutschland*, Königstein 1999, S. 30-59.

Breger, Claudia und Döring, Tobias: „Einleitung: Figur der/des Dritten", in: dies. (Hrsg.): *Figuren der/des Dritten. Erkundungen kultureller Zwischenräume*, Amsterdam und Atlanta 1998, S. 1-18.

Bremmer, Jan N.: „Paradise: From Persia, via Greece, into the *Septuagint*", in: Gerard P. Luttikhuizen (Hrsg.): *Paradise Interpreted. Representations of Biblical Paradise in Judaism and Christianity*, Brill u. a. 1999, S. 1-20.

Brokopf, Ellen: *Schreiben als kultureller Widerstand. Die 2. Generation in der Migration am Beispiel von zwei autobiographischen Romanen aus Deutschland und Frankreich*, Berlin 2008.

Brunner, Horst: *Die poetische Insel. Inseln und Inselvorstellungen in der deutschen Literatur*, Stuttgart 1967.

Brunner, Maria E.: „Die Türkei, ein Mutterland – Deutschland, ein Bitterland? Emine Sevgi Özdamars Buch *Das Leben ist eine Karawanserei*", in: *Info DaF* 26,6 (1999), S. 556-565.

Brunner, Maria E.: „Parallele kulturelle Identifikationsräume in F. Zaimoğlus Leyla und E. S. Özdamars Roman Das Leben ist eine Karawanserei. Oder Absorption von Textteilen?", in: Gabriella Rácz und

Láslò V. Szabó (Hrsg.): *Der deutschsprachige Roman aus interkultureller Sicht*, Vezprèm und Wien 2009, S. 31-52.

Brunner, Maria E.: „Schreiben als Raum, der zu Bewegung einlädt: Weibliche Ich-Konstruktion oder Maskierung?", in: *Informationen Deutsch als Fremdsprache* 1 (2000), S. 30-40.

Bründl, Juliane: „Der schwierige Weg zur gewandelten Identität. Anmerkungen zur Behandlung migrationsbedingter Störungen und der Fähigkeit zu entwicklungsspezifischer Identitätstransformation", in: Peter Bründl und Ilany Kogan (Hrsg.): *Kindheit jenseits von Trauma und Fremdheit. Psychoanalytische Erkundungen von Migrationsschicksalen im Kindes- und Jugendalter*, Frankfurt a. M. 2005, S. 149-162.

Bucher, Anton A.: *Was Kinder glücklich macht. Historische, psychologische und empirische Annäherungen an Kindheitsglück*, München 2001.

Bulut, Can: „Renan Demirkan: *Schwarzer Tee mit drei Stück Zucker*", in: DAAD (Hrsg.): *Germanistentreffen Bundesrepublik Deutschland – Türkei: 25.9.-29.9.1994. Dokumentation der Tagungsbeiträge*, Bonn 1994, S. 241-254.

Bulut, Claudia: „Von der Gastarbeiterin zur Schutzpolizistin. Das konstruierte Bild der fremden Frau im deutschen Film und Fernsehen", in: Heribert Schatz (Hrsg.): *Migranten und Medien. Neue Herausforderungen an die Integrationsfunktion von Presse und Rundfunk*, Wiesbaden 2000, S. 253-264.

Burkhart, Dagmar: *Eine Geschichte der Ehre*, Darmstadt 2006.

Bühler, Karl: *Sprachtheorie. Die Darstellungsfunktion der Sprache*, Jena 1934.

Bürgi, Chudi: „Spazierengehen, das heisst Würmer ausschütteln", in: *Wochen Zeitung* 5 vom 05.02.1993, S. 13.

Carré, Valérie: „Schwierigkeiten der kulturellen Hybridisierung bei Selim Özdoğan und Thomas Arslan", in: Christine Maillard: *Écritures interculturelles/Interkulturelles Schreiben*, Strasbourg 2006, S. 27-41.

Cheesman, Tom: „Pseudopolitisch, pseudokorrekt: Ein deutscher Literaturskandal. Ein später Nachtrag zur Debatte um Feridun Zaimoğlus *Leyla*", in: *literaturkritik.de* 6(2008), unter: http://www.literaturkritik.de/public/rezension.php?rez_id=11966&ausgabe=200806 (zuletzt eingesehen am 06.07.2008).

Chiellino, Carmine: „Der interkulturelle Roman", in: Aglaia Blioumi (Hrsg.): *Migration und Interkulturalität in neuen literarischen Texten*, München 2002, S. 41-54.

Chiellino, Carmine: „Interkulturalität und Literaturwissenschaft", in: ders. (Hrsg.): *Interkulturelle Literatur in Deutschland. Ein Handbuch*, Stuttgart und Weimar 2000, S. 387-398.

Choi, Yun-Young: „Das bequeme Fremde. Özdamars Texte aus der doppelt fremden Perspektive des ausländischen Lesers", in: Jean-Martin Valentin (Hrsg.): *Akten des XI. Internationalen Germanistenkongresses Paris 2005 „Germanistik im Konflikt der Kulturen"*, Bd. 6: *Migrations-, Emigrations- und Remigrationskulturen*, Bern u. a. 2007, S. 155-160.

Cohen, Yecheskiel: „Frühe Entwicklung und Migrationsprozesse", in: Peter Bründl und Ilany Kogan (Hrsg.): *Kindheit jenseits von Trauma und Fremdheit. Psychoanalytische Erkundungen von Migrationsschicksalen im Kindes- und Jugendalter*, Frankfurt a. M. 2005, S. 17-29.

Cunningham, Hugh: *Die Geschichte des Kindes in der Neuzeit*, Düsseldorf 2006.

Dayıoğlu-Yücel, Yasemin: „Identität und Integrität in der deutsch-türkischen Migrationsliteratur", in: *Migrationsliteratur. Eine neue deutsche Literatur? Dossier*, hg. von der Heinrich-Böll-Stiftung, Berlin 2009, S. 31-35, unter: http://www.migration-boell.de/web/integra-tion/47_1990.asp (zuletzt eingesehen am 20.07.2010).

Dayıoğlu-Yücel, Yasemin: *Von der Gastarbeit zur Identitätsarbeit. Integritätsverhandlungen in türkisch-deutschen Texten von Şenocak, Özdamar, Ağaoğlu und der Online-Community* vaybee!, Göttingen 2005.

Deistler, Antje: „Türkisches Gastarbeiterschicksal. Selim Özdoğan: *Heimstraße 52*" vom 06.07.2011, unter: www.dradio.de/dlf/sendungen/buechermarkt/1502643/ (zuletzt eingesehen am 20.05.2012).

Deißmann-Merten, Marieluise: „Zur Sozialgeschichte des Kindes im antiken Griechenland", in: Jochen Martin und August Nitschke (Hrsg.): *Zur Sozialgeschichte der Kindheit*, Freiburg und München 1986, S. 267-316.

De Man, Paul: *Die Ideologie des Ästhetischen*, Frankfurt a. M. 1993.

deMause, Lloyd: „Evolution der Kindheit", in: ders. (Hrsg.): *Hört ihr Kinder weinen. Eine psychogenetische Geschichte der Kindheit*, Frankfurt a. M. 1977, S. 12-111.

Der Koran, aus dem Arabischen übers. von Max Henning, Stuttgart 1960.

Derrida, Jacques: *Die Einsprachigkeit des Anderen oder die ursprüngliche Prothese*, aus dem Frz. von Michael Wetzel, München 2003.

Dickhardt, Michael: *Das Räumliche des Kulturellen. Entwurf zu einer kulturanthropologischen Raumtheorie am Beispiel Fiji*, Münster u. a. 2001.

Die Bibel, nach der Übersetzung Martin Luthers, Stuttgart 1972.

Dittmann, Jürgen: *Der Spracherwerb des Kindes. Verlauf und Störungen*, München 2002.

Djoufack, Patrice: *Entortung, hybride Sprache und Identitätsbildung. Zur Erfindung von Sprache und Identität bei Franz Kafka, Elias Canetti und Paul Celan*, Göttingen 2010.

Döring, Jörg und Thielmann, Tristan (Hrsg.): *Spatial Turn. Das Raumparadigma in den Kultur- und Sozialwissenschaften*, Bielefeld 2008.

Dörr, Volker C.: „Multi-, Inter-, Trans- und Hyper-Kulturalität und (deutsch-türkische) ‚Migrantenliteratur‘“, in: Dieter Heimböckel u. a. (Hrsg.): *Zwischen Provokation und Usurpation. Interkulturalität als (un-)vollendetes Projekt der Literatur- und Sprachwissenschaften*, München 2010, S. 71-86.

Dufresne, Marion: „Emine Sevgi Özdamar *Mutter(s)zunge*. Der Weg zum eigenen Ich“, in: *Germanica* 38 (2006), S. 115-128.

Ebert, Reika: „Trouble and Triumph: German Life – Turkish Tradition in Renan Demirkan's *Schwarzer Tee mit drei Stück Zucker*“, in: *Language and Intercultural Communication* V. 4, 1&2 (2004), S. 68-80.

Egghardt, Hanne: „Vorwort“, in: dies. und Ümit Güney (Hrsg.): *Aufbruch aus dem Schweigen. 16 Erzählerinnen aus der Türkei*, Fulda 1984.

Eichmann-Leutenegger, Beatrice: „Die Harmonie als Glückstraum“, in: *Neue Zürcher Zeitung* vom 05.09.1991, S. 36.

Endres, Manfred: „Die Schatten der Vergangenheit – Migration zwischen Trauma und Identitätsstiftung“, in: Peter Bründl und Ilany Kogan (Hrsg.): *Kindheit jenseits von Trauma und Fremdheit. Psychoanalytische Erkundungen von Migrationsschicksalen im Kindes- und Jugendalter*, Frankfurt a. M. 2005, S. 178-189.

Engin, Osman: „Oh Tannenbaum!“, in: ders.: *Deutschling*, Berlin 1985, S. 43-46.

Erhart, Walter: *Familienmänner. Über den literarischen Ursprung moderner Männlichkeit*, München 2001.

Erll, Astrid und Seibel, Klaudia: „Gattungen, Formtraditionen und kulturelles Gedächtnis“, in: Vera Nünning und Ansgar Nünning (Hrsg.): *Erzähltextanalyse und Gender Studies*, Stuttgart 2004, S. 180-208.

Erll, Astrid: *Kollektives Gedächtnis und Erinnerungskulturen*, Stuttgart und Weimar 2005.

Esselborn, Karl: „Unterschiedliche Erscheinungsformen der Interkulturalität/Transkulturalität deutschsprachiger Literatur am Beispiel von Horst Bienek, Feridun Zaimoğlu und Yoko Tawada“, in: Ernest W. B. Hess-Lüttich (Hrsg.): *Kommunikation und Konflikt. Kulturkonzepte in der interkulturellen Germanistik*, Frankfurt a. M. u. a. 2009, S. 321-347.

Esselborn, Karl: „Von der Gastarbeiterliteratur zur Literatur der Interkulturalität. Zum Wandel des Blickes auf die Literatur kultureller Minderheiten in Deutschland", in: *Jahrbuch Deutsch als Fremdsprache* 23 (1997), S. 47-75.

Ette, Ottmar: „Die Fremdheit in der Mutterzunge. Emine Sevgi Özda-mar, Gabriela Mistral, Juana Borrero und die Krise der Sprache in Formen des weiblichen Schreibens zwischen Spätmoderne und Postmoderne", in: Reinhard Kacianka und Peter V. Zima (Hrsg.): *Krise und Kritik der Sprache. Literatur zwischen Spätmoderne und Postmoderne*, Tübingen und Basel 2004, S. 251-268.

Ette, Ottmar: *Literatur in Bewegung. Raum und Dynamik grenzüber-schreitenden Schreibens in Europa und Amerika*, Weilerswist 2001.

Ette, Ottmar: „Über die Brücke Unter den Linden. Emine Sevgi Özda-mar, Yoko Tawada und die translinguale Fortschreibung deutsch-sprachiger Literatur", in: Susan Arndt u. a. (Hrsg.): *Exophonie. Anders-Sprachigkeit (in) der Literatur*, Berlin 2007, S. 165-194.

Ette, Ottmar: *ÜberLebenswissen. Die Aufgabe der Philologie*, Berlin 2004.

Ette, Ottmar: *ZwischenWeltenSchreiben. Literaturen ohne festen Wohn-sitz*, Berlin 2005.

Etz, Elisabeth: *Text- und Figurenwelten bei Emine Sevgi Özdamar*, Wien 2006.

Ewers, Hans-Heino: *Kindheit als poetische Daseinsform. Studien zur Entstehung der romantischen Kindheitsutopie im 18. Jahrhundert. Herder, Jean Paul, Novalis und Tieck*, München 1989.

Ezli, Özkan: „Von der Identitätskrise zu einer ethnographischen Poetik. Migration in der deutsch-türkischen Literatur", in: *Literatur und Migration* (*Text + Kritik* Sonderband IX/06), hg. von Heinz Ludwig Arnold, München 2006, S. 61-73.

Fachinger, Petra: „Ohne Koffer. Renan Demirkan und Akif Pirinçci", in: Mary Howard (Hrsg.): *Interkulturelle Konfigurationen. Zur deutschsprachigen Erzählliteratur von Autoren nichtdeutscher Her-kunft*, München 1997, S. 139-151.

Fascher, Ralf: *Der vakante Vater. Vatermangel in der Psychoanalyse und die vaterlose Gesellschaft*, Berlin 2004.

Fiedler, Peter: *Dissoziative Störungen und Konversion. Trauma und Traumabehandlung*, 3., vollst. überarb. Aufl., Weinheim u. a. 2008.

Findley, Carter V.: *Turkey, Islam, nationalism, and modernity: a history, 1789-2007*, New Haven u. a. 2010.

Fischer, André: *Inszenierte Naivität. Zur ästhetischen Simulation von Geschichte bei Günter Grass, Albert Drach und Walter Kempowski*, München 1992.

Fischer, Gottfried: „Psychoanalyse und Psychotraumatologie", in: Wolf-ram Mauser und Carl Pietzcker (Hrsg.): *Trauma (Freiburger litera-*

turpsychologische Gespräche, Jahrbuch für Literatur und Psychoana-lyse, Bd. 19), Würzburg 2000, S. 11-26.

Freud, Anna: *Zur Psychoanalyse der Kindheit. Die Harvard-Vorlesungen,* hg. von Joseph Sandler, Frankfurt a. M. 1993.

Freud, Sigmund: „Der Witz und seine Beziehung zum Unbewußten", in: ders.: *Gesammelte Werke,* hg. von Anna Freud u. a. Bd. VI: *Der Witz und seine Beziehung zum Unbewussten,* London 1940, S. 1-269.

Freud, Sigmund: „Drei Abhandlungen zur Sexualtheorie" (1905), in: ders.: *Gesammelte Werke,* hg. von Anna Freud u. a., Bd. V: *Werke aus den Jahren 1904-1905,* London 1942, S. 27-145.

Freud, Sigmund: „Eine Kindheitserinnerung aus *Dichtung und Wahrheit* (1917)", in: ders.: Gesammelte Werke, hg. von Anna Freud u. a., Bd. XII: *Werke aus den Jahren 1917-1920),* London 1947, S. 13-26.

Freud, Sigmund: „Eine Kindheitserinnerung des Leonardo da Vinci (1910)", in: ders.: *Gesammelte Werke,* hg. von Anna Freud u. a., Bd. VIII: *Werke aus den Jahren 1909-1913,* London 1943, S. 127-211.

Freud, Sigmund: „Erinnern, Wiederholen, Durcharbeiten", in: ders.: *Gesammelte Werke,* hg. von Anna Freud u. a., Bd. X: *Werke aus den Jahren 1913-1917,* London 1946, S. 126-136.

Freud, Sigmund: „Hemmung, Symptom und Angst (1926)", in: ders.: *Gesammelte Werke,* hg. von Anna Freud u. a., Bd. XIV: *Werke aus den Jahren 1925-1931,* London 1948, S. 111-205.

Freud, Sigmund: „Über infantile Sexualtheorien (1908)", in: ders.: *Gesammelte Werke,* hg. von Anna Freud u. a., Bd. VII: *Werke aus den Jahren 1906-1909,* London 1941, S. 171-188.

Freud, Sigmund: „Über Kindheits- und Deckerinnerungen", in: ders.: *Gesammelte Werke,* hg. von Anna Freud u. a., Bd. IV: *Zur Psychopa-thologie des Alltagslebens,* London 1941, S. 51-60.

Frickenstein, Maria: „Gül, das heißt Rose. Schriftsteller Selim Özdoğan las an der Universität aus seinem Roman *Die Tochter des Schmieds",* in: *Neue Westfälische* vom 07.07.2005, S. 23.

Frischmuth, Barbara: „Dem Vater entfliehen", in: *Die Presse* vom 25.02.2006, S. XI.

Fritsche, Michael: „Kindheit als Gegenstand des Erinnerns und Erzäh-lens", in: ders. (Hrsg.): *Besonnte Kindheit und Jugend? Autobiogra-phische Texte aus verschiedenen Kulturen,* Oldenburg 1992, S. 11-25.

Frölich, Margrit: „Reinventions of Turkey. Emine Sevgi Özdamar's *Life is a Caravanserai",* in: Karen Jankowsky und Carla Love (Hrsg.): *Other Germanies. Questioning Identity in Women's Literature and Art,* New York 1997, S. 56-74.

Fuhs, Burkhard: *Kinderwelten aus Elternsicht. Zur Modernisierung von Kindheit*, Opladen 1999.

Fuhs, Burkhard: „Das Glück von Kindern als Problem der Erwachsenen", in: Markus Schächter (Hrsg.): *Wunschlos glücklich? Konzepte und Rahmenbedingungen einer glücklichen Kindheit*, Baden-Baden 2009, S. 62-65.

Gadamer, Hans-Georg: *Wahrheit und Methode. Grundzüge einer philosophischen Hermeneutik*, Tübingen 1960.

Gebauer, Mirjam: „Der Barbar in der Wagenburg. Feridun Zaimoğlus Ich-Entwürfe", in: Ulrich Breuer und Beatrice Sandberg (Hrsg.): *Autobiographisches Schreiben in der deutschsprachigen Gegenwartsliteratur*, Bd. 1: *Grenzen der Identität und der Fiktionalität*, München 2006, S. 126-139.

Gebhard, Gunther u. a.: „Heimatdenken: Konjunkturen und Konturen. Statt einer Einleitung", in: dies. (Hrsg.): *Heimat. Konturen und Konjunkturen eines umstrittenen Konzepts*, Bielefeld 2007, S. 9-56.

Geisel, Sieglinde: „Die Liebesquellen der Sprache", in: *Neue Zürcher Zeitung* vom 11.03.2005, S. 44.

Geisel, Sieglinde: „*Leyla*, eine Travestie? Weiterungen im Disput zwischen Feridun Zaimoğlu und Emine Sevgi Özdamar", in: *Neue Zürcher Zeitung* vom 24.06.2006, S. 25.

Genette, Gérard: *Die Erzählung*, München ²1998.

Gerisch, Benigna: „„Auch ich war in Arkadien". Psychoanalytische Hypothesen zur Architektur innerer Räume", in: Claudia Benthien und Manuela Gerlof (Hrsg.): *Paradies. Topografien der Sehnsucht*, Köln u. a. 2010, S. 171-189.

Ghaussy, Sohelia: „Das Vaterland verlassen: Nomadic Language and ‚Feminine Writing' in Emine Sevgi Özdamar's *Das Leben ist eine Karawanserei*", in: *The German Quarterly* 72.1 (1999), S. 1-16.

Giordano, Christian: „Der Ehrkomplex im Mittelmeerraum: sozialanthropologische Konstruktion oder Grundstruktur mediterraner Lebensformen?", in: Ludgera Vogt und Arnold Zingerle (Hrsg.): *Ehre. Archaische Momente in der Moderne*, Frankfurt a. M. 1994, S. 172-192.

Goethe, Johann Wolfgang von: „Aus meinem Leben. Dichtung und Wahrheit. Erster Teil. Erstes Buch", in: ders.: *Sämtliche Werke, Briefe, Tagebücher und Gespräche*, hg. von Dieter Borchmeyer u. a., Frankfurt a. M. 1986, S. 15-52.

Gogolin, Ingrid: „Migration als biographische Ressource", in: Imbke Behnken und Jürgen Zinnecker (Hrsg.): *Kinder. Kindheit. Lebensgeschichte. Ein Handbuch*, Seelze-Velber 2001, S. 1032-1046.

Göktürk, Deniz: „Kennzeichen: weiblich / türkisch / deutsch; Beruf: Sozialarbeiterin / Schriftstellerin / Schauspielerin – Türkische Autorinnen in Deutschland", in: Hiltrud Gnüg und Renate Möhrmann (Hrsg.): *Frauen, Literatur, Geschichte. Schreibende Frauen vom Mittelalter bis zur Gegenwart*, Stuttgart ²1999, S. 516-532.

Göktürk, Deniz: „Muttikültürelle Zungenbrecher: Literatürken aus Deutschlands Nischen", in: *Sirene* 12/13 (1994), S. 77-92.

Graefe, Irene: „Märchen mit 1001 Kontrasten", in: *Kieler Nachrichten* vom 17.09.1992, S. 12.

Grinberg, León und Grinberg, Rebeca: *Psychoanalyse der Migration und des Exils*, aus dem Span. von Flavio C. Ribas, München u. a. 1990.

Gustafsson, Lars: „Negation als Spiegel. Utopie aus epistemologischer Sicht.", in: Wilhelm Vosskamp (Hrsg.): *Utopieforschung. Interdisziplinäre Studien zur neuzeitlichen Utopie*, Bd. 1, Frankfurt a. M. 1985, S. 280-292.

Gutjahr, Ortrud: „Auf dem Schauplatz eines frühen Selbst. Inszenierungsformen von Kindheit in der Literatur", in: Astrid Lange-Kirchheim u. a. (Hrsg.): *Kindheiten*, Würzburg 2011, S. 35-55.

Gutjahr, Ortrud: *Einführung in den Bildungsroman*, Darmstadt 2007.

Gutjahr, Ortrud: „Fremde als literarische Inszenierung", in: dies. (Hrsg.): *Fremde*, Würzburg 2002, S. 47-67.

Gutjahr, Ortrud: „Interkulturalität als Forschungsparadigma der Literaturwissenschaft. Von den Theoriedebatten zur Analyse kultureller Tiefensemantiken", in: Dieter Heimböckel u. a. (Hrsg.): *Zwischen Provokation und Usurpation. Interkulturalität als (un-)vollendetes Projekt der Literatur- und Sprachwissenschaften*, München 2010, S. 17-39.

Güvercin, Eren: „Renan Demirkan. ‚Bindungslosigkeit ist die Hauptpropaganda in der globalisierten Welt'", Interview mit Renan Demirkan, unter: http://erenguevercin. wordpress.com/renan-demirkan/#comments (zuletzt eingesehen am 28.03.2010).

Gymnich, Marion: „Individuelle Identität und Erinnerung aus Sicht von Identitätstheorie und Gedächtnisforschung sowie als Gegenstand literarischer Inszenierung", in: Astrid Erll u. a. (Hrsg.): *Literatur – Erinnerung – Identität. Theoriekonzeptionen und Fallstudien*, Trier 2003, S. 29-48.

Ha, Kein Nghi: *Ethnizität und Migration*, Münster 1999.

Haag, Ernst: *Der Mensch am Anfang. Die alttestamentliche Paradiesvorstellung nach Gn. 2-3*, Trier 1970.

Hach, Jürgen: *Religion in der Kindheit. Zur Entstehung religiöser Vorstellungen im Vorschulalter*, Frankfurt a. M. 2001.

Hagemann, Ludwig: „Paradies", in: Adel Theodor Khoury u. a. (Hrsg.): *Islam-Lexikon A-Z. Geschichte – Ideen – Gestalten*, Freiburg i. Br. 2006, S. 484-485.

Hagen, Rainer: *Kinder wie sie im Buche stehen*, München 1967.

Hahn, Alois: „Die soziale Konstruktion des Fremden", in: Walter M. Sprondel (Hrsg.): *Die Objektivität der Ordnungen und ihre kommunikative Konstruktion*, Frankfurt a. M. 1994, S. 140-163.

Hahn, Alois: *Soziologie der Paradiesvorstellungen. Trierer Universitätsreden*, Bd. 7, Trier 1976.

Halbwachs, Maurice: *Das Gedächtnis und seine sozialen Bedingungen*, übers. von Lutz Geldsetzer, hg. von Heinz Maus und Friedrich Fürstenberg, Berlin und Neuwied 1966.

Halbwachs, Maurice: *Das kollektive Gedächtnis*, Stuttgart 1967.

Hall, Stuart: *Ausgewählte Schriften 2: Rassismus und kulturelle Identität*, hg. und übers. von Ulrich Mehlem, Hamburg 1994.

Hallet, Wolfgang und Neumann, Brigitte: „Raum und Bewegung in der Literatur: Zur Einführung", in: dies.(Hrsg.): *Raum und Bewegung in der Literatur*, Bielefeld 2009, S. 11-32.

Haluszczynski, Igor: „‚Der Beweis, dass es mich wirklich gibt'. Die Wirkung kumulativen Verlusts auf die psychische Entwicklung und die Identität.", in: Peter Bründl und Ilany Kogan (Hrsg.): *Kindheit jenseits von Trauma und Fremdheit. Psychoanalytische Erkundungen von Migrationsschicksalen im Kindes- und Jugendalter*, Frankfurt a. M. 2005, S. 131-148.

Hamm, Horst: *Fremdgegangen – freigeschrieben. Eine Einführung in die deutschsprachige Gastarbeiterliteratur*, Würzburg 1988.

Havekost, Hermann: „Vorwort", in: Fritsche, Michael (Hrsg.): *Besonnte Kindheit und Jugend? Autobiographische Texte aus verschiedenen Kulturen*, Oldenburg 1992.

Haverkamp, Anselm: „Die paradoxe Metapher. Einleitung", in: ders. (Hrsg.): *Die paradoxe Metapher*, Frankfurt a. M., S. 7-25.

Haverkamp, Anselm: „Zwischen den Sprachen. Einleitung", in: ders. (Hrsg.): *Die Sprache der Anderen. Übersetzungspolitik zwischen den Kulturen*, München 1997, S. 7-12.

Hänsch-Hervieux, Verena: „Inszenieren eines ‚naiven Blickes' und Verfremdung der Sprache in den Werken von Emine Sevgi Özdamar und Yoko Tawada", in: Christine Maillard (Hrsg.): *Écritures interculturelles / Interkulturelles Schreiben*, Strasbourg 2006, S. 43-58.

Heinzel, Friederike (Hrsg.): *Methoden zur Kindheitsforschung. Ein Überblick über Forschungszugänge zur kindlichen Perspektive*, Weinheim und München 2000.

Hielscher, Martin: „Andere Stimmen – andere Räume. Die Funktion der Migrantenliteratur in deutschen Verlagen und Dimitré Dinevs Roman *Eselszungen*", in: *Literatur und Migration* (*Text + Kritik* Sonderband IX/06), hg. von Heinz Ludwig Arnold, München 2006, S. 196-208.

Hoffarth, Britta und Mecheril, Paul: „Adoleszenz und Migration. Zur Bedeutung von Zugehörigkeitsordnungen", in: Vera King und Hans-Christoph Koller (Hrsg.): *Adoleszenz – Migration – Bildung. Bildungsprozesse Jugendlicher und junger Erwachsener mit Migrationshintergrund*, Wiesbaden 2006, S. 221-240.

Hofmann, Michael: „Der verfremdete Blick des weiblichen Schelms: Emine Sevgi Özdamar als Erzählerin des Überschreitens", in: ders.: *Interkulturelle Literaturwissenschaft. Eine Einführung*, Paderborn 2006, S. 214-226.

Hohnsträter, Dirk: „Im Zwischenraum. Ein Lob des Grenzgängers", in: Claudia Benthien und Irmela Marei Krüger-Fürhoff (Hrsg.): *Über Grenzen. Limitation und Transgression in Literatur und Ästhetik*, Stuttgart und Weimar 1999, S. 231-244.

Holdenried, Michaela: *Autobiographie*, Stuttgart 2000.

Honig, Michael-Sebastian u. a. (Hrsg.): *Aus der Perspektive von Kindern? Zur Methodologie in der Kindheitsforschung*, Weinheim und München 1999.

Honig, Michael-Sebastian: „Das Kind der Kindheitsforschung. Gegenstandskonstitution in den *childhood studies*", in: ders. (Hrsg.): *Ordnungen der Kindheit. Problemstellungen und Perspektiven der Kindheitsforschung*, Weinheim und München 2009, S. 25-51.

Honig, Michael-Sebastian: *Entwurf einer Theorie der Kindheit*, Frankfurt a. M. 1999.

Honig, Michael-Sebastian u. a.: „Kindheit als Sozialisationsphase und als kulturelles Muster. Zur Strukturierung eines Forschungsfeldes", in: dies. (Hrsg.): *Kinder und Kindheit. Soziokulturelle Muster – sozialisationstheoretische Perspektiven*, Weinheim und München 1996, S. 9-29.

Horrocks, David: „In Search of a Lost Past", in: ders. und Eva Kolinsky (Hrsg.): *Turkish Culture in German Society Today*, Providence und Oxford 1996, S. 23-43.

Horrocks, David und Kolinsky, Eva: „Living and Writing in Germany. Emine Sevgi Özdamar in Conversation with David Horrocks and Eva Kolinsky", in: dies. (Hrsg.): *Turkish Culture in German Society Today*, Providence und Oxford 1996, S. 45-54.

Horst, Claire: *Der weibliche Raum in der Migrationsliteratur. Irena Brežna – Emine Sevgi Özdamar – Libuše Moníková*, Berlin 2007.

Horst, Claire: „Raum- und Körperbilder in der Migrationsliteratur", in: *Migrationsliteratur. Eine neue deutsche Literatur? Dossier*, hg. von der Heinrich-Böll-Stiftung, Berlin 2009, S. 76-80, unter: http://www.migration-boell.de/web/integration/47_1990.asp (zuletzt eingesehen am 20.07.2010).

Howard, Mary: „Fremde Innenwelten. Zur Gestaltung imaginativer Alterität in Erzähltexten.", in: Alois Wierlacher und Georg Stötzel
(Hrsg.): *Blickwinkel. Kulturelle Optik und interkulturelle Gegenstandskonstitution*, München 1996, S. 503-512.

Hübner, Eberhard: „Allahs Liebling", in: *Spiegel Spezial* 3 (1992), S. 120-
123.

Hügel, Hans-Otto und Krankenhagen, Stefan: „Figuren des Dazwischen.
Naivität als Strategie in Kunst, Pop und Populärkultur. Einleitung",
in: dies. (Hrsg.): *Figuren des Dazwischen. Naivität als Strategie in
Kunst, Pop und Populärkultur*, Kopenhagen u. a. 2010, S. 7-15.

Jentsch, Tobias: *Da/zwischen. Eine Typologie radikaler Fremdheit*, Heidelberg 2006.

Joachimsthaler, Jürgen: „Text und Raum", in: *Kulturpoetik* 5 (2005),
S. 243-255.

Johnson, Sheila: „Literatur von deutschschreibenden Autorinnen islamischer Herkunft", in: *German Studies Review* 20,2 (1997), S. 261-278.

Johnson, Sheila: „Transnational ‚Ästhetik des türkischen Alltags': Emine
Sevgi Özdamar's *Das Leben ist eine Karawanserei*", in: *The German
Quarterly* 74,1 (2001), S. 37-57.

Jordan, Jim: „More Than A Metaphor: The Passing of The Two World
Paradigm in German-Language Diasporic Literature", in: *German
Life and Letters* 4 (2006) *Special Number: Crossing Boundaries*, hg.
von dems., S. 488-499.

Jordan, Jim: „Orientalismus, umgepolt? Zum Gebrauch des Exotismus
und des Fantastischen in Werken der Diaspora-Literatur", in: Helmut Schmitz (Hrsg.): *Von der nationalen zur internationalen Literatur. Transkulturelle deutschsprachige Literatur und Kultur im Zeitalter globaler Migration*, Amsterdam und New York 2009, S. 155-167.

Juterczenka, Sünne und Sicks, Kai Marcel: „Die Schwelle der Heimkehr.
Einleitung", in: dies. (Hrsg.): *Figurationen der Heimkehr. Die Pas-
sage vom Fremden zum Eigenen in Geschichte und Literatur der
Neuzeit*, Göttingen 2011, S. 9-29.

Kadıpınar, Enis: „Ihre deutschen Wörter haben keine Kindheit.' Kulturel-
le und hybride Identität in *Das Leben ist eine Karawanserei, hat zwei
Türen, aus einer kam ich rein, aus der anderen ging ich raus* von
Emine Sevgi Özdamar", in: Gabriella Rácz und Lásló V. Szabó
(Hrsg.): *Der deutschsprachige Roman aus interkultureller Sicht*,
Vezprèm und Wien 2009, S. 115-127.

Kalb, Christof: „Selbstbildung im Leiden. Zur Rekonstruktion beschädig-
ter Identität in Ritual und Kunst", in: Claudia Benthien und Irmela
Marei Krüger-Fürhoff (Hrsg.): *Über Grenzen. Limitation und
Transgression in Literatur und Ästhetik*, Stuttgart und Weimar 1999,
S. 161-175.

Karakaşoğlu, Yasemin und Terkessidis, Mark: „Gerechtigkeit für Muslime! Die deutsche Integrationspolitik stützt sich auf Vorurteile. So hat sie keine Zukunft. Petition von 60 Migrationsforschern", in: *Die Zeit* 6 (2006), unter: http://www.zeit.de/2006/06/Petition (zuletzt eingesehen am 10.11.2011).

Karakuş, Mahmut: „Differenzen in der Frauengestaltung der interkulturellen Literatur: S. Scheinhardt und E. S. Özdamar im Vergleich", in: Ernest W. B. Hess-Lüttich u. a. (Hrsg.): *Differenzen? Interkulturelle Probleme und Möglichkeiten in Sprache, Literatur und Kultur,* Frankfurt a. M. 2009, S. 409-418.

Karras, Margret und Wiesehöfer, Josef: *Kindheit und Jugend in der Antike. Eine Bibliographie,* Bonn 1981.

Keiner, Sabine: „Von der Gastarbeiterliteratur zur Migranten- und Migrationsliteratur - literaturwissenschaftliche Kategorien in der Krise", in: *Sprache und Literatur* 83,1 (1999), S. 3-14.

Kelek, Necla: *Die fremde Braut. Ein Bericht aus dem Inneren des türkischen Lebens in Deutschland,* Köln 2005.

Keller, Heidi: „Die Bedeutung kultureller Modelle für Entwicklung und Bildung: Sozialisation, Enkulturation, Akkulturation und Integration", in: *IMIS-Beiträge* 34 (2008), S. 103-115.

Kimmich, Dorothee: „Öde Landschaften und die Nomaden in der eigenen Sprache. Bemerkungen zu Franz Kafka, Feridun Zaimoğlu und der Weltliteratur als ‚littérature mineure'", in: Özkan Ezli u. a. (Hrsg.): *Wider den Kulturenzwang. Migration, Kulturalisierung und Weltliteratur,* Bielefeld 2009, S. 297-315.

King, Vera: „Adoleszenz und Migration – eine verdoppelte Transformationsanforderung", in: Peter Bründl und Ilany Kogan (Hrsg.): *Kindheit jenseits von Trauma und Fremdheit. Psychoanalytische Erkundungen von Migrationsschicksalen im Kindes- und Jugendalter,* Frankfurt a. M. 2005, S. 30-51.

Klein, Melanie: *Die Psychoanalyse des Kindes,* München und Basel ²1971.

Kocadoru, Yüksel: „Die dritte Generation von türkischen Autoren in Deutschland – neue Wege, neue Themen", in: Manfred Durzak und Nilüfer Kuruyazıcı (Hrsg.): *Die andere Deutsche Literatur. Istanbuler Vorträge,* Würzburg 2004, S. 134-139.

Kohte-Meyer, Irmhild: „‚Ich bin fremd, so wie ich bin'. Migrationserleben, Ich-Identität und Neurose", in: Ulrich Streek (Hrsg.): *Das Fremde in der Psychoanalyse. Erkundungen über das ‚Andere' in Seele, Körper und Kultur,* München 1993, S. 119-132.

Kohte-Meyer, Irmhild: „Spannungsfeld Migration: Ich-Funktionen und Ich-Identität im Wechsel von Sprache und kulturellem Raum", in: Fernanda Pedrina u. a. (Hrsg.): *Kultur, Migration, Psychoanalyse.*

Therapeutische Konsequenzen theoretischer Konzepte, Tübingen 1999, S. 71-97.

Kohte-Meyer, Irmhild: „Vernehmen und Erreichen – psychoanalytische Begegnung im transkulturellen Raum", in: Sigrid Scheifele (Hrsg.): *Migration und Psyche. Aufbrüche und Erschütterungen*, Gießen 2008, S. 35-55.

Köller, Wilhelm: „Die Sprache als Schlange aus dem Paradiese", in: Henriette Herwig u. a. (Hrsg.): *Lese-Zeichen. Semiotik und Hermeneutik in Raum und Zeit. Festschrift für Peter Rusterholz zum 65. Geburtstag*, Tübingen und Basel 1999, S. 161-177.

Konuk, Kader: „Das Leben ist eine Karawanserei. Heim-at bei Emine Sevgi Özdamar", in: Gisela Ecker (Hrsg.): *Kein Land in Sicht. Heimat – weiblich?*, München 1997, S. 143-157.

Konuk, Kader: *Identitäten im Prozeß. Literatur von Autorinnen aus und in der Türkei in deutscher, englischer und türkischer Sprache*, Essen 2001.

Konuk, Kader: „‚Identitätssuche ist ein [sic!] private archäologische Graberei': Emine Sevgi Özdamars inszeniertes Sprechen", in: Cathy S. Gelbin u. a. (Hrsg.): *Aufbrüche. Kulturelle Produktionen von Migrantinnen, Schwarzen und jüdischen Frauen in Deutschland*, Königstein 1999, S. 60-75.

Köppe, Tilmann und Kindt, Tom: „Das Selbst – eine Erzählung?", in: Julia Abel u. a. (Hrsg.): *Ambivalenz und Kohärenz. Untersuchungen zur narrativen Sinnbildung*, Trier 2009, S. 227-250.

Krause, Frank: „Emine Sevgi Özdamar. ‚Schwarzauge und sein Esel'", in: Ingo Breuer und Arpad A. Sölter (Hrsg.): *Der fremde Blick. Perspektiven interkultureller Kommunikation und Hermeneutik*, Innsbruck u. a. 1997, S. 229-247.

Kremer, Detlef: „Idyll oder Trauma. Kindheit in der Romantik", in: *E.T.A. Hoffmann-Jahrbuch* 11 (2003), S. 7-18.

Kristeva, Julia: *Die Revolution der poetischen Sprache*, Frankfurt a. M. 1978.

Kristeva, Julia: *Fremde sind wir uns selbst*, Frankfurt a. M. 1990.

Kubik, Gerhard: „Kindheit in außereuropäischen Kulturen: Forschungsprobleme, -methoden und -ergebnisse, in: Erich Renner (Hrsg.): *Kinderwelten. Pädagogische, ethnologische und literaturwissenschaftliche Annäherungen*, Weinheim 1995, S. 148-166.

Küchemann, Fridtjof: „Besuch im Heimatmuseum", in: Literaturen 3 (2006), S. 68-69.

Kurt, Kemal: *Bilder einer Kindheit*, Berlin 1986.

Kuruyazıcı, Nilüfer: „Der literarische Text als Kulturvermittler. Sevgi Özdamars Roman *Das Leben ist eine Karawanserei*", in: Alois Wierlacher und Georg Stötzel (Hrsg.): *Blickwinkel. Kulturelle Optik und interkulturelle Gegenstandskonstitution*, München 1996, S. 635-643.

Kuruyazıcı, Nilüfer: „Emine Sevgi Özdamars *Das Leben ist eine Karawanserei* im Prozeß der interkulturellen Kommunikation", in: Mary Howard (Hrsg.): *Interkulturelle Konfigurationen. Zur deutschsprachigen Erzählliteratur von Autoren nichtdeutscher Herkunft*, München 1997, S. 179-188.

Kuruyazıcı, Nilüfer: „Religiöse Wertvorstellungen in literarischen Texten und ihre Rolle bei interkulturellen Begegnungen (untersucht am Beispiel von E. Sevgi Özdamars *Das Leben ist eine Karawanserei*)", in: Ernest W. B. Hess-Lüttich u. a. (Hrsg.): *Differenzen? Interkulturelle Probleme und Möglichkeiten in Sprache, Literatur und Kultur*, Frankfurt a. M. 2009, S. 431-440.

Lacan, Jacques: „Das Spiegelstadium als Bildner der Ichfunktion, wie sie uns in der psychoanalytischen Erfahrung erscheint", in: ders.: *Das Werk von Jacques Lacan*, hg. von Jacques-Alain Miller, in dt. Sprache hg. von Norbert Haas und Hans-Joachim Metzger, *Schriften I*, hg. von Norbert Haas, übers. von Rodolphe Gasché u. a., Weinheim und Berlin 1991, S. 61-70.

Langenberg, Heike: „Reise in fremde Welt. Emine Sevgi Özdamar schätzt ungewöhnliche Bilder", in: *Nordsee-Zeitung* vom 28.01.1993, S. 23.

Lang-Langer, Ellen: *Trennung und Verlust. Fallstudien zur Depression in Kindheit und Jugend*, Frankfurt a. M. 2009.

Lanser, Susan Sniader: *Fictions of Authority. Women Writers and Narrative Voice*, Ithaca 1992.

Lehnert, Gertrud: „Kindheit als Alterität. Zur Dämonisierung von Kindern in der Literatur der Moderne", in: Petra Josting und Jan Wirrer (Hrsg.): *Bücher haben ihre Geschichte. Kinder- und Jugendliteratur, Literatur und Nationalsozialismus, Deutschdidaktik*, Hildesheim u. a. 1996, S. 246-258.

Leyendecker, Birgit: „Die frühe Kindheit in Migrantenfamilien", in: Heidi Keller (Hrsg.): *Handbuch der Kleinkindforschung*, Bern u. a. 2003, S. 381-431.

Lenzen, Dieter: *Mythologie der Kindheit. Die Verewigung des Kindlichen in der Erwachsenenkultur. Versteckte Bilder und vergessene Geschichten*, Reinbek b. Hamburg 1985.

Leskovec, Andrea: *Fremdheit und Literatur. Alternativer hermeneutischer Ansatz für eine interkulturell ausgerichtete Literaturwissenschaft*, Berlin 2009.

Leuzinger-Bohleber, Marianne: *Frühe Kindheit als Schicksal? Trauma, Embodiment, Soziale Desintegration. Psychoanalytische Perspektiven*, Stuttgart 2009.

Lezzi, Eva: *Zerstörte Kindheit. Literarische Autobiographien zur Shoa*, Köln u. a. 2001.

Littler, Margaret: „Özdamar, *Das Leben ist eine Karawanserei*", in: Peter Hutchinson and Michael Minden (Hrsg.): *Landmarks in the German Novel (2)*, Oxford u. a. 2010, S. 93-110.

Littler, Margaret: „Profane und religiöse Intensitäten: Die islamische Kultur im Werk von Emine Sevgi Özdamar und Feridun Zaimoğlu", in: Helmut Schmitz (Hrsg.): *Von der nationalen zur internationalen Literatur. Transkulturelle deutschsprachige Literatur und Kultur im Zeitalter globaler Migration*, Amsterdam und New York 2009, S. 143-154.

Lotz, Gabriele: „,Fremd' in der deutschen Literatur? *Die Tochter des Schmieds* von Selim Özdoğan und *Der Schwimmer* von Zsuzsa Bánk", in: Christoph Parry und Liisa Voßschmidt (Hrsg.): *Europäische Literatur auf Deutsch?*, München 2008, S. 202-213.

Löffler, Sigrid: „Selim Özdoğan. ,Die Tochter des Schmieds'", in: *Literaturen* 4 (2005), S. 84.

Lutkat, Sabine: „Im Einklang mit der Natur – Kindheit als verlorenes Paradies", in: Thomas Bücksteeg u. a. (Hrsg.): *Homo faber – Handwerkskünste in Märchen und Sagen / Verlorene Paradiese – gewonnene Königreiche*, Krummwisch 2005, S. 125-146.

Lübcke, Alexandra: „Enträumlichungen und Erinnerungstopographien: Transnationale deutschsprachige Literaturen als historiographisches Erzählen", in: Helmut Schmitz (Hrsg.): *Von der nationalen zur internationalen Literatur. Transkulturelle deutschsprachige Literatur und Kultur im Zeitalter globaler Migration*, Amsterdam und New York 2009, S. 77-97.

Mangold, Ijoma: „Die Mitte der Sitte. Poetisch und soziologisch, nah und fern zugleich: Feridun Zaimoğlu erzählt in *Leyla* vom Leben unter dem Gesetz", in: *Süddeutsche Zeitung* vom 14.03.2006, S. V2/7.

Martinek, Manuela: *Wie die Schlange zum Teufel wurde. Die Symbolik in der Paradiesgeschichte von der hebräischen Bibel bis zum Koran*, Wiesbaden 1996.

Martyn, David: „,Schiffe der Wüste', ,Schiffe des Meeres'. Topographien der Metapher bei Emine Sevgi Özdamar, Salim Alafenisch und Yoko Tawada", in: Hartmut Böhme (Hrsg.): *Topographien der Literatur. Deutsche Literatur im transnationalen Kontext*, Stuttgart und Weimar 2005, S. 724-744.

Mattenklott, Gundel: „Ästhetische Erfahrungen in Kindheitserinnerungen", in: dies. und Constanze Rora (Hrsg.): *Ästhetische Erfahrung in der Kindheit. Theoretische Grundlagen und empirische Forschung*, Weinheim u. a. 2004, S. 113-132.

Mecklenburg, Norbert: „Eingrenzung, Ausgrenzung, Grenzüberschreitung. Grundprobleme deutscher Literatur von Minderheiten", in: Manfred Durzak und Nilüfer Kuruyazıcı (Hrsg.): *Die* andere *Deutsche Literatur. Istanbuler Vorträge*, Würzburg 2004, S. 23-30.

Mecklenburg, Norbert: „Ein türkischer Literaturskandal in Deutschland?", in: *literaturkritik.de* 7 (2006), unter: http://www.literaturkritik.de/public/rezension.php?rez_id=9610 (zuletzt eingesehen am 16.11.2009).

Mecklenburg, Norbert: „Ein weiblicher Schelmenroman", in: *Alman Dili ve Edebiyatı Dergisi* 16 (2004), S. 1-21.

Mecklenburg, Norbert: „Gegendarstellung. Zu Tom Cheesmans Artikel ,Pseudopolitisch, pseudokorrekt: Ein deutscher Literaturskandal'", in: *literaturkritik.de* 6 (2008), unter: http://www.literaturkritik.de/public/rezension.php?rez_id=12001&ausgabe=200806 (zuletzt eingesehen am 06.07.2008).

Mecklenburg, Norbert: „Interkulturelle Literaturwissenschaft", in: Alois Wierlacher und Andrea Bogner (Hrsg.): *Handbuch interkulturelle Germanistik*, Stuttgart und Weimar 2003, S. 433-439.

Mecklenburg, Norbert: „Karnevalistische Ästhetik des Widerstands. Formen des Gesellschaftlich-Komischen bei Emine Sevgi Özdamar", in: *Peter Weiss Jahrbuch* 16 (2007), S. 85-102.

Melchert, Simon: „Sprachliche (Neu-)Landvermessungen – Emine Sevgi Özdamars *Das Leben ist eine Karawanserei*", in: Klaus Müller-Richter und Ramona Uritescu-Lombard (Hrsg.): *Imaginäre Topographien. Migration und Verortung*, Bielefeld 2007, S. 87-98.

Meller, Marius: „Auf ins Land der hellen Gesichter. Feridun Zaimoğlu erzählt in seinem monumentalen Roman *Leyla* die Vorgeschichte des deutsch-türkischen Miteinanders", in: *Der Tagesspiegel* vom 19.02.2006, S. 31.

Meyer, Anne-Rose: „Differenzerfahrung, Identität und Strategien narrativer Erinnerungs-Repräsentation bei Emine Sevgi Özdamar", in: Jean-Martin Valentin (Hrsg.): *Akten des XI. Internationalen Germanistenkongresses Paris 2005 „Germanistik im Konflikt der Kulturen"*, Bd. 6: *Migrations-, Emigrations- und Remigrationskulturen*, Bern u. a. 2007, S. 261-266.

Meyer, Jan-Waalke: „Kind und Kindheit im Alten Orient", in: Gerold Scholz und Alexander Ruhl (Hrsg.): *Perspektiven auf Kindheit und Kinder*, Opladen 2001, S. 215-233.

Meyer-Gosau, Frauke: „Oh Ankara. Ach, Kiel!", in: *Literaturen* 9 (2008), S. 6-12.

Mingels, Annette: „Emine Sevgi Özdamar. Das Leben ist eine Karawanserei hat zwei Türen aus einer kam ich rein aus der anderen ging ich raus (1992)", in: Claudia Benthien und Inge Stephan (Hrsg.): *Meis-*

terwerke. Deutschsprachige Autorinnen im 20. Jahrhundert, Köln u. a. 2005, S. 297-316.

Minkmar, Nils: „Wir wohnen in einer weiten Hölle" (Interview mit Emine Sevgi Özdamar), in: *FAZ* vom 21.11.2004, S. 23.

Minnaard, Liesbeth: *New Germans, New Dutch. Literary Interventions*, Amsterdam 2008.

Motzki, Harald: „Das Kind und seine Sozialisation in der islamischen Familie des Mittelalters", in: Jochen Martin und August Nitschke (Hrsg.): *Zur Sozialgeschichte der Kindheit*, Freiburg und München 1986, S. 391-441.

Müller, Regula: „,Ich war Mädchen, war ich Sultanin': Weitgeöffnete Augen betrachten türkische Frauengeschichte(n). Zum Karawanserei-Roman von Emine Sevgi Özdamar", in: Sabine Fischer und Moray McGowan (Hrsg.): *Denn du tanzt auf einem Seil. Positionen deutschsprachiger MigrantInnenliteratur*, Tübingen 1997, S. 133-149.

Müller-Richter, Klaus: „Einleitung – Imaginäre Topographien. Migration und Verortung", in: ders. und Ramona Uritescu-Lombard (Hrsg.): *Imaginäre Topographien. Migration und Verortung*, Bielefeld 2007, S. 11-31.

Nasner-Maas, Eva-Maria: „Migrationserfahrung versus Heimatverbundenheit in Psychoanalyse und Psychotherapie", in: Ulrich Streek (Hrsg.): *Das Fremde in der Psychoanalyse. Erkundungen über das ‚Andere' in Seele, Körper und Kultur*, München 1993, S. 133-146.

Nause, Tanja: *Inszenierung von Naivität. Tendenzen und Ausprägungen einer Erzählstrategie der Nachwendeliteratur*, Leipzig 2002.

Neubert, Isolde: „Searching for Intercultural Communication. Emine Sevgi Özdamar – A Turkish Woman Writer in Germany", in: Chris Weedon (Hrsg.): *Post-war Women's Writing in German*, Providence und Oxford 1997, S. 153-168.

Neumann, Olaf: „Ich bezeichne mich nicht als Europäer", Interview mit Feridun Zaimoğlu, in: *Jungle World* 11 (2004), unter: http://jungleworld.com/artikel/2004/10/12441.html (zuletzt eingesehen am 12.11.2011).

Novalis: *Werke, Tagebücher und Briefe Friedrich von Hardenbergs / Novalis*, hg. von Hans-Joachim Mähl und Richard Samuel, Bd. II: *Das philosophisch-theoretische Werk*, hg. von Hans-Joachim Mähl, München 1978.

Nünning, Ansgar: „Metanarration als Lakune der Erzähltheorie: Definition, Typologie und Grundriss einer Funktionsgeschichte metanarrativer Erzähläußerungen", in: *AAA* 26 (2001) 2, S. 125-164.

O. V.: Jurydiskussion zur Verleihung des Bachmannpreises 2010, unter: www.bach-mannpreis.eu/de/information/2801 (zuletzt eingesehen am 22.12.2012).

Obendiek, Edzard: *Der lange Schatten des babylonischen Turmes. Das Fremde und der Fremde in der Literatur*, Göttingen 2000.

Ostrowicz, Philipp und Stefanie Ulrich: „„Wer Augen hat, der sehe, und das Wissenswerte wird einem dann kundgetan.' Interview mit Feridun Zaimoğlu", in: Özkan Ezli u. a. (Hrsg.): *Wider den Kulturenzwang. Migration, Kulturalisierung und Weltliteratur*, Bielefeld 2009, S. 177-185.

Ott, Claudia: „Das Paradies in den Erzählungen aus Tausendundeiner Nacht", in: Andrea Müller und Hartmut Roder (Hrsg.): *1001 Nacht. Wege ins Paradies*, Mainz 2007, S. 11-18.

Özakın, Aysel:„Soll ich in Berlin altwerden?", in: *Zeitschrift für Kultur-Austausch* 15,1 (1985), S. 137-139.

Özdamar, Emine Sevgi: „Die Wörter haben Körper", in: Lerke von Saalfeld (Hrsg.): *Ich habe eine fremde Sprache gewählt. Ausländische Schriftsteller schreiben deutsch*, Gerlingen 1998, S. 163-182.

Özdamar, Emine Sevgi: „Lebensunfälle, Schreibunfälle: Von Karawanserei zu Mutterzunge", in: Renatus Deckert (Hrsg.): *Das erste Buch. Schriftsteller über ihr literarisches Debüt*, Frankfurt a. M. 2007, S. 291-297.

Özdamar, Emine Sevgi: „Meine deutschen Wörter haben keine Kindheit. Eine Dankrede", in: dies.: *Der Hof im Spiegel. Erzählungen*, Köln 2001, S. 125-132.

Öztürk, Kadriye: *Das Frauenbild in den Werken der deutschschreibenden türkischen Autorinnen*, Eskişehir 1999.

Pazarkaya, Yüksel: *Rosen im Frost. Einblicke in die türkische Kultur*, Zürich 1982.

Pazarkaya, Yüksel: „Generationswechsel – Themenwandel", in: Manfred Durzak und Nilüfer Kuruyazıcı (Hrsg.): *Die* andere *Deutsche Literatur. Istanbuler Vorträge*, Würzburg 2004, S. 148-153.

Persch, Patrizia: „„Identität ist Tofu für Lemminge'. Interview", in: *Der Deutschunterricht* 51/5 (2004), S. 87-98.

Pethes, Nicolas: „Metalepse der Erinnerung – Zur Funktion von Fiktion bei der Restitution kollektiver Gedächtniskrisen – am Beispiel von W. G. Sebalds *Austerlitz*", in: Franz-Josef Deiters u. a. (Hrsg.): *Erinnerungskrisen – Memory Crises* (*Limbus* 2008), Freiburg i. Br. u. a. 2008, S. 13-33.

Pflitsch, Andreas: „Familienbande. Erinnerungspanoramen in drei nahöstlichen Generationenromanen", in: ders. und Barbara Winckler (Hrsg.): *Poetry's Voice – Society's Norms. Forms of Interaction between Middle Eastern Writers and their Societies*, Wiesbaden 2006, S. 281-295.

Pflitsch, Andreas: „Fiktive Migration und migrierende Fiktion. Zu den Lebensgeschichten von Emine, Leyla und Gül", in: Ezli Özkan und

Dorothee Kimmich (Hrsg.): *Wider den Kultuenrzwang. Migration, Kulturalisierung und Weltliteratur*, Bielefeld 2009, S. 231-249.

Pflitsch, Andreas: „Wunschlos unglücklich. Mit dem Roman *Die Tochter des Schmieds* siedelt Selim Özdoğan seine Leser nach Anatolien um", in: *Zenith* 2 (2005), S. 60.

Polkinghorne, Donald E.: „Narrative Psychologie und Geschichtsbewusstsein. Beziehungen und Perspektiven", in: Jürgen Straub (Hrsg.): *Erzählung, Identität und historisches Bewußtsein. Die psychologische Konstruktion von Zeit und Geschichte*, Frankfurt a. M. 1998, S. 12-45.

Postman, Neil: *Das Verschwinden der Kindheit*, Frankfurt a. M. 1983.

Qvortrup, Jens: „Die soziale Definition von Kindheit", in: Manfred Markefka und Bernhard Nauck (Hrsg.): *Handbuch der Kindheitsforschung*, Neuwied u. a. 1993, S. S. 109-124.

Rathjen, Friedhelm: „Salman Rushdies Modell einer Literatur der Migration", in: *Das Argument* 215 (1996), S. 395-403.

Richter, Dieter: *Schlaraffenland. Geschichte einer populären Phantasie*, Köln 1984.

Riviere, Joan: „Weiblichkeit als Maskerade", in: Liliane Weissberg (Hrsg.): *Weiblichkeit als Maskerade*, Frankfurt a. M. 1994, S. 34-47.

Rolff, Hans-Günter und Zimmermann, Peter: *Kindheit im Wandel. Eine Einführung in die Sozialisation im Kindesalter*, Weinheim und Basel ⁶2001.

Rosenthal, Gabriele: *Erlebte und erzählte Lebensgeschichte. Gestalt und Struktur biographischer Selbstbeschreibung*, Frankfurt a. M. und New York 1995.

Ross, Werner: „Auf der Suche nach dem verlorenen Paradies. Das Kind in der Dichtung", in: ders.: *Die Feder führend. Schriften aus fünf Jahrzehnten*, hg. von Christoph Burgauner, München 1987, S. 335-338.

Rousseau, Jean-Jacques: *Emile oder Von der Erziehung*, dt. Erstübertragung von 1762, vollst. überarb. von Siegfried Schmitz, München 1979.

Roux, Jean-Paul: „Die alttürkische Mythologie", in: Egidius Schmalzriedt und Hans Wilhelm Haussig (Hrsg.): *Wörterbuch der Mythologie*, Abt. 1: *Die alten Kulturvölker*, Bd. 7,1: *Götter und Mythen in Zentralasien und Nordeurasien*, Stuttgart 1999, S. 173-278.

Rössner, Michael: *Auf der Suche nach dem verlorenen Paradies. Zum mythischen Bewußtsein in der Literatur des 20. Jahrhundert*, Frankfurt a. M. 1988.

Rüdenauer, Ulrich: „Sich herausnehmen, was sonst nur Jungs tun", in: *Frankfurter Rundschau* vom 15.03.2006, S. 4.

Rühle, Reiner: *„Böse Kinder":* kommentierte *Bibliographie von Struw-welpetriaden und Max- und Moritziaden mit biographischen Daten zu Verfassern und Illustratoren*, Osnabrück 1999.

Said, Edward W.: *Orientalismus*, Frankfurt a. M. u. a. 1981.

Sauer, Gerda-Karla: *Kindliche Utopien*, Weinheim und Berlin 1954.

Schabert, Tilo: „Einführung: Über die Notwendigkeit und den Nutzen einer Sprache der Maske", in: ders. (Hrsg.): *Die Sprache der Masken*, Würzburg 2002, S. 9-15.

Schafer, Roy: *Erzähltes Leben. Narration und Dialog in der Psychoanalyse*, München 1995.

Schami, Rafik: *Der ehrliche Lügner*, München 2006.

Scheifele, Sigrid: „Migration und Psyche – Aufbrüche und Erschütterungen", in: dies. (Hrsg.): *Migration und Psyche. Aufbrüche und Erschütterungen*, Gießen 2008, S. 9-20.

Schenk, Klaus: „Autofiktionale Aspekte in der gegenwärtigen Migrationsliteratur", in: Jean-Marie Valentin (Hrsg.): *Akten des XI. Internationalen Germanistenkongresses Paris 2005*, Bd. 6: *Migrations-, Emigrations- und Remigrationskulturen*, Bern u. a. 2007, S. 355-362.

Schily, Otto:„Alarmierender Einblick. Bundesinnenminister Otto Schily über die Darstellung der türkischen Parallelgesellschaft in Necla Keleks Buch *Die fremde Braut*", in: *Der Spiegel* 4 (2005), S. 59-60.

Schlink, Bernhard: *Heimat als Utopie*, Frankfurt a. M. 2000.

Schmidmeier, Monika: „Eine typisch westliche Sicht? Selim Özdoğan und sein neues Buch *Die Tochter des Schmieds*", in: *Fränkischer Tag* vom 11.11.2005, S. W4.

Schmidt, Sabine: „Die Türkei im Banne Brechts. RP-Interview mit der Autorin und Schauspielerin Emine Sevgi Özdamar", in: *Rheinische Post* vom 22.04.1998, S. 11.

Schmidt, Siegfried J.: „Gedächtnis – Erzählen – Identität", in: Aleida Assmann und Dietrich Harth (Hrsg.): *Mnemosyne. Formen und Funktionen der kulturellen Erinnerung*, Frankfurt a. M. 1991, S. 378-397.

Schmidt, Wolf: „Einführung", in: Türkei-Programm der Körber-Stiftung (Hrsg.): *Ehre und Würde. Şeref ve Onur*, Hamburg 2000, S. 13-15.

Schmitt, Andreas: *„Böse" Kinder in der deutschsprachigen Literatur des 20. Jahrhunderts. Eine pädagogische Untersuchung literarischer Kindheitsdarstellungen*, Marburg 1996.

Schneider, Mirjam: „Reise", in: Günter Butzer und Joachim Jacob (Hrsg.): *Metzler Lexikon literarischer Symbole*, Stuttgart und Weimar 2008, S. 294-297.

Seewald, Jürgen: *Leib und Symbol. Ein sinnverstehender Zugang zur kindlichen Entwicklung*, München 1992.

Seyhan, Azade: „Lost in Translation: Re-Membering the Mother Tongue in Emine Sevgi Özdamar's *Das Leben ist eine Karawanserei*", in: *The German Quarterly* 69,4 (1996), S. 414-426.

Sezgin, Hilal: „Eine Stimme, ein Unschuldsbeweis", in: *Die Zeit* 26 (2006), S. 51.

Silverman, Kaja: *The Threshold of the Visible World*, New York und London 1996.

Skiba, Dirk: „Ethnolektale und literarisierte Hybridität in Feridun Zaimoğlus Kanak Sprak", in: Klaus Schenk u. a. (Hrsg.): *Migrationsliteratur. Schreibweisen einer interkulturellen Moderne*, Tübingen und Basel 2004, S. 183-204.

Sloterdijk, Peter: *Literatur und Organisation von Lebenserfahrung. Autobiographien der Zwanziger Jahre*, München 1978.

Sloterdijk, Peter: *Zur Welt kommen – Zur Sprache kommen. Frankfurter Vorlesungen*, Frankfurt a. M. 1988.

Sommerschuh, Jens: „Laudatio auf Selim Özdoğan", in: *Jahrbuch*, Bayerische Akademie der Schönen Künste in München, 13 (1999), Bd. 2, S. 885-889.

Söhler, Maik: „Zaimoğlu: Faule Aprikosen aus Malatya", in: *Netzeitung* vom 14.06.2006, unter: http://www.netzeitung.de/voiceofgermany/39fragen/405429.html (zuletzt eingesehen am 17.11.2009).

Søholm, Kirsten Molly: „Globalisierte Identitäten. Die Figur des Migranten bei Emine Sevgi Özdamar und Feridun Zaimoğlu", in: Thomas Taterka u. a. (Hrsg.): *Am Rande im Zentrum. Beiträge des VII. Nordischen Germanistentreffens. Riga, 7.-11. Juni 2006*, Berlin 2009, S. 197-207.

Speitkamp, Winfried: *Ohrfeige, Duell und Ehrenmord. Eine Geschichte der Ehre*, Stuttgart 2010.

Spiegel, Hubert: „Der Tag, an dem der Teufel sich die Beine brach", in: *FAZ* Beilage zur Leipziger Buchmesse vom 15.03.2006, S. L 1.

Spinnen, Burkhard: „Die absolute Kindheit", in: *Literaturen* 9 (2001), S. 10-13.

Straub, Jürgen: „Identität", in: *Handbuch der Kulturwissenschaften*, Bd. 1: *Grundlagen und Schlüsselbegriffe*, hg. von Friedrich Jaeger und Burkhard Liebsch, Stuttgart und Weimar 2004, S. 276-303.

Straub, Jürgen (Hrsg.): *Narration, identity and historical consciousness*, New York u. a. 2005.

Straub, Jürgen: „Personale und kollektive Identität. Zur Analyse eines theoretischen Begriffs", in: Aleida Assmann und Heidrun Friese (Hrsg.): *Identitäten. Erinnerung, Geschichte, Identität 3*, Frankfurt a. M. 1998, S. 73-104.

Studer, Liliane: „Eintauchen in Geschichten. Feridun Zaimoğlu entführt ins Leben einer anatolischen Kleinstadt.", in: *literaturkritik.de* 7/2006

unter: www.literaturkritik.de/public/rezension.php?rez_id=9679&
ausgabe=200607 (zuletzt eingesehen am 26.10.2009).

Supp, Barbara: „Im Land der Käseecken. SPIEGEL-Redakteurin Barbara
Supp über die Schauspielerin Renan Demirkan und deren Hunger
nach Normalität", in: *Der Spiegel* 13 (1991), S. 288-291.

Şenocak, Zafer: „Das Leben ist eine Karawanserei. Ein Gedichtessay", in:
ders.: *War Hitler Araber? IrreFührungen an den Rand Europas. Essays*, Berlin 1994, S. 55-58.

Şenocak, Zafer: „Deutschland – Eine Heimat für Türken?" (1990), in:
ders.: *Atlas des tropischen Deutschland. Essays*, Berlin ²1993, S. 9-
19.

Şölçün, Sargut: „Gespielte Naivität und ernsthafte Sinnlichkeit der Selbstbegegnung. Inszenierungen des Unterwegsseins in Emine Sevgi
Özdamars Roman *Die Brücke vom Goldenen Horn*", in: Aglaia Blioumi (Hrsg.): *Migration und Interkulturalität in neueren literarischen Texten*, München 2002, S. 92-111.

Şölçün, Sargut: „Literatur der türkischen Minderheit", in: Carmine
Chiellino (Hrsg.): *Interkulturelle Literatur in Deutschland. Ein
Handbuch*, Stuttgart und Weimar 2000, S. 135-152.

Şölçün, Sargut: „Nomadendasein in geordnetem Leben: Emine Sevgi
Özdamar", in: Walter Fähnders (Hrsg.): *Vagabondage und Boheme
in Literatur und Kultur des 20. Jahrhunderts*, Essen 2007, S. 103-114.

Tanzer, Harald: „Deutsche Literatur türkischer Autoren", in: Klaus
Schenk u. a. (Hrsg.): *Migrationsliteratur. Schreibweisen einer interkulturellen Moderne*, Tübingen und Basel 2004, S. 301-315.

Thelen, Sibylle: „Anatolien, Istanbul, Deutschland. Geschichte einer starken Frau: Feridun Zaimoğlus *Leyla*", in: *Stuttgarter Zeitung* vom
13.02.2006, S. 13.

Thore, Petra: *„wer bist du hier in dieser stadt, in diesem land, in dieser
neuen welt"*. *Die Identitätsbalance in der Fremde in ausgewählten
Werken der deutschsprachigen Migrantenliteratur*, Uppsala 2004.

Thüne, Eva-Maria: „‚Mundhure' und ‚Wortmakler'. Überlegungen zu
Texten von Emine Sevgi Özdamar", in: Fabrizio Cambi (Hrsg.): *Gedächtnis und Identität. Die deutsche Literatur nach der Wiederverei-
nigung*, Würzburg 2008, S. 305-319.

Trenkamp, Oliver: „Verbotsstopp in der Türkei. Sümeyra legt das Kopftuch an", unter: www.spiegel.de/unispiegel/studium/verbotsstopp-
in-der-tuerkei-suemeyra-legt-das-kopftuch-an-a-723590.html (zuletzt eingesehen am 10.10.2012).

Tunner, Erika: „Über die Wechselwirkungen zwischen Leben und Schreiben – ‚am Schreiben gehen': Emine Sevgi Özdamar", in: Manfred
Durzak und Nilüfer Kuruyazıcı (Hrsg.): *Die andere Deutsche Literatur. Istanbuler Vorträge*, Würzburg 2004, S. 162-165.

Ulrich, Katharina: „Was kann die Kinderliteraturforschung zu einer Anthropologie der Kindheit beitragen?", in: Erich Renner (Hrsg.): *Kinderwelten. Pädagogische, ethnologische und literaturwissenschaftliche Annäherungen*, Weinheim 1995, S. 52-64.

Urban, Regina: „Einfühlsame Reise in eine ferne Welt. Selim Özdoğan liest in Nürnberg aus seinem Roman *Die Tochter des Schmieds*", in: *Nürnberger Nachrichten* vom 12.04.2005, S. 23.

Ünal, Mehmet: „Zwischen zwei Giganten", in: Franco Biondi u. a. (Hrsg.): *Zwischen zwei Giganten. Prosa, Lyrik und Grafiken aus dem Gastarbeiteralltag*, Bremen 1983, S. 31-36.

Vertlib, Vladimir: *Zwischenstationen*, Wien 1999.

Viehöver, Vera: „Materialität und Hermeneutik der Schrift in Emine S. Özdamars Romanen *Das Leben ist eine Karawanserei* und *Die Brücke vom Goldenen Horn*", in: Vittoria Borsò u. a.: *Schriftgedächtnis – Schriftkulturen*, Stuttgart und Weimar 2002, S. 343-367.

Vlasta, Sandra: „Das Ende des ‚Dazwischen' – Ausbildung von Identitäten in Texten von Imran Ayata, Yadé Kara und Feridun Zaimoğlu", in: Helmut Schmitz (Hrsg.): *Von der nationalen zur internationalen Literatur. Transkulturelle deutschsprachige Literatur und Kultur im Zeitalter globaler Migration*, Amsterdam und New York 2009, S. 101-116.

Voutta, Antje: *Den Anfang erzählen. Aspekte der Re-präsentation von Kindheit, Geburt und Subjektivation*, München 2008.

Wagner-Egelhaaf, Martina: *Autobiographie*, Stuttgart 2005.

Wagner-Egelhaaf, Martina: „Verortungen. Räume und Orte in der transkulturellen Theoriedebatte und in der neuen türkisch-deutschen Literatur", in: Hartmut Böhme (Hrsg.): *Topographien der Literatur. Deutsche Literatur im transnationalen Kontext*, Stuttgart und Weimar 2005, S. 745-768.

Wagner-Egelhaaf, Martina: „Autofiktion – Theorie und Praxis des autobiographischen Schreibens", in: Johannes Berning u. a. (Hrsg.): *Schreiben im Kontext von Schule, Universität, Beruf und Lebensalltag*, Berlin 2006, S. 80-101.

Waldenfels, Bernhard: *Der Stachel des Fremden*, Frankfurt a. M. 1990.

Waldenfels, Bernhard: *Studien zur Phänomenologie des Fremden*, Bd. 3: *Sinnesschwellen*, Frankfurt a. M. 1999.

Weber, Angela: *Im Spiegel der Migrationen. Transkulturelles Erzählen und Sprachpolitik bei Emine Sevgi Özdamar*, Bielefeld 2009.

Weidermann, Volker: „Was schreibst du? Streit um den Roman *Leyla*: Özdamar gegen Zaimoğlu", in: *FAZ* vom 01.06.2006, S. 37.

Weigel, Sigrid: „Télescopage im Unbewußten. Zum Verhältnis von Trauma, Geschichtsbegriff und Literatur", in: Elisabeth Bronfen u. a.

306

(Hrsg.): *Trauma. Zwischen Psychoanalyse und kulturellem Deutungsmuster*, Köln u. a. 1999, S. 51-76.

Weigel, Sigrid: „Zum ‚topographical turn'. Kartographie, Topographie und Raumkonzepte in den Kulturwissenschaften", in: *Kulturpoetik* 2 (2002), S. 151-165.

Welsch, Wolfgang: „Transkulturalität. Zur veränderten Verfassung heutiger Kulturen", in: Irmela Schneider und Christian W. Thomsen (Hrsg.): *Hybridkultur. Medien, Netze, Künste*, Köln 1997, S. 67-90.

Wemhöner, Karin: *Paradiese und Sehnsuchtsorte. Studien zur Reiseliteratur des 20. Jahrhunderts*, Marburg 2004.

Wetzel, Michael: „Alienationen. Jacques Derridas Dekonstruktion der Muttersprache", in: Jacques Derrida: *Die Einsprachigkeit des Anderen oder die ursprüngliche Prothese*, aus dem Frz. von Michael Wetzel, München 2003.

Wewetzer, Christoph (Hrsg.): *Zwänge bei Kindern und Jugendlichen*, Göttingen u. a. 2004.

Wiegandt, Kai: „Das Gewicht der einfachen Dinge. Selim Özdoğans Anatolien-Roman ‚Die Tochter des Schmieds'", in: *SZ* vom 6.7.2005, S. 14.

Wierschke, Annette: *Schreiben als Selbstbehauptung. Kulturkonflikt und Identität in Werken von Aysel Özakın, Alev Tekinay und Emine Sevgi Özdamar. Mit Interviews*, Frankfurt a. M. 1996.

Wild, Inge: „Die Suche nach dem Vater", in: Gertrud Lehnert (Hrsg.): *Inszenierungen von Weiblichkeit. Weibliche Kindheit und Adoleszenz in der Literatur des 20. Jahrhunderts*, Opladen 1996, S. 137-157.

Winterhoff, Michael: *Warum unsere Kinder Tyrannen werden. Oder: Die Abschaffung der Kindheit*, Gütersloh 2008.

Wucherpfennig, Wolf: „Autobiographie und Identitätsarbeit. Ein Werkstattbericht", in: Ulrich Breuer und Beatrice Sandberg (Hrsg.): *Autobiographisches Schreiben in der deutschsprachigen Gegenwartsliteratur*, Bd. 1: *Grenzen der Identität und der Fiktionalität*, München 2006, S. 172-185.

Wucherpfennig, Wolf: *Kindheitskult und Irrationalismus in der Literatur um 1900. Friedrich Huch und seine Zeit*, München 1980.

Yeşilada, Karin E.: „AutorInnen jenseits des Dazwischen – Trends der jungen türkischen Literatur", in: *Migrationsliteratur. Eine neue deutsche Literatur? Dossier*, hg. von der Heinrich-Böll-Stiftung, Berlin 2009, S. 12-18, hier S. 17, unter: http://www.migrationboell.de/web/integration/47_1990.asp (zuletzt eingesehen am 20.07.2010).

Yeşilada, Karin E.: „Die geschundene Suleika. Das Eigenbild der Türkin in der deutschsprachigen Literatur türkischer Autorinnen", in: Mary Howard (Hrsg.): *Interkulturelle Konfigurationen. Zur deutschspra-*

chigen Erzählliteratur von Autoren nichtdeutscher Herkunft, München 1997, S. 95-114.

Yeşilada, Karin E.: „Feridun Zaimoğlu", in: *KLG*, 95. Nlg., 6/2010, S. 1-28.

Zaimoğlu, Feridun: „Das Ehtnogeschrei sein lassen" [Interview mit Feridun Zaimoğlu], in: *Falter* 11 (2007), S. 5.

Zaimoğlu, Feridun: „Die Zeiten waren hart" [Interview mit Feridun Zaimoğlu], in: *Falter* 15 (2006) vom 12.04.2006, S. 56.

Zaimoğlu, Feridun: *Kanak Sprak. 24 Mißtöne vom Rande der Gesellschaft*, Hamburg 1995.

Zaimoğlu, Feridun: „Leyla. Zweite Vorlesung", in: ders. und Ilja Trojanow: *Ferne Nähe. Tübinger Poetik-Dozentur 2007*, hg. von Dorothee Kimmich, Künzelsau 2008, S. 27-46.

Zierau, Cornelia: „Story und History – ‚Nation-Writing' in Emine Sevgi Özdamars *Das Leben ist eine Karawanserei*", in: Manfred Durzak und Nilüfer Kuruyazıcı (Hrsg.): *Die andere Deutsche Literatur. Istanbuler Vorträge*, Würzburg 2004, S. 166-173.

Zierau, Cornelia: *Wenn Wörter auf Wanderschaft gehen … Aspekte kultureller, nationaler und geschlechtsspezifischer Differenzen in deutschsprachiger Migrationsliteratur*, Tübingen 2009.

Zimmer, Dieter E.: *So kommt der Mensch zur Sprache. Über Spracherwerb, Sprachentstehung und Sprache & Denken*, München 2008.

Zimmermann, Harro: „Spinnennetz der Tradition. Emine Sevgi Özdamars erster Roman", in: *Frankfurter Rundschau* vom 10.10.1993, S. 9.